U0062841

奥斯曼/土耳其研究

从帝国到民族国家

主编　昝涛

副主编　张楠　沈莎莉

江苏人民出版社

图书在版编目(CIP)数据

奥斯曼-土耳其研究：从帝国到民族国家 / 昝涛主编. -- 南京：江苏人民出版社，2023.11
ISBN 978 - 7 - 214 - 28579 - 9

Ⅰ. ①奥… Ⅱ. ①昝… Ⅲ. ①土耳其-历史 Ⅳ. ①K374.0

中国国家版本馆 CIP 数据核字(2023)第 210341 号

本书为国家社科基金中国历史研究院重大历史问题研究专项一般委托项目(批准号:21@WTA004)的结项成果之一。

书　　名	奥斯曼-土耳其研究——从帝国到民族国家
主　　编	昝　涛
责任编辑	于馥华　于　辉
装帧设计	刘莘莘
责任监制	王　娟
出版发行	江苏人民出版社
地　　址	南京市湖南路 1 号 A 楼,邮编:210009
照　　排	江苏凤凰制版有限公司
印　　刷	苏州市越洋印刷有限公司
开　　本	880 毫米×1230 毫米　1/32
印　　张	11.75　插页 4
字　　数	350 千字
版　　次	2023 年 11 月第 1 版
印　　次	2023 年 11 月第 1 次印刷
标准书号	ISBN 978 - 7 - 214 - 28579 - 9
定　　价	68.00 元(精装)

(江苏人民出版社图书凡印装错误可向承印厂调换)

序　言

（第二届"奥斯曼-土耳其历史研究"青年学者论坛开幕致辞）

章永乐

各位老师，各位同学：

我在此谨代表北京大学社会科学部，对第二届"奥斯曼-土耳其历史研究"青年学者论坛的开幕表示热烈祝贺！在疫情形势复杂的今天，召开这个会议是非常不容易的，可以想象主办方和各位参会学者付出了多少努力。我尤其要向会议的承办单位北京大学土耳其研究中心，特别是昝涛教授，致以敬意。

我们处于"百年未有之大变局"之下，自从我们的第一届论坛召开以来，形势已经发生了很大的变化。2022 年 2 月以来，随着俄乌冲突的爆发，全球秩序经历了一次震荡。而作为北约成员的土耳其却成了一个重要的斡旋者。尽管土耳其自身的经济也正在经历着震荡，但土耳其的决策者在北约、欧盟、上合几个组织之间，保持着柔软的身段，土耳其作为区域大国的地位得到了进一步的巩固。在全球秩序走向多极化的背景之下，历史上的奥斯曼帝国作为当代土耳其决策精英的历史镜像的地位，更是进一步凸显出来。因此，对于奥斯曼-土耳其历史的研究，就不仅仅是对过去历史资料的整理，更关系到土耳其在当代的情势之下如何重构历史记忆与历史叙事。

作为中国学者，我们对于土耳其的历史记忆与叙事重构的研究，其实又是一个"二阶观察"。对奥斯曼-土耳其的研究，是我们在新时代重构自身的"天下"图景这一工作的重要组成部分。不可回避的问题是：我们观察世界的方式，究竟与其他的主体有什么不同？历史上的殖民帝国是怎么看土耳其的？像美国这样的北约盟主，是怎么看土耳其的？而我们，又是站在什么样的空间与时间方位，用什么样的眼光来看土耳其？我国倡导的"一带一路"与"人类命运共同体"，里面又包含着何种看待世界的方法和路径呢？

这就涉及第二个方面：我们的会议还有一个重要的情境，就是"区域国别学"正式升级为国家一级学科。我们北京大学区域与国别研究院做了不少推动的工作。而这个可喜的结果，也给我们的区域与国别研究带来了新的机会。在学科升级之后，可以预期的是，各方面会有更多的资源投入我们正在从事的研究之中。

当然，学科升级也给我们带来了压力。我们需要思考，中国的"区域国别学"的建设，究竟应该如何展开。

目前，全国各高校对于区域与国别研究的发展，可以说是各显神通。有一些学校特别重视从智库研究的角度来把握区域与国别研究，紧跟当下形势，给出分析和对策。区域与国别研究肯定有着非常强的应用功能，但是，如果没有深厚的历史与理论的积累，应用"输出"的力度、强度和持久性仍然是可疑的。在北大，文科各院系都有学者进行区域与国别研究，而区域与国别研究院作为一个跨学科平台，起到了很好的组织作用，在重视基础研究方面，已经形成自身的传统。

奥斯曼-土耳其研究就是一个很好的例子。在昝涛教授刚开始做奥斯曼-土耳其研究的时候，国内的土耳其研究者人数稀少，而在他和志同道合者坚持不懈的努力之下，现在国内有了一支可观的奥斯曼-土耳其研究队伍，而且已经形成了合理的年龄梯队。今天的论坛是这个学术共同体的一次盛会，来自五湖四海的学者在网络会议室中济济一堂，单从我们的议程中，就可以看到不同学科方法的交叉和不同思想学术传统的激荡。这正体现了我们北大的区域与国别研究自觉追求的风格。

正如改革开放需要经济特区，"区域国别学"的发展，尤其是对亚非拉发展中国家的研究的推进，也需要学术的试验区。在今天，就让我们从奥斯曼-土耳其研究做起，思考区域与国别研究的方向和路径，进而思考在"百年未有之大变局"之下，我们可以带着一种什么样的主体意识，来从事人文社会科学的研究。

期待两天的研讨能够结出硕果！祝愿会议取得圆满成功！谢谢大家！

作者简介：章永乐，北京大学社会科学部副部长（挂职）、区域与国别研究院副院长，北京大学法学院长聘副教授，北京大学法学院、区域与国别研究院博士生导师。

目　录

特约稿

高门的牧犬:奥斯曼帝国军政奴隶制札记 ·············· 杨　志（ 3 ）

专题一　环境、城市与疾病:奥斯曼帝国的兴衰

纳月入怀:奥斯曼帝国创业传说的历史环境视角初探(1300—1520)

·································· 张东宁（ 53 ）

近代早期奥斯曼帝国的地中海—红海城市网络 ········ 董世康（ 69 ）

黑死病在近东的传播与奥斯曼帝国的崛起 ············· 宋保军（ 97 ）

"欧洲病夫":奥斯曼帝国在 19 世纪霍乱病因学之争中的角色及应对

·································· 杨冰冰（121）

专题二　民族国家与现代性:土耳其共和国的变迁与记忆

奥斯曼帝国多元文化与当代土耳其民族主义话语 ······ 王艺涵（151）

土耳其官方关于"塞浦路斯问题"的话语构建与转变(1950—1960)

·································· 高成圆（175）

凯末尔时代土耳其教育的变革 ················ 李明隽（200）

名与实之间:围绕土耳其国名的争论 ········ 张　楠　昝　涛（234）

专题三　艺术与生活:奥斯曼帝国的格调

从珠宝镶嵌瓷器看 16—18 世纪的奥斯曼帝国 ⋯⋯⋯ 梁蓉容(249)
一位英国家庭妇女在伊斯坦布尔的日常生活,1916—1918
⋯⋯⋯⋯⋯⋯⋯⋯⋯⋯⋯⋯⋯⋯⋯⋯⋯⋯ 林之韵(269)

书评

十字路口前的阿拉伯人和土耳其人
　　——评哈桑·卡雅勒《帝国的韧性》⋯⋯⋯⋯⋯ 陈　功(307)
右翼统治的延续性:土耳其政治斗争的阶级分析之维
　　——评哈利勒·卡拉维利《为什么土耳其是威权的》
⋯⋯⋯⋯⋯⋯⋯⋯⋯⋯⋯⋯⋯⋯⋯⋯⋯⋯ 张　楠(316)
在民主与威权之间:对土耳其政治的多维度观察
　　——评阿拉特与帕穆克合著的《民主与威权之间的土耳其》
⋯⋯⋯⋯⋯⋯⋯⋯⋯⋯⋯⋯⋯⋯⋯⋯⋯ 沈莎莉(326)

附录

第一届"奥斯曼-土耳其历史研究"青年学者论坛会议综述
⋯⋯⋯⋯⋯⋯⋯⋯⋯⋯⋯⋯⋯⋯⋯⋯⋯ 秦彦洋(341)
第二届"奥斯曼-土耳其历史研究"青年学者论坛会议综述
⋯⋯⋯⋯⋯⋯⋯⋯⋯⋯⋯⋯⋯⋯⋯⋯⋯⋯ 张　楠(353)

特约稿

高门的牧犬：奥斯曼帝国军政奴隶制札记①

杨 志

摘要：奥斯曼帝国军政奴隶制是约 1380—1839 年实行于奥斯曼帝国的一种政治制度，跟中国古代的科举制、日本古代和中世纪欧洲的世袭制一样，是一种极其重要的精英选拔制度，不但对奥斯曼帝国及周边影响深远，而且是人类制度演化的重要形态。但是，军政奴隶制长期不被国内外史学界注意，属于研究空白，本文是第一篇研究它的专题论文，分两部分：第 1—6 节是上篇，侧重梳理奥斯曼帝国军政奴隶制的来龙去脉及其消亡历程；第 7—11 节是下篇，以比较制度学为角度，从精英道德、社会结构、文治进程等角度切入，把军政奴隶制与中国、日本、欧洲等其他国家的精英选拔制度比较，最终从制度演化的层面定位军政奴隶制的存在及意义。

关键词：奥斯曼帝国 军政奴隶 文治进程

本文研究奥斯曼帝国的军政奴隶制。

奥斯曼帝国政府，传统上分为军事、行政与司法-宗教三部分。其中，军事和行政主要由出身基督教家庭的改宗奴隶控制，对他们的征募、培养和任命有完备制度，奥斯曼帝国称作"Devşirme"（通译"德夫

---

① 本文首发于《京师文化评论（第 8 辑）》，北京：社会科学文献出版社，2022 年，第 225—262 页。

舍梅")。欧美史家,或者音译为"Devshirme",或者意译为"奴官制"(official slavery)。奥斯曼军政官员是名副其实的奴隶,有别于自由人,英国史家吉本评曰:"在最严格的意义上,大臣和将军全是皇帝的奴隶,他们靠他的恩惠才能受到教育,得以生存……他们发现自己身居要职,却没有亲信或友人,没有父母也没有后代,完全依赖着那只把他们从贫穷地位提拔起来的手。"[1]当代学者芬得利(Carter V. Findley)也指出:"苏丹可随意惩罚官员,包括不经司法程序处决。原则上,他们的财产都属于苏丹,可随时没收。"[2]但"奴官制"未能凸显它的军事层面,故笔者斟酌译为"军政奴隶制"。制度起于何时,尚有争论,但不晚于 1380 年[3];消亡始于 1826 年禁卫军覆灭,至 1839 年坦齐马特(Tanzimat)改革开始结束;延续四百余年。

一、军政奴隶的谱系

"奴隶"是古代东西方皆有的"社会模块",社会不同,"用法"也有别。在奥斯曼帝国,军政奴隶称为"kul",有别于奴隶市场购买,或战俘而来的普通奴隶"abd"。他们跟通常理解的"奴隶"差别很大:他们直属君主,是"苏丹的奴隶",平时拥有自由,不得买卖;部分人掌握军政大权,最高可官至首相,一人之下,万人之上,自己也拥有奴隶。据说,出任首相的军政奴隶易卜拉欣自己就有 6000 名奴隶(一说 500名)。学者派普斯(Daniel Pipes)这样区分军事奴隶(military slaves)和普通奴隶(ordinary slaves):

> 军事奴隶掌握的权力使他们能够控制自己的命运。普通奴

---

① 〔英〕爱德华·吉本:《罗马帝国衰亡史》(下册),北京:商务印书馆,1997 年,第 547 页。

② 参见 Carter V. Findley, *Ottoman Civil Officialdom: A Social History*, Princeton: Princeton University Press, p. 25。

③ 对奥斯曼军政奴隶制起源的探讨,参见 J. A. B. Palmer, "Origins of the Janissaries," *Bulletin of the John Rylands Library*, 35(2), 1953, pp. 448 – 481。

隶必须主人恩赐才能获得自由。他们可以逃跑，也可以反抗，但这些努力通常以失败告终；奴隶起义会引发动荡，推翻政府，但不会让奴隶长期掌权。军事奴隶的情况就不同了！他们往往通过慢慢调整跟主人的关系来解放自己。随着时间推移，他们从主人的奴仆发展成为独立的军事势力。这种从内部获取权力的机会，普通奴隶压根没有。①

在奥斯曼帝国，"苏丹的奴隶"并不耻辱，而是值得炫耀之身份。19世纪，欧美敦促奥斯曼帝国废除奴隶制，交涉的许多高官就是军政奴隶，不解欧美为何反感奴隶制。尽管如此，不管军政奴隶有怎样的财富、地位和权力，他终身都是奴隶，不属于自由民，人身完全由苏丹控制，苏丹如要处决他们，无须任何程序；他们死后，财产归王室，无财产权。②同时代的埃及马穆鲁克王朝也实行军政奴隶制，但不同的是，后者的军政奴隶一旦成为正式士兵，会被授予一份证书，证明他不仅已是一名合格的士兵，而且解除了奴隶身份，成为一名自由人。

军政奴隶，这样一种"制度性角色"，乍看罕见，其实其他社会也有，略举如下：

---

① 参见 Daniel Pipes, *Slave soldiers*: *The Genesis of a Military System*, New Haven and London：Yale University Press, p. 10. 作者还区分了一般性意义上的"军事奴隶"和"行政奴隶"（government slaves），认为两者有别："尽管行政奴隶和军事奴隶都享有很高的地位和权力，但这两个群体有根本的不同。行政奴隶是从统治者的奴仆中挑选出来的，而军事奴隶是士兵。行政奴隶不可能建立自己的权力基础，也几乎不会威胁主人；军事奴隶却可以在自己军团发展势力，对抗主人。这里的区别在出身，不在职位。行政奴隶可以承担军事职责，军事奴隶也经常接受行政任命。但行政奴隶即使获得军权，也不过是主人的代理；而行政职位上的军事奴隶依旧拥有军事势力，并能建立独立的政治权力。"(p. 12)本文不采取这样一种区分，因为奥斯曼帝国军政奴隶制是一体化的，"军事奴隶"和"行政奴隶"往往可互换。
② 高级军政奴隶可以找到方法绕开规定，把财产传给继承人。比如，可把继承人任命为慈善组织的负责人，资助清真寺、宗教学校、旅馆等公共服务。慈善组织可免征用，这样可保住部分财产。参见〔土耳其〕阿克辛：《土耳其的崛起》，北京：社会科学文献出版社，2017年，第12—13页。随着军政奴隶制的松弛，禁卫军后来也可以把财产留给继承人。

(1) 包衣。"包衣"是满语音译,意为"奴才",学者杜家骥按清代八旗编制及户籍制度,将其分为"包衣佐领"(或"管领下人")和"旗下家奴"两种,其制"肇端于入关前皇太极继位后,发展于入关以后"。其中,"包衣佐领"最接近军政奴隶,"共同特征是主子为皇家,他们或者属于皇室,或者属于王公贵族","既可直接以官学生的资格通过考试而步入官场,也可通过科举途径入仕",在清代出将入相、任封疆大吏者无数,如大学士、协办大学士中的来保、高斌、英和、英廉、官文、崇金,督抚中的朱国治、德保、百龄、福宁、吴兴祚、吕犹龙,都统中的雷继宗、雷继尊等。① 派普斯(Daniel Pipes)也注意到了包衣制,但认为它跟军事奴隶制有两个区别:一是包衣制吸收成年战俘,以奴为兵也无系统规划;二是以包衣为奴隶兵的时间不长,满洲入关后改由自由民为兵。②

(2) 养子和家臣。不少君主或武将为扩充家族势力,经常收养子,如中国明代朱元璋、日本丰臣秀吉。部分养子无血缘关系,但自幼被收养,彼此有感情,成年后为养父当侍卫,逐渐迁升。这些养子跟军政奴隶之于君主,都是"拟家庭关系",君主的"家里人"。军政奴隶被视为"苏丹之家"的成员,苏丹之于他们,既是君主,又是族长。两者不同,在于军政奴隶为大批征募,一次数千人,除了极少数,跟苏丹无私人联系。养子之于君主,忠诚度高于军政奴隶之于苏丹,但难以成为国家制度,国家越大,越难实行,多行于较小国家或封建领地。另一种类似角色是家臣,也普遍见于日本大名身边,每个大名都有家臣团,往往世袭,也多见于较小国家或封建领地。③

(3) 宦官。奥斯曼王国原无宦官,1453 年攻占君士坦丁堡后,始

---

① 杜家骥:《清代八旗奴仆制考析》,《南开史学》1991 年第 1 期,第 135—148 页。
② 参见 Daniel Pipes, *Slave soldiers*: *The Genesis of a Military System*, pp. 37‑38。探讨包衣与皇权关系的汉学研究,参见〔美〕史景迁:《康熙和曹寅:一个皇室宠臣的生涯揭秘》,桂林:广西师范大学,2014 年。派普斯参考了该书。
③ 对幕末时期家臣团的详细研究,参见〔日〕矶田道史:《近世大名家臣团的社会构造》,东京:文艺春秋,2013 年,作者对从"家老"到"足轻"等阶层的武士群体做了详细研究,其中,只有"足轻"是最低级的武士,不一定世袭。

采纳拜占庭帝国宦官制,主要向基督教国家购买。奥斯曼宦官也属于"苏丹的奴隶",负责宫廷事务及军政奴隶的教育,因是近臣,拥有极大政治权力。他们的权力来源,如同军政奴隶,都源于君主。[1]

可以看出,包衣最近似军政奴隶,不过在奥斯曼帝国,军政奴隶是军事主力,军政奴隶制是国家根本制度,包衣及包衣制虽重要,却无如此地位。

二、制度的起源

军政奴隶制在奥斯曼帝国的兴起,有自身需要,也有历史渊源。

奥斯曼王国兴起于安纳托利亚,毗邻拜占庭帝国,从 14 世纪起开始扩张,控制了大量欧亚领土,境内基督徒激增。在奥斯曼王国,基督徒不服兵役,但无权拥有土地,而且要缴纳人头税充军费。问题是,大量基督徒游离于国家之外,是人力浪费,也是潜在危险。[2] 早期的安纳托利亚族群复杂,土耳其人不占数量优势。自古以来,游牧帝国统治人口占多数的其他族群,都面临一个根本考验:随着时间的流逝,被统治者依旧有生产力,统治者却蜕化成无生产力也丧失暴力的寄生者,要么被赶走,要么被同化,游牧帝国不得不探索适宜长期统治的制度。

同时,早期奥斯曼王国是一个军事贵族联盟,以部族武力为基础,主要依靠军事贵族军队及边境的宗教战士(后者不是正规军事人员,无军饷,自备战马武器,报酬是劫掠的战利品)。如何约束桀骜不驯的军事贵族是所有苏丹面临的棘手难题,基督徒恰恰是一个可供代替的兵源。1402 年 7 月,奥斯曼帝国与帖木儿军大战于小亚细亚,原本效忠奥斯曼的军事贵族临阵倒戈,奥斯曼惨败,苏丹被俘身死,几乎灭国,经两

---

[1] 对奥斯曼宦官的研究,参见 Jane Hathaway, *The Chief Eunuch of the Ottoman Harem: From African Slave to Power*, New York: Cambridge University Press, 2018。

[2] 〔英〕贝尔福:《奥斯曼帝国六百年》,北京:中信出版社,2018 年,第 46 页。

三代苏丹奋斗,始重振国势。此后,奥斯曼痛定思痛,大力发展军政奴隶制,壮大禁卫军,压制军事贵族和地方势力。

奥斯曼王国是后起国家,置身三大洲交界,受拜占庭帝国(东罗马帝国)、阿拉伯帝国、波斯帝国和塞尔柱帝国等影响,军政奴隶制也不例外,源于流行中亚、西亚、南亚的奴隶兵制(ghulams,也译"古拉姆制"),塞尔柱帝国、古尔王朝、花剌子模王朝、马穆鲁克王朝等都以此组建奴隶军团,支撑君权,制衡豪强。奥斯曼帝国兴起时,奴隶兵制已有七八百年历史。[1] 奴隶来自外,无部族背景,身份低微,只能依靠君主,貌似不威胁君权,是巩固军权的上策。在中东,土耳其人被视为剽悍善战的奴隶战士。晚期阿拉伯帝国,大批来自中亚草原、尚未皈依的土耳其奴隶,被带到阿拉伯帝国的首都巴格达受训,成为士兵和官员,通过功勋晋升为高官。

塞尔柱帝国的奴隶兵制,对奥斯曼帝国的影响最直接。后者是从安纳托利亚兴起的突厥帝国,盛极一时,后被西征蒙古所灭,奥斯曼正是在其废墟上兴起的许多小国之一。学者弗里奥尼斯(Speros Vryonis)指出,奥斯曼军政奴隶制的许多内容,如在战俘中挑选精英培养奴隶兵,委任其兼管行政,早已见诸塞尔柱帝国。[2] 东正教的拜占庭帝国也习惯以外族士兵制衡内部势力,并对巴尔干地区的斯拉夫人、阿尔巴尼亚人等族群实行每5个孩子抽取1人的募兵制。这也被奥斯曼帝国仿效。[3]

---

[1] 现知的奴隶兵篡权,最早见于8世纪,派普斯指出,普通奴隶可以在战场上提供辅助支持,但要成为主要军事力量,则必须存在一个系统获取、训练和使用奴隶的奴隶兵制。由此推测,在篡权夺位发生之前,奴隶兵制至少已经存在30年。参见 Daniel Pipes, *Slave soldiers: The Genesis of a Military System*, pp. xxi - xxii。

[2] 参见 Vryonis S. Seljuk, "Seljuk Gulams and Ottoman Devshirmes", *Der Islam*, 41 (1965), pp. 224 - 252。

[3] 罗马帝国近卫军制,可能对奥斯曼帝国禁卫军制也产生了一定影响。罗马帝国近卫军不是奴隶军团,但也是军事集权产物,是恺撒私人卫队的扩充,从奥古斯都创建,至君士坦丁大帝废弃,其间三百多年,演化历程跟奥斯曼帝国禁卫军有惊人的相似。国内对罗马帝国近卫军的研究,参见张晓校:《罗马帝国近卫军史纲》,北京:中国社会科学出版社,2018年。

　　一般认为，奥斯曼帝国改革奴隶兵制，推行军政奴隶制，始于第二任苏丹奥尔汗在位期间(1323—1362年在位)。最初，奴隶兵只是苏丹卫队，继任的穆拉德一世(1362—1389年在位)开始把它发展成一支独特部队，用于保护新征服的欧洲领土。以往的奴隶兵制，主要吸纳成年战俘。成年战俘的作战技巧已经定型，难以改造，忠诚度也存疑。而且，奴隶军团不易控制，像阿拉伯帝国组建土耳其人的奴隶军团不久，军团就迫使皇帝(哈里发)迁往新都，君主在城中近乎囚徒。① 更有奴隶军团反客为主，篡权夺位，埃及马穆鲁克王朝("马穆鲁克"是"Mamluk"音译，意为"奴隶")就是篡权的突厥奴隶军团创建。基于上述教训，穆拉德一世决心改良奴隶兵制。按伊斯兰教法，苏丹有权分享战利品的五分之一，包括五分之一的战俘。他下令以税收的方式，从基督教家庭征募少年奴隶，而不是从国外捕获或者购买，随后令其改宗，集中培训成军事奴隶。原先，不愿改宗的基督徒可通过支付人头税免除兵役，但苏丹宣称，特定年龄的基督徒男孩不能免除兵役。这种从基督徒臣民中定期征募少年奴隶的方法，遂成定制。

　　军政奴隶制最初旨在征募军事人才，巴耶济德时期(1389—1402年在位)推广到行政领域，成为军政合一的人才征募制度。②它所培养的军政奴隶，如果有才能，有功勋，便可逐级提拔，晋升为总督、大臣和首相，渐渐成为奥斯曼帝国的中坚。1453年，奥斯曼帝国攻占君士坦丁堡为首都，从地区大国向世界帝国转变，军政奴隶制进一步扩张，结果，如英国史家汤因比所说："奥斯曼皇室随着帝国的迅速膨胀，精心的扩大他们个人的奴隶王室，使之变成帝国政府的工具，最终排挤了奥斯曼的自由人。"③

---

① 〔英〕威廉·穆尔：《阿拉伯帝国》，西宁：青海人民出版社，2006年，第389—393页。

② 〔美〕斯坦福·肖：《奥斯曼帝国》，西宁：青海人民出版社，2006年，第43页。

③ 〔英〕汤因比：《历史研究》第三十七章《文官制度》，上海：上海人民出版社，2017年，第283页。汤因比的史学生涯始于奥斯曼帝国研究，并且因第一部著作《文明的接触：希腊与土耳其的西方问题》〔英文本1922年版，中译本上海人民出版社(转下页)

英国学者贝尔福认为,该制度的最大优势是非世袭,不会创造土生土长的世袭贵族,威胁苏丹的权力。如果自由民也成为苏丹奴隶,他们的亲属就可能凭借他们的势力压迫农民,拒绝纳税,不服从地方政府。①按教法,军政奴隶如有孩子,他们已属于自由人,无权加入奴隶军团,这就避免了军团的内部世袭,削弱了篡权的可能。制度虽然残酷,却也有效,奥斯曼帝国能威震欧亚,长期稳定,与此不无关系,故苏丹宣称:"我们提取异教徒的精华为我所用。"②

军政奴隶制开启了奥斯曼帝国的一个传统——苏丹通过改宗奴隶来管理各族子民,从首相到大臣,再到行省长官、征税官及各级行政人员,大多是苏丹"奴隶之家"成员。不管他们何等恩宠,多大权力,终生维持这样一种"主奴关系"。③

三、征募和培养

每隔三四年,帝国政府都派禁卫军官前往各地的基督教村庄,以村为单位,每40户征1名身体健壮、符合要求的男孩,送到伊斯坦布尔的"苏丹之家",培训成军政奴隶。一般每次征募1000—3000人不等,兵员匮乏的特别时期也可能扩充到8000人。

通常的做法是,禁卫军官抵达基督教村庄后,向村里牧师索要受洗男孩名单,然后让男孩聚集在村中心进行挑选。征募有明确条件:

(接上页)2019年版〕同情土耳其民族主义,得罪希腊政府,最终丢掉了被希腊资助的伦敦大学国王学院教席。

① 〔英〕贝尔福:《奥斯曼帝国六百年》,第171页。

② 〔英〕古德温:《奥斯曼帝国闲史》,南京:江苏人民出版社,2010年,第52—53页。

③ 此处采用欧美学界的主流观点,但要补充的是,土耳其学界不全赞同,坚持认为苏丹之于军政奴隶,并非"主奴关系",而是一种有条件的"恩庇关系"。参见 Gülay Yilmaz, "Becoming a Devṣirme: The Training of Conscripted Children in the Ottoman Empire," in *Children in Slavery Through the Ages*, Ohio: Ohio University Press, 2009, pp. 127 - 128。

不征募伊斯坦布尔和其他大城市的男孩,担心不够吃苦耐劳;不征募乡村手艺人的男孩,担心损害手工业;不征募孤儿,认为缺乏教养;不征募已婚男子,认为太过成熟,不易同化(基督教家庭逃避征募的办法之一,是让男孩尽早结婚);不征募犹太人,认为缺乏战斗力;不征募吉卜赛人,认为不可靠;有犹太人、土耳其人、库尔德人、波斯人、鲁塞尼亚人(基本就是乌克兰人)、莫斯科人和格鲁吉亚人血缘者可不征募,亚美尼亚人仅征募入皇宫服侍,不加入禁卫军。① 按伊斯兰教法,教内自由人不可为奴,故不许加入军政奴隶制,但波斯尼亚地区例外。15 世纪,当地人上书苏丹,请求容许自家男孩加入。苏丹欣然应允,特允他们直接进宫任职。②

征募年龄最初规定在 12—15 岁,后因火器兴起,火枪手的培训时间缩短,调整为 15—20 岁。征募地区最初是巴尔干地区的基督教家庭,有希腊人、保加利亚人、阿尔巴尼亚人、塞尔维亚人、波斯尼亚人等;15 世纪末拓展到安纳托利亚地区的基督教家庭,但有些地区不被列入,如伊斯坦布尔(现首都)和布尔萨(原首都)。

征募是强制的,试图藏起孩子的家庭会遭受严厉惩罚。为防村里男孩被征募,村民有时伪造受洗登记,或者宣布他们已经结婚。不少地区群起反抗,甚至叛乱。但有时候,某些家庭地瘠民穷,子女众多,让孩子加入禁卫军也是一个前途,家长也以免除税负为条件答应。甚至,不乏人设法混入,如不在征募范围的犹太人。

以上是一般性描述,具体的征募情况,我们可参考土耳其学者伊尔马兹(Gülay Yilmaz)对 1603—1604 年度征募的研究。征募分四个选区,四组禁卫军官被派赴各地工作,耗时三个月到半年,中央和地方围绕男孩展开博弈。当地精英不能公开抵制征募,但能限制征募范围,可就谁被选为征募者跟禁卫军官磋商。

---

① 〔英〕芬克尔:《奥斯曼帝国:1299—1923》,北京:民主与建设出版社,2019 年,第 83—84 页。

② 〔美〕斯坦福·肖:《奥斯曼帝国》,第 151—152 页。

最后征得 2604 名男孩,由禁卫军送往伊斯坦布尔。名单抄录两份,一份副本留给当地保管,一份由征募军官随身携带。为防中途逃亡,男孩身着红衣红帽,一路严密看护,不在同一地点住宿两次,也不接受当地人赠予的食物,形同囚犯。抵达伊斯坦布尔的人数,比出发前少八名,不清楚是死亡,还是逃亡。作者指出,逃亡的情况经常发生。1564 年,甚至有村民前往伊斯坦布尔,偷偷带回自己的儿子。1626 年的一份官方报告称,有 404 名男孩全部失踪。1657 年的一份报告则称,有 72 名男孩死亡或者逃走。实际上,有的军政奴隶在加入禁卫军,成为高级军官以后,仍然借机逃亡。

伊尔马兹根据档案,比较了历年平均年龄的变化。最初规定,征募男孩的年龄在 12—15 岁之间;15 世纪晚期和 16 世纪早期,被征募者实际平均年龄为 13.5 岁;但 1603—1604 年的征募,年龄上限移到 20 岁,被征募者的实际平均年龄升到 16.5 岁,42% 的男孩年龄在 18 岁或者 18 岁以上。为什么有这样的年龄变化? 作者认为,一方面是征募者的经济考量,随着人口的激增,军政奴隶制越来越吸引农村的无业青年;另一方面与近代火器的发展有关,培训火枪手不必像以前耗费那么多精力和时间,年龄上限也随之提高。①

抵达伊斯坦布尔后,男孩被允许休息两三天,然后当着禁卫军首领的面,赤身裸体接受第二次体格检查,看是否有缺陷,记录肤色、身高和年龄,测试智商,综合评估他们适合在什么部门服役,分为两类:天赋好的选为"内务生"(inner boys),其余归为"外廷生"(foreign boys)。然后让所有男孩改宗,接受割礼,并取新的宗教名字。

内务生被送到专门设立的宫廷学校(Enderun)学习,由白人太监管理,发给日薪。入校后,他们被介绍给官员和学长,教导要谦恭有

---

① 参见 Gülay Yilmaz, "The Devshirme System and the Levied Children of Bursa in 1603-4,"*BELLETEN*,2015,pp. 901-930。

礼，亲吻上级的手以示尊敬。他们必须步态稳重，衣装整齐，就餐无声，定期洗漱，每天五次祷告。日程紧凑，学习严苛，天亮就开学，每小时都有指定的任务，起床、祈祷、吃饭、睡觉、锻炼和学习的时间都有规定。到下午放学前，没什么空闲时间。整个学校的运作如军队，意在培养团队精神。因为是年轻人，难免有违反学校规定的现象，如酗酒，这种情况通常要被惩罚，记录在案。学生最害怕被开除，这样所有特权都会被剥夺。[①]

宫廷学校分为预备学校和职业学校，全部培训期十四年（各阶段的训练年限会根据实际需要缩短或延长）。学员学习经文，但主要学习世俗知识，特别是治国术和军事学。课程兼顾了人文学科、体育锻炼、动手能力和职业训练。人文课程包括土耳其语、阿拉伯语和波斯语，特别是要求学生熟练掌握土耳其语。他们接受大量体能训练，特别是摔跤、射箭、举重、长矛和马术。因为许多人将来要加入近卫骑兵，不仅要骑术了得，兵器也要在行。

他们还要在职业学校学至少一项手艺，苏丹也不能免。穆罕默德二世是一名专业园丁，塞利姆一世、苏莱曼一世是技术高超的金匠，哈米德二世（Abdul Hamid Ⅱ）擅长制作家具，其他皇室成员则擅长刺绣、制弓和打磨刀剑。军政奴隶还学习调制饮料、烹饪苏丹喜爱的菜肴、清洗亚麻制品、整理头巾、理发、剃须、修剪指甲和土耳其浴养生等技能。[②]

每隔 3—7 年，内务生就从预备学校毕业，大部分人分配到禁卫军团与政府机关出任中下级军官和官员，少部分可以升入高一级的职业

---

① 参见 Gülay Yilmaz, "Becoming a Devşirme: The Training of Conscripted Children in the Ottoman Empire," in *Children in Slavery Through the Ages*, pp. 122 - 123。

② 〔英〕贝尔福：《奥斯曼帝国六百年》，第 170—173 页。我们不妨把宫廷学校称为奥斯曼帝国的"国子监"，把他们的课程与明清国子监的课程做比较。明清国子监的学习是为了科举考试，主要教导儒典、法律、史书，形式以策论和诗赋为主，不要求体育锻炼，更不用说学习手艺。明清国子监的日常生活，参见申国昌：《生活的追忆：明清学校日常生活史》第一章，福州：福建教育出版社，2018 年。

学校。通过全部教育的毕业生，如同中国的进士，经十几年培训，往往年届 30，文武双全，是高官候选。

大多数外廷生被送到安纳托利亚的土耳其村庄，劳动 4—7 年，同吃同住，接受同化。政府付给农户钱粮，每年派员考察情况。少部分被送到伊斯坦布尔的作坊或国有工场劳动。上述阶段结束后，他们被送回兵营，进行严苛的军事训练，同时识字及学习经文，有时分配些任务，如清扫、搬运、做饭等。如果禁卫军外出打仗，他们要代替禁卫军在城里当守夜人、消防员和警察，直至成为正式的禁卫军。

令人惊讶的是，奥斯曼帝国允许军政奴隶跟他们原来的家庭保持联系，可给村里父母汇款，扶养他们。这也显示了帝国的自信。阿尔巴尼亚和波斯尼亚的军政奴隶，尤以裙带关系出名。苏莱曼大帝的首相鲁斯坦（Rüsten）不喜欢来投奔的亲戚，据说还把父亲遗弃街头，受人指责。另一位首相易卜拉欣（Ibrahim）则不同，他父亲爱喝酒，经常出没底层小酒馆，醉后躺在泥里，让身为高官的儿子扶回家，但易卜拉欣毫不介意。有时，村里来的小伙子不适合当兵，他们就推荐给有联系的商人当学徒。[1]

四、禁卫军

军政奴隶制的设立，首要目的是培养听命于苏丹的禁卫军，故出军人最多，包括骑兵、工兵、炮兵、步兵等兵种，人数最多、势力最大的是步兵团（土耳其语 yeniçeri，英语 Janissaries，通译"禁卫军"或者"新军"，这两个译名的缺点，是未能凸显"步兵"，又遮蔽了骑兵、工兵等其他兵种，但袭用已久，本文未改），先后出了 79 位首相、36 名舰队司令，连苏丹名义上也是其中一员，编字为第 1 号，地位非其他禁卫部队可比。对其研究甚多，是窥见军政奴隶制的重要窗口，故本节选取加

---

[1] 参见 Godfrey Goodwin, *The Janissaries*, London：Saqi Books, 2013, pp.44 - 45。

以讨论。[1]

奥斯曼帝国的军队分为三大系统：一是近卫军团，包括近卫步兵（禁卫军）、近卫骑兵、近卫炮兵等；二是地方部队，主要是封地骑兵；三是边境的宗教战士。[2] 其中，禁卫军 196 营（orta/bölük），第 65 营后因暗杀苏丹被撤销，实存 195 营。主力驻扎在首都伊斯坦布尔，部分营巡回驻扎于各大关塞要地，主要驻地是巴格达、巴士拉和大马士革。营长称阿迦（aga），有一名副官和几名助手，每营配一名领拜师和一名文书。每营人数，15 世纪中期是 50 人左右，16 世纪增加到 100 人左右，后又膨胀到 600—700 人。每营有一顶大帐篷，有自己的旗号纹章，分许多小队；每小队为独立单位，一起吃住生活。禁卫军受训后，右臂和右腿刺上所属小队的符号和编号，表示成为正式队员，目的在战死后便于辨认遗体，同时作为领取薪饷和配给的凭据。[3]

最高指挥官和各营指挥官都由苏丹选定，首相无权对他们下命令，所有指示都必须苏丹同意。指挥官有权惩罚有罪的士兵，其他官员则不能抓捕和监禁他们。有 34 营为苏丹卫队，因为接近苏丹，禁卫军军官大都从中产生。为防军政奴隶篡权，帝国还在制度上设置多重"保险"：不许禁卫军在役期间结婚，不许他们的儿子加入军团，不许自由民加入禁卫军，等等。

土耳其游牧时期的传统为首领须每日为部下提供一餐，禁卫军官

---

① 本节主要参考尼科尔（David Nicolle）的《禁卫军》（*The Janissaries*）和古德温（Godfrey Goodwin）的《禁卫军》（*The Janissaries*），辅以麦克布莱德（Angus McBride）的《奥斯曼土耳其军队：1300—1774》（*Armies Of The Ottoman Turks 1300 - 1774*）、阿克桑（Virginia H. Aksan）的《奥斯曼战争：1700—1870》（*Ottoman Wars, 1700 - 1870*）等其他著作，如非必要，引文不再注明出处。

② 对奥斯曼部队结构的论述，参见 Douglas E. Streusand, *Islamic Gunpowder Empires: Ottomans, Safavids, and Mughals*, Westview: Westview Press, 2010, pp. 82 - 98.

③ 〔英〕安德鲁·惠克罗夫特：《1683 维也纳之战：哈布斯堡王朝和奥斯曼帝国的生死对决》，成都：天地出版社，2018 年，第 19 页。

名义上继承了这个传统,营长叫"分汤人",副官叫"掌厨者",苏丹叫"赐予我们食物的父亲",等等。以大锅为部队标志,如同军旗,平时议事也在锅边,此锅如在战场丢失,则是奇耻大辱。

禁卫军要求随时能投入战斗,服役期间不许结婚,集体住在兵营坚持训练,但待遇优厚。他们负责国务会议的保卫工作;负责在市场和集市维持秩序,监督公平交易,对不正当交易实施处罚;轮流守卫行省的城镇及要塞,每年驻守各地 9 个月,再返回伊斯坦布尔。他们的薪酬由苏丹直接支付(地方的"封地骑兵"主要依靠自己的封地收入),三个月发一次,个人完成特殊任务还有额外奖金。[1]此外,每次苏丹登基,他们也会获得一笔特别奖金。多数禁卫军在 45 岁左右退休并领取养老金,然后在首都或其他城市经商,生病、残疾或精神失常的士兵也有养老金。

禁卫军统一信仰拜克塔什教派(Bektashi Order)。土耳其人在西亚、中亚的扩张中,神秘主义(苏菲派)的托钵僧团起了重大作用。他们随同边境上的宗教战士团(gaza,通译"加齐")作战,鼓励他们,传播宗教,并获取逃亡者的土地。宗教战士团类似基督教骑士团,以教规为准则,辅以神秘主义思想,崇尚豪侠精神,成员互亲互助。奥斯曼的崛起,最初同样依赖宗教战士团及僧团,经常把土地拨给托钵僧团建立僧院,苏丹往往加入某一僧团。禁卫军也跟托钵僧团联系紧密,主要信仰拜克塔什派。这是什叶派的一支,起源于安纳托利亚乡村。据说,第二任苏丹奥尔汗是僧团创始人的赞助者,在当时的首都布尔萨为他们建了僧院。1591—1592 年间,帝国正式承认拜克塔什派与禁卫军的联系,册封了该派精神领袖,允许拜克塔什派僧侣入驻兵营,为战士祈祷。

奥斯曼帝国属逊尼派,为何允许最重要的军团信仰什叶派?一个原因是,奥斯曼帝国兴起于中东文明"边陲",最初流行种种教派,无甚

---

[1] 〔美〕斯坦福·肖:《奥斯曼帝国》,第 161 页。

正统观念，禁卫军信仰拜克塔什派，并无可议。第二个原因是，拜克塔什派也受到了基督教、佛教和土耳其传统的多重影响，不那么拘泥教派之别，让改宗奴隶有亲切感。而且，该派出于乡村，思想朴素，无烦琐礼仪，外来者也易接受。还有一个原因可能是，苏丹也不希望禁卫军跟本土势力太近，以免不易控制。不过，奥斯曼帝国也不是全不警惕禁卫军的非主流因素。16 世纪后半期，奥斯曼帝国与什叶派的萨法维帝国争霸，一度关闭了拜克塔什派的重要庙宇。因为这样一种政治压力，该派宣称自己属于逊尼派。[①]

　　禁卫军的崛起，还跟近代火器有关。15 世纪，经欧洲改良的火器流播世界，是否掌控新式火器及其技术，就像当今拥有导弹和战机，成为各国存亡的关键，非洲、东亚和内亚无不波及。在东亚，1544 年，火器经葡萄牙流入日本，加速了战国时代的结束——织田信长的崛起与德川幕府的建立，都跟欧式火器有关。明朝之亡，也跟"登州兵变"（崇祯四年，1631 年）后，葡萄牙火器传入后金有关。[②] 在内亚，新式火器最先波及毗邻欧洲的奥斯曼帝国。禁卫军原先使用弓、刀等冷兵器，1389 年，他们在欧洲的科索沃见识到欧式火器的厉害，迅速改用火枪和火炮，很快掌握最先进的火器技术，完全适应了当时的军事革命。禁卫军的专业化程度，此后在欧洲名列前茅，有欧美史家称之为第一支装备火器的常备军步兵。[③] 1453 年，奥斯曼帝国以重炮攻占君士

[①] 参见 Zeynep Yürekli, *Architecture and Hagiography in the Ottoman Empire : The Politics of Bektashi Shrines in the Classical Age* , Burlington：Ashgate Publishing, 2012, pp. 29, 47。

[②] 欧洲火器对战国日本影响之研究，参见宇田川武久：《鉄炮伝来：兵器が語る近世の誕生》，东京：中央公论社，1995 年。第四章论织田信长的"新战术"与欧洲火器之关系，第六章论德川家族对欧洲火器的仿造和购入。对中国影响之研究，参见〔美〕欧阳泰(Tonio Andrade)：《从丹药到枪炮：世界史上的中国军事格局》，北京：中信出版集团，2019 年，第 9—15 章。对东亚影响之研究，参见李伯重：《火枪与账簿：早期经济全球化时代的中国与东亚世界》，北京：生活・读书・新知三联书店，2017 年。

[③] 欧洲火器在传入奥斯曼帝国后，向东传入中亚的萨法维帝国和印度的莫卧儿帝国。这三国皆挟火器崛起，压制内部的割据势力，加强集权，开疆拓土，被称为 （转下页）

坦丁堡,灭亡拜占庭帝国;1517 年,又凭借大炮和火枪突袭并击溃埃及马穆鲁克王朝,征服埃及和叙利亚,成为中东霸主。①

16 世纪的东西方,除了中国,均处于封建社会,武士和骑士皆世袭,军政奴隶制通过训练和考试选拔人才,军阶由军人功勋决定,其实是最早的职业军人,战斗力非欧洲骑士可敌。禁卫军横扫欧洲,所向披靡,这也是一个制度上的原因。欧美史学很少愿意承认的一个事实,是军政奴隶制强烈冲击了中世纪欧洲的军事世袭制,逼迫他们向职业军制转化,导致了"强势君主制"(对此概念的探讨,详见第十一节)的崛起,从而呈现出"制度竞争"的大历史进程。考虑到奥斯曼帝国长达两百年的强大军事优势,它对中世纪欧洲的制度冲击,无论怎么评价都不过分。故意大利思想家马基雅维利在《君主论》中,将奥斯曼帝国的政治制度视为最首要的"他者",与法国并列为"君主国"的"两大类型",对之不乏欣赏。②

五、行政官员

完成全部宫廷学校教育的军政奴隶,有 39 人会被选为苏丹的私

(接上页)内亚世界的三大"火药帝国"。相关研究参见 Douglas E. Streusand, *Islamic Gunpowder Empires: Ottomans, Safavids, and Mughals*, Westview: Westview Press, 2010。奥斯曼帝国火器也从陆路传入明朝,赵士桢于万历二十六年(1598 年)制成的"鲁密铳",就是奥斯曼火绳枪的改进版,"鲁密国"就是奥斯曼帝国。

① 奥斯曼帝国的军政奴隶以步兵为主,马穆鲁克王朝的军政奴隶以骑兵为主。随着火器的发展,骑兵逐渐落伍,故奥斯曼帝国能一举击溃马穆鲁克王朝,兼并其地。两者训练的差异,参见 Gilles Veinstein, "On the Ottoman janissaries (fourteenth-nineteenth centuries)," *Fighting for a Living: A Comparative Study of Military Labour*, 1500 - 2000, Amsterdam: Amsterdam University Press, 2013, pp. 131 - 132。但作者认为禁卫军训练不足,则未被学界接受。

② 参见〔意〕马基雅维利:《君主论》,北京:中央编译出版社,2017 年,第 48～57 页。马基雅维利划分的两大国家类型,就是后世分类的"集权国家"与"封建国家"。因视野所限,他未能意识到,奥斯曼帝国的集权水平远逊中国,其实不是集权国家的典型。直至 300 年后,法国思想家托克维尔才意识到这一点。

人侍从，侍候日常起居，地位仅次于首席侍从，被任命为执剑侍卫、持弓侍卫、寝宫管事、膳房管事等职。其中，最重要也最荣耀的职位掌管枢密室的钥匙，任过此职的大臣都把它写进自己头衔。部分军政奴隶于此开始攀登权力高峰，最后成为首相。①

早期奥斯曼王国以军事为要，政务不多，随着领土的扩张，政务日繁，苏丹无法事必躬亲，只能将大量政务委托大臣（"vezir"，通译"维齐"）处理，行政的官僚化也就在所难免。国家大政方针，一般在国务会议讨论，由苏丹指定一名全权代表主持，是为首相（"grand vezir"，通译"大维齐"）。攻占君士坦丁堡后，奥斯曼转向帝国形态，首相权力有了巨大变化，苏丹逐渐把权力移交给首相，不再出席国务会议，改为躲在一个有格栅栏的房间（被称作"苏丹之眼"）观察大臣议政，首相成为名副其实的行政首领，直接对苏丹负责。

早期首相从土耳其贵族中产生，随着军政奴隶制的扩张，苏丹转从军政奴隶选取臣僚。1453 年，穆罕默德攻占君士坦丁堡，随即除掉出身土耳其贵族的首相哈利勒，让阿尔巴尼亚人扎加诺斯帕夏（Zaganos Pasha）接任，顾问尽数换成军政奴隶。他的七位首相，只有两名是土耳其人，另五名是改宗基督徒，其中两名还是军政奴隶。②此后，苏丹尽量从军政奴隶中挑选各级官员，包括总督、大臣和首相，首相多是军政奴隶。名义上，奥斯曼帝国是土耳其人建立的帝国；实际上，高官显贵却主要是改宗奴隶。例如，阿尔巴尼亚被奥斯曼帝国吞并后，这一地区的军政奴隶很快位居高位，包括后来使帝国"中兴"的柯普吕律（Köprülü）首相家族。

奥斯曼人认为，帝国有四根支柱，第一根便是首相。尽管如此，军政奴隶出身的首相仍是奴隶，有别于自由人。苏丹如不称意，即行处决，财产充公，无须程序。苏莱曼大帝的首相易卜拉欣，是来自希腊的军政奴

---

① 参见 Godfrey Goodwin, *The Janissaries*，pp. 57 - 58.
② 〔英〕芬克尔：《奥斯曼帝国：1299—1923》，第 85 页。

隶,被苏莱曼慧眼识才,拔擢为首相,纵横捭阖,威震欧亚,是卓越的外交家和军事家,深得宠幸。但他功高震主,忽于 1536 年 3 月被苏莱曼赐死,尸体弃于宫门,草草埋葬,连墓碑都没有,财富全部收归苏丹。

六、演化和衰亡

奥斯曼军事奴隶制的"原初形态",或曰"理想形态",已如上述。但一切皆流,世间无三四百年不变的制度,随着社会、技术、利益等因素的变迁,军政奴隶制也在发生变化。

第一个变化,是随着帝国的扩张,军政奴隶渐渐羽翼丰满,特别是,禁卫军的规模日渐扩充,成为左右帝国政治的重要势力。

禁卫军的人数,14 世纪初为 1000 多人;1475 年,增为 6000 名步兵、3000 名骑兵;1527 年,增为 37600 多名(包括步兵、骑兵和其他兵种);1683 年围攻维也纳的奥斯曼军,禁卫军占 1/4;1699 年后,人数有削减,但很快反弹,18 世纪中期增至不少于 11.3 万名。[1]

权势上升的第一波影响,如苏丹所求,是军政奴隶跟土耳其贵族和宗教集团龃龉。帝国内部匹敌军政奴隶的政治势力是土耳其贵族和教士,后者主要出身教育系统,包括律法学家、神职人员、教师等。学者沙欣(Kaya Şahin)研究苏莱曼大帝的一名大臣穆斯塔法(Mustafa,1490—1567),并写了一本传记,我们可从中窥见两者矛盾之一斑。穆斯塔法是自由人,就学于律法学校,而不是军政奴隶的宫廷学校,它的毕业生往往成为法官、讲师,或者国务会议或财政部的秘书。他以自己的身份自豪,认为自由人在德行上胜过军政奴隶,视后者为贪渎之辈。[2] 最初,苏丹通过平衡两个集团的关系来控制两者,

---

[1] 参见 David Nicolle, *The Janissaries*, London: Osprey, 1995, pp. 9 - 10.

[2] 参见 Kaya Şahin, *Empire and Power in the Reign of Süleyman: Narrating the Sixteenth Century Ottoman World*, New York: Cambridge University Press, 2013, pp. 19 - 22.

但攻占君士坦丁堡后，权力的天平逐渐倒向军政奴隶。这也激怒了土耳其贵族，许多人退回自己领地，暗地反对苏丹，促成了 16 世纪后期的"塞拉利(Jelalis)叛乱"，直至苏丹做出妥协，叛乱方告结束。

权势上升的第二波影响，是禁卫军在压制土耳其贵族及宗教集团后，也掌控了左右苏丹的权力。从穆拉德二世(1421—1444 在位)起，无禁卫军支持，苏丹往往难以即位，即使勉强登基，也根基不稳。1481 年，绰号"征服者"的苏丹去世，两个王子巴耶济德和杰姆争夺帝位。苏丹生前倾向杰姆继位，但禁卫军更青睐巴耶济德。为此，他们控制首都，与高官合谋，暗杀了首相，截获并处死首相向杰姆派出的密使。在禁卫军支持下，巴耶济德抢先抵达首都，成为新一任苏丹。作为回报，他向禁卫军许诺更丰厚的待遇。下一任苏丹苏莱曼在位初期，禁卫军人数达常备军的 1/4，不时哗变。1525 年春，他们发动暴乱，洗劫海关和城市，甚至冲击苏莱曼，迫其仓皇逃走。虽然哗变最后被镇压，但苏莱曼还是要出一笔钱安抚他们。1589 年，禁卫军抗议国家发给他们贬值的钱币，攻入皇宫，要求拿到负责高官的人头，苏丹被迫同意，随后三年，又接连迫使两任首相下台。1622 年，禁卫军杀害逃避他们控制的苏丹，创下弑君先例。此后他们不时叛乱，结局多以杀戮大臣和首相、苏丹增加赏赐告终。[1]

至此，禁卫军丧失了军事纪律，也丧失了政治控制，为了自身利益不时兵变，杀戮大臣和首相，甚至苏丹。虽然他们未像马穆鲁克军团那样篡权，但飞扬跋扈，朝野忌惮三分。

第二个变化，是随着军政奴隶权势的增长和利益的丰厚，苏丹"奴隶之家"不接纳军政奴隶后代和自由民的硬性规定，在两者的反对下，渐渐废弛。

军事奴隶希望后代有好的出路，想方设法让儿子继承财产，谋求

---

[1] 〔英〕贝尔福：《奥斯曼帝国六百年》，第 185—187、207—208、337—338、第 347—348 页。

让其进入"奴隶之家"。而自由民则认为自己是头等公民,理当在军政领域有一席之地,也要求被"奴隶之家"接纳。在两派的持续压力下,"奴隶之家"最终对两者都开放了。1568年,禁卫军后代被允许加入禁卫军;1582年,自由民也被允许加入"奴隶之家"。起初,这还需规避程序,毕竟禁卫军是奴隶军团,把自由民划为奴隶不合律法,但到穆拉德四世时期(1623—1640年在位),无论是禁卫军还是苏丹的"奴隶之家",只接纳基督教奴隶的传统被废除,军政领域呈现世袭趋势。禁卫军逐步由强迫征募转为志愿征募,从单一的军政奴隶群体转变为一个混合群体,成员包括军政奴隶、自由民及其亲属,开始失去奴隶军队的部分特征。

起初,禁卫军服役期间不许结婚,16世纪初,这项禁令被苏丹塞利姆一世(Sultan Selimi)废除。已婚禁卫军可搬出去住,只有单身禁卫军留在营里。至17世纪后期,禁卫军如晚清八旗,充斥着为饭碗和养老金而入伍的、其父亲或叔伯拥有禁卫军身份的人。禁卫军的工资票证(pay tickets)在伊斯坦布尔的市场公开出售,拥有者可挂名禁卫军,领取工资,甚至一人有多张票证。①

第三个变化,是帝国允许军人经商,禁卫军遂深度介入首都及其他大城市的商业活动,跟各个行会紧密联系,逐渐市民化,最后出现了以"武装市民"裹挟中央的局面。

军政奴隶制的设想,是禁卫军集中居住在首都及大城市兵营,苏丹发工资。这是一种"理想设计",但以前现代社会的经济能力,完全由政府养军并不实际,军队扩充后更是如此。奥斯曼王国时代的部分骑兵,遵循古游牧军的传统,是平时游牧、战时劫掠的牧民。奥斯曼王国成为帝国以后,不宜再在国内劫掠,禁卫军又是步兵,不可能放牧,故转向允许禁卫军经商、农耕、为匠,补贴家用。土耳其学者卡拉德米

---

① 参见 Mehmet Mert Sunar, "Cauldron of Dissent: a study the Janissary corps, 1807 - 1826," dissertation, Binghamton University State University of New York 2006, pp. 56 - 60.

尔(Zafer Karademir)指出："很早以来，禁卫军就不仅是士兵。他们被送到宫廷学校受训，也学习其他手艺，如做面包、当铜匠、制靴子、缝帐篷、造珠宝等。送到土耳其家庭同化的其他人也学手艺。……显然，这是国家有意为之，希望以此节省军费。"[1]这跟清政府入关后规定八旗兵"不许与民人争利""不农不商"的情况截然相反。禁卫军经商为匠，有暴力，有靠山，有特权，能免税，获利不难，遂成了许多禁卫军的正式工作。据史料，16世纪前，禁卫军已涉足生产交易领域，17世纪渐渐活跃，到18世纪和19世纪早期，构成了首都的部分劳动人口，包括大量工匠、店主和商贩，军人反成第二职业。禁卫军被镇压后，伊斯坦布尔的手工业竟五六十年无法恢复元气。

"军人经商"这一政策，最终失控，出身下层的低级军官，因跟普通禁卫军声息相通，了解和代表他们的利益，拥有了巨大能量，与其他首都市民结成一股足以对抗中央的"武装市民"，对高层军官和中央政府构成了长期挑战。1807—1808年禁卫军叛乱，杀戮改革派苏丹塞利姆三世，下级军官实为背后策划者。[2]

第四个变化，是17世纪起，火器革命加速，欧洲各国纷纷推行军事变革，禁卫军体制渐渐落后于时代，导致帝国丧失了欧洲军事强国的地位，最终被欧式新军代替。

17世纪前后，火器革命迅速发展，原有战术成为明日黄花，欧洲

---

[1] 参见 Zafer Karademir, "The Janissaries in the social and economic life of Rum (Sivas) Province in the middles of the 18th century", *The journal of international social research*, Volume 7, Issue 29, 2014, p. 493。该文研究了18世纪奥斯曼帝国鲁姆行省(Rum Province)的禁卫军经济状况，发现他们的第二职业依次为务农、畜牧和经商。地方禁卫军拥有大量土地，跟首都情况有所不同。

[2] 参见 Mehmet Mert Sunar, "Cauldron of Dissent: a study the Janissary corps, 1807-1826," dissertation, Binghamton University State University of New York, 2006, pp. 48-53, 96-98。本篇博士论文于禁卫军的研究范式颇具颠覆性，作者力驳以往研究的欧美"东方主义视角"和强调现代化的"凯末尔主义(中央政府)视角"，另辟蹊径，转从"市民社会视角"探讨，视禁卫军为市民群体的"中介"或"代言"，虽未必能自圆其说，但有助于我们理解历史的多维性。

各国纷纷推行军事改革,建立职业军队,火器的革新及广泛应用、职业军官团的产生及专业步兵操典的应用,使大量接受基础训练的义务兵,渐渐压倒了少量高强度训练的奴隶兵。军事改革使练兵越来越容易,欧洲军队数量大增,迫使敌对的奥斯曼帝国不得不增加兵员,军政奴隶系统难以提供足够兵源,这也是禁卫军对军政奴隶后代和自由民开放的一个原因。①但尽管如此,奥斯曼帝国仍难挽颓势,对外战争频频处于下风。这反过来导致财政赤字增加,政府债台高筑,缺乏资金投入部队,形成恶性循环。雪上加霜的是,这一时期,大量金银从西属美洲流入欧洲,引发严重通货膨胀。奥斯曼帝国也不能外,物价暴涨使其遭遇接连不断的经济危机,虽未破产,但经常发不出军饷,成了禁卫军叛乱的诱因之一。

军事失利和经济危机之于奥斯曼帝国,损害比其他国家更大:奥斯曼是一个军事帝国,本身缺乏生产能力,对外扩张是国家运转的动力,“政治与行政体制建立在奥斯曼不断扩张的意识形态之上”。② 失利意味着没有新的土地和财富以作分配,统治阶层不得不转向压榨国内,加剧了内部混乱,甚至叛乱。而且,国势日削,领土日蹙,也使军政奴隶的供应大大减少。1703 年,奥斯曼帝国在欧洲的军政奴隶征募基本枯竭,转向乌克兰和南欧的克里米亚征募;1783 年,克里米亚被俄罗斯帝国兼并,奥斯曼帝国的军政奴隶供应陷入危机。

军事失利,禁卫军却还在增多,成为沉重的财政负担。军事史家普遍认为,1700—1800 年是前现代国家在筹集和维持庞大军队上的经济困难时期,因为这些军队比许多城镇和城市人口都庞大。据估

---

① 土耳其史家颇强调这个原因,认为“开放”使平民阶层大批进入禁卫军,促进了奥斯曼帝国的平民化,欧美史家则认为“开放”加速了禁卫军的衰败。土耳其一方的观点,参见 Gülay Yilmaz, "Becoming a Devşirme: The Training of Conscripted Children in the Ottoman Empire," in *Children in Slavery Through the Ages*, pp. 129 - 130。

② 〔英〕芬克尔:《奥斯曼帝国:1299—1923》,第 215 页。

计,17 世纪晚期的欧洲,维持一支 6 万人的部队,每天至少要提供 45 吨面包、4 万加仑啤酒、200—300 头肉牛、90 吨饲料。物质消耗巨大,战争无法弥补消耗,又有经济危机出现,奥斯曼帝国遂计划另创有战斗力而廉价的新军来代替禁卫军。① 这就触及了禁卫军的核心利益,他们多次发动兵变,杀戮大臣和首相,1807—1808 年的兵变中,改革的苏丹甚至被杀。

1826 年,苏丹马哈茂德二世经长期准备,利用新练的欧式陆军,将反对军事改革而叛乱的首都禁卫军尽数镇压,杀戮 6000 人,将 20000 人驱逐出城并遣送原籍;又下令裁撤地方禁卫军,没收所有装备,代以新军,改宗者不得加入,违者诛杀;随后,官方学者宣布拜克塔什派为异端,僧团强制解散,修道院被毁,教派财产移交其他教派,土地成为苏丹训练新军的财源。是为"吉祥之变"(Auspicious Incident)。②

至此,近 500 年的奴隶军团彻底灰飞烟灭。

禁卫军虽然灭亡,但军政奴隶制并未完全消亡,帝国官员仍是奴隶,人身权和财产权依旧属于苏丹。直至 1839 年,奥斯曼帝国颁布法令,申明保障所有国民(不分宗教,包括官员)"生命、尊严和财产的安全",是为军政奴隶制终结的标志,至少形式上是如此。③

军政奴隶制在奥斯曼帝国消亡以后,在中东依旧存在,有其生命

---

① 参见 Virginia H. Aksan, "Whatever Happened to the Janissaries? Mobilization for the 1768 - 1774 Russo- Ottoman War," *War in History*, 5(1), 1998, pp. 23 - 36。

② 马哈茂德二世最初只想改革军制,无彻底消灭禁卫军之企图,最后演变至此,是诸多偶然因素所致,详细研究,参见 Howard A. Reed, "The Destruction of the Janissaries by Mahmud II in June, 1826," dissertation, Princeton University, 1951。地方的禁卫军裁撤,不乏血腥,许多禁卫军长官被处决,不过巴格达的禁卫军是在大炮威慑下和平完成裁撤的,参见〔英〕马罗齐:《巴格达:和平之城,血腥之城》,北京:民主与建设出版社,2019 年,第 302 页。

③ 〔土耳其〕阿克辛:《土耳其的崛起》,第 34 页。学者芬德利指出,虽然 1839 年的改革法令有利军政奴隶,但没有触动根本的主奴原则,也不可能触动。苏丹的权力依然强大,即使 1839 年以后很久,军政奴隶跟苏丹打交道,仍自称"奴隶""属于您的奴隶"甚至"不愿自由的奴隶"。参见 Carter V. Findley, *Ottoman Civil Officialdom: A Social History*, p. 32。

力。现代埃及开国君主阿里（Muharomad'Ali，1769—1849）残酷镇压了反对他的马穆鲁克奴隶军团，但依旧保留奴隶兵制，只是换了一波奴隶。他利用以西方兵法操练和使用西方火器的新奴隶军团，不仅吞并了宗主国奥斯曼的辖地，挑战其权威，而且，如非英法干预，差点取而代之。[1]至今，名义上的军政奴隶制不复存在，但在中东仍有遗存。

七、科举制—军政奴隶制（比较之一）

下文通过比较来理解军政奴隶制的起源、作用和演变，理解是目的，比较只是手段：

大抵而言，国家都要面对如下问题：（1）何处获取兵源？（2）如何垄断军权？开国者以战立国，立国初期，兵源不是问题，但一两代以后，原有部队或意志衰竭，或战力衰退，优质兵源渐渐成为严峻问题。国家不同，解决方案也不同，以义务兵制和雇佣兵制较常见[2]，中东国家选择了奴隶兵制。世界各国都有过奴隶兵，却少有系统的奴隶兵制，更不会让奴隶兵成为主力，只有中东国家例外。之所以如此，一在中东是部族社会，战乱无休，缺乏文治基础；二在统治者是外族，缺乏本土基础，只能依靠武力，自身武力衰退后，就不得不饮鸩止渴，求助于非本土的雇佣军或奴隶兵。这是中东国家在军事上的"路径依赖"，故优质奴隶兵源是中东各国的命脉，掐断或损害敌国的奴隶供应，是一种极其致命的攻击。例如，埃及马穆鲁克王朝是奴隶兵篡权的王朝，奴隶贸易路线经过奥斯曼帝国，双方战争期间，奥斯曼帝国极力掐断其奴隶来源。

---

① 参见 Emad Abmed Helal，"Muhammad Ali's First Army：The Experiment in Building an Entirely Slave Army，"*Race and Slavery in the Middle East*，New York：The American University in Cairo Press，2002，pp. 17 - 42。

② 早期古希腊城邦推行军政义务制，公民既有出任行政官的义务，也有当兵的义务。这种制度不可行于大国，但可行于小邦。尽管如此，战争频繁后，军政义务制也越来越难维持，消亡实属必然。参见顾准：《希腊城邦制度——读希腊史笔记》，载《顾准文集》，贵阳：贵州人民出版社，1994 年，第 75 页，134—136 页。

对于统治者,军事集权更重要。早期国家,国王往往只是军事贵族中较强者,垄断军权是棘手难题。莫卧儿帝国开国君主巴布尔是帖木儿后裔,他的回忆录写到军事贵族会面,一大内容往往是争取对方兵员。部属往往良禽择木而栖,流动性很大,一般也不撕破脸。① 在这种情况下,控制部属是君主的首要考虑。德国社会学家埃利亚斯以德国、法国、英国为例探讨国家形成进程,指出权力垄断是国家稳固的基础,而以"暴力垄断"和"税务独占"最重要——只有"暴力垄断",才能摒除其他势力;只有"税务独占","暴力垄断"才能维持。他还指出,欧洲封建制消亡,归根到底,是土地分封的结果。国王为了获得军事贵族的支持,不得不向他们持续分封土地,结果,自己掌控的土地和兵员越来越少,导致"中央军"逐渐衰微,而"中央军"一旦衰微,就难以获得诸侯的支持。这是欧洲封建主从扩张到收缩的"死循环"。②

从 15 世纪起,火器变成主要武力,国家集权进程加速。美国学者哈济生指出,组织完善、有能力购买大炮的内亚帝国,比部族军阀越来越具优势:

> 统治阶级在草原游牧区逐渐开始控制缘起于城市化社会的经济与文化习俗,降低了草原帝国存在的可能性,削减了凝聚力强盛的游牧强权最有利的资源;在手枪大量使用前,大炮给予中央权力新的优势,使他们得以加强力量,对抗当地游牧民族。③

为了集权,不同国家摸索出各种制度,大制度套小制度。这些制度很少有不残酷的。据史家田余庆的研究,拓跋氏北魏为确保皇权不被外戚掌控,形成了"子贵母死"的残酷制度。④ 同样,奥斯曼帝国为

---

① 参见〔印〕巴布尔:《巴布尔回忆录》,北京:商务印书馆,1997 年。
② 〔德〕埃利亚斯:《文明的进程:文明的社会起源和心理起源的研究》(第二卷),北京:生活·读书·新知三联书店,1999 年,第 118—129 页。
③ 〔美〕哈济生:《火药帝国》,台北:台湾商务印书馆,2016 年,第 24 页、37 页。
④ 田余庆:《北魏后宫子贵母死之制的形成和演变》,载《拓跋史探》,北京:中华书局,2011 年。

了保护权力归于一尊,也形成了"兄贵弟死"的君权继承制。科举制和军政奴隶制也是这样一种军事集权进程的产物。如同明清中国把科举制发展到一个高峰,同代的奥斯曼帝国也把奴隶兵制发展到一个高峰。

科举制缔造文官集团,军政奴隶制缔造军政奴隶集团,首要目的都是制衡军事贵族,推行军事集权。这不是笔者的一己之见,而是不少史家的共识,专攻奥斯曼帝国史的英国学者古德温指出:

> 许多政权都发明了既将统治任务委托于人,又不至令大权易手的妙计。罗马人和波斯人使用阉人,欧洲的国王们使用终身不婚的教士,中国人利用著名的科举制度将出身卑微却满腔热情的学者们吸纳进统治阶层。[1]

士大夫以文官为主,军政奴隶以军人为主,两相比较,前者篡权的风险小于后者。还要指出,任何集团都有上层和下层,下层以何维持生计,也影响到这个集团的"性格"。下层士大夫以教书为业,散布全国各地,下沉乡间,成为"乡绅"[2];下层军政奴隶则成为商人和工匠,集中于首都和其他大城市,发展成为有特权的"武装市民",脱离乡村(这也埋下了军政奴隶后来被君权彻底摧毁的根基;反之,以乡绅为根基的士大夫总能在朝代循环中重新崛起)。两者性格截然有别。明清中国很少篡权事件,反是科举制崩溃后,出现了民国的军阀混战。苏丹利用军政奴隶压制住军事贵族,最终反被军政奴隶控制,形同囚徒。

两相比较,从集权角度看,军政奴隶制不如科举制有效。

八、精英道德(比较之二)

科举制和军政奴隶制有巨大区别,科举制从本土主流人群中选拔

---

① 〔英〕古德温:《奥斯曼帝国闲史》,第52页。

② 关于中国乡绅之研究,参见张仲礼:《中国绅士:关于其在十九世纪中国社会中作用的研究》,上海:上海社会科学院出版社,1991年;费孝通:《中国绅士》,北京:中国社会科学出版社,2006年。

行政精英(但堕民、胥吏等少数群体被排斥在外),军政奴隶制从本土非主流人群中选拔军政精英,目标人群的差异显示了统治模式的路径差异,尽管如此,两者本质上都属于精英选拔制度,并最终缔造了中国和奥斯曼帝国最重要的第一精英集团。

所有精英阶层都会形成一套证明自己优越的道德体系,骑士精神、儒家伦理、武士道,皆属此类。这些道德有虚构成分,也很少为所有精英遵循,但不能一概视为谎言。欧洲封建骑士认为,骑士应当信奉基督教义,服从相关戒律,尊重弱者并成为他们的保护人,等等,对欧洲骑士影响巨大。[1] 张载的"为天地立心,为生民立命,为往圣继绝学,为万世开太平",作为士大夫集团的"权力意志宣言",激励了无数后来者;海瑞这样走极端的士大夫,任何时代都少,但他作为一个榜样,自有潜移默化的影响在。

军政奴隶也如此。奥斯曼从中东一个边陲小国,经数百年奋斗,崛起为中东霸主,大国的自豪感弥漫全国。[2] 而军政奴隶,作为特别选出来管理这个大国的天之骄子,又经历了严格的选拔,他们的自豪感和使命感自可想见。纵观奥斯曼史,许多军政奴隶对帝国的兴盛发挥过积极影响,帝国中衰的时候,也不时有出身军政奴隶的首相和总督力挽危局,这足以说明他们身上有强烈的道德和宗教支撑。欧美文献往往过度强调军政奴隶的放肆无度,贪渎受贿,不全符合史实。但这方面材料,笔者所见不多,只能略述一二:

军政奴隶道德,首先在无条件服从苏丹。在古代社会,忠君是必然选项,忠于国家是民族国家兴起后的观念。中国的《论语》曰,"君使臣以礼,臣事君以忠",后推演为"君要臣死,臣不得不死"。武士道宣称:"若以一言来概括武士道的要谛,那就是不惜身家性命,把自己献

---

[1] 对中世纪欧洲骑士行为规范的论述,参见倪世光:《中世纪骑士制度探究》,北京:商务印书馆,2011年,第179—203页。

[2] 参见 Gábor Ágoston and Bruce Masters, *Encyclopedia of the Ottoman Empire*, New York: Facts on File, 2008, pp. 273 - 275。

给主君";"每天早晨遥拜的时候,正确的祷告次序应该是:主君、父母,然后才是神佛。如果把主君放在最重要的位置,双亲也会高兴,神佛也会接受这种心情"。① 军政奴隶也类似。如果苏丹不满意他们的工作,往往如此下旨赐死:"鉴于某某原因,汝必须一死,朕谨希望汝将汝头交给朕的信使带回。"这时,理想做法是保持尊严地面对并服从,首相穆斯塔法便是典范。1683 年,他率军进攻维也纳失败,被苏丹下令赐死。他接旨前问:"我必须死吗?"然后回答:"遵命。"自己洗了手,裸露出脖子,由使者勒死。死后,他的脑袋被砍下,装进天鹅绒袋子送到宫中。②

其次,军政奴隶作为改宗者,对所皈依的宗教有极强烈的热情,英国史家吉本称为"皈依者的热诚"。禁卫军信奉拜克塔什派,每营都有一名领拜员,类似欧洲的随军神父,随军出征,为战争胜利祈祷,鼓舞士气。一首 15 世纪的歌谣这样表现禁卫军的宗教激情:"手持刀斧,慨然上路;心无私我,但听我主。"这种宗教激情激发他们奉献自我的英勇,即使知道敌方是父母所属的宗教,仍然奋勇向前。而且,拜克塔什派作为乡村宗教,向来对平民比较尊重,禁卫军又跟市民社会联系紧密,故也颇受平民拥护。

再次,对群体的骄傲、对君主的忠诚和对战友的感情,也让他们萌发强烈的集体精神,作战勇敢。吉本把他们与欧洲封建骑士比较,赞扬他们的集体精神:

> 这些奥斯曼候选人所受训练是要通过禁欲方面的美德以达到行动上的美德;通过服从的习惯以养成指挥别人的习惯。在军队中也弥漫着同样的精神。他们的沉默少语和清醒,他们的忍耐和谦虚,连他们的基督教的敌人都不得不加以赞扬。如果我们把这些土耳其军队的纪律和锻炼与长期以来受到贵族出身的傲气、

---

① 〔日〕山本常朝:《叶隐闻书》,桂林:广西师范大学出版社,2007 年,第 25—29 页。
② 〔英〕古德温:《奥斯曼帝国闲史》,第 58—59 页。

骑兵的独自行动、新征士兵的无知、老兵的叛变心理以及各种因无节制和目无法纪引起的种种罪恶和毒害的欧洲军队作一比较，我们便不会对他们的胜利有什么怀疑了。①

禁卫军成员都隶属于某个小队，每小队 10—15 人。每个成员信赖刺有同一小队符号的战友，然后信赖他们的同营兄弟和营队军官，最后才效忠关系较远的人，如禁卫军将领和苏丹。对他们来说，禁卫军是家，苏丹是父亲，每个成员都注意所属小队和禁卫军的荣誉。② 土耳其学者伊尔马兹（Gülay Yilmaz）指出，禁卫军之间的团结还有经济层面的因素。他们通过一种名为"oda sandigt"的捐赠资金建立了牢固的经济联系。每名禁卫军都从自己薪水中拿出一定比例，用于放贷，以帮助有需要的禁卫军及其亲属，但这些贷款具体如何使用尚不清楚。③

军政奴隶制废除后，奥斯曼帝国转向学习欧洲近代军事制度，也建立起自己的职业军官团。此后，军人集团照样长期左右奥斯曼帝国政局，后来建立土耳其共和国的凯末尔也是职业军人。可以推测，就像士大夫之于现代中国知识分子、武士之于日本现代军人有深远影响一样，上述道德及楷模当对他们的后辈继续发生影响。

九、社会结构（比较之三）

为了更好理解军政奴隶制的由来和地位，后两节进一步拓展论域，不仅局限于军政奴隶制本身，第九节探讨它与社会结构的关系，第十节探讨它与文治进程的关系。

---

① 〔英〕爱德华·吉本：《罗马帝国衰亡史》（下册），第 548 页。
② 〔英〕安德鲁·惠克罗夫特：《维也纳之战：哈布斯堡王朝和奥斯曼帝国的生死对决》，第 20 页。
③ 参见 Gülay Yilmaz, "Becoming a Devṣirme: The Training of Conscripted Children in the Ottoman Empire," in *Children in Slavery Through the Ages*, pp. 125 - 127.

土耳其史家阿克辛(Sina Aksin)从土耳其视角,概括了古典奥斯曼(1839 年改革前)的社会结构。我们把它与其他国家的社会结构比较,对理解军政奴隶制乃至国家形态都不乏启迪,摘录如下:

(1) 统治阶层:1. 军队:A. 领薪水的近卫部队。B. 封地骑兵和大地主①;2. 乌里玛:法官、教授和神学博士。

(2) 被统治阶层:1. 城市市民:A. 行会成员(商人和手工业者)。B. 商人和银行家。2. 农民 3. 游牧民。②

可以看出,"被统治阶层"跟其他国家差异不大,只多了个"游牧民"。奥斯曼帝国的东安纳托利亚地区生活着大批游牧民族,不肯纳税,又剽悍善战(包括游牧的土耳其人),向来是巨大威胁,故阿克辛特意拈出。

但我们发现,奥斯曼帝国的"统治阶层",与中国社会有明显差异,下面逐条论述。

第一,阿克辛所列的"统治阶层",不考虑君主,第一集团是军队。在古代中日,阶层概念是"士农工商"。中国的"士",原本指"武士",实行科举制后,逐渐演变为"士大夫"。日本的"士农工商"源于中国,律令体制(中央集权)崩溃后,封建割据,武夫当国六七百年,无科举制,"士"实指"武士"。③ 中世纪欧洲是封建社会,地位类似士大夫和武士的是骑士。奥斯曼帝国则是军政奴隶。也就是说,除了君主和诸侯(大名),中国、日本、中世纪欧洲和奥斯曼帝国的统治阶层的第一集团,依次是"士大夫"(文官)、"武士"、"骑士"和"军政奴

---

① 中世纪欧洲有"封地骑兵",奥斯曼帝国地方也有"封地骑兵"(通译"希帕斯"),但封地不可世袭,骑兵死后,其子只能得到小块封地,获得更多封地要看自己的战场表现。他们与有封地、可世袭的欧洲骑士地位迥异,后者相当于小诸侯。在军事地位上,"封地骑兵"不如直属苏丹并领取俸禄的"禁卫骑兵"。

② 〔土耳其〕阿克辛:《土耳其的崛起》,第 11—12 页。

③ 对武士诞生与封建社会之关系的探讨,参见关幸彦:《武士の诞生》,东京:讲谈社,2016 年,第 271—295 页。

隶"，后三者属于军人。日本虽属儒教文化圈，但长期处于封建割据状态，各派大名维持了七八百年"武力均衡"，故第一统治集团跟中国不同，而跟奥斯曼帝国和中世纪欧洲相近。可见，在统治阶层方面，封建社会导致的相似，高于儒教文化导致的相似。

第二，阿克辛把教士（乌里玛）列为统治阶层，但置于军人之后。这是土耳其人的共识——虽然奥斯曼帝国是神权国家，但军人的地位高于教士。教士集团在奥斯曼帝国主要负责司法和教育，最高为大教长（通译"大穆夫提"），理论上是最高仲裁者，有权废黜苏丹，处决王子，但实际地位在苏丹和首相之下。这里有教派的原因。奥斯曼帝国属于逊尼派，军人的国家地位历来高于教士，跟什叶派国家相反。[1] 还有族群的原因。土耳其人是中东世界的后起之秀，崛起于阿拉伯人和波斯（伊朗）人之后。它活动于中东文明"边陲"，长期被视为"边缘人"。因此，成为中东霸主以后，土耳其人对其他族群犹存戒心。[2] 在苏丹眼中，军人最可依赖，教士集团次之。阿克辛指出，军政奴隶在宫廷学校学的是土耳其语，教士在神学院学的却是阿拉伯语，两者实有隔阂。

阿克辛把"统治阶层"分为教士和军人两大集团，这是中东传统政治观念，至今犹然。宗教集团作为统治阶层，其他国家也普遍存在，欧洲不用说，日本先后是佛教有神道教，唯一例外似乎是中国：道教、佛教等并非统治阶层。其实不然。中国也存在一个"宗教集团"，那就是

[1] 对两者差异的辨析，参见李福泉：《海湾阿拉伯什叶派政治发展研究》，北京：生活·读书·新知三联书店，2017年，第303—314页。

[2] 同为游牧政权，奥斯曼帝国如清兵入关初期，存在一种族群与宗教（或文化）的归宿两难。奥斯曼帝国覆灭以后，这种两难处境依然存在于兴起的现代土耳其，开国者凯末尔最后选择转向民族主义，建构乃至虚构了一个土耳其传统，至今，土耳其仍在协调民族主义和宗教的关系。凯末尔的建构过程，参见〔土耳其〕哈尼奥卢：《凯末尔传》第七章《民族主义与凯末尔主义》，北京：商务印书馆，2017年；对此的国内研究，参见昝涛：《现代国家与民族建构：20世纪前期土耳其民族主义研究》，北京：生活·读书·新知三联书店，2011年。

儒家(教)。儒家算不算宗教,争论纷纭,但无人否定作用近似,至少是一种"行政精英意识形态"。以儒家思想为基础的科举制,与现代文官制的一个不同,是它依赖占统治地位的意识形态来统一人们的思想。儒家出于巫,《左传》曰:"国之大事,在祀在戎。""祀"在前,"戎"在后,说明古代中国巫的地位之高,也说明儒家与巫存在继承关系。

学者阎步克指出:士大夫有"二重角色",合"学士"与"文官"为一,既是职业官僚,又负责道德教化。这两种角色从"分"到"合",始于先秦,由"秦政"而"汉政",由"汉政"而"新政",在东汉完成"儒法合流",实现"执法之吏"与"缙绅之儒"的合一,"吏服训雅,儒通文法"。[①]也就是说,除了"职业官僚"的"显身份",士大夫还有一重"隐身份",近似欧洲的神父、中东的教士、日本的佛教徒。事物是互相影响的:一方面,学士(巫—儒)的"吏化",抑制了宗教的狂热,增加了理性的清明;另一方面,官吏的"儒化",也增加了礼治的人情。我们知道,儒家之于宗教,温和而理性,但这种温和与理性,如果不是被职业官僚所开创,至少也是被其所强化,故阎步克指出:"抑制了儒术神道化倾向的主要因素,仍是官僚帝国的理性行政,构成了中国古代之朴素唯物主义精神的重要来源。"[②]士大夫的学术总有一股行政官僚气息,不同于其他文明的神学,也不同于欧几里得—牛顿—达尔文—韦伯等人构成的欧美人文学术,这不是偶然的,而由"学统"背后的社会结构差异所决定。

由此可见,儒家与奥斯曼帝国、欧洲宗教集团的一大差异,在它之于佛教、道教等民间宗教,非"敌对关系",而是"管理关系"。反之,奥斯曼帝国和中世纪欧洲都是神权与王权合一的国家,宗教无国家和民间的分野,对其他宗教持强烈排斥态度。在这方面,日本与中国类似,

---

① 阎步克:《士大夫政治演生史稿》(第三版),北京:北京大学出版社,2015年,第376—411页。

② 阎步克:《士大夫政治演生史稿》(第三版),第369页。笔者以清中期白莲教叛乱中官员和胥吏的不同反应为例,探讨了"儒"与"吏"的复杂关系,参见杨志:《胥吏的叛乱》,《书城》2016年第7期。

日本武士作为行政精英，主要信仰佛教、神道教和儒家，但不排斥其他宗教，大航海时期，天主教传入，德川家康也未禁止，直至天主教站到敌对的丰臣家族一方，激怒德川家族，他才实施"大禁教"，加以驱逐和杀戮。明治维新后，日本政府抬高国家神道，宪法规定"信教之自由"，但以不违反国家神道为前提，"国家神道作为超宗教的国家祭祀，而确立了君临于神、佛、基督教等公认宗教之上的国家神道体制"。日本学者村上重良指出："由于祭祀与宗教分离，原则上不是宗教的国家神道，就走上了君临于教派神道、佛教和基督教所谓神、佛、基三教之上的国家神道体制的道路，从而产生了世界资本主义国家从来没有先例的奇特的国家宗教。这种国教是缺少宗教内容、徒具形式的国家宗教，由国家把它重新授予国民，并强制国民信仰……国家神道体制原则上本是与信教自由不相容的控制管辖宗教的体制。"①但他没意识到，这个违反政教分离的"奇特的国家宗教"并不奇特，也不是"从来没有先例"，其实跟儒教传统一脉相承。

第三，中国人都可发现，阿克辛的"统治阶层表"，无"行政（文官）集团"。一般而言，君主之外，各国统治阶层主要有三个集团——军事集团、宗教集团和行政集团，以行政集团出现最晚。三者的分离和组合，构成了不同国家的特点，甚至不同文明的特点。在中国人和英美人看来，行政集团负责管理，怎么不是统治阶层？阿克辛有此"盲点"，是因为在奥斯曼及中东，"行政集团"跟"军人集团""宗教集团"比，存在感的确非常低。

行政集团从哪里产生？

一是源于宗教集团（"祀"）。学界普遍认为，儒家出于巫。当代学者罗宗志调查广西的盘瑶巫师，也发现他们在村里的地位如同村长。② 奥斯曼帝国和欧洲的宗教集团分担了一部分行政功能，特别是

① 〔日〕村上重良：《国家神道》，北京：商务印书馆，1992年，第70、101、140页。
② 参见罗宗志：《信仰之手：广西盘瑶巫师群体权力研究》，北京：中国社会科学出版社，2016年。

司法。必须指出——司法属于行政,中国秦汉以来已然如此;在中东和欧洲却是现代概念。这跟宗教集团的强弱有关,也跟宗教集团与行政集团的融合程度有关。

二是源于军事集团("戎"),如奥斯曼帝国。军事是后勤、侦察、进攻、联络等的高协调活动,军事集团兼管行政事务不隔阂,故乌托邦往往有军事集团的特征。

三是文字的发明。文字如编程,曾是一门新技术。追根溯源,"知识分子"的原始功能之一是"抄写员"(奥斯曼帝国的"文书员"即此意),类似"码农"。文字的诞生,导致行政管理进一步复杂化,成为必须由专业人员处理的事务,不再是军事贵族能简单掌控。这就促成了行政集团的崛起,也促成了"行政集团的知识分子化","行政集团""文官集团"和"官僚集团",从此是同义词。

奥斯曼帝国向来是军人兼理行政,阿克辛指出:"军事将领既有行政职能又有军事职能,换句话说,他们既是行政管理者又是士兵。"[1]同时宗教集团又分担了司法功能。尽管如此,行政集团在奥斯曼帝国内部还是存在的,势力不小。现代文官制创始于英国,故土耳其学人存在盲点之处,英美学人则反之,视力"过度敏锐"。汤因比探讨文官制度,把奥斯曼和中国的文官制度视为典范,对奥斯曼文官制度赞扬有加,认为"是一个高效的职业组织"。[2]斯坦福·肖指出,奥斯曼帝国的"文书集团"(scribal service),虽然名义上屈从于宗教和军队,却是可跟两者抗衡的一个独立集团:

> (他们)把自己的力量延伸到统治阶级的所有部门,形成了一种永久的职业官僚的基础。……文书长作为国务会议办事厅的惟一官方首脑,级别处在首相之下,与财政部长、军团长职位相等。实际上,他的权力超过他们,因为他还有一个平行职

---

[1] 〔土耳其〕阿克辛:《土耳其的崛起》,第12页。
[2] 〔英〕汤因比:《历史研究》第三十七章《文官制度》,第279页。

位——文书社团的首脑。在他的管理下,文书集团形成了一个复杂的指挥和服务的等级制度,它与国务会议、财政部和其他政府部门的办公室的行政等级制度并列,互相分离而存在。[1]

学者沙欣也认为,16 世纪是奥斯曼帝国"文书集团开始发展的时期,一名相对缺乏经验的年轻秘书就能在行政上发挥重要作用","到 15 世纪后期,文书部门渐渐从苏丹王室独立"[2]。

从传统的土耳其视角看,上述观点都过于夸张,只有美国学者芬德利(Carter V. Findley)的观点较稳妥。他专门研究文书集团(scribal service)向文官集团(civil officials)演化的进程(1789—1922 年),认为直至 18 世纪,他们才开始成为统治阶级的一部分。演化的一大动力源,是欧洲咄咄逼人的军事和政治压力。衰落的奥斯曼帝国,更依靠谈判而非武力求存,需要大量跟欧美打交道的文官,而非提供抄写服务的传统文书,这样,文官从外交部开始崛起,最终取代了文书。[3]也就是说,行政集团在奥斯曼帝国的兴起,不到一百年,地位尚未巩固,未几国亡,阿克辛对行政集团的低估,基本合乎史实。

十、文治进程(比较之四)

阿克辛的"盲点",其实提出了一个问题:既然行政集团早已存在于奥斯曼帝国,为何数百年来,他们却未能像中国的士大夫那样最终兴起?

一种原因可能是,行政之于帝国,并非要务。早期国家或者封建国家,行政事务不复杂,可由宗教集团或军事集团承担,比如,德川幕府为了抵制天主教的渗透,在户籍上实行"檀家制度",实际上是由佛

---

[1] 〔美〕斯坦福·肖:《奥斯曼帝国》,第 351—353 页。

[2] 参见 Kaya Şahin, *Empire and Power in the Reign of Süleyman：Narrating the Sixteenth Century Ottoman World*，pp. 30 - 33。

[3] 参见 Carter V. Findley, *Ottoman Civil Officialdom：A Social History*，pp. 6 - 23。

教寺院来管理户口。奥斯曼攻占君士坦丁堡,转向帝国之前,显然也是这种情况。

但问题是——奥斯曼帝国转向帝国,行政日渐烦琐以后,行政集团为何不能像中国那样崛起,仍由军政奴隶来驾驭?

答案可能是,奥斯曼帝国的集权能力,远逊中国。

"集权"与"封建"相斥,但与"文官"共生:中央集权意味着大政府,大政府意味着文官崛起。现代学人王亚南对官僚制(文官制)持否定态度,但也承认,官僚制是集权产物,跟封建社会相斥:"封建的阶级组织,由最高级的教皇、皇帝、国王或君主到公爵、主教、僧院长、子爵、男爵和小领主,以至最下级的骑士或侍从,俨然是一个颇有层序的金字塔。但因为豁免权及其他的惯例,这每一个单位,差不多都形成一个准独立的政治体,它的属地或地产,不受国王管辖。大小贵族或僧侣却分别担任着治理的工作。在这种情形下,一个特殊的官僚阶层,自然是无法产生的。"[1]奥斯曼帝国的行政集团如此缺乏存在感,正说明了集权水平之弱。

前些年,海外汉学流行古代中国"皇权不下乡"说。这或许符合"东方主义"想象的奥斯曼帝国[2],却不符合中国——秦汉中央政府能直达乡里抽税,早就不是武治国家,而是文治国家。奥斯曼以武力威慑基层,最盛时期实控地域不过80万平方公里、4000万人口,除了军事集权,其他集权能力远比中国低,内部封建化很严重。

在族群方面,它如中东之前的阿拉伯帝国、拜占庭帝国,实行"族群自治"(通译"米勒特制",是millets的音译,意为"族群"),各族群保留自己的法律和习俗。作为回报,他们的领袖负责帮助中央政府管理

---

[1] 王亚南:《中国官僚政治研究》,北京:中国社会科学出版社,1981年,第22页。

[2] 奥斯曼帝国长期威胁西欧,故近代西欧在文化上建构的"他者",首先是中东,特别是奥斯曼帝国,其次是印度,最后才是中国。奥斯曼帝国对西欧政治学影响之论述,参见〔英〕佩里·安德森:《绝对主义国家的系谱》,上海:上海人民出版社,2001年,第427—432页。

成员，约束其行为，向帝国交税。斯坦福·肖指出，理论上，苏丹对统治阶级的成员和臣民"拥有绝对权力"，但实际权力有限，限于"开发帝国的财富，弘扬宗教及其臣民的宗教制度和习俗，扩充和保卫帝国的疆土，维护帝国内部的秩序"，"重要方面都留给自治性的团体自行处理，不仅有各个米勒特，而且，还有行会社团、宗教会社和构成奥斯曼社会中社团基础的其他团体"①。这种制度，如无军事威慑力，实难维系，这决定了它的军事帝国特性。

地方也如此。按惯例，禁卫军每年出巡行省，驻扎九个月，再返回首都。这一制度渐渐废弛，许多军团久驻当地，接管地方政府，成为新的封建势力，跟中央政府离心离德。在伊拉克和叙利亚，最早派去的禁卫军被阿拉伯人同化，成为后来被派去加强中央政府控制的军团的敌人。巴格达的禁卫军首领（帕夏）地位如同苏丹，复制了奥斯曼帝国的军政奴隶制（同时兼有马穆鲁克王朝的军政奴隶制传统），不过奴隶不来自欧洲，来自高加索："源源不断到达的高加索男童马穆鲁克（奴隶）训练课程包括阅读、写作、游泳、骑马和格斗。其中一些人注定进入统治上层，与大家族的族长们共事；另一些成为帕夏的贴身护卫，在宫廷或政府任职。一旦训练完成，大部分马穆鲁克会进入帕夏亲信圈的内层"，"马穆鲁克主宰了公共生活的大片领域，土生土长的巴格达人很难争取到机会"，"执掌和行使权力的地方是行政厅，完全被马穆鲁克官员占据"②。这种情况并非个案，除了首都、安纳托利亚等"基本盘"，奥斯曼地方集团的离心力大，叛乱不断，后分裂为当今十多个国家。

《奥斯曼帝国辞典》指出："在19世纪改革前，奥斯曼帝国的政府不同于现代民族国家的政府，是一个只雇佣不到1500名职员的小政府。任务限于几个关键领域：保卫帝国、维护法律和秩序、调动和

---

① 〔美〕斯坦福·肖：《奥斯曼帝国》，第213—214页。
② 〔英〕马罗齐：《巴格达：和平之城，血腥之城》，第291—293页。

管理资源、供给首都和军队。现代民族国家的政府职能,如教育、医疗和福利,交由帝国的族群社区及专业组织(基金会、行会等)自行处理。奥斯曼帝国的政府效率和集权程度甚低,逊色于约瑟夫二世的奥地利、腓特烈一世的普鲁士和叶卡捷琳娜的俄国,更不要说跟英法两国相比。"[1]清中后期一个县的胥吏,人数过千很常见,甚至有7000人的夸张说法。相形之下,奥斯曼帝国的集权能力之弱,我们可见一斑。

有趣的是,欧洲崛起以后,对"法国—奥斯曼帝国"两种代表性制度的差异,产生了跟马基雅维利截然相反的看法。当代学者巴基(Karen Barkez Barkey)在《盗匪与官僚:奥斯曼的集权之路》中,如此探讨奥斯曼的中央集权进程:17世纪后,各国向集权国家发展,欧洲各国"从利用贵族间接控制的封建模式,转向由国家官僚直接控制"的"法国模式"(中国叫"改土归流");奥斯曼、俄罗斯和中国则采取另一种集权模式,中央政府不消灭地方豪强(他称为"盗匪"),而将其吸纳进政府(中国叫"招安")。她甚至认定,"中国可能是最像奥斯曼帝国的国家","地方军阀、土匪和叛乱是中国集权进程的组成部分"。[2] 关于中国的集权进程,巴基主要参考三部汉学家著作:裴宜理的《华北的叛乱者与革命者:1845—1945》(中译本,商务印书馆2007年版)、孔飞力的《中华帝国晚期的叛乱及其敌人》(中译本,中国社会科学出版社1990年版)和杜赞奇的《文化、权力与国家:1900—1942年的华北农村》(中译本,江苏人民出版社2003年版)。三者都研究"王纲解纽"的非常态的近代中国,跟奥斯曼帝国的常态颇为近似,也就难怪巴基得出如此奇论,虽然她宣称对"奥斯曼-俄罗斯-中国模式"不乏欣赏,但

---

[1] 参见 Gábor Ágoston and Bruce Masters, *Encyclopedia of the Ottoman Empire*, pp. 12 - 13。

[2] 参见 Karen Barkey, *Bandits and Bureaucrats: The Ottoman Route to State Centralization*, Cornell: Cornell University Press, pp. 2 - 15。

我们可以看出，这是"东方主义"的另一种版本。①

实际上，奥斯曼帝国的集权之路是复杂的，不只有"招安"，也有"改土归流"，而且，晚期还如晚清一样推行"新政"，搞现代化的集权运动。学者芬德利指出，欧洲威胁的加剧，迫使中央政府加强对行省的控制，去封建，将举国权力和资源都集中于首都，应对威胁。这也迫使奥斯曼帝国推行军事改革，而军事改革必须增加财政收入，这又意味着必须提高行政效率，促成了文官集团的膨胀。不到一百年，奥斯曼政府从 2000 名文书，膨胀为 35000 名文官。原先，文书主要负责处理信件、账目和地契，大多数在伊斯坦布尔工作，不熟悉地方事务；随着地方行政的现代化，文官开始第一次承担管理地方行政、税收、人口、证件等现代国家职能，对国民和地方的影响越来越直接。② 中央集权与文官兴起同时见于晚期奥斯曼帝国，只是比中国晚了 2000 年。不过，尽管思想过于东方主义，巴基对奥斯曼帝国的评论，略加修订也不无道理：奥斯曼帝国管理地方和族群，长期以来依靠"暴力威慑"和"招安"，缺乏"改土归流"的能力，至其晚期，信誉扫地的中央政府再来推行集权运动，未免为之晚矣，帝国的瓦解，虽非必然（主要原因还是一战的战败），却也不突然。

论述至此，可知集权越甚，政务越繁，行政集团的膨胀实属必然，"百代都行秦政法"的中国，最早走向文治毫不奇怪。但我们征诸历史，军事集团驾驭行政集团，其实是各国常态（我们可称为"武治国

① 东方主义，不只欧美学者有，也被部分中国史家信奉。英国人韦尔斯认为："在大部分中国人的灵魂里，斗争着一个儒家，一个道家，一个土匪。"（《人类的命运》)闻一多大加赞赏，并做浪漫的发挥，认为"儒家—偷儿""道家—骗子""墨家—土匪"，参见闻一多：《关于儒·道·土匪》，载《闻一多全集》，武汉：湖北人民出版社，1993 年，第 377—382 页。雷海宗也认为："中国社会自汉以下只有两种比较强大的组织，就是士大夫与流氓。"这个结论，跟巴基的书名一模一样，参见雷海宗：《中国文化与中国的兵》，北京：北京出版社，2016 年，第 117 页。

② 参见 Carter V. Findley, *Ottoman Civil Officialdom: A Social History*, pp. 21 - 25。

家");只有中国、朝鲜和越南反其道而行之,以行政集团驾驭军事集团（我们可称为"文治国家"）。前者以奥斯曼帝国为例,英国学者古德温描述:"奥斯曼帝国靠战争生存。所有总督都是将军。每个警察都是禁卫军。所有山口都设岗哨。每条道路都通向一个军事目标。再苗条温顺的小厮也是弓箭手并擅长角斗……一旦和平,帝国内部就滋生动荡,因为人们渴望战利品和军功。"一旦战争爆发,"人们便以惊人的速度兴奋集合。你会以为他们被要求去参加的是一场婚礼而不是战争。收到命令后一个月,他们便集结完毕,步兵归步兵,骑兵归骑兵,在各自的领导者麾下,保持着宿营或者作战编制。人们争先恐后赶去部队报道,被迫留在家中的人觉得遭受了不公"[1]。这种"闻战则喜"的场面,秦亡后的中国再没出现过。

如果鸟瞰二百多年前（也就是法国大革命前）的人类世界,我们会发现:文治国家,太少了! 晚明来华的传教士利玛窦这样惊讶表示:

> 标志着与西方一大差别而值得注意的另一重大事实是,他们全国都是由知识阶层,即一般叫作哲学家的人来治理的。井然有序地管理整个国家的责任完全交付给他们来掌握。军队的官兵都对他们十分尊敬并极为恭顺和服从,他们常常对军队进行约束,就像老师惩罚小学生那样。战争政策由哲学家规划,军事问题仅仅由哲学家决定,他们的建议和意见比军事领袖的更受皇上的重视。[2]

从技术看,文治国家是一种高度复杂的国家形态,形成并稳定需要许多条件,科举制还只是"基础构件"之一,其他还包括:长期稳固的中央集权、强大的文官集团、辽阔的疆域,等等。上述条件皆不易得,更难兼得。中国两千年前就能演化出来,实为奇迹,只因我们"久在此山中",习焉不察而已。至法国大革命后,民族国家兴起,文

---

① 〔英〕古德温:《奥斯曼帝国闲史》,第 61—62 页。
② 〔意〕利玛窦:《利玛窦中国札记》,北京:中华书局,2010 年,第 59 页。

治国家始向全世界辐射。我们看近代欧洲，从封建制转向民族国家和资本主义制，从葡萄牙，到荷兰，到英国，到美国，国家越滚越大，集权越来越甚。美国成立初期，中央政府无太大权力，掌控军队寥寥无几，以致 1831—1832 年到访的托克维尔竟误判美国中央政府可能解体，这是《论美国的民主》最荒谬的预言。2014 年的美国，有现役军人 140 万（另有文职雇员 70 万），公务员 2200 万人，后者还在持续增加中。① 在此过程中，我们发现，欧美的武化色彩越来越淡，文官势力越来越强。举一例，当今的国家元首，除非特别场合，很少穿军装，但两百多年前，元首穿军装是常态。由此细节，可窥世运之变。

文治国家的形成条件，比武治国家高；它的社会成本，比武治国家低。这就像波音客机的零部件动辄百万，但运行功能绝非蚊式飞机可比。比如，今人往往误以为，文治国家不擅战争，文治国家等于"文弱国家"。事实并非如此。蒙古西征，从中亚打到欧洲，所向披靡，士大夫当国的南宋却抵抗近半世纪，战力可知。1521 年，葡萄牙人挟火器抵达东南沿海，跟明朝发生冲突，第一次海战，明朝失利，指挥官汪鋐积极学习其火炮技术，于第二次海战中获胜，并缴获火绳枪（佛朗机铳），紧急送抵北京，即行仿制，1523 年制备完毕，运往各大边关重镇。② 当时的士大夫，对欧洲枪炮普遍抱有兴趣，包括王阳明，不但购置了葡萄牙火炮，还写诗悼念另一位仿制佛朗机铳的士大夫林俊。即使被后人认为颟顸自大的晚清士大夫官僚，见识到欧美火器的厉害以后，纷纷将最先进的欧美火器采办过来，最后以此镇压各地民变，成就了所谓"同治中兴"。凡此种种，都说明士大夫之于军事的机敏，文治国家之于暴力的热衷，故美国汉学家欧阳泰指出："中国的君主和官僚对火药和火器非常着迷。他们大力创造改进和革新，其中就包括当时

① 对 20 世纪美国中央政府集权态势之研究，参见石庆环：《二十世纪美国文官制度与官僚政治》，长春：东北师范大学出版社，2003 年。
② 相关研究，参见〔美〕欧阳泰：《从丹药到枪炮：世界史上的中国军事格局》，第 105—119 页。

最著名的儒家学者。这些学者研究火器，测试武器，试验产品，尝试设计使用它们的战略、战法，并详细地记录这一过程。一旦外国人——比如越南人、葡萄牙人、荷兰人、英国人拥有了更有效的技术，中国人都要对其进行研究和改进，且往往殚精竭虑，不计代价。"①由此可知，"曾剃头"非偶然现象。

"文官集团＝文弱国家"这样一种刻板印象，近代以来影响甚大，史家不免。比如，史家雷海宗认为，中国之衰，在士大夫缺乏"武德"，"以每个分子而论，他们都是些文弱的书生，兵戎之事全不了解，绝对不肯当兵"，"至于多数的士君子，有意无意中都变成伪君子。他们都是手无缚鸡之力的白面书生"，呼吁重返文武双全的战国士风。② 从"分子"论，他的批判不无道理；从"系统"论，却是对文治国家的误解。当今军事强国，无不以文官集团驾驭军事集团，足为反证。如前所述，当今美国就是一个大型文治国家，它的社会结构转型，肇始于二战期间美军和公务员的急剧膨胀。对此空前态势，美国思想家亨廷顿敏锐意识到"军官集团与国家之间的关系"是未来美国的重大主题，于1957年出版《军人与国家：军政关系的理论与政治》，提出"文官控制"概念，综合考察人类史上各类"文官控制"的模式及其得失，特别是德国和日本的失败教训，探讨美国如何实现"军事职业主义与客观文官控制的最大化"。③世间无水不东流，雷海宗之论，可以休矣。

十一、多维集权（比较之五）

文治国家，是一种偶然的特例，还是一种普遍的未来？

---

① 〔美〕欧阳泰：《从丹药到枪炮：世界史上的中国军事格局》，第8—9页。
② 雷海宗：《中国文化与中国的兵》，第118，220页。
③ 〔美〕亨廷顿：《军人与国家：军政关系的理论与政治》，北京：中国政法大学出版社，2017年，第71—86页。亨廷顿坦承，自己的政治思考以美国的未来发展为中心，无意做脱离现实的纯史学研究，故其视野局限于欧洲及日本，其他国家和文明均不做观察。他未提及科举制，似乎也不知道军政奴隶制的存在。

答案在人类集权的进程，证据在国家形态的演进。

广义的封建社会，东西方都有，特点是权力分散，豪强林立，各据封地，中世纪欧洲和明治维新前日本都是。被称为 2000 年"封建社会"的中国，其实是 2000 多年的"集权社会"，其间虽有藩镇割据和南北分裂，但大一统根深蒂固。我们对封建社会的许多情况，如军阀、世袭、贵族等，没欧洲和日本那么悦纳。在中国，封建意味着藩镇割据，礼崩乐坏，是贬义词，故柳宗元写《封建论》批判。但在日本和欧洲，太平的封建社会（如德川时代）是不错的，甚至温情脉脉的社会。出身贵族的托克维尔的《旧制度和大革命》，颂封建（以"自由"之名），反集权（以"民主"之名），"迂儒翻道祖龙非"（文廷式诗），在情感上是封建社会的挽歌。①

诸侯林立，互相猜疑，枕戈待旦，普遍特征是"武夫当国"，故中世纪欧洲、幕府日本和奥斯曼帝国的第一统治集团都是军人。反之，集权国家往往推行"暴力垄断"，打击其他潜在的暴力集团，长此以往，社会渐渐趋向"文（明）化"。儒家文化圈的集权国家如中国、朝鲜和越南，实行科举制，倡导斯文，士大夫当国，文治色彩最明显。

---

① 国内外学界对托克维尔思想的阐释，往往严重脱离事实。本质上，托克维尔是一名自由民主的思想家，更是一名政治家兼帝国主义者，最高任外交部长，毕生志业在通过殖民来恢复法兰西帝国的荣光。他不但鼓励英国对中国发动鸦片战争，赞成英国镇压印度士兵，而且积极推动法国对阿尔及利亚的殖民，是法国政府的阿尔及利亚问题专家，对法国的阿尔及利亚殖民政策影响深远。对于制度，他向来有两面性格：一方面，倡导在法国实行分权的自由民主制；另一方面，倡导在殖民地推行军事的中央集权制。托克维尔对中央集权深恶痛绝，举世皆知，但根本原因是，他认为中央集权戕害了法国经营殖民地的能力。在 1833 年的《论妨碍法国拥有好殖民地的根源》（"Some ideas about what prevents the French from having good colonies"）中，他探讨法国为何占领殖民地的面积不敌英国，结论是中央政府管得太死，"数百年始终垄断所有事权"，不像英国政府给予殖民者自主权，戕害了法国人经营殖民地的活力。对于他的后一面，欧美学界向来淡化处理，直至 1962 年阿尔及利亚独立，他的大批殖民文件才引起学界注意，被译为英文，参见 Alexis de Tocqueville, *Writings On Empire And Slavery*, *Translated and edited by* Jennifer Pitts, Baltimore & London: The Johns Hopkins University Press, 2001。他的两面性格，不是不可以理解，但这表明，他对集权制的批判，理据皆不足。

　　欧洲封建国家的现代进程,无论向资本主义转型,或向民族主义国家转型,都是向集权国家转型。其中有一个过渡形态,欧美学界叫"强势君主制"(absolute monarchy,笔者意译),国内通译"专制君主制",刘北成先生以为不妥,直译为"绝对主义国家"。但笔者以为,后两个译名,都不能清晰表达集权的进程。① 此类国家,君主越来越强,像法国的太阳王路易十四,蹂躏贵族,把他们驱出封地,圈养在宫廷,搞法国版的"改土归流";贵族固然越来越弱,但也没弱到君主可以随意摆布,谈不上"专制",也谈不上"绝对"。等到法国大革命时期,法兰西共和国成立,封地被收归国家,贵族们被大批杀戮,那才不只是专制,而且是专政了。故译为"强势"比较贴切。以中国经验来比,封建欧洲相当于"春秋";强势君主制,相当于"战国";民族主义国家和资本主义国家,相当"郡县制秦汉"。强势君主要"削藩",同样先要军事集权。所以,强势君主国的军队,许多不是本土人,而是雇佣军,跟奥斯曼帝国用军政奴隶本质上属于同类操作。② 这种情况,中国很少。可以看出,中世纪欧洲与奥斯曼帝国虽是数百年敌国,但地域相邻,战争频繁("战争"也是一种"沟通")。从中国的角度来看,两者的体制差异,不像欧美自以为的那么大,远小于他们与秦汉式中国。

　　所谓"权力",主要管理"人—自然关系"及"人—人关系",而且,最终必落实到"人—人关系"。权力是国家运转的关键,土地归属、人身控制、生产模式、物权归属之类问题虽然也重要,但不能跟权力并论。而且,权力也不是凝固的,而是不断被生产出来,越来越网络化,越来越细密。比如,古代中国的州县,政务最初以征税和司法为主,渐渐的,越来越多权力关系被生产出来,日趋网络化,官吏日渐膨胀,清代

---

① 对这一术语的讨论,参见刘北成:《〈绝对主义国家的系谱〉中译者序言》,载《绝对主义国家的系谱》,第1—4页。

② 对欧洲君主使用雇佣军的利弊,作为时人的马基雅维利有探讨,参见:〔意〕马基雅维利:《君主论》,第152—171页。

即达到一个前所未有的峰值。① 也就是说，对于中央集权，军事集权只是首要条件，"多维集权"方为集大成。如果一个国家的集权，只停于"暴力"一维，不能推进到多维，必难持久。再往深里说，国家并非统治阶层单独推进的产物，而是多重动力复杂互动的结果，故"多维集权"程度越高的国家，即使暂时崩溃，动力仍在，集权网络仍在，一旦时机成熟，集权网络恢复运转，大一统也就应声重启。②

集权官僚取代世袭贵族后，久之，内部也会板结，出现"再封建"的现象，或者出现世袭权贵，或者出现朋党集团，妨碍中央的如臂使指。这时，强势君主往往任用私人，增设临时机构，收回权力，"再集权"。学者赖瑞和指出，中国官僚制有"使职化"的特点，"是中国官僚制的源头和种子，也是推动中国官僚制改革和演变的一大动力和机制"。所谓"使职"，即"特使"，或曰"钦差"，掌权者临时授予权力去完成某项使命者，相对的是"职事官"，即正式编制的事务性官僚：

> 职事官制一旦无法应付新的时局，新的时代需要，变得僵化时，掌权者又会重新回到人类最初的做法，以派遣特使的方式来命官，以求弹性和效率，进而形成新的使职，慢慢取代之前的职事官制，如此周而复始，不断循环，相互演变。所以，使职可以说是官制演变的一大推动力，等于是官制演变的"种子"或"突变"，一如促进生物演化的基因突变一样。换一个角度来说，"使职"和"职事官"，就像世界上许多事物一样，形成一种"连续体"

---

① 关于清代州县的经典研究，参见瞿同祖：《清代地方政府》，北京：法律出版社，2011年。最新研究，参见周保明：《清代地方吏役制度研究》，上海：上海书店出版社，2009年。

② 笔者以清中后期的乡村权力斗争为例，以"暴力税"和"最强仲裁人"两个术语展开分析，指出因为村庄暴力的存在，村庄内部的弱者迫切需要外部势力的"仲裁"，成为国家权力下渗的内应阶层。也就是说，国家权力的扩张，是多重力量博弈的结果，不全是自上而下的单线进程，参见杨志：《村子里的暴力》，《京师文化评论》2017年秋季号。

(continuum),互为消长。①

一言以蔽之,官僚制内部也有"再集权"与"再封建"的循环,导致"职事官"不断衍生。"丞相"和"军机处"就是这么衍生出来的。但是,这种演化是螺旋上升的,"再集权"总是略胜于"再封建"。赖瑞和的观察,可补德国社会学家韦伯的官僚制理论之不足。

还要补充的是,在此"多维集权"进程中,不仅国家的"组织形态"在变,人的"身心结构"也在变。德国社会学家埃利亚斯认为,"文明化进程"之于身心结构,体现在"自我监控"的不断强化;法国哲学家福柯也以"全敞监控监狱"为意象,探讨了现代人的"身心"被国家"规训"的模式和进程。二者思想,对我们理解"多维集权"的精神影响甚有帮助。②

长期大一统的文治进程,不但创造了士大夫这样一种"制度性角色",而且培养了他们"文质彬彬"的"制度化性格"。"士大夫"是"教士",又是"官僚",非驴非马,德国社会学家韦伯嫌不"专业"。德国缺乏大一统的长期经验,韦伯对"理性"的理解又过于狭隘,故有此论。其实,专业化之于自然,甚有效率;但施之于人,关系千万重,"欲速则不达",就不一定合适了。"秦吏"比"汉官"专业化,律法严苛,秦代及其吏制却二世而斩;汉代熔铸成形的"文统""政统""学统""道统"合一的"超稳定"的士大夫模型,反延续了 2000 年,这背后有"大历史的理性"。欧美东方主义以为,士大夫性格太过"阴柔",缺乏"阳刚",好莱坞拍摄"傅满洲"系列影片,群起嘲之。这是缺乏长期大一统经验的后封建国家的文化隔阂,焉不知这种性格将

---

① 赖瑞和:《唐代高层文官》,北京:中华书局,2017 年,第 22—23、37—38 页。

② 福柯的理论缺陷,在妖魔化"规训",渲染"权力的阴谋论",不如埃利亚斯客观。其实,"国家"与"个体"是互相建构关系,是一种网络交织的"中性进程",很难说有什么庞然大物在操纵。对埃利亚斯与福柯思想的比较,参见杨志:《福柯与埃利亚斯》,《书城》2014 年第 7 期。

来或许也是欧美官僚的前身？[①]

英国肇始的现代文官制，不到200年；科举制形成迄今，以隋代计，1400多年，"士大夫"这样一种"制度性角色"，真已被现代社会淘汰，还是只换了"马甲"继续存在？我们需要谨慎观察。

实际上，从中国古代史看，就算是"罢黜百家，独尊儒术"以后，行政集团并不必然就是儒家，儒家也一直遭遇其他候选文官集团试图取而代之的挑战，被迫不断自我调整。较近（但不是最近）的一次，在元末明初。元代废科举，兴佛教，佛教蓬勃发展，僧尼人口不断增加，是中国最崇佛的朝代之一，据《元史·释老传》："元兴，崇尚释氏，而帝师之盛，尤不可与古昔同语。"故朱元璋出身佛家，实非偶然，而是僧团力量上升的一个结果。他登基后，试图削弱儒家，重用胥吏，甚至以僧为官，直至出现姚广孝这样敢于著《道余录》批驳程朱的僧官，千年罕见。[②] 当然，这只是"大历史"的"小调整"，朱元璋最后偃旗息鼓，明代反而成为儒家势力最大的朝代之一。这个失败的"小调整"，一方面证明儒家根深叶茂，朱元璋也难撼动；另一方面也说明——朝代更替时期，儒家往往面临其他候选文官集团的挑战。从社会学看，最强大的"路径依赖"，不是儒家，而是文官集团不可或缺的集权机制。明乎此，我们对中国大历史的隐微动力当有一个新理解。

一言以蔽之，"多维集权"是比国家演化更根本的进程，至今还在进行。"文治国家"（集权国家）和"武治国家"（封建国家），只是国家演化的两个阶段；"科举制"和"军政奴隶制"，只是国家演化的两种制度；"士大夫"和"军政奴隶"，只是制度演化的两种"制度性角色"，或曰"社会性物种"。

[①] 对这样一种"制度性角色"的性格形成之分析，参见杨志：《阴阳脸：中国诗人的性别面具》，《书城》2012年第9期。

[②] 对朱元璋"拔僧入仕"政策的分析，参见郑永华：《姚广孝史事研究》，北京：人民出版社，2011年，第114—121页。对姚广孝著《道余录》的心路历程研究，参见同上书，第240—253页。

本文的结论，就是如此。

后记

中国对奥斯曼帝国产生兴趣，始于晚清。中国是"东亚病夫"，奥斯曼是"欧洲病夫"，同遭瓜分的"老大帝国"，难免同病相怜。当时最感兴趣的是康有为，变法时反复提，变法失败后，还于1908年前往考察。笔者发生兴趣，则在于军政奴隶制是科举制和世袭制之外的另一种精英选拔制度。这个兴趣左右了三年来本文的思考、撰写和结构。人生在世，久浸于一种文化，难免以自我文化为中心，跨文化时胸有成见，甚至偏见。对于西欧—奥斯曼—中国这三种文化，欧洲东方主义认为，西欧是特例，奥斯曼帝国和中国是一类；笔者则另有辨析。哪种观点准确？可能都有道理，也都有自己的"自我文化中心"吧。但人类是同一物种，文化再不同，差别也没那么大，实事求是，"重估一切自我文化中心"，未必不能避免成见，逼近真实。至少笔者是竭力这么做的。

作者简介：杨志，北京师范大学文化发展研究院副教授。

专题一 环境、城市与疾病：
奥斯曼帝国的兴衰

纳月入怀：奥斯曼帝国创业传说的历史环境视角初探（1300—1520）

张东宁

摘要：近年来，国际学界基于自然科学与人文科学的互动，开展了相当数量的区域国别研究，其史料来源体现出多元化、跨学科性的特征。其中，13 世纪末到 16 世纪初全球气候相对剧烈的变化趋势，引发世界各国学者综合编年史著作、文学典籍、历史气候重建、考古学证据、比较语言材料等实证研究，各有分别但路径相似地论证了北大西洋、中南半岛、中南美洲等地气候变迁与维京、高棉、印加等传统文明的消退之间的相关性；而从中国学术界的研究成果看，景泰前后也既是中国历史气候方志时期极端性寒冷气候记载所多见的发端，又见证了明王朝国运的盛衰扭转。这一全球性的气候动荡变迁大背景与奥斯曼帝国创业传说的流传演变期近似平行，因此本文采用历史环境视角研究早期的奥斯曼帝国是否、怎样以及何种程度地叠加了气候变迁的影响，有助于填补 13 世纪末以降两百年来奥斯曼土耳其区域国别研究的一些空白。

关键词：区域国别研究　奥斯曼帝国史　历史环境变迁
　　　　　始创传说　梦境

"奥斯曼之梦"是自 13 世纪末开始流传于小亚细亚一带的奥斯曼帝国创业传说，以时人的认知在梦境叙事中记述了 13 世纪末到 16 世纪初期间亚欧非三大洲交汇地带的天体、地貌、山川、草木、人类景观等环境历史信息。通过梳理奥斯曼之梦所涉内容,结合自然与人文历史材料所记载 13 到 15 世纪气候变迁情况,可以为奥斯曼帝国创业期的历史环境变迁状况提供一定的实证。

一、全球性特异性气候区间波动与奥斯曼帝国的创业

综合近期区域史、气候史学者对 13 世纪末到 16 世纪初研究成果看,在 200 多年间,全球范围内存在多发性的传统帝国消退,对后续的历史发展存在持续性影响[1],[2]。先前研究较为深入的覆盖区域及文明类型包括:从高纬度跨越北大西洋的维京人,在中南美洲、中南半岛雨林深处建设宏伟城市的玛雅人与高棉人,在南美安第斯山麓形成独特农耕与巨石文明的印加人,于亚欧大陆东端经历变乱频仍、朝代更迭的中国、朝鲜、日本等各文明,以及横扫整个欧亚大陆的蒙古帝国等。

上述案例所依托的传统及非传统史料包括北欧萨迦,吴哥诗碑,东亚诗歌、戏曲、散文、小说,口头文学,全球各处的考古发现,中亚及东亚的编年与纪传体正史著作等[3];所运用的历史自然地理信息包括年轮、冰芯、沉积物、放射性碳单质等。在此期间部分较具有特异性的气候事件包括 13 世纪 20 年代新西兰冰川抵达历史推进极限、13 世纪前后中南半岛的剧烈干旱、太湖在 1329 年与 1353 年的两次封冻、南太平洋海岛降水量在 1400 年前后的异常增加、1416 年汉江封冻、1430 年泰晤士河封冻、1449 年汉江再次封冻和 1454 的太湖封冻等。与以上气候特异性事件同步发生的人类活动变迁相关事件包括高棉人对吴哥窟

---

[1] Bruno Malaizé, "Climate Change and Ancient Civilizations," *Encyclopédie de l'environnement*, 2020, https://www. encyclopedie-environnement. org/en/society/climate-change-and-ancient-civilizations/, 2022 - 11 - 04.

[2] 王江林、杨保:《北半球及其各大洲过去 1200 年温度变化的若干特征》,《第四纪研究》2014 年第 6 期,第 1146—1155 页。

[3] 利用史料方志的开山作品是,竺可桢:《中国近五千年来气候变迁的初步研究》,《考古学报》1972 年第 1 期,第 15—38 页。

的放弃(1300年前后)、元明鼎革(1370年前后)、维京人定居点在格陵兰的最终消失(1430年前后)、英格兰及德国北部葡萄种植业的终结(1430年)等。13—15世纪的世界面临的变化是剧烈的、全球性的。

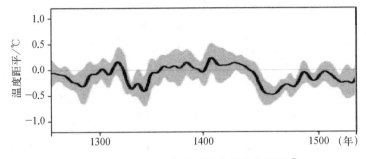

北半球1300—1500年前后温度标准化距平①

以气候变化为背景的文明兴衰及其故事对当今人类社会危机之启示的相关研究,在联合国政府间气候变化专门委员会(IPCC)、中国科学院气候变化研究中心、法兰西科学院环境与能源大百科(A3E)、美国斯坦福大学环境中心、普林斯顿大学环境人文学研究院(PEI)等研究群体中得到开展,并产生了较为丰富的成果,其中包括重建的北半球1300—1500年前后温度标准化距平,其趋势可以做如下间隔:13世纪晚期的相对寒冷期、14世纪初的相对温暖期、14世纪中叶的相对寒冷期、15世纪前后50年的相对温暖期(其中包括世纪之交的相对温和期)、15世纪中叶后的相对寒冷期(到16世纪初有一定的缓和)。

现有特异性气候事件与人类活动变迁的相关性分析多数处于全球尺度,尚未遍及更小分辨率下的区域国别研究。以创业时期的奥斯曼帝国作为对象开展研究的优势在于:一是其时间范围大致在上述全球特异性气候变动较为频繁的13—15世纪期间,二是空间分布以安纳托利亚半岛西北部为中心散开,三是具备耶尼谢基尔

---

① 王江林、杨保:《北半球及其各大洲过去1200年温度变化的若干特征》,《第四纪研究》2014年第6期,第1146—1155页。

（1299?）、布尔萨（1326）、伊兹尼克（1331）、埃迪尔内（1361?）、安卡拉（1402）、君士坦丁堡（1453）等特殊时间空间节点的重大历史事件。上述城市气候类型可归类于马尔马拉海峡气候、中部安纳托利亚气候两类，分别是地中海气候、温带大陆性气候，这为采取气候历史变迁视角开展相关性研究减少了变量干扰。

从研究对象国别来看，近年土耳其学界已逐渐对气候变化与历史发展的互动产生了兴趣，并在一定程度上参与了国际相关成果的推广与再利用。如阿夫永·科佳特佩大学地理系教授玉兹德米尔有关气候变化例证及对文明的反馈等一些研究成果，分析了气候变化从古至今如何与生态系统、农业文明、社会健康等开展互动[1]，所援引的案例多数为西欧、东亚等环境史地重点区域先前考察成果，对于土耳其本国或奥斯曼帝国所影响区域相对关注较少。土耳其之外的学者对于中东环境史研究已有相当成果，如耶鲁大学历史系教授艾伦·米哈伊尔以《奥斯曼之树》为题的作品，主要以水环境的视角展开对奥斯曼帝国史论述，其颇着眼于奥斯曼帝国疆域拓展到埃及、黑海沿岸等地理单元之后的历史阶段。[2] 鉴于目前奥斯曼帝国研究界所掌握的帝国创业期存世史料显少于后续年代，从自然界搜寻能够对人类所创作史料做出补充和印证的材料是存在必要性的。

二、"月"——奥斯曼之梦的内核

创世神话或传说从古就有，世界各地都有。开天辟地如耶和华、

---

[1] M. A. Özdemir, "Iklim Değişiklikleri ve Uygarlık Üzerindeki Yansımalarına ilişkin Bazı Örnekler [Some Examples of the Reflections of Climate Change on Civilization]," *Afyon Kocatepe Üniversitesi Sosyal Bilimler Dergisi*, 6（2）, pp. 173 - 192, https://acikerisim. aku. edu. tr/xmlui/handle/11630/8189, 2022 - 11 - 01.

[2] Alan Mikhail, "Introduction: The Global Environmental History of the Middle East," in *Under Osman's Tree: The Ottoman Empire, Egypt, and Environmental History*, Chicago, London: The University of Chicago Press, 2017.

盘古,创造人类如丢卡利翁、皮拉夫妇与女娲抟土;始祖生平如姜嫄"履帝武敏歆"及罗马双子为母狼所育。顾颉刚认为古史中很大一部分内容关乎神话传说,要辩证地研究看待以厘清事件的来龙去脉。① 反过来看,神话传说也能够在某些程度上反映出历史的进程,从而弥补传统历史材料的缺失,特别是在人类文明发展到一定阶段之后出现的神话传说,蕴含着比史前神话传说更加丰富的历史信息。与自然天象有关的梦境出现在许多民族语言文字的古老记述中。《创世纪》37:9记载了以色列人始祖约瑟梦"日月十一星,皆拜我",《但以理书》2:31—35记载巴比伦国王尼布甲尼撒之梦"见巨像,首为精金、胸臂为银、腹股为铜、其胫为铁、其足半铁半泥,一石击而铁泥铜银及金俱碎,击像之石成为大山,遍盈天下"。汉高祖刘邦的起源故事"其先刘媪尝息大泽之陂,梦与神遇,是时雷电晦冥,太公往视,则见蛟龙于其上,已而有身,遂产高祖②;德薛禅见未来女婿成吉思汗前夜"梦见海东青抓着太阳与月亮,双双落入我手中"③;等等。

自13世纪末开始流传的"奥斯曼之梦"④,作为奥斯曼帝国的创世传说,时至今日尚在安纳托利亚等地为黎庶津津乐道,亦作为奥斯曼帝国的创业期典型意象在诸多论著中占据重要位置,是世界各地奥斯曼帝国研究者开启帝国起源之谜的一把钥匙。梦境之早期文本是奥斯曼帝国编年史家阿什克帕夏扎德自梦境主人公之一、奥斯曼一世岳父谢赫·埃德巴里家族居住地采集所得,记载于其于伊斯兰历795年(公元1392—1393)面世的著作《阿什克帕夏扎德史》中,文本较为简短⑤:

① 顾颉刚:《古史辨自序》,北京:商务印书馆,2011年。
② 司马迁:《史记·高祖本纪》,上海:上海古籍出版社,2015年。
③ 《四部丛刊三编·元朝秘史》(一),上海:商务印书馆,1912年,第413页。
④ 现代土耳其文为"Osman Gazi'nin Rüyası",直译"奥斯曼·加齐的梦",下文统称奥斯曼之梦。
⑤ Hüseyin Nihal Atsız ed., *Aşıkpaşaoğlu Tarihi*, Istanbul:Ötüken Neşriyat A. Ş., 1985.

Osman Gaziuyuyunca rüyasında gördü ki bu azizin koynundan bir ay do ğar, gelir, Osman Gazi'nin koynuna girer. Bu ayın Osman Gazi'nin koynuna girdiği demde göbeğinden bir ağaç çikar. Gölgesi dünyayı tutar. Gölgesinin altında da ğlar var. Her dağın dibinden sular çikar. Bu çikan sulardan kimi içer, kimi ba ğçeler sular, kimi çeşmeler akıtır.

奥斯曼·加齐梦见一轮月自尊者胸中升出,没入自胸中。入胸间一霎自其肚脐中生出一树,树荫遮蔽世界,下现诸山形貌。条条水脉源自山脚,万类聚饮于此,栅栏围处为之浇灌,泉水因之奔流。

Ay——"月"是奥斯曼之梦建构的首个要素。奥斯曼之梦开篇作为天体意象的月亮,与世界各地的起源神话传说相类似。实际上,除高纬度地区极昼或极夜之外,世界各地的文明虽日升月落具体时间长短不同,但目之所测均处于同一天体循环过程,某次日食或月食会记载在不同文明历史篇章的同一天当中,而因为所处经度位置而分别出现在当天的不同时分。例如 1361 年 5 月 5 日的日食过程就由包括安纳托利亚中部、中国华东沿海等众多文明所记录,《南村辍耕录》载元至正辛丑四月初一"日未没三四竿许,忽然无光,渐渐作蕉叶样。天且昏暗如夜,星斗粲然。饭顷,方复旧,天再明,星斗亦隐,又少时乃没"。[①]

日食之于中国君主在警惕"日变修德",这场发生在傍晚的日食在记录者陶宗仪身处的松江观测条件上佳,记载到日全食。陶宗仪借以劝谏"臣有阴谋","臣专刑,兹谓分明,蒙微而日不明"一类的政治现象。而在此同时,东色雷斯目睹的是发生在日中时分的日偏食。考虑到在 813 年 6 月 22 日发生的维西尼基亚之战中,拜占庭败给保加利亚军的原因之一是日食对于军心的影响,那么 1361 年 5 月 5 日这次

---

① 陶宗仪:《南村辍耕录》卷十九,上海:上海古籍出版社,2021 年。

由亚洲东西两端文明所分享的日食经历，由于拜占庭帝国国力的下降和恰处正午时分的时刻位置，可能为穆拉德一世苏丹领导下的奥斯曼帝国势力向拜占庭帝国方面的扩张带来更大程度上的优势。

如上文例证，作为天穹上最为显著的天体，日与月为人类各文明所共同看重，被赋予了同样或别样的意义，现实与梦境皆然。奥斯曼之梦的早期文本中提示了月亮与做梦者的相互关系，月亮是动态的，奥斯曼与未来岳父埃德巴里二人是静态的，月亮主动从埃德巴里升起而纳入奥斯曼，而非奥斯曼将月亮揽入怀中。英国历史学家爱德华·克雷西1913 年对奥斯曼之梦的另一版本记述①则更具体地描述了这一过程：

He saw himself and his host reposing near each other. From the bosom of Edebali rose the full moon (emblem of the beauteous Malkhatoon) and inclining toward the bosom of Othman, it sank upon it, and was lost to sight.

奥斯曼见他本人与埃德巴里并躺，一轮满月（象征美丽的马尔克海屯）自埃德巴里怀中升起，斜向落入奥斯曼怀中，隐没不见。

本段为奥斯曼原始文本补充了主客二人并躺的相对位置信息，描写出的"纳月入怀"过程是静态的、自然的。并非有埃德巴里有意传递，或是奥斯曼主动延揽。奥斯曼是不自觉地将这一轮圆月纳入怀中。克雷西有意注释这轮满月指代的是马尔浑·海屯夫人，意指奥斯曼即将成为埃德巴里的女婿。克雷西对满月的诠释可能与约瑟"梦日月十一星，皆拜我"有承继关系，认为日月等天体可能指代父母，因为约瑟的梦境在其父以色列看来是"我与汝母汝兄，果将俯伏拜汝乎？"克雷西似是将纳月入怀与后续嫁娶之事等同而视。

---

① Edward S. Creasy, *Turkey*, New York: P. F. Collier, 1913, p. 14. 该引文未注明出处，可能是克雷西道听途说所得。下文"克雷西文本"皆引自此处。

与克雷西的注脚不同的是,埃德巴里的故乡,今日的土耳其比勒杰克地方记述为:"当奥斯曼向埃德巴里描述出梦境后,埃德巴里如是说:'奥斯曼,真主将主权赐予你和你的后代,祝贺你,我的女儿马尔浑·海屯将成为你的妻子。'于是二人完婚,是为奥斯曼家族之始。"①这一描述或指月亮代表"真主赐予的主权",而非某个具体人物。据《拉失德史》记述,"据传乌古斯六子中,大儿子名为坤(即太阳),二儿子名为爱(即月亮),其他儿子有叫天(阔阔)、山(塔黑)、大海(鼎吉思)等"②,表明在乌古斯等亚欧大陆族群中,存在以天体的名称直接命名个人的现象,因而以天体来代指某一类特殊人群反而可能造成混淆。既然奥斯曼之梦的文本描述中并没有确定将未来的主母以月亮指代,那么比起直接将海屯夫人与月亮画等号,月亮的所指更接近于通过后续行为争取的某些权利。比勒杰克地方的记述更接近奥斯曼梦境中月亮意象的事实——乌古斯的命名传统可以作为旁证,

分析梦境与权力转移之间的关联,嫁娶等行为意味着希望对方能够在更广阔范围内掌握更多的来自双方力量之外的权力。奥斯曼之梦中以月亮为内核所指代的,与吴国孙夫人、成吉思汗岳父梦境叙述中的"日""月"在意义层面一致;汉高祖刘邦母亲梦与神遇虽然与其后刘吕两家的嫁娶实践关联比较间接,但也可以允许吕太公或其后人将现实行为通过神赐行为的神秘主义言论加以投射。在自然与人类活动叠加动荡前夕,族群的领导者对于未来的预见,或是动荡期间对于当下的应对,抑或是在动荡发生后对动荡期间某些举措的合理性诠释,有时找不到明确历史书写。奥斯曼之梦或可看作是一次人类文明

---

① 见比勒吉克地方政府网站:http://www. bilecik. gov. tr/,2022 - 10 - 12。原文云:"Osman Bey rüyasını Şeyh Edebalı'ya anlatır. Edebalı rüyayı şöyle yorumlar: 'Oğul Osman, Hak Teala sana ve soyuna hükümranlık verdi mübarek olsun, kızım Malhun Hatun senin helâlin olsun. ' der. Edebalı'nın bu yorumu üzerine Osman Gazi Malhun Hatun (Rabia Bala Hatun) ile evlenir. "中文译文为作者译。

② 〔波斯〕拉施特主编:《史集·第一卷·第一分册》,北京:商务印书馆,1983 年,第 142 页。

实践历程在思想领域的缓冲,其文本在内核中一定程度上保留了这些实践背后的某些因素和事实。

三、奥斯曼之梦的延展——树木与山川

作为纳月入怀的后续,一棵洵美且异的大树参天而起,展现出无比的力量。其枝丫间绿意渍涌,荫蔽渐宽。至于大树荫蔽的边界究竟在何处,阿什克帕夏扎德似乎并未从埃德巴里家族处了解到,而克雷西文本对此则有所提示:

Thence sprang forth a goodly tree which grew in beauty and in strength ever greater and greater. Still did the embracing verdure of its boughs and branches cast an ampler and an ampler shade until they canopied the extreme horizon of the three parts of the world.

(自月没处)生长出一棵树木,愈健而美。其簇生的青翠枝干投下荫蔽渐广,直至遮住世界三大部分的地平线之极。

从上文关于"月亮"指代对象的分析出入可以看出,克雷西虽然判断事物间的相互关系比较鲁莽,但也不失直率。除非克雷西真正有意于混淆历史信息,那么此段文本的最后一句"世界三大部分"可以作为克雷西文本生成的时间线索,即大致不晚于 15 世纪末"地理大发现"知识广泛传播,"世界岛"的传统认知在奥斯曼帝国被废弃之时。因为如果月亮象征的是真主赐予的主权,那么象征主权范围的大树之荫就不应该仅仅作用于"旧世界"的三大陆,而是更加延伸到任何已知世界的最远处。

克雷西文本对于奥斯曼之树荫蔽下的山川地貌描写提示了一种并非到世界尽头,而是更类似版图四至的地理轮廓:

Under the tree stood four mountains, which he knew to be Caucasus, Atlas, Taurus, and Haemus. These mountains were the four columns that seemed to support the dome of the foliage of the sacred tree with which the earth was now pavilioned. From the roots of the tree gushed forth four rivers: the Tigris, the Euphrates, the Danube, and the Nile.

树下耸出四座山脉,奥斯曼明了其为高加索山、阿特拉斯山、陶鲁斯山脉、巴尔干山脉。四山乃支撑圣树叶冠所成穹顶之四柱,大地此时合围。树根部奔涌出四条河流:底格里斯河、幼发拉底河、多瑙河与尼罗河。

在奥斯曼之梦中,奥斯曼之树的树叶交织而成的穹顶由东北方位的高加索山脉、西南方位的阿特拉斯山脉、东南方位的托鲁斯山脉与西北方位的巴尔干山脉作为四方的立柱支撑起来,四座山脉距离奥斯曼帝国创业核心区域距离各有远近。文本中四条代表性的河流,即底格里斯河、幼发拉底河、多瑙河与尼罗河也并不完全被奥斯曼帝国历来疆域完全覆盖。按今日土耳其共和国版图四至,北迄马尔马拉大区科尔克拉雷利省库夫察兹镇与保加利亚交界,南到哈塔伊省亚伊拉达厄山与叙利亚接壤,东端阿拉勒克大区伊厄德尔省阿拉斯走廊与阿塞拜疆毗邻,西临北爱琴海大因姆布鲁斯岛阿芙拉卡角与萨洛斯湾相望。这与克雷西文本中的阿特拉斯山、多瑙河、高加索山、两河流域、尼罗河等已然道里相隔了。

比起阿什克帕夏扎德文本"树荫遮蔽世界,下现诸山形貌,条条水脉源自山脚"这寥寥数语描述,克雷西文本对奥斯曼之树的覆盖范围、山川名状繁复不少,其中也颇有与前人所述不符以及自相矛盾之处。既然穹顶四角的立柱围起大地,那么四座山脉以内该算是奥斯曼未来的疆域范围。但源出疆域东南限界陶鲁斯山脉的美索不达米亚两河又流向东南,克雷西文本中的树根与立柱的位置无疑发生了错乱。两河的流向形态尚且符合从树根方位外流,尼罗河与多瑙河反而是流向树根了。所以除非奥斯曼之树的树根有多个,并分布于不同方位,类似于遍布气生根的榕树一类树种。

梦境往往需要取材于现实,比起梦到榕树等热带、亚热带树种,奥斯曼梦境的形成可能更多取材于安纳托利亚西北地区周边环境。许多种属的松柏、橡木等生长于此,近年北爱琴海科考团队所做树木年轮重建1089年至1989年夏季降水量序列取材于其中①,印证其地树龄之长。伊斯坦布尔欧洲部分的阿西扬公墓(Aşiyan Asri Mezarlığı)位于鲁梅利要塞西侧,古木繁茂,其树荫可高至要塞墙体部位,并向贝别克海滩方向延伸,树木形态类似克雷西文本后文对奥斯曼之树的描述:

The winged multitude warbled and flitted round beneath the fresh living roof of the interlacing branches of the all-overarching tree; and every leaf of that tree was in shape like unto a scimitar.

万羽翔集在枝条交映的如生般冠盖之下,此树笼罩四方;其叶片片形如刀身。

这种描述下奥斯曼之树比起阔叶的热带亚热带植物,更形似橡木或松柏,本生一脉,别无旁根。所以奥斯曼之树更可能是发育自一个独立的根脉,那么用字面意思理解克雷西文本上述段落就是行不通的。结合文本下文内容:

Tall ships and barks innumerable were on the waters. The fields were heavy with harvest. The mountain sides were clothed with forests.

无数舟船行于水上,土地收获累累;
森林披满山坡。

---

① Carol B. Briggs, Peter Kuniholm, "A regional high-frequency reconstruction of May—June precipitation in the north Aegean from oak tree rings, A. D. 1089 - 1989," *International Journal of Climatology*, 2007(06).

可以看出,这段文本更加关注的不是河流的水流,而是河流承载的航运与灌溉价值。这表明文本形成时,奥斯曼之树覆盖之下的大地已有数量众多的河流为帝国发展提供了交通通达与农业水源,数字"四"为其数量的虚指。奥斯曼之树的枝叶从创业期的历史统治核心,通过河流等交通要路,逐渐突破山脉的阻隔。克雷西文本展露出山川形势不是用于据守,而是以利扩张的意图,借此将奥斯曼之树的荫蔽延展到更远的方向。而其记载的各自处于地中海两端的阿特拉斯山脉与陶鲁斯山脉,代表了时人对帝国疆域的思维界限。

上述分析结合本章节开头所讨论的奥斯曼之梦相关内容,提示克雷西文本所反映的可能是 16 世纪 20 年代之前某一时间段奥斯曼土耳其帝国的整体历史环境风貌。原因有二,一是 15 世纪末新航路的开辟尚未被大众所知,克雷西文本所反映而"世界岛"概念犹存;二是文本对于奥斯曼帝国边疆的认知,尚处在塞利姆一世苏丹(1512—1520 在位)将阿尔及尔与叙利亚纳入奥斯曼帝国版图以前。两相比照得出的时间线索是,阿什克帕夏扎德记载了约略发生于 100 年前的奥斯曼之梦中的部分信息,成书后又经历了百余年的流传演化,逐渐形成了后来克雷西所记述的奥斯曼之梦文本。

四、奥斯曼之梦可资参考的环境历史线索

从阿什克帕夏扎德的记载到克雷西文本之间两个世纪的变迁历时性地提供了本区域的一些历史环境信息,可用以分析该地区人类对环境认识的变化以及自然环境的变迁。阿什克帕夏扎德文本中对山川状貌、生态活动、人类影响的自然景观以及灌溉、城市设施建设的描写比较概略,通过与在两个世纪过程中演化形成的克雷西文本相对照,可以梳理出数条环境历史线索,用于 13 世纪末到 15 世纪历史气候变迁与奥斯曼帝国创业期的自然环境与人类活动之间的影响关系方面的研究。

克雷西文本在描绘前一章节已经探讨过的河流、舟旅、农地与森林后,视角转向了动静相映、色彩鲜明的田园景致:

Thence in exulting and fertilizing abundance sprang fountains and rivulets, that gurgled through thickets of thecypress and the rose.

泉水与溪流欢腾涌出,膏沃一切,泪泪地流过香柏和玫瑰丛。

四座山脉围绕下的广阔领域,四条水系奔涌间有商旅不息,世界之树掩映中的万类霜天,喻示着这片大地将带给未来的主人无尽丰饶。香柏、玫瑰等原生植物以香气与艳色点缀其间,其中流淌出使得水文系统更加织密的溪流清泉。克雷西文本提示了以上二种代表性植物在 13 世纪末直到 15 世纪于奥斯曼帝国范围内的存在。

其他在奥斯曼之梦获得丰收的作物,可能包括橄榄、葡萄等地中海式农业作物,大麦、小麦等传统肥沃新月地区农业作物以及水稻、旱稻、黍类及其他各类作物。虽然克雷西文本未提示以上作物的地理分布界限与栽培耕耘历史,但对标记农牧区之间的界限可能起到潜在的帮助。分析文本可以注意到,牛羊等牲畜及其牧草地并没有占据篇幅,提示奥斯曼人在创业期间逐渐将其生活方式重心转变为定居农业的过程。

其后梦境文本的视角从乡野转向城市:

In the valleys glittered stately cities with domes and cupolas, with pyramids and obelisks, with minarets and towers. The Crescent shone on their summits: from their galleries sounded the Muezzin's call to prayer. That sound was mingled with the sweet voices of

在山谷中,大量具装饰的与未装饰的穹顶使众多金灿灿的城市越发庄严,其间点缀有金字塔与方尖碑、尖塔与高台。新月标记在这些建筑的顶部闪烁,廊间传来宣礼师唤拜的声响,数以千计夜莺的甜美歌喉和无数各色鹦鹉的啁啾与邦克的音声共鸣,与所有歌唱的鸟儿共鸣。

a thousand nightingales and with
the prattling of countless parrots
of every hue. Every kind of
singing bird was there.

在丰饶大地之上,克雷西文本中的各个城市具有罗马、埃及、叙利亚等各地建筑风格,克雷西文本所描述的城市建筑改变、提示人类活动对于地貌景观环境的改造与影响。人类定居伊始安纳托利亚一带多将房屋盖成四方形,距罗姆苏丹国故都科尼亚不远的叉山土丘(Çatalhöyük)是7000多年前的范例。古罗马人掌握建筑工程学后,在四方形建筑上以砖砌或混凝土浇筑的穹顶开始统治环地中海世界的城市天际线。包括克雷西文本后续叙述在内,任何居住于君士坦丁堡周边的民族都无法忽视作为人类最伟大造物之一的圣索菲亚大教堂其上的宏伟穹顶。

鉴于克雷西文本后面还要描绘奥斯曼对于君士坦丁堡的渴望,此段描写中圣索菲亚教堂上方闪耀的依然是东正教十字架。作为伊斯兰教象征意义的新月,则装饰了奥斯曼帝国创业期所兴建诸如布尔萨绿色清真寺在内一系列罗马式穹顶清真寺的顶端。这些穹顶与宣礼塔、金字塔、方尖碑、邦克塔、叫拜楼等伊斯兰化建筑,共同参与了一场盛大的宣礼。这场宣礼似乎更加映衬了君士坦丁堡几乎作为一座孤城的茕茕孑立,反映出宗教抗衡在奥斯曼帝国创业期所发挥的作用。宗教活动声浪所大量惊起的各种鸟类,则是人与自然界互动在当时的一次写照。

作为奥斯曼之梦的收束,克雷西文本中的君士坦丁堡攻伐异常恢宏:

Suddenly there arose a mighty wind and tuned the points of the sword-leaves toward the various cities of the world, but especially toward Constantinople.

霎时狂风大作,将奥斯曼之树利刃般的叶片吹动,指向世界各处的城市,而以指向君士坦丁堡数量最多。这城中之城夹峙在两海洋与两大陆之间,如同两

That city, placed at the junction of two seas and two continents seemed like a diamond set between two sapphires and two emeralds to form the most precious stone in a ring of universal empire. Othman thought that he was in the act of placing that visioned ring on his finger when he awoke.

祖母绿与两蓝宝石所簇拥的一颗真钻,是整个帝国的无上至宝。当奥斯曼希望将这枚戒指戴入指中之时,大梦方醒。

陆地与祖母绿、大海与蓝宝石的比拟,一定程度反映出克雷西文本形成时两大陆与两海洋之间真实景色,引人入胜,明白地道出了梦境编织者、流传者与称颂者们,对这座城市无与伦比的、一脉相承的钟爱。可惜今天的伊斯坦布尔由于化石燃料工业与机动车排放影响,亚硫气体污染物时常超标,空气往往泛着淡黄色,观者很难看到纯净的祖母绿、蓝宝石色。妥善处理人与自然之间的关系,尽量消除人类活动对于自然景观的影响,或许能够早日让这枚戒指在历史中璀璨的环境重回人间。

结　论

始于绿穹下纳月入怀,终于片片树叶因宣礼声而起,刃指君士坦丁堡钻石般的天穹,奥斯曼之梦提供的信息杂糅了创业期奥斯曼帝国的过去、现在与未来。在山川形势地理格局的内生与外化中,创业期的奥斯曼帝国生发扩张的意志,与巴尔干王公、拜占庭巴西琉斯、马穆鲁克政权等对手征战不息。从版图四至到帝国核心的治理体系构建过程,则随着奥斯曼之树的延伸,让统治核心的意志通过陆路、河道与海运向世界岛的四周延展,建立攫取东西方贸易之利、两海三洲不同方式的税收体系,以维护帝国秩序和社会各阶层奢俭不一的生活水平,并在常年与灾荒期间考量物价的平准。枝叶有时伸展过远,则会影响中央与地方的关系,此时因宗教信仰、民族关系、实力强弱的不同,根脉与枝梢之间往往会发生记载于人类或自然所书写的历史当中形形色色的斗争。

作为奥斯曼帝国创业成功的阶段性标志,伊斯坦布尔具有历史环境变迁研究中独一无二的意义。金角湾、佩拉与加拉太、海峡铁索、狄奥多西城墙——这些要素或天然或人为地分隔开亚欧两大洲,成为奥斯曼梦境流传演化时期已知世界所有横跨东西南北的贸易最终点。满携瓷器、乳香、琥珀、琉璃、金银的驼队与商船纷纷在此相会,各谋其利。气候与环境并不因人的意志而自动产生划分,埃米诺努与于斯屈达尔相隔海峡,风物并无显著不同。但大量含有历史环境变迁信息的历史文献与自然印记在此存在并流传,并从伊斯坦布尔这个"锚点"影响到两陆地、两海洋的彼方。奥斯曼帝国创业传说中的梦境与现实,正是交汇并收束于伊斯坦布尔。

总之,本文通过历史环境变迁视角讨论奥斯曼之梦的落脚点,在于如何将人类世以来历史环境变迁记录结合到传统历史学的理论与方法论证过程中,并加以适度延展。此为当今自然科学与人文科学交叉所面临的共同性问题之一。囿于研究资料及笔力所限,本文仅仅探索了奥斯曼之梦所反映的奥斯曼帝国创业期很小一部分历史环境要素,对奥斯曼之名从家族走向帝国的演化过程提出了一孔之见。若能够更多与对象文明、周边文明或与世界范围内文明类型开展更具体的比较,或可以更有效参与讨论世界文明各时期的气候变化应对模式及规律这一深层次命题。既然人类与环境互动的普遍作用规律已经得到重视和一定程度的揭示,那么过去、现在以及未来的各区域、国别研究成果将越发有可能在此种研究路径支持下相互检验得失。更多的共时性和历时性研究无疑意味着更广阔的宏观图景和更准确的规律描述,使得不断发展中的人类文明能更好地吸收先哲们的智慧,作为一个共同体来思索命运相通的未来。

作者简介:张东宁,复旦大学历史地理研究中心博士研究生。

近代早期奥斯曼帝国的地中海—红海城市网络

董世康

摘要: 奥斯曼帝国向南方的扩张将阿拉伯世界纳入统治范围,并在这个过程中以大马士革、开罗和麦加为基础打造了一个跨地区的城市网络。在经济上,奥斯曼帝国继承了马穆鲁克在红海地区的商业关系,统合了朝觐贸易与过境贸易,带动了地中海和印度洋之间商品与货币的跨区域流动;在城市建设上,奥斯曼政府因地制宜,采取多元化的手段,促进了三座城市的发展与空间变革;在政治文化上,奥斯曼帝国则通过打造、改建当地的标志性建筑来宣示帝国的权力在场与文化统治力。近代早期奥斯曼帝国将三种不同类型的城市联结起来,沟通了地中海与印度洋两大水域,这些城市各自地位与空间结构的变化则凸显了帝国文化与在地文化间的冲突与融合。

关键词: 近代早期　奥斯曼帝国　开罗　大马士革　麦加

奥斯曼帝国在 1516—1517 年对马穆鲁克苏丹国的征服,是其 600 年历史上发生的最重要的事件之一。在短短六个月的时间里,奥斯曼军队从奥龙特斯河(Orontes River)推进到尼罗河,迅速击败马穆鲁克军队,从他们手中夺取了伊斯兰世界的许多大城市。阿勒颇、大马士革、耶路撒冷、开罗、麦加和麦地那等地相继成为帝国的一部分,而西部的马格里布,南部的红海两岸也因此而门户洞开,相继被纳入奥斯曼苏丹的统治之下。截至 16 世纪中叶,在奥斯曼帝国的南方形成了一个横跨地中海—红海—印度洋的城市网络,商品、人口和思想文化在其中自由流动,而大马士革、开罗和麦加是这张网络的三个关键节点,扮演着地中海—印度洋贸易引擎的角色。与此同时,三座城市与伊斯坦布尔遥远的距离和各自不同的历史地理环境要求奥斯曼政府不得不实行差异化、间接性的统治,帝国中央与地方之间的持续张力和权力分野在三座城市结构的变迁中得到了深刻的体现。

传统上,包括奥斯曼城市在内的伊斯兰城市研究长期受到马克斯·韦伯提出的"东方城市类型"范式的影响,城市的内在肌理与运行机制被掩盖在"停滞—专制"的宏大叙事之下。例如,在奥斯曼帝国统治下,城市发展停滞不前,人口减少;奥斯曼人也没有在阿拉伯行省的首府城市留下明显的建筑存在。[1] 尽管让·索瓦热(Jean Sauvaget)、艾拉·拉皮杜斯(Ira Lapidus)和阿尔伯特·霍拉尼(Albert Hourani)等学者试图对这一范式进行挑战与修正[2],但对于伊斯兰城市的韦伯式偏见一直存在,直到 20 世纪 80 年代才由于受到爱德华·萨义德(Edward Said)对"东方主义"的文化批评而逐渐消散。[3] 对本文中三座城市的考察同样受到这一学术风潮的影响,自 20 世纪 80 年代以来

---

① Jane Hathaway, *The Arab Lands under Ottoman Rule: 1516 - 1800*, New York: Routledge, 2020, pp. 144 - 145.

② Jean Sauvaget, *Alep: essai sur le développement d'une grande ville syrienne des origines au milieu du XIXe siècle*, Paris: Paul Geuthner, 1941; Ira Lapidus, *Muslim Cities in the Later Middle Ages*, New York: Cambridge University Press, 1967; Ira Lapidus, eds., *Middle Eastern Cities: A Symposium on Ancient, Islamic, and Contemporary Middle Eastern Cities*, Berkeley: University of California Press, 1969; Albert Hourani, "Ottoman Reform and the Politics of Notables," in William Polk and Richard, eds., *Beginnings of Modernization in the Middle East: The Nineteenth Century*, Chicago: University of Chicago Press, 1968, pp. 41 - 68.

③ Edhem Eldem, Daniel Goffman, Bruce Masters, *The Ottoman City between East and West: Aleppo, Izmir, and Istanbul*, Cambridge: Cambridge University Press, 1999, pp. 1 - 3. 关于"东方主义",参见〔美〕爱德华·萨义德:《东方学》,王宇根译,北京:生活·读书·新知三联书店,2019 年。

有大量研究问世，特别是法国学者安德鲁·雷蒙德（André Raymond），他延续了费尔南·布罗代尔的观点，认为 16 世纪伊斯兰世界大城市兴盛的原因在于它们地处国际贸易路线的交汇处，有利的地理位置给这些城市带来了许多贸易机会，促进了其经济的发展，进而导致了这些城市都出现了人口增长、城区扩张的现象。[①] 此外，也有学者从政治史、经济史、社会文化史抑或建筑史等角度对三座城市进行区域研究与个案分析，但其讨论框架大多局限于一城一地，缺乏联系和比较的综合视角。[②]

[①] 参见 André Raymond, *Arab Cities in the Ottoman Period: Cairo, Syria and the Maghreb: Cairo, Syria and the Maghreb*, Farnham: Ashgate, 2002, pp. 247 - 263. 该作者的其他著述有 André Raymond, *Artisans et commerçants au Caire au XVIIIe siècle*, Damas: Institut français de Damas, 1973; André Raymond, *The Great Arab Cities in the 16th - 18th Centuries: An Introduction*, New York: New York University Press, 1984; André Raymond, "Le sultan Süleymân et l'activité architecturale dans les provinces arabes de l'Empire (1520 - 1566)," in Gilles Veinstein, eds., *Soliman le Magnifique et son temps*, Paris: La Documentation Française, 1992, pp. 371 - 384; André Raymond, *Cairo*, Cambridge: Harvard University Press, 2000, pp. 189 - 250; André Raymond, "A Divided Sea: The Cairo Coffee Trade in the Red Sea Area during the Seventeenth and Eighteenth Centuries," in Leila Tarazi Fawaz and C. A. Bayly, *Modernity and Culture from the Mediterranean to the Indian Ocean*, New York: Columbia University Press, 2002, pp. 46 - 57.

[②] 除了上述安德鲁·雷蒙德的著述，关于大马士革的研究还有 Ross Burns, *Damascus: A History*, New York: Routledge, 2019; Karl K. Barbir, *Ottoman Rule in Damascus, 1708 - 1758*, Princeton: Princeton University Press, 2016; Stefan Weber, "The Creation of Ottoman Damascus: Architecture and Urban Development of Damascus in the 16th and 17th century," *Aram*, No. 9 - 10, 1997 - 1998, pp. 431 - 470; Çiğdem Kafescioğlu, "'In the Image of Rūm': Ottoman Architectural Patronage in Sixteenth-Century Aleppo and Damascus," *Muqarnas*, Vol. 16, 1999, pp. 70 - 96; Marianne Boqvist, "Building an Ottoman City: Contributions of Šamsī Aḥmad Pasha and Lālā Muṣṭafā Pashato the Urban Landscape of 16th century Damascus," *Bulletin d'études orientales*, Vol. 61, 2012, pp. 191 - 207; 关于开罗的研究还有 Carl F. Petry, *The Civilian Elite of Cairo in the Later Middle Ages*, Princeton: Princeton University Press, 1982; Caroline Williams, *Islamic Monuments in Cairo: The Practical Guide*, （转下页）

与此同时，自 20 世纪六七十年代以来，在亨利·列斐伏尔（Henri Lefebvre）、大卫·哈维（David Harvey）、曼努埃尔·卡斯特尔（Manuel

（接上页）Cairo: The American University in Cairo Press, 2004; Chahinda Karim, Menna M. El Mahy, *Ottoman Cairo: Religious Architecture from Sultan Selim to Napoleon*, Cairo: The American University in Cairo Press, 2021; Doris Behrens-Abouseif, *Islamic Architecture in Cairo: An Introduction*, Cairo: The American University in Cairo Press, 1996; Ülkü Bates, "Façades in Ottoman Cairo," in Irene A. Bierman, Rifa'at Abou-El-Haj, Donald Preziosi, eds. , *The Ottoman City and Its Parts: Urban Structure and Social Order*, New Rochelle: Aristide D. Caratzas Publisher, 1991, pp. 129 – 168; Max Rodenbeck, *Cairo : The City Victorious*, New York : Vintage Departures, 2000; Nezar AlSayyad, *Cairo: Histories of a City*, Cambridge: Belknap Press of Harvard University Press, 2011; Ülkü Bates, "Two Ottoman Documents on Architects in Egypt," *Muqarnas*, Vol. 3, 1985, pp. 121 – 127; Nelly Hanna, *Ottoman Egypt and the Emergence of the Modern World: 1500 – 1800*, Cairo: American University in Cairo Press, 2014; Nelly Hanna, *Artisan Entrepreneurs in Cairo and Early-Modern Capitalism (1600 – 1800)*, New York: Syracuse University Press, 2011; Nelly Hanna, *In Praise of Books: A Cultural History of Cairo's Middle Class, Sixteenth to the Eighteenth Century*, New York: Syracuse University Press, 2003; Nelly Hanna, *Making Big Money in 1600: The Life and Times of Isma'il Abu Taqiyya, Egyptian Merchant*, New York: Syracuse University Press, 1997; Nelly Hanna, *Construction Work in Ottoman Cairo (1517 – 1798)*, Cairo: Institut Français d'Archéologie Orientale du Caire, 1984; Nelly Hanna, *An Urban History of Būlāq in the Mamluk and Ottoman Periods*, Cairo: Institut Français d'Archéologie Orientale du Caire, 1983; Doris Behrens-Abouseif, *Egypt's Adjustment to Ottoman Rule: Institutions, Waqf and Architecture in Cairo*, 16th and 17th *Centuries*, Leiden: Brill, 1994; 关于红海地区城市的研究有 Suraiya Faroqhi, *Pilgrims and Sultans: The Hajj Under the Ottomans 1517 – 1683*, London: I. B. Tauris, 1994; Andrew Peacock, "Jeddah and the India Trade in the Sixteenth Century: Arabian contexts and Imperial policy," in Dionisius A. Agius, Emad Khalil, Eleanor M. L. Scerri, Alun Williams, eds. , *Human and Interaction with the Environment in the Red Sea*, Leiden: Brill, 2017, pp. 290 – 322; Michel Tuchscherer, "Trade and Port Cities in the Red Sea Gulf of Aden Region in the Sixteenth and Seventeenth Century," in Leila Tarazi Fawaz and C. A. Bayly, *Modernity and Culture from the Mediterranean to the Indian Ocean*, New York: Columbia University Press, 2002, pp. 28 – 41; A. C. S. Peacock, "Suakin: A Northeast African Port in the Ottoman Empire," *Northeast African Studies*, Vol. 12, No. 1, 2012, pp. 29 – 50; Michael Mallinson, Laurence Smith, （转下页）

Castells)等新城市社会学学者的影响下,城市史研究不再关注城市空间的具体构成要素,而聚焦于空间背后的塑造力量与生产机制,为城市史研究提供了新的理论方法。进入 90 年代后,随着全球化浪潮的加快,全球史、新帝国史等研究方法的兴起,学界开始以更加宏观、灵活的视角重新考察帝国不同区域间的联系,尤其注重各地区间商品、货币、人员、疾病、思想文化等要素的联系与互动。如美国学者山姆·怀特(Sam White)提出了超越地方视角,将全球史方法应用于奥斯曼帝国史研究的必要性与可能性[1],而海伦·费弗尔(Helen Pfeifer)则通过考察奥斯曼帝国的沙龙文化,揭示出"边缘"精英如何深刻地塑造了帝国"中心"的文化场域。[2] 在这种情况下,城市社会学与历史学的理论关切实现了同步更新,考察城市在全球视域下的地位与作用成为研究热点。因此,将联系与互动的全球视角引入城市史研究是当下最新的研究趋势,相较于传统以区域国别为单位的分析能给人更多的启发。[3] 因此,本文试图从全球史和帝国史的角度出发,探究奥斯曼帝国治下地中海—红海城市的经济联系与空间变迁,进而揭示各城市彼此

（接上页）Colin Breen, Wes Forsythe, Jacke Phillips, "Ottoman Suakin 1541 - 1865: Lost and Found," in A. C. S. Peacock, ed. , *The Frontiers of the Ottoman World* , New York: Oxford University Press, 2009, pp. 470 - 494; Jay Spaulding, "Suakin: A Port City of the Early Modern Sudan," in Kenneth R. Hall, ed. , *Secondary Cities and Urban Networking in the Indian Ocean Realm*, c. 1400 - 1800, Lanham: Lexington Books, 2008, pp. 39 - 53;国内学界研究成果参见车校梅:《中东中世纪城市的产生发展与嬗变》,北京:中国社会科学出版社,2004 年;车校梅:《开罗》,西安:三秦出版社,2006 年;车效梅,郑敏:《新航路开辟对中东城市的影响》,《都市文化研究》2016 年第 1 期;张洋:《文化传承视角下的开罗城市发展与阿拉伯伊斯兰文化研究》,上海外国语大学 2019 届硕士学位论文。

[1] Sam White, "Ottomans in Early Modern Global History," *Journal of Global History*, No. 6, 2011, pp. 345 - 349.

[2] Helen Pfeifer, *Empire of Salons: Conquest and Community in Early Modern Ottoman Lands*, Princeton: Princeton University Press, 2022.

[3] 朱明:《近代早期西班牙帝国的殖民城市——以那不勒斯、利马、马尼拉为例》,《世界历史》2019 年第 2 期。亦可参见朱明:《城市与空间:欧洲中世纪城市史研究的新进展》,《史学理论研究》2017 年第 1 期。

间的结构异同与发展规律。

一、奥斯曼帝国地中海—红海城市的经济网络

1516—1517 年奥斯曼帝国向南方的迅猛扩张使得它继承了马穆鲁克在红海—印度洋与撒哈拉的商业关系和贸易网络。在帝国的支持下,阿拉伯行省与安纳托利亚和巴尔干之间的贸易变得十分普遍,商人、商品和货币能够畅通无阻地在帝国各省份间自由流动。同样,由于这些地区被纳入帝国的统治范围,不同省份之间的商业联系也变得常态化、规范化。①

奥斯曼帝国的大马士革行省(Bilad al-Sham)是传统黎凡特贸易的中心。在马穆鲁克统治的早期,其经济得到了稳固的发展,并且深度参与了国际贸易。② 大马士革作为该地区的首府城市,不仅成为一个重要的跨境贸易商品集散地,本身也拥有发达的制造业,其生产的纸张、纺织品、玻璃器皿、香水、糖果、乳胶、武器等产品沿着地中海远销欧洲。然而,随着 1350 年后多次发生的严重瘟疫以及帖木儿 1401年攻陷该城后展开的大规模屠杀与掠夺,该城不可避免地走向了衰落,甚至需要依靠从外部进口农产品以维持其人口水平和城市的基本运行。③ 达比克草原(Marj al-Dabiq)战役后,马穆鲁克在这一地区已无法构成有效的军事抵抗,奥斯曼军队迅速向南推进,大马士革不战而降。通过与周围沙漠中的贝都因部落达成协议,奥斯曼政府保证了腹地绿洲对城市的物资供应④,使得大马士革的经济逐渐恢复。在此

---

① Jane Hathaway, *The Arab Lands under Ottoman Rule: 1516-1800*, p. 231.

② Thomas Philipp, "The Economic Impact of the Ottoman Conquest on Bilad al-Sham," in Peter Sluglett and Stefan Weber, eds., *Syria and Bilad al-Sham under Ottoman Rule: Essays in honour of Abdul-Karim Rafeq*, Leiden: Brill, 2010, p. 114.

③ Ross Burns, *Damascus: A History*, pp. 242-257.

④ Gabor Agoston and Bruce Masters, *Encyclopedia of the Ottoman Empire*, p. 170.

基础上,奥斯曼国家通过一系列措施将大马士革打造成行省的经济中心。

首先,在纵向的陆路上,奥斯曼人利用每年一度的朝觐(Hajj)促进大马士革的贸易交流。① 大马士革是奥斯曼政府官方钦定的两个主要朝觐队伍集结点之一。每年的朝觐时节,在大马士革集结的朝觐者人数为20000—30000,这使得该城市的人口突然增加了30%以上,他们来自帝国北方各行省,乃至欧洲、波斯、中亚等地②,在大马士革的米丹露营区(Midan al-Hasa)汇入同一支队伍,并由帝国委派专人带领他们前往麦加。这条被称为"帝国大道"(Imperial Way)的朝觐路线在奥斯曼帝国时代具有十分重要的地位。③ 大规模的季节性人口流动,以及人员构成的多元文化背景与需求无疑为大马士革创造了潜在的商机。最重要的交易地点是位于城南的穆扎伊里布(Muzayrib)集市,朝觐者在这里购买坐骑、帐篷、骑具、衣服和食物等生活必需品④,极大地刺激了大马士革相关行业的生产,有效拉动了该城的经济增长。此外,伴随着人员的还有商品在朝觐路线上的流动。许多朝觐者本身就是商人,他们能够在出发地大马士革、朝觐途中以及终点麦加与整个伊斯兰世界的其他商人交换货物,吸引大量的顾客进入贸易市场,并在两个月后踏上回程。⑤ 在这一过程中,香料、宝石和咖啡,以及大量的布匹、印度的精美织物等商品从麦加被带到

---

① 朝觐是整个伊斯兰世界最重要的年度盛事。参见昝涛:《在布哈拉与"幸福门"之间——十六至十九世纪中亚穆斯林朝觐与丝绸之路西段的耦合》,《北京大学学报(哲学社会科学版)》2021年第2期。

② Ross Burns, *Damascus: A History*, pp. 267 - 268.

③ Karl K. Barbir, *Ottoman Rule in Damascus, 1708 - 1758*, p. 109.

④ Suraiya Faroqhi, *Pilgrims and Sultans: The Hajj Under the Ottomans 1517 - 1683*, p. 167.

⑤ Bruce Masters, *The Arabs of the Ottoman Empire, 1516 - 1918: A Social and Cultural History*, New York: Cambridge University Press, 2013, p. 78.

大马士革①,继而经过布尔萨(Bursa)到达伊斯坦布尔②,接下来则从这两个城市被转口到远至巴尔干和黑海的帝国北方边境。③ 因此,大马士革是一个关键的贸易中转节点,它是向南到达红海沿岸,向北远及东欧、东南欧的商贸网络的重要组成部分,朝觐贸易决定着该城市的经济福祉。

其次,在横向的海洋上,奥斯曼帝国通过将大马士革周边的港口城市整合进其贸易体系,大大扩展了该城的贸易范围与规模。受地理位置的限制,大马士革作为一个内陆城市的区位严重限制了其外贸经济的发展。为了解决这个问题,奥斯曼政府将东地中海沿岸的贝鲁特(Beirut)、的黎波里(Tripoli)和西顿(Sidon)等港口与大马士革联系起来④,有效补足了其海外贸易方面的短板。这些城市作为大马士革与地中海联系的窗口,接受来自地中海的商品并转运至大马士革,同时将其繁荣腹地的产品通过海运转销至阿尔及尔、巴尔干乃至欧洲。⑤ 这一安排打通了大马士革的海陆联系,形成了以大马士革为中心的多位一体贸易格局,在这个层级体系中,首府城市与其附属港口

---

① Halil Inalcik and Donald Quataert, eds., *An Economic and Social History of the Ottoman Empire*, Vol. 1, 1300 -1600, Cambridge: Cambridge University Press, 1994, p. 317.

② Halil Inalcik and Donald Quataert, eds., *An Economic and Social History of the Ottoman Empire*, Vol. 1, 1300 -1600, p. 345. 关于从大马士革到伊斯坦布尔的贸易路线有另一种说法,参见 Suraiya Faroqhi, *Pilgrims and Sultans: The Hajj Under the Ottomans 1517 - 1683*, pp. 32 - 33.

③ Halil Inalcik, "The Ottoman Economic Mind and Aspects of the Ottoman Economy," in M. A. Cook, eds., *Studies in the Economic History of the Middle East: from the rise of Islam to the present day*, London: Routledge, 1970, p. 212.

④ Jane Hathaway, *The Arab Lands under Ottoman Rule: 1516 - 1800*, p. 155.

⑤ Stefan Weber, "The Making of an Ottoman Harbour Town: Sidon/Saida from the Sixteenth to the Eighteenth Centuries," in Peter Sluglett and Stefan Weber, eds., *Syria and Bilad al-Sham under Ottoman Rule: Essays in honour of Abdul-Karim Rafeq*, Leiden: Brill, 2010, pp. 187 - 188.

的投资建设和商业发展相互关联,横向的海外贸易通过港口与纵向的内部贸易在首府交汇,从而将地中海的大多数港口及其腹地联结在一个错综复杂的商业网络中。① 通过这一网络,奥斯曼帝国尤其发展了与威尼斯的贸易联系。威尼斯人在该城设立了领事馆,批量采购胡椒和香料,并通过西顿、贝鲁特和的黎波里等港口把商品运回威尼斯。②

与大马士革的情况不同,开罗虽然从马穆鲁克的首都变为奥斯曼帝国埃及行省的首府,政治地位有所降低,但它依然是仅次于伊斯坦布尔的第二大城市,并在奥斯曼人统治的前两个世纪一直保持着经济的繁荣。它同样也是帝国最富裕的行省城市,为中央提供的税收超过任何其他省份。③ 在 16—17 世纪期间,开罗是来自四面八方贸易的交汇点,也是商业影响力辐射三大洲的货物集散地,其本身便拥有着成熟而复杂的港口网络,奥斯曼人只需保持该体系原有的安排并维持其运转。

首先,开罗是典型的印度洋与红海过境贸易转运中心。印度和亚洲其他地区的商品通过这条路线经苏伊士到开罗,再从开罗到大马士革、伊斯坦布尔乃至欧洲。其中,在 16 世纪的大部分时间里,香料都是开罗与吉达(Jeddah)、萨瓦金(Suakin)、亚丁(Aden)和摩卡(Mocha)等红海港口之间最为重要的贸易商品。由于马穆鲁克统治末期出现财政危机,自身衰弱,无力阻挡葡萄牙人对印度洋的渗透,经过红海的香料贸易在 15 世纪末 16 世纪初出现了暂时的衰退。④ 在奥斯曼帝国于 1516—1517 年征服埃及和叙利亚之后,帝国的行政人

---

① Jane Hathaway, *The Arab Lands under Ottoman Rule: 1516 - 1800*, pp. 156 - 157.

② Thomas Philipp, "The Economic Impact of the Ottoman Conquest on Bilad al-Sham", p. 113.

③ Gabor Agoston and Bruce Masters, *Encyclopedia of the Ottoman Empire*, p. 112.

④ 〔葡〕多默·皮列士:《东方志:从红海到中国》,何高济译,北京:中国人民大学出版社,2012 年,第 7—8 页;同样可参见 Duarte Barbosa, Hon. Henry E. J. Stanley, trans., *Description of the Coasts of East Africa and Malabar in the Beginning of the Sixteenth Century*, Cambridge: Cambridge University Press, 2009, pp. 21 - 22.

员开始尝试一些创新策略,以增加印度洋和地中海之间的香料贸易总量,并使国家在其中的收益最大化。① 经过一系列政治、军事实践,红海这条"旧航路"得到了复兴,经过这条航线的香料规模不仅超过了葡萄牙人开辟的"新航路",甚至超过了其本身原有的水平。② 由于香料本身的高附加值,以及储量的充裕,到了 1560 年,帝国规定也门行省(Yemen Eyalet)向国库缴纳的税赋不再采用现金的形式,而是以每年运往埃及的"卡利卡特胡椒"代替。此外,也门行省所有行政区长官(Sancak Bey)每年的薪水都改用香料支付,并给他们每人颁发了特许通行证,允许他们将这些香料从也门免税运到苏伊士,最后在开罗、麦加或吉达的市场上出售以获取利润。③ 而且在 1569 年后,高门每年都会专门组织一支免税的国家船队,从也门向埃及运送一批香料,在开罗市场上出售后的收益被送往伊斯坦布尔的国库。④ 通过这种政策管控,奥斯曼人暂时实现了对香料某种程度的"国家垄断",并使得

---

① 尽管葡萄牙对红海进行了封锁,但奥斯曼帝国 1527—1528 年的埃及省预算显示,其主要财政收入仍然来自港口在过境贸易中的税收,参见 Ömer Lutfi Barkan, "H. 933 - 934 (M. 1527 - 1528) Mali Yılına Ait Bir Bütçe Örneği," *İstanbul Üniversitesi iktisat Fakültesi Mecmuası*, Cilt. 15, No. 1 - 4, 1953, p. 291.

② Suraiya Faroqhi, "Coffee and Spices: Official Ottoman Reactions to Egyptian Trade in the later Sixteenth Century," *Wiener Zeitschrift für die Kunde des Morgenlandes*, Vol. 76, 1986, pp. 87 - 88. 该观点最早见于 Frederick C. Lane, "The Mediterranean Spice Trade: Further Evidence for Its Revival in the 16th Century," *The American Historical Review*, vol. 45, no. 3, 1940, pp. 581 - 590;法语学界的相关研究,参见 André Raymond, "Le commerce des épices au Caire, du XVIe au XVIIIe siècle," in Georges J. Aillaud, ed., *Herbes, drogues et épices en Méditerranée*, Marseille: CNRS, 1988;国内相关研究参见王三义:《"土耳其人阻断商路"说与西方的近东殖民》,《历史研究》2007 年第 4 期;宋保军:《奥斯曼帝国与 16 世纪中期旧商路的贸易复兴》,《西北大学学报》(哲学社会科学版)2016 年第 3 期。

③ Giancarlo Casale, *The Ottoman Age of Exploration*, New York: Oxford University Press, 2010, p. 141; Halil Inalcik and Donald Quataert, eds., *An Economic and Social History of the Ottoman Empire*, Vol. 1, 1300 - 1600, p. 333.

④ Giancarlo Casale, "The Ottoman Administration of the Spice Trade in the Sixteenth-Century Red Sea and Persian Gulf," *Journal of the Economic and Social History of the Orient*, Vol. 49, No. 2, 2006, pp. 183 - 184.

开罗成为16世纪中后期全球香料贸易体系中最为重要的中转节点之一。除了香料,通过这条路线运来的还有印度的纺织品以及来自地中海港口的木材和金属,它们在奥斯曼帝国和欧洲都有很大的市场,给经营贸易的商人带来了丰厚的利润。

其次,开罗另一条主要的商路则通往非洲内陆。这条路线通过繁荣的跨撒哈拉贸易与西非的黑人之地(Bilad al-Sudan)和塔克鲁尔地区(Bilad al-Takrur)相连;与此同时,一些分支路线也从非洲西北部和东南部汇入进来,将开罗的商业影响力拓展至西北非的马格里布(Maghrib)、摩洛哥(Morocco),以及东非的埃塞俄比亚高原。通过这些商路,黄金、奴隶以及用于制作苏丹和官员们头饰的象牙与鸵鸟毛等商品被源源不断地运至开罗,进而转销到红海与地中海沿岸的各个港口,并从那里进入内陆市场。① 其中,奴隶贸易是利润最高的。每年都有大量来自今天埃塞俄比亚(Ethiopia)、努比亚(Nubia)和苏丹(Sudan)南部的奴隶由商队运往开罗的奴隶市场。这些奴隶商队在今天苏丹东南部的辛纳尔(Sennar)地区和西部的达富尔地区(Darfur)集结,向北穿越沙漠前往埃及。辛纳尔商队在埃及南部边境合并成一个大商队,携带数百名奴隶,然后沿着尼罗河顺流而下至开罗。相比之下,达富尔商队的运输规模更大,每年向开罗运送上千名奴隶。在这之后,有数百人从开罗被运往伊斯坦布尔以及奥斯曼帝国其他行省的首府。此外,偶尔也会有一支商队带着乍得湖(Lake Chad)地区的奴隶经今天的利比亚(Libya)抵达开罗。②

大马士革与开罗的商业触角还共同伸向了麦加,在奥斯曼帝国南方构成了一个三角形的贸易圈。事实上,由于麦加既与阿拉伯半岛的沙漠接壤,气候恶劣干旱,又处于内陆,城市狭窄,在人员、食物和资源

---

① Nelly Hanna, *Making Big Money in 1600: The Life and Times of Isma'il Abu Taqiyya, Egyptian Merchant*, p. 22.

② Jane Hathaway, *The Chief Eunuch of the Ottoman Harem: From African Slave to Power-Broker*, pp. 29 – 30.

等方面都很匮乏,还受困于红海恶劣的通航条件,因此并不具备发展经济的自然优势。[1] 然而作为伊斯兰教最为重要的圣地之一,它的宗教地位为它带来了丰富多样的经济机会。麦加是两条朝觐路线的交汇终点,来自大马士革和开罗的商品在这里相遇。麦加本身有两处市场,一个位于城内,另一个位于城外的米娜地区(Mina)。在城内的市场又可具体分为两个,其中规模较小的市场被称为大马士革市场,另一个则被称为开罗市场。尽管如此,在朝觐时节,这两个市场提供的空间还是不够商人使用。于是,城内的许多房屋都被增扩为临时商店,通过这种方式,商店的数量增加到了 6000 个。除了商人的大额物品交易,朝觐季节的麦加城也是进行大量小买卖的场合,因为许多朝觐者同样出售一些商品,以资助他们漫长而昂贵的回乡旅程。还有一些人会购买一些在家乡买不到的商品,回乡出售以赚取差价。[2] 相较之下,由于奥斯曼政府在米娜市场并不收取交易税,因此在这里的交易额度比城内更大,市场也更为繁荣。来自印度、也门、波斯和阿拉伯世界其他地方的商人,在作为临时商店的小屋或帐篷中出售商品。在这里可以买到许多有价值的印度纺织品、各种各样的珍贵宝石和芳香剂。[3]

麦加城内和米娜的市场无疑见证了该城与外界陆路商业联系的繁盛。在另一方面,虽然麦加本身并不沿海,但它拥有一个重要的附属港口——吉达,麦加与其他地区的海外联络都通过吉达的中转来实现。而且,每年的朝觐是根据伊斯兰教历的日期举行的,这个时间点很少与来自埃及、印度或也门的船只抵达吉达进行贸易的时间重合,因此麦加同样有着丰富多样的海外贸易机会。随着东非沿岸贸易中

---

① 〔葡〕多默·皮列士:《东方志:从红海到中国》,第 6 页。

② Suraiya Faroqhi, *Pilgrims and Sultans: The Hajj Under the Ottomans 1517 - 1683*, pp. 168 - 169.

③ Suraiya Faroqhi, "Trading between East and West: The Ottoman Empire of the Early Modern Period," in Pascal W. Firges, Tobias P. Graf, Christian Roth, Gülay Tulasoğlu, eds., *Well-Connected Domains: Towards an Entangled Ottoman History*, Leiden: Brill, 2014, pp. 17 - 18.

心艾德哈布（‘Aydhāb）的衰落和上埃及的日益不稳定，伊儿汗国（Ilkhanate）的瓦解导致的陆路贸易路线受阻，也门拉苏里德王朝（Rasulid’）和马穆鲁克之间的商业竞争，吉达作为一个贸易港口逐渐崛起，并最终在 16 世纪上半叶获得了大部分红海贸易的控制权。[①] 一方面，它与印度西海岸有着紧密的联系，是所有来自印度商品进入红海后的终点站；另一方面，船只将商品由吉达运到西奈半岛的南端，然后在图尔（Tur）上岸，经陆路运到开罗；或横跨红海运到库赛尔（Kosseir）港，从那里，商品可以沿着尼罗河顺流而下到开罗。此外，随着奥斯曼帝国领土在红海东西两岸的推进，也门的亚丁和摩卡以及厄立特里亚的马萨瓦、萨瓦金等港口都成了麦加洋贸易网络的延伸节点，并构成了奥斯曼帝国地中海—红海城市体系的最南端。这些港口城市受印度洋季风的影响非常大。当贸易季节开始时，来自地中海、印度洋以及更遥远地区的也门水手、安纳托利亚船长、埃及桨手和泥瓦匠、贝都因部落、索马里搬运工、安纳托利亚木匠、印度货币兑换商等形形色色的人齐聚一堂；当贸易季节结束时，他们中的大多数人回到了开罗或古吉拉特，这些港口几乎无人问津。大规模的过境贸易和区域交流使这些红海两岸港口城市成为内陆和海陆贸易之间的交汇点，尤其是萨瓦金、亚丁和摩卡，它们位于多个商人网络的交汇处。在这个网络中，各种谷物、动物产品以及干果、豆类流向阿拉伯半岛的居民；沉香、树胶、象牙、金砂、马匹、奴隶则加入了穿越地中海和印度洋的商品流。[②]

实际上，奥斯曼帝国在南方的扩张创造了一张庞大的经济网络，

① Andrew Peacock, "Jeddah and the India Trade in the Sixteenth Century: Arabian contexts and Imperial policy," in Dionisius A. Agius, Emad Khalil, Eleanor M. L. Scerri, Alun Williams, eds., *Human and Interaction with the Environment in the Red Sea* pp. 293 - 294.

② Michel Tuchscherer, "Trade and Port Cities in the Red Sea Gulf of Aden Region in the Sixteenth and Seventeenth Century," in Leila Tarazi Fawaz and C. A. Bayly, *Modernity and Culture from the Mediterranean to the Indian Ocean*, pp. 30 - 33.

这张网络具有极强的韧性和内聚力。奥斯曼人借此掌控了从近东到南亚、东南亚的大部分商业通道,并操控着巨额的贸易流量。欧洲人在这之中扮演的角色微乎其微,因为流通在各个路线上的商品的主要受众是帝国的臣民,而且尽管葡萄牙人已经开始在印度洋进行殖民活动,但他们在很长一段时间内依然不能撼动这张经济网络的根基。[①] 这三座城市是其中的关键节点,彼此之间形成了休戚与共、互联共生的关系,并将范围更广的一系列港口串连在一起,带动了地中海和印度洋之间商品与货币的跨区域流动。

二、奥斯曼帝国地中海—红海城市的发展与空间变迁

奥斯曼人征服后,随着三座城市经贸活动的繁荣和人口的增长,它们在奥斯曼帝国的统治之下都经历了城区的显著扩张。面对这种情况,奥斯曼帝国政府因地制宜,通过拓展建设渠道、让渡建设主体等方式来改善城市的基础设施,并进一步推动其城市发展与空间变迁。

就大马士革而言,其城市定位在 16 世纪初经历了一次深刻的转变。它由马穆鲁克时期的一座边疆城市转变为奥斯曼帝国统治下的一座内陆城市,因此城内用来抵御外敌的防御工事都被废弃了,围绕城墙的壕沟都被填平,并在上面建起了房屋。人口开始迁出中心城区,在城郊定居。首先,如前所述,由于大马士革高度依赖朝觐贸易带来的利润和经济机会,其城市的扩张方向也受此影响。其中,城南的米丹郊区沿着朝觐路线的扩展最为明显,1516 年后,该地区的建筑覆盖面积由 8 公顷增长到 64 公顷。作为大马士革朝觐队伍的集合地,

---

① Gilles Veinstein, "Commercial relations between India and the Ottoman Empire (late fifteenth to late eighteenth centuries): a few notes and hypotheses," in Sushil Chaudhuri and Michel Morineau, eds., *Merchants, Companies and Trade: Europe and Asia in the early Modern Era*, Cambridge: Cambridge University Press, 1999, pp. 95 - 115.

大马士革南部的郊区米丹成为主城生活区的延伸和大马士革重要的粮食储存区,奥斯曼政府在米丹修建了许多大型仓库来接收豪兰地区(Hauran)的粮食并以此供应朝觐队伍。奥斯曼人同样改建了米丹大道并沿着锡南尼耶市场(Suq al-Sinaniye)—米丹大道规划了一条新的轴线,从而加强了城市和朝觐区之间的联系。[①] 其次,大马士革同样也向西部、北部扩展,如达维什帕夏清真寺(Darvish Paşa Mosque)、更西边的泰基耶清真寺建筑群(Tekkiye al-Süleymaniyye)、萨鲁亚市场(Sûq Sârûjâ)、卡纳瓦特区(Qanawât)和苏维卡区(Suwaiqa)在这段时期都扩大了两倍,北部和西部的郊区也逐渐向萨利希耶区(Salihiye)渗透,这些变化使得大马士革自中世纪以来的城市轮廓线出现了变动。事实上,在16世纪初,大马士革的建筑覆盖面积仅为212公顷,到了16世纪中后期,大马士革的建设步伐加快,奥斯曼人特别热衷于在老城外的区域安置其他新建筑:例如,总督的府邸(Saray)位于纳斯尔门(Bab al-Nasr)外,而禁卫军的驻扎地则在城堡附近的阿玛拉('Amara)和萨鲁亚区(Saruja),从城堡西南角通向南方的道路则被划定为帝国特区(imperial zone)。最后,大马士革的商业区也出现了新的变化。传统上,大马士革的集市(suq)位于凯马里亚大街(Qaymariya Street)和直街(Via Recta)附近,到了奥斯曼时代,倭马亚清真寺的西南地区成为新的商业中心。面对城市格局的这些变动,当地的奥斯曼官员们规划推动了大马士革的城市建设。首先,他们汲取安纳托利亚地区的传统,在遍布城内的交通要道上修筑了大量商栈(khans,caravanserais),这些建筑有专门为储存和销售货物而划定的区域。从倭马亚清真寺(al-Jami' al-Umawi)到直街之间的区域是商栈最为集中之处,有17个市场(suq)和27家商栈,它们基本上沿着罗马时代遗留下来的格局分布。此外,南部城墙外也有几处市场,在这里,跟随商队的商人、售卖粮食的乡下农民和出租骆驼的游牧民彼此

[①] Ross Burns, *Damascus: A History*, p. 269.

交易。① 其次,大马士革总督投资建设的大型瓦克夫在这一发展中发挥了特别重要的作用,新兴商业区与国王大道(Tariq al-Sultani)的繁荣都拜其所赐。在奥斯曼帝国征服大马士革后的一百年里,集市、商栈和公共浴室都在新的商业区兴起,街道上的清洁与照明系统也得到了修缮。②

就开罗而言,奥斯曼人改变了开罗城市的旧有规划格局。在奥斯曼帝国征服之初,开罗主要由三个单位组成:建于法蒂玛王朝的卡希拉(Qahira)和它的两个卫星港——米斯尔·卡迪玛(Misr al-Qadima)或者称"旧开罗"(Old Cairo),以及相对晚近开发的布拉克(Bulaq)。其中,前者是从上埃及沿尼罗河而下的船只的停靠地,而后者则接收从地中海来的船只。③ 卡希拉区是其传统上的中心城区,也是经济活动最繁盛的地段,这里的街道两旁林立着不计其数的商栈,整个开罗的人口也大多集中于此,非常拥挤;相比之下,城南与城西很少有人居住。这种局面自马穆鲁克晚期一直持续到奥斯曼帝国统治的最初30年。自16世纪中叶以后,由于中心城区的环境无法承载继续增长的人口,许多人开始向城南地区的祖维拉门(Bab al-Zuwayla)附近迁移,大大推进了当地的城市化进程。然而,开罗南部是数家制革厂的所在地,其生产过程中产生的恶臭使得许多居民无法忍受,这在一定程度上减缓了开罗城区向南扩张的速度。直到1600年,苏丹穆罕默德三世(Mehmed Ⅲ)意图在此地建造一座清真寺,因此命令当时的埃及总督希迪尔·帕夏(Khidr Paşa)将这些制革厂承包下来,并将它们从该地区的中心转移到更为偏僻的西郊卢克门(Bab al-Luq)附近。④ 此

---

① André Raymond, *Arab Cities in the Ottoman Period*: *Cairo*, *Syria and the Maghreb*, p. 27.

② Ross Burns, *Damascus*: *A History*, p. 274 - 277.

③ Michael Winter, *Egyptian Society Under Ottoman Rule*: *1517 - 1798*, New York: Routledge, 1992, p. 219.

④ André Raymond, *Cairo*, pp. 218 - 219.

后,更多的人口涌入这一地区,极大地拓展了开罗的城市面积。面对这种情况,奥斯曼人的投资首先促进了其经济基础设施的完善和更新。开罗市场的数量由马穆鲁克时代的 87 个增加到奥斯曼时代的 145 个;商栈则由 57 个增加到 220 个,足足增加了三倍。在 15 世纪初,开罗的商贸活动最集中之处仅限于卡萨巴(Qasaba)附近,约 22 公顷。到了奥斯曼统治时期,商业区扩展到沙里亚门(Bab al-Shariyya)、城堡(Citadel)、伊本·图伦区(Ibn Tūlûn)和卢克门(Bab al-Luq)附近,达到了 38 公顷。奥斯曼人还在当地兴建清真寺、公共浴室(hammâm)、公共喷泉(sabîl)等生活基础设施。在帝国的统治下,清真寺由 146 座增长到 243 座,公共喷泉由 9 座增长到 43 座,公共浴室的数量则由 58 座增长到 77 座。① 值得注意的是,与大马士革不同,开罗有着更加多元化的建设主体。首先,埃及总督在开罗的城市建设中扮演了重要的角色。例如,1556—1559 年,伊斯坎达尔·帕夏(Iskandar Paşa)于其任期内在哈尔克门(Bab al-Kharq)附近建造了一系列建筑,包括一座巨大的清真寺、一座公共喷泉。他同样建造了各种各样的商业设施,其中包括 27 家店铺、两栋租赁房屋(rab')、大量的住宅以及一座食糖精炼厂。这套建筑促进了祖维拉门附近 500 米地区的彻底改造,并利用运河(Khalig)沟通了城内的布拉克港(Bulaq)。伊斯坎达尔·帕夏在该地区的改造实践开启了开罗南部区建筑开发的热潮,加速了开罗人口分布重心向南迁移的过程。② 其次,开罗的大商人也积极参与开罗的建筑活动。他们认为捐献建筑资金、主持建设工作是成功的标志和财富的体现,并借此提高自己的知名度,从而间接地扩大其业务范围。在 16、17 世纪之交,由于开罗的

---

① André Raymond, *Arab Cities in the Ottoman Period*: *Cairo*, *Syria and the Maghreb*, pp. 27, 138, 143.

② André Raymond, *Arab Cities in the Ottoman Period*: *Cairo*, *Syria and the Maghreb*, pp. 251 - 252.

贸易盛况①,其既有的商业建筑不能满足商人们交易的需要,特别是在朝觐商队或红海商船往返大马士革、麦加的高峰期,商人们苦于找不到储存商品的足够空间。因此,开罗大商人们至少建造了7座商栈,其中2座位于布拉克,另外5座则建在开罗市中心。因此开罗的商业基础设施在相当短的时间内得到了明显的扩展,为更多商品的处理和储存提供了设施。此外,他们的建筑活动还推动了开罗商业区的扩展,许多安静的住宅区变为繁华的商业大街。②

就麦加而言,每年自大马士革和开罗出发的朝觐队伍和红海季风带来的贸易旺季在短时间内使得该城人口暴增。这就需要拓展出足够的空间供朝觐者居住,以及供商人们存放货物。在穆拉德三世统治时期(1574—1595),帝国政府决定拆除紧邻麦加大清真寺(Great Mosque of Mecca)的城镇居民区,并改建为一个开放式的广场以容纳更多的流动人口。通过这种方式,高门有意识地使大清真寺与周围的房屋相分离,从而使朝觐者能够更为专心地履行自己的宗教义务,不为外界所打扰。③ 然而,麦加恶劣的自然环境导致的高昂食品价格、建筑材料和工人的缺乏、运输方面的损失、官员监督偏远地区的困难、谢里夫政权的半独立统治状态等因素都造成了其昂贵的建设费用。但是,自阿尤布王朝以来,历代统治者都会向麦加捐献资金,并修复或新增建筑。这种行为是统治者的特权,他们通过这种方式展现自己的虔诚,从而营造伊斯兰教"信仰守护者"的形象。在这种情况下,奥斯曼苏丹及其家人、臣僚为了增强帝国的意识形态合法性,巩固对阿拉伯行省的统治,不得不遵守这一古老的传统,花费重金改善这座伊斯

---

① Nelly Hanna, *An Urban History of Bulaq in the Mamluk and Ottoman Periods*, pp. 29 - 31.
② Nelly Hanna, *Making Big Money in 1600*：*The Life and Times of Isma'il Abu Taqiyya*, *Egyptian Merchant*, pp. 126 - 128.
③ Suraiya Faroqhi, *Pilgrims and Sultans*：*The Hajj Under the Ottomans 1517 - 1683*, pp. 107 - 108, 126.

兰教圣城的基础设施。[①] 首先,麦加大清真寺作为该城最重要的宗教建筑,获得了奥斯曼统治者最多的关注。例如,苏莱曼一世(Süleyman I)在这里修缮、增建了几座宣礼塔。但苏丹关注的重点是对大清真寺院子周围的长廊进行全面翻修,因为它们决定了清真寺的整体外观,最直观地反映了奥斯曼帝国的治理成效。1571 年,在制定长廊翻新计划时,仅运送木材一项就拨出了 40000—50000 金币;建造砖石结构的穹顶甚至更加昂贵,用一排排的穹顶覆盖长廊将使价格增加到约 100000 金币。其次,奥斯曼政府的干预并不仅仅局限于大清真寺,而是包括了对整个麦加的改造。由于地处沙漠边缘,麦加存在着严重的水源和公共卫生问题。为了改善麦加的供水状况,奥斯曼政府不得不斥重金修缮、新铺设从阿拉法特高原到麦加的输水管道。由于这些水携带了大量的沙子和卵石,管道经常被堵塞,因此帝国政府不得不经常派人加以维护。再次,麦加的季节性人口过载给城市本就脆弱的自然环境带来极大负担,因此保持街道与清真寺院落的清洁有序显得尤为重要。据称,当时来麦加朝觐的穷人不得不在外面过夜,因此街道和清真寺被污染得很严重,导致了虱子的大量繁殖。为了改善这种状况,帝国政府为他们建造了简单的住房。后来,大维齐尔索库鲁·穆罕默德·帕夏(Sokollu Mehmed Paşa)还在大清真寺附近新建了一座公共浴室,它所产生的收入用于为生病的朝觐者提供救助。最后,照明也是帝国政府需要考虑的问题。1564—1565 年麦加的供水官易卜拉欣向中央政府反映,分配给清真寺祈祷时照明用的蜡不足以满足需要。因此,这些蜡只能用于夜晚,而在其他时间,朝觐者不得不依靠任何可用的光线。然而,许多朝圣者都是老年人和残疾人,在黑暗中无法看到清真寺里的伊玛目。得知情况后,奥斯曼苏丹送来了

---

① Suraiya Faroqhi, "Trade Controls, Provisioning Policies, and Donations: The Egypt-Hijaz Connection during the Second Half of the Sixteenth Century," in Alan Mikhail, *Nature and Empire in Ottoman Egypt: An Environmental History*, New York: Cambridge University Press, 2011, pp. 135 – 136.

10 个大烛台,并保证清真寺照明所需的蜡和橄榄油的供应。①

综上所述,对奥斯曼帝国阿拉伯大城市的传统论断是站不住脚的。不仅三座不同的城市在同一时期出现了城区扩展、空间变革的现象,奥斯曼人在这些城市的一系列建筑活动也促进了它们经济的发展和城市设施的完善,这个过程无疑加强了奥斯曼人在三座城市的统治基础,同时促进了帝国影响力沿红海向印度洋的扩展。

三、城市地标建设与帝国统治的构建

与在核心区经常依靠正式官僚机构来进行统治不同,奥斯曼帝国在其权力触角无法直接触及的地方更多依靠非正式的机制构建统治。其中,"视觉统治"是奥斯曼人采用的一种突出方法。这种治理手段通过规划打造奥斯曼特色与地方传统相结合的权力地标来实现,是奥斯曼帝国对边远行省实施控制、建立统治的工具。在地中海—红海沿线的三座阿拉伯大城市便是其实践这一政治理念的典型场所。

大马士革的城市景观在 16 世纪经历了重大变化。首先,越来越多的建筑开始带有奥斯曼的建筑形式与结构特点,最为突出的例子是建于 1554 年泰基耶清真寺(Tekkiye al-Süleymaniyye)。这座著名的清真寺由苏莱曼一世委任当时的帝国首席建筑师锡南(Mimar Sinan)设计并主持建造,它在许多方面都与大马士革原本的建筑物大相径庭。苏丹让锡南在伊斯坦布尔就将设计图制作完成,并从安纳托利亚招募了一支完整的建筑队伍带到大马士革进行施工。从外观上看,这座清真寺大部分的建筑元素,如瓷砖、雕刻、圆顶等,明显是由熟悉这些技术和设计的工匠完成的,而不是由大马士革本地工匠建造。清真寺本身的地面规划非常简单。一个中央圆顶坐落在建筑主体上,没有

---

① Suraiya Faroqhi, *Pilgrims and Sultans*:*The Hajj Under the Ottomans 1517 - 1683*, pp. 103 - 104.

任何进一步的空间划分,但它配备了大马士革以前不曾有过的建筑元素。一是奥斯曼帝国的铅笔形宣礼塔,它在主建筑物的两侧,二是平坦的大跨度铅制穹顶,以及支撑斜面的小扶壁。在内部,前厅多建造了两排柱子,这也是一个新特点。总之,它代表了奥斯曼帝国的折叠式柱头、圆形尖拱、扭曲式突角拱(twisted muqarnas)等新风格在大马士革的首次出现。泰基耶清真寺是大马士革"最具奥斯曼风格的"建筑,是奥斯曼人仁慈至上形象的物质表征,其修建是为了表明奥斯曼帝国有能力保证朝觐路线安全。① 此后,塞利姆二世(Selim Ⅱ)沿袭其父的理念,将伊斯坦布尔和安纳托利亚的麦德莱赛(madrasa)形制引入大马士革作为泰基耶清真寺的辅助建筑。它将不同的建筑传统熔为一炉。这种奥斯曼政府的融合建筑计划即由当地工匠实施。他们被命令使用当地的建筑技术来建造一座奥斯曼式建筑。其地面规划是典型的奥斯曼式的——有一个长方形的法庭,其一端有一个圆顶清真寺,带生活区的拱廊包围着庭院,用典型的折叠式柱头和悬臂覆盖着小穹顶。此外,统治者同样通过改造原有的地标建筑,为其加入奥斯曼元素来彰显帝国的权力在场。在高门的授意下,大马士革总督为倭马亚清真寺东南方向的方形马穆鲁克宣礼塔添加了一个铅笔型的顶部。② 其次,奥斯曼帝国围绕着朝觐这一重大活动塑造了其在大马士革的统治符号。朝觐不仅仅是一种宗教现象,在奥斯曼帝国的赞助下,它成为展示帝国世俗权威和宗教至高地位的重要机会。③ 达维什大街(Darwisiya Street)是穿过城市的主干道,因此成为奥斯曼苏丹展示帝国统治力的理想地点。尤其是它作为通向麦加的朝觐路线

① Ross Burns, *Damascus: A History*, p. 272; Çiğdem Kafescioğlu, " 'In the Image of Rūm': Ottoman Architectural Patronage in Sixteenth-Century Aleppo and Damascus," *Muqarnas*, Vol. 16, 1999, p. 74.

② Stefan Weber, "The Creation of Ottoman Damascus: Architecture and Urban Development of Damascus in the 16th and 17th century," *Aram*, No. 9 - 10, 1997 - 1998, pp. 434 - 437.

③ Ross Burns, *Damascus: A History*, pp. 268 - 269.

(Darb al-Hajj)的一部分,从北方和东方来的朝觐者前往圣地时都要经过这里,这就导致这条街的政治特征变得很明显。每年,数千名朝圣者聚集在大马士革,一起出发前往汉志。他们中的大多数人在大马士革的城郊(Marj)宿营,这一地点正位于泰基耶清真寺旁边。朝觐者沿着达维什大街向南而行,途中经过奥斯曼大马士革总督的府邸(saray)和历任总督赞助的清真寺,在这个过程中,朝觐队伍能够看到奥斯曼帝国权力符号的集中展示。

就开罗而言,1517—1600 年间,奥斯曼人在开罗建造了 41 座"纪念碑"式建筑,其中 24 座是在苏莱曼大帝统治时期(1520—1566)修建的。[①] 其中,最能代表奥斯曼帝国官方的建筑类型是清真寺。清真寺的外观比其他任何建筑类型都更能宣示奥斯曼帝国在开罗的权力存在,特别是宣礼塔以其垂直的形状宣示了奥斯曼人的胜利。例如,以著名的"太监"苏莱曼·帕夏(Hadım Süleyman Paşa)命名的清真寺位于开罗的城堡区(Citadel)。这栋建筑的赞助人曾两次担任埃及总督,在任期间征服了也门地区,后来官至大维齐尔。这座清真寺及其附属建筑完全由砖石砌成,并且周边被矮墙包围,凌驾于其他建筑物之上,因此实现了与其周围环境的结构性分离,显得鹤立鸡群。从整体上来看,这座清真寺的结构规划完全是奥斯曼式的:它的外观呈长方形,顶部完全被深蓝色的瓷砖覆盖;在其内部,祈祷堂占了大约一半的空间,另一半则是宽阔的庭院。据 17 世纪的旅行家埃弗利亚·切莱比记载,清真寺内非常整洁。祈祷堂(prayer-hall)由一个巨大的中央圆顶覆盖,堂中礼拜墙(qibla)上的米哈拉布壁龛(mihrab)由小石块雕刻而成,壁龛前有 40 块非常珍贵的古兰经地毯,其价值无法用语言来形容;侧殿里有 10 根大理石圆柱,圆柱上方都有用彩色瓷砖装饰的小圆顶;后殿的墙壁上铺满了大理石,并且上面写满了诗句。而由大理石

[①] André Raymond, "Le sultan Süleymân et l'activité architecturale dans les provinces arabes de l'Empire (1520 - 1566)," in Gilles Veinstein, ed., *Soliman le Maghifique at son temps*, p. 374.

铺就的庭院则为一串由浅圆顶覆盖的拱廊所包围,上面覆盖着绿色的瓦片。① 庭院有三扇门与外部相通,其中最重要的是礼拜门。门楣上记录着清真寺的建造者和建造时间,而门的左右两侧都刻有经文。清真寺外有一个玫瑰园,漫步在寺内不时能够感受到阵阵花香袭来。② 与此同时,清真寺高大的宣礼塔比整个建筑群中的任何其他部分都更能体现出奥斯曼帝国的权力在场。这是开罗第一座圆锥形顶的奥斯曼式宣礼塔,它耸立在一个厚重的方形底座之上,其所有特征,都严格遵循了当时奥斯曼帝国的建筑传统。因此,这一建筑群成为当时奥斯曼帝国在开罗最为显眼的权力标志。值得注意的是,奥斯曼人在引入帝国建筑样式的同时,也会采用被征服者的艺术风格,以当地人熟悉的方式展现自己的权威。例如,虽然"太监"苏莱曼·帕夏清真寺的规划是奥斯曼式的,但其正门外墙(façade)却保留了马穆鲁克的风格。因为典型奥斯曼建筑的特点是其外墙的双边对称性,而马穆鲁克后期的建筑往往是不对称的,这座寺庙的正门外墙也是恰恰展现了这种不对称性。此外,宣礼塔的阳台上也采用了马穆鲁克式的钟乳石雕刻;而塔顶和清真寺圆顶上覆盖的绿色琉璃瓦也属于马穆鲁克的建筑风格。③ 这座清真寺清晰地体现了"太监"苏莱曼·帕夏的意图——通过建筑风格的混合来彰显政治合法性的嫁接,以此见证奥斯曼帝国对开罗城堡区的统治。④

另一个突出的例子是1571年建于开罗城内尼罗河港口布拉克的锡南·帕夏(Sinan Paşa)清真寺。它是开罗城中第二座采用奥斯曼帝国风格建造的清真寺,埃弗利亚·切莱比认为这是一座"简单而美丽

---

① Doris Behrens-Abouseif, *Islamic Architecture in Cairo: An Introduction*, p. 158.

② Evliya Çelebi, *Seyahatnamesi*, Cilt. 10, Istanbul: Üçdal Neşriyat, 1978, pp. 305 – 306.

③ Chahinda Karim, Menna M. El Mahy, *Ottoman Cairo: Religious Architecture from Sultan Selim to Napoleon*, p. 44.

④ Ülkü Bates, "Façades in Ottoman Cairo," Suraiya Faroqhi, in Irene A. Bierman, Rifa'at Abou-El-Haj, Donald Preziosi, eds., *The Ottoman City and Its Parts: Urban Structure and Social Order*, pp. 145 – 151.

的清真寺"。① 这栋建筑位于尼罗河岸边一处独立的花园中,正前方有一个码头。由于其位于尼罗河畔,所以没有空间修建庭院。整座建筑外观呈正方形,由一个直径达 15 米的灰泥砖制圆顶覆盖,其中三面被朝向街道开放的拱廊包围,而宣礼塔位于清真寺的东南角。② 在其内部的祈祷堂是一个方形圆顶室,墙壁上有深深的凹槽。③ 从整体来看,这是一座非常典型的奥斯曼风格建筑,但它的米哈拉布壁龛的突角拱(muqarnas)和两侧的大理石圆柱却采用典型的马穆鲁克装饰风格。④ 锡南·帕夏来自阿尔巴尼亚,曾率领帝国军队征服突尼斯,并两度担任埃及总督,四次担任大维齐尔,他在布拉克修建的清真寺生动地反映了其职业生涯。在奥斯曼帝国时期,布拉克作为新近被开发的内河港口相当繁荣,商业建筑林立,成为城市经济增长的重要支柱。与此同时,它也是埃及行省与帝国其他部分之间交流的重要货物集散场所,其人口流量无疑是巨大的,锡南·帕夏选择将清真寺建于此,无疑最大限度地展示了其个人权势与帝国统治力。而且,通常而言,前往赴任的埃及总督会从伊斯坦布尔乘船到达尼罗河三角洲的拉希德(Rashid),然后从那里沿尼罗河逆流而上,最终在开罗的布拉克港登陆。总督将在布拉克休息三天,然后前往今天阿巴西耶区(Abbasiya)附近的宗教游行道路(Processional Road),在那里与开罗的精英们会面。因此,锡南之后的历任总督进入开罗时最先看到的就是宏伟的锡南·帕夏清真寺,这无疑增强了他们的雄心壮志,或效仿,或将其超越。⑤

相较而言,麦加的情况更为特殊。由于谢里夫家族的存在,马穆

---

① Evliya Çelebi, *Seyahatnamesi*, Cilt. 10, p. 337.

② Caroline Williams, *Islamic Monuments in Cairo: The Practical Guide*, p. 228.

③ Chahinda Karim, Menna M. El Mahy, *Ottoman Cairo: Religious Architecture from Sultan Selim to Napoleon*, p. 74.

④ Nezar AlSayyad, *Cairo: Histories of a City*, pp. 154 - 155.

⑤ Ülkü Bates, "Façades in Ottoman Cairo," in Irene A. Bierman, Rifa'at Abou-El-Haj, Donald Preziosi, eds., *The Ottoman City and Its Parts: Urban Structure and Social Order*, pp. 155 - 156.

鲁克对当地的控制并不深入,因此奥斯曼政府并不需要借用前朝的权力符号来维持统治。相反,三座城市中,麦加是距离伊斯坦布尔最为遥远的,已经临近帝国的南部边疆,故奥斯曼人需要树立更为明显的表征来宣示奥斯曼帝国的权力在场。在帝国统治的前50年里,麦加大清真寺发生了重大变化。奥斯曼人对大清真寺内的克尔白(Kaaba)进行了一系列改造。自阿拔斯王朝(Abbasid)以来,克尔白的覆盖物一直都是黑色的,但在16世纪末,奥斯曼人将其换成了白色,并在上面绣有在位苏丹的名字。到了16世纪末,克尔白的建筑结构受到严重损坏,苏丹艾哈迈德一世(Ahmed I)决定借此机会对其进行大规模的修缮和改建。一方面,奥斯曼政府用一条铁质支撑带加固了外部墙壁,并撤换了祈祷处旁边的排水管。另一方面,克尔白的大部分屋顶被更换为带有奥斯曼风格的穹顶,墙壁上的损坏也得到了修复。珍贵的材料在这个过程中被大量使用,除了纯金的雨水喷口外,克尔白内部的三根柱子也得到了金银装饰。此外,按照惯例,建筑运动结束时会用黄金和青金石刻的碑记录奥斯曼统治者的名字。[1] 因此,公共建筑是让麦加的居民和朝觐者直观看到帝国存在的一种手段,而这正是苏丹在汉志进行奢华开支的政治理由。奥斯曼统治者通过这种方式强调自己的富有和强大,以及他对信仰的虔诚,奥斯曼苏丹通过这种方式实现了对边疆地区的规训与整合。[2]

显然,奥斯曼统治者把空间当成了一种政治工具来使用。[3] 那些耸立在地平面上的建筑是奥斯曼帝国向当地展示的一种"符号暴力"。通过对空间进行政治性加工、塑造,三座城市中的地景中无不充斥着帝

[1] Suraiya Faroqhi, *Pilgrims and Sultans: The Hajj Under the Ottomans 1517 - 1683*, pp. 105 - 126.
[2] Suraiya Faroqhi, *Pilgrims and Sultans: The Hajj Under the Ottomans 1517 - 1683*, p. 185.
[3] 〔法〕亨利·列斐伏尔:《空间与政治》,李春译,上海:上海人民出版社,2015年,第97页。

国政府的意识形态。面对着遥远的地理距离,高门试图通过一系列地景建设来实现中央的权力投射,并利用"视觉统治"强调国家的权力在场。在这个过程中尤其值得注意的是奥斯曼人对当地传统的强调和进一步利用。他们需要采用被征服的统治阶级的权力象征,以当地人熟悉的方式展现自己的权威,并在此基础上加入新政权的统治元素来巩固统治。因此,帝国"中心"的文化概念在"边缘"的表达成为可能。

四、结语

近代早期,奥斯曼帝国对阿拉伯世界的征服开启了其本身的"地理大发现"时代,这与同时代欧洲的海外扩张几乎同步进行。在这个过程中,帝国在地中海—红海的广大区域内塑造了一个宏大的城市网络。人员、商品、资本、思想等要素在其中自由流动,并以此为中转点,越过帝国框架向全球扩散。一方面,这些城市坐落于帝国继承的海外贸易网络之中,在宏观上扮演着商品、资本、人员流通中转站的角色,香料、纺织品、宝石、咖啡、黄金、奴隶、药材等物品由印度、东南亚、非洲流向欧洲;另一方面,随着贸易的繁荣与经济的发展,三座城市都出现了人口增长、城区扩张的现象。面对这种情况,奥斯曼人采取灵活的手段重塑了这三座城市的空间格局,并通过多种方式增建了城市的基础设施,完善了城市的功能;在三座城市的建设进程中,伊斯坦布尔的建筑风格被运用到各城的建设活动中。这一事实有力打破了传统上认为奥斯曼人既没有促进阿拉伯城市发展,也没有留下任何统治痕迹的刻板印象。与此同时,奥斯曼帝国也力图通过打造标志性建筑来规训中央权力触角无法长期企及之地的臣民。[①] 这套规则无论是在

---

① 〔美〕戴维·斯沃茨:《文化与权力:布尔迪厄的社会学》,陶东风译,上海:上海译文出版社,2012年,第76—110页。关于空间对人的规训作用,参见〔法〕米歇尔·福柯:《规训与惩罚》,刘北成、杨远婴译,北京:生活·读书·新知三联书店,2019年,第210—245页。

叙利亚、尼罗河畔，还是汉志都畅行无阻，这无疑强化了帝国对边远地区的控制，为进一步南进印度洋奠定政治经济基础。

事实上，在奥斯曼帝国史研究领域，"供给主义"（Provisionism）曾在很长一段时间内主导了对奥斯曼帝国经济政策乃至统治模式的讨论，它将关注点完全放在首都，完全无视在时空上对帝国的广大疆域进行区分，从而将一个"具有巨大内部差异的庞大帝国扁平化为许多广泛但顺从的边缘，忠实地围绕一个全能的中心旋转"。① 但自苏莱娅·法罗绮（Suraiya Faroqhi）、凯伦·巴基（Karen Barkey）等学者进一步深入考察帝国的运作模式后，奥斯曼帝国的研究者们已经揭示出它是一个灵活处理中心与边缘之间关系的"协商型帝国"，中央与地方之间充满了复杂的秘密谈判与利益交换。② 奥斯曼帝国中央并没有实现对地方的垂直管理，而是与地方势力协商后实行半自治。因此，奥斯曼人在进行领土整合的过程中不可避免地存在着帝国理念与在地文化间的冲突与调试，这种张力不仅影响了地方的政治、经济和文

---

① "供给主义"是一种用于解释奥斯曼国家行为和奥斯曼经济意识形态运作的主导范式。该模式最初由伊纳尔哲克（Halil İnalcık）在 1970 年发表的文章"The Ottoman Economic Mind and Aspects of the Ottoman Economy"中提出。此后，根奇（Mehmet Genç）扩大了该理论的范围和细节，并做出了总结，参见 Mehmet Genç, *Osmanlı imparatorluğu'nda Devlet ve Ekonomi*, Istanbul: Ötüken Neşriyat, 2000. 该范式主张从奥斯曼国家官僚机构的角度看待世界，从奥斯曼人自己的角度反映现实。参见 Alexis Wick, *The Red Sea: In Search of Lost Space*, Oakland: University of California Press, 2016, pp. 66 - 72.

② Karen Barkey, *Empire of Difference: The Ottomans in Comparative Perspective*, Cambridge: Cambridge University Press, 2008. 其他学者和作品包括 Reşat Kasaba, *A Moveable Empire: Ottoman Nomads, Migrants, and Refugees*, Seattle: University of Washington Press, 2009; Alan Mikhail, *Nature and Empire in Ottoman Egypt: An Environmental History*. 代理人在中央与地方的互动过程中扮演了重要角色，参见 Noel Malcolm, *Agents of Empire: Knights, Corsairs, Jesuits and Spies in the Sixteenth-Century Mediterranean World*, Oxford: Oxford University Press, 2015; Tobias P. Graf, *The Sultan's Renegades: Christian-European Converts to Islam and the Making of the Ottoman Elite, 1575 - 1610*, Oxford: Oxford University Press, 2017.

化生态,也反过来塑造了帝国中央政府的统治实践,而帝国城市的经济关系和空间变迁恰恰是展示这种张力的典型场所,为我们提供了将"新帝国史"这一研究方法应用于前现代政权的可能性。总之,宏观与微观并重的空间视角能够帮助我们修正传统的大航海叙事与东方主义偏见,重新审视奥斯曼帝国在近代早期世界历史上的地位和作用。

作者简介:董世康,华东师范大学历史学系硕士研究生。

黑死病在近东的传播与奥斯曼帝国的崛起[①]

宋保军

摘要:14世纪中叶至15世纪中叶,黑死病在近东的传播与复发对拜占庭帝国和小亚细亚地区的其他突厥公国造成沉重打击,在一定程度上削弱了这些国家的经济和政治军事力量,而对奥斯曼帝国的影响相对较小。在黑死病流行期间,奥斯曼国家乘机利用成功的军事扩张和施粥所等救济手段吸引周边的基督徒和穆斯林民众,侵占拜占庭帝国和其他突厥公国的土地,并于1453年成功攻占君士坦丁堡,从一个边疆公国变成一个横跨亚欧两洲的大帝国。可以说,黑死病在近东的传播客观上有助于奥斯曼帝国的崛起。

关键词:黑死病 奥斯曼帝国 拜占庭帝国

奥斯曼帝国(1299—1923)是统治中东、东南欧和北非等地区数百年的大帝国,其早期历史和崛起过程历来受到许多学者的关注和研究,并形成几种比较有影响力的理论观点。在阐释早期奥斯曼帝国史的过程中,较早有影响力的理论是赫伯特·亚当斯·吉本斯(Herbert Adams Gibbons)提出的"多民族混合理论",其认为奥斯曼人实际上是一个伊斯兰化的希腊人和巴尔干斯拉夫人与突厥人混合而成的新

---

① 本文系国家社科基金项目"奥斯曼帝国历史上的瘟疫与防疫研究(1347—1923)"(项目号:21BSS011)的阶段性成果。

"种族",而在行政实践方面是拜占庭帝国的继承者。① 20 世纪 30 年代,土耳其史学家穆罕默德·福阿德·柯普吕律(Mehmet Fuat Köprülü)开始提出突厥群体(部落)融合说,强调奥斯曼国家是安纳托利亚各种突厥群体(部落)的融合,是塞尔柱和伊儿汗国行政传统的继承者。② 同一时期,奥地利历史学家保罗·维特克(Paul Wittek,1894—1978 年)提出了"加齐命题",认为早期的奥斯曼人不是一个部落或血统上有联系的团体,而是一群渴望与周边基督徒异教徒作战的穆斯林武士(或加齐)组成的共同体;伊斯兰教和对周边异教徒的"圣战"是早期奥斯曼国家扩张的动力。③ "加齐命题"在学界引起了广泛影响,并成为此后几十年间对早期奥斯曼国家阐释的最有影响力的理论。土耳其著名的奥斯曼帝国史学者哈利勒·伊纳尔哲克也赞同并吸收"加齐命题",认为早期奥斯曼国家是一个"边疆公国","加齐"或"圣战"是奥斯曼国家建立和发展的一个重要因素。④ 20 世纪 80 年代,鲁迪·保罗·林德纳(Rudi Paul Lindner)提出"部落人类学"观点,使用文化人类学方法进行研究,认为早期奥斯曼人是一个从事游牧生活的部落,其实际行为不符合宗教热情的意识形态,共同的政治利益是最重要

---

① Herbert Adams Gibbons, *The Foundation of the Ottoman Empire*, Oxford: Clarendon Press, 1916.

② Mehmet Fuat Köprülü, *Les origines de l'empire ottoman*, Paris: E. de Boccard, 1935; Mehmet Fuad Köprülü, *Osmanlı imparatorlu ǧunun Kuruluşu*, Ankara, 1959 (or Alfa Yayınları, 2015); and Mehmet Fuad Köprülü, *The Origins of the Ottoman Empire*, trans. and ed. by G. Leiser, Albany: State University of New York Press, 1992.

③ Paul Wittek, *The Rise of the Ottoman Empire*, London: Royal Asiatic Society, 1938.

④ Halil İnalcık, *The Ottoman Empire: The Classical Age, 1300 - 1600*, trans. by Norman Itzkowitz and Colin Imber, New York: Praeger Publishers, Inc, 1973; Halil İnalcık, "The Question of the Emergence of the Ottoman State," *International Journal of Turkish Studies*, vol. 2, no. 2 (1981 - 1982), pp. 71 - 79; Halil İnalcık and Donald Quataert, eds., *An Economic and Social History of the Ottoman Empire, 1300 -1914*, 2 vols., Cambridge: Cambridge University, 1994.

的；后来奥斯曼人背弃过去的游牧民族，以将剩余的游牧民族固定下来，在政治上控制他们，对他们征税，并在军事上利用他们。[1] 2003年，希思·沃德·劳里（Heath Ward Lowry）在批评"加齐命题"的基础上提出"劫掠联盟"假说，认为不是因为对宗教（伊斯兰教）的热情，而是一个掠夺性联盟对战利品、奴隶、掠夺物和安全以及进步的贪婪和野心，吸引穆斯林和基督徒加入奥斯曼人的阵营，使奥斯曼国家扩张和壮大。[2]

上述这些理论观点，极大地丰富了对早期奥斯曼帝国史的阐释和理解。然而，近 20 年来，一些学者又提出了一种新观点，他们将 14 世纪和 15 世纪发生的黑死病与奥斯曼帝国崛起联系起来，认为黑死病对奥斯曼帝国的崛起产生了客观推动作用。[3] 这些研究在再现黑死病在小亚细亚地区的传播和影响方面进行了有益探索，但较忽视黑死病在拜占庭帝国的传播和影响；也有学者探究黑死病在拜占庭帝国的传播与影响，而对黑死病在小亚细亚地区的传播与影响情况论述较少[4]。故而，既有研究未能将黑死病在拜占庭帝国和早期奥斯曼帝国及其他

① Rudi Paul Lindner, *Nomads and Ottomans in Medieval Anatolia*, Indiana University, Bloomington: Research Institute for Inner Asian Studies, 1983.

② Heath Ward Lowry, *The Nature of the Early Ottoman State*, Albany: State University of New York Press, 2003.

③ 较早指出黑死病对奥斯曼国家崛起有积极影响的学者是赫伯特·亚当斯·吉本斯（Herbert Adams Gibbons, *The Foundation of the Ottoman Empire*, pp. 95 - 96），但他没有展开进行系统论述。较深入探讨黑死病与奥斯曼帝国崛起之间关系的研究出现在近 20 年，例如 Uli Schamiloglu, "The Rise of the Ottoman Empire: The Black Death in Medieval Anatolia and its Impact on Turkish Civilization," in Neguin Yavari, Lawrence G. Potter, and Jean-Marc Ran Oppenheim, eds., *Views from the Edge: Essays in Honor of Richard W. Bulliet*, New York: Columbia University Press, 2004, pp. 255 - 279；Nükhet Varlik, *Plague and Empire in the Early Modern Mediterranean World: The Ottoman Experience, 1347 - 1600*, New York: Cambridge University Press, 2015; etc.

④ 如 Costas Tsiamis, Effie Poulakou-Rebelakou, Athanassios Tsakris, and Eleni Petridou, "Epidemic Waves of the Black Death in the Byzantine Empire (1347 - 1453 AD)," *Le Infezioni in Medicina*, vol. 19, no. 3 (2011), pp. 194 - 201.

突厥公国的传播与影响有效结合起来探讨,显然关于黑死病传播与奥斯曼帝国崛起之间的关系尚有进一步研究的空间。基于此,本文结合有关奥斯曼帝国早期历史的原始文献和学界最新研究成果,系统梳理14世纪中期至15世纪中期黑死病在近东的传播与奥斯曼帝国崛起之间的关系,以就教于学界同仁。

一、黑死病在巴尔干和小亚细亚的传播与复发

根据史学文献可知,黑死病于 1346 年在金帐汗国暴发并传播开来。[①] 意大利皮亚琴察的热那亚人加布里埃尔·德·穆西斯(Gabriele de'Mussis)记述了黑死病从金帐汗国经黑海北部克里米亚半岛上热那亚殖民地卡法的热那亚人传播到君士坦丁堡和意大利的过程。穆西斯指出,当时金帐汗国可汗札尼别(Jani beg)率军围攻卡法。由于长期围攻不下,金帐汗国军队于 1346 年将因感染鼠疫而死去的士兵尸体抛入卡法城中。很快,卡法城中有热那亚人感染鼠疫病菌而亡。其他热那亚人惊慌失措地乘船逃往君士坦丁堡,从而将鼠疫也带到了这个拜占庭帝国的首都。由于人们相信他说的目击者,因此认为他的说法是可信的。[②] 微生物学教授马克·维里斯(Mark Wheelis)在研究穆西斯手稿的出版译本和其他 14 世纪对黑死病的描述的基础上,认为在卡法使用生物战争的说法是可信的,并为鼠疫进入卡法城提供了最好的解释。[③] 然而,黑死病史专家奥利·J. 贝内迪克托(Ole J. Benedictow)指出,依据对鼠疫流行病学的现代医学知

---

① 参见 Ole J. Benedictow, *The Complete History of the Black Death*, Woodbridge: The Boydell Press, 2021, pp. 140 - 141.

② 该描述的详细翻译见 Rosemary Horrox, *The Black Death*, Manchester and New York: Manchester University Press, 1994, pp. 14 - 26. 德·穆西斯的记录显示,当时他仍然在意大利,因此并非目击者。

③ Mark Wheelis, "Biological Warfare at the 1346 Siege of Caffa," *Emerging Infectious Diseases*, Vol. 8, No. 9, September 2002, pp. 971 - 975.

识,穆西斯的解释站不住脚,因为不管鼠疫的形式如何,死于鼠疫的人的尸体不会被传染。他认为是患有鼠疫的老鼠通过城墙的缝隙或城门和门廊之间进入城中,进而使卡法城中的人感染鼠疫。①

无论感染的途径如何,卡法城中的人还是感染了黑死病,并在1347 年春沿着黑海航线将黑死病从卡法传播到君士坦丁堡。时任拜占庭皇帝约翰六世·坎塔库津(John VI Kantakouzenos,1347—1354年在位)和当时的著名史学家尼切福罗斯·格雷格拉斯(Nicephoros Gregoras,约 1295—1360 年)都记述了 1347 年黑死病由卡法传入君士坦丁堡并在该城肆虐的状况。约翰六世·坎塔库津论述到:

> 邪恶[的疾病]是如此无法治愈,以致任何规律的生活,或任何体力都无法抗拒它。强壮的身体和虚弱的身体都同样被带走,被照顾得最好的人与穷人一样死去。那一年没有出现任何其他[主要]疾病。如果有人以前有过疾病,他总是死于这种疾病,没有医生的技艺是足够的……没有来自任何地方的帮助;如果有人把对自己有用的药物带给另一个人,这对另一个病人来说就变成了毒药。有些人通过治疗其他人感染了这种疾病。它造成了巨大的破坏,许多房屋被居民遗弃。家畜和它们的主人一起死去。最可怕的是沮丧。每当人们感觉生病时,他们没有康复的希望,而是转向绝望,这增加了他们的虚脱,加重了他们的疾病,他们立即死亡。②

约翰六世将黑死病称为"邪恶(的疾病)",人无论贵贱,都可能因染病而亡。甚至他自己的幼子安德罗尼科斯(Andronikos)也因感染了黑死病而死亡。染病的人也不能从任何人或任何地方得到帮助,因而黑死病使人沮丧。尼切福罗斯·格雷格拉斯同样指出:"这场灾难

---

① Ole J. Benedictow, *The Complete History of the Black Death*, pp. 150 - 151.

② Ioannes Cantacuzenos, *Historiarum*, Niebuhr, Ed. Bonn, 1832, vol. Ⅲ (Book Ⅳ), pp. 48 - 52 (in Greek and Latin texts). 参见 Christos S. Bartsocas, "Two Fourteenth Century Greek Descriptions of the Black Death," *Journal of the History of Medicine and Allied Sciences*, vol. 21, no. 4 (October, 1966), p. 396.

袭击了男人和女人,无论贫富、老幼。简而言之,它并没有放过任何年龄或财富的人。一天之内,有时两天之内,几座房屋的所有居民都被清空了。任何人都无法帮助其他任何人,即使是邻居、家人或血亲也不行。"①显然,黑死病在君士坦丁堡肆虐期间,许多人因染病而亡,无论阶层贵贱,这给拜占庭帝国的首都造成巨大破坏。

随着黑死病在君士坦丁堡的暴发,一些人开始逃离该城,并将疾病传播到周边其他地区。仅在 1347 年,黑死病就传播到希腊地区的优卑亚岛、克里特岛、利姆诺斯岛(Limnos)、帝国第二大城市塞萨洛尼基等地。1348 年,黑死病又蔓延到罗得岛、塞浦路斯岛和伯罗奔尼撒半岛内地。用约翰六世的话说,黑死病"袭击了世界几乎所有的海岸并杀死了他们的大部分人。因为它不仅席卷了蓬托斯[Pontus(特拉布宗)]、色雷斯和马其顿,甚至还传到了希腊、意大利和所有岛屿,埃及、利比亚、犹地亚和叙利亚,几乎遍及整个世界"。②

1347—1348 年的黑死病传播过后,黑死病并非销声匿迹了,而是在拜占庭帝国及其周边地区又多次复发。科斯塔斯·齐阿米斯(Costas Tsiamis)等学者将这些疫情的暴发分为 9 个主要流行期、11个局部暴发期和 16 个无病期③(参见表 1)。其中 1347—1348 年是第

---

① Nicephoros Gregoras, *Historiae Byzantinae*, Joh. Boivin, Ed. Venice, 1729, Lib. XVI, p. 405 (in Greek and Latin texts). 参见 Christos S. Bartsocas, "Two Fourteenth Century Greek Descriptions of the Black Death," *Journal of the History of Medicine and Allied Sciences*, vol. 21, no. 4 (October, 1966), p. 395.

② Ioannes Cantacuzenos, *Historiarum*, Niebuhr, Ed. Bonn, 1832, vol. III (Book IV), pp. 48–52 (in Greek and Latin texts). 参见 Christos S. Bartsocas, "Two Fourteenth Century Greek Descriptions of the Black Death," *Journal of the History of Medicine and Allied Sciences*, vol. 21, no. 4 (October, 1966), p. 395.

③ 根据科斯塔斯·齐阿米斯等学者的统计,文献中没有提及该地区发生黑死病的时段分别是:1349—1360 年、1366—1367 年、1369—1371 年、1377 年、1383—1385 年、1392 年、1394—1396 年、1404—1407 年、1414—1415 年、1424—1425 年、1427—1430 年、1436—1437 年、1439—1440 年、1442—1444 年、1446—1447 年、1449 年和1451—1453 年。参见 Costas Tsiamis, Effie Poulakou-Rebelakou, Athanassios Tsakris, and Eleni Petridou, "Epidemic Waves of the Black Death in the (转下页)

一波疾病流行期。1361—1365 年为第二波流行期,其间,黑死病从君士坦丁堡开始,逐渐蔓延至埃迪尔内、特拉布宗、利姆诺斯、克里特岛、塞浦路斯和伯罗奔尼撒半岛,同时也波及小亚细亚内陆,传播地区几乎与第一波传播地区一致。1372—1376 年的第三波似乎从塞萨洛尼基扩散到伊庇鲁斯(Epirus)、伯罗奔尼撒半岛和克里特岛。1378—1382 年的第四波传播了阿陀斯山(Athos)修道院、加拉塔斯、君士坦丁堡的热那亚殖民地佩拉和伯罗奔尼撒半岛。1386 年开始的第五波疫情持续到 1391 年,从君士坦丁堡开始传播到希腊南部的雅典、伯罗奔尼撒半岛和克里特岛。1397—1402 年的第六波席卷了君士坦丁堡和爱琴海、爱奥尼亚海的威尼斯属地。1408—1413 年的第七波较为严重,主要影响到君士坦丁堡和众多岛屿,尤其是威尼斯在东地中海的属地,黑死病从一个海军基地传播到另一个海军基地:塞浦路斯、克里特岛、科洛尼、莫东和科孚岛。1417—1423 年的第八波是最严重的一次疫情,袭击了包括君士坦丁堡在内几乎整个希腊,也包括威尼斯属地。1435 年的第九波从君士坦丁堡传播到小亚细亚的特拉布宗。[①]

表 1　黑死病在拜占庭帝国暴发情况一览表

黑死病的流行波	暴发年份	波及地区	持续时长(年)
第一波	1347—1348	君士坦丁堡 爱琴海 塞浦路斯 希腊北部 伯罗奔尼撒半岛	2

(接上页)Byzantine Empire (1347 - 1453 AD)," *Le Infezioni in Medicina*, vol. 19, no. 3 (2011), p. 197.

① Costas Tsiamis, Effie Poulakou-Rebelakou, Athanassios Tsakris, and Eleni Petridou, "Epidemic Waves of the Black Death in the Byzantine Empire (1347 - 1453 AD)," *Le Infezioni in Medicina*, vol. 19, no. 3 (2011), pp. 197 - 198.

续表

黑死病的流行波	暴发年份	波及地区	持续时长（年）
第二波	1361—1364	君士坦丁堡 小亚细亚 克里特岛 塞浦路斯 伯罗奔尼撒半岛	3
第三波	1372—1376	希腊北部 希腊西部 克里特岛	4
第四波	1378—1382	君士坦丁堡 色雷斯 伯罗奔尼撒半岛	4
第五波	1386—1391	君士坦丁堡 希腊南部 伯罗奔尼撒半岛	5
第六波	1397—1402	君士坦丁堡 爱琴海 爱奥尼亚海	5
第七波	1408—1413	希腊南部 爱琴海	5
第八波	1417—1423	君士坦丁堡 希腊北部	6
第九波	1435	君士坦丁堡 小亚细亚	1
报告的局部暴发	1368 年、1393 年、1403 年、1416 年、1426 年、1431 年、1438 年、1441 年、1445 年、1448 年、1450 年		

文献来源：Costas Tsiamis, Effie Poulakou-Rebelakou, Athanassios Tsakris, and Eleni Petridou, "Epidemic Waves of the Black Death in the Byzantine Empire（1347 - 1453 AD），" *Le Infezioni in Medicina*, vol. 19, no. 3（2011），p. 197.

黑死病的 11 次局部暴发的情况是 1368 年在伊庇鲁斯,1393 年在塞浦路斯,1403 年加里波利(Gallipolis),1416 年洛尼亚岛(Cephalonia),1426 年内格罗蓬特[哈尔基斯(Halkis)],1431 年在佩特雷(Patras)和君士坦丁堡,1438 年在君士坦丁堡郊区和尼科西亚(Nicosia),1441 年在佩拉和伯罗奔尼撒,1445 年在希俄斯岛,1448 年在色雷斯、伯罗奔尼撒和内格罗蓬特,1450 年科孚岛。[①]

黑死病在小亚细亚地区首次暴发的时间是 1346 年[②],地点在特拉布宗。佛罗伦萨编年史家乔瓦尼·维拉尼(Giovanni Villani)指出,黑死病使特拉布宗"只有五分之一的人幸存"[①]。此后,黑死病从沿海向内地传播,袭击了安纳托利亚中部以东的锡瓦斯(Sivas)。由于史料的缺乏,黑死病在小亚细亚的具体传播路线难以确认。尽管如此,尼克海特·瓦里克(Nükhet Varlık)根据相关文献,假定了黑死病在小亚细亚传播的可能路线。她认为,黑死病在 1347 年秋末和 1348 年早春之间的某个时候沿着商队路线从特拉布宗转移到埃尔津詹(Erzincan),然后转移到锡瓦斯,再传播到迪夫里伊(Divriği)和开塞利(Kayseri),然后从开塞利传播到科尼亚。黑死病在迪夫里伊肆虐的

① Costas Tsiamis, Effie Poulakou-Rebelakou, Athanassios Tsakris, and Eleni Petridou, "Epidemic Waves of the Black Death in the Byzantine Empire (1347 - 1453 AD)," *Le Infezioni in Medicina*, vol. 19, no. 3 (2011), pp. 198 - 199.

② 研究奥斯曼帝国疾病与医疗史的专家尼克海特·瓦里克(Nükhet Varlık)认为黑死病在 1347 年 9 月传入特拉布宗的,参见 Nükhet Varlık, *Plague and Empire in the Early Modern Mediterranean World*: *The Ottoman Experience*, *1347 - 1600*, pp. 100, 103. 但贝内迪克托在最新的著作认为,尼克海特·瓦里克将黑死病在特拉布宗暴发的时间"错算了一年",应该是 1346 年,"特拉布宗暴发黑死病的时间比君士坦丁堡早 9—10 个月";贝内迪克托还认为特拉布宗的瘟疫可能是叙利亚商人从金帐汗国沿黑海航线带到特拉布宗的,参见 Ole J. Benedictow, *The Complete History of the Black Death*, pp. 147 - 148, 166.

① Villani, *Historie Florenline*, *apud* Muratori, *RIS*, xiii, p. 964. 转引自 William Miller, *Trebizond*: *the Last Greek Empire*, London: Society for Promoting Christian Knowledge, 1926, p. 53.

时间是 1348 年 9 月①。同时,黑死病可能从君士坦丁堡沿着商贸路线传播到尼西亚或伊兹尼克,经布尔萨传播到内地的阿克谢希尔(Akşehir),再深入内地的科尼亚。② 瓦里克指出:"当考虑安纳托利亚的历史路线时,那些看似零零碎碎、支离破碎的证据变得有意义了。黑死病沿着主要的商队路线移动,或者从特拉布宗到西瓦斯,然后到开塞利、科尼亚、阿克谢希尔和布尔萨,或者更可能是相反的方向。"③1348 年,奥斯曼国家的首都布尔萨也出现了黑死病。④ 一个可能的例证是,1345—1346 年⑤被奥斯曼人攻灭的卡雷西公国(Emirate of Karesi)的统治者,在被送到布尔萨两年后死去。⑥ 由于布尔萨位于安纳托利亚半岛的西北部,离君士坦丁堡较近,因而瘟疫可能是从君士坦丁堡或其周边传到布尔萨的。也有人认为,黑死病极有可能是通过热那亚人与奥斯曼国家的密切交往从君士坦丁堡地区传播到奥斯曼领土的。⑦ 此外,卡拉曼、恺撒利亚和小亚美尼亚王国的都城希

① Avedis K. Sanjian, *Colophons of Armenian Manuscripts*, *1301 - 1480*: *A Source for Middle Eastern History*, Cambridge, Mass.: Harvard University Press, 1969, p. 86.

② Nükhet Varlık, *Plague and Empire in the Early Modern Mediterranean World*: *The Ottoman Experience*, *1347 - 1600*, pp. 101, 104.

③ Ibid., p. 106.

④ Ole J. Benedictow, *The Complete History of the Black Death*, pp. 167.

⑤ Colin Imber, *The Ottoman Empire*, *1300 - 1650*: *The Structure of Power*, New York: Palgrave Macmillan, 2002, p. 9.

⑥ 参见 Mehmed Neşrî, *Kitâb-ı Cihan — Nümâ*: *Neşrî Tarihi*, vol. 1 and 2, edited by Faik Reşit Unat and Mehmed A. Köymen, Ankara: Türk Tarih Kurumu Basımevi, 1949, p. 167.

⑦ Gisele Marien, "The Black Death in Early Ottoman Territories: 1347 - 1550," Master Dissertation, Ankara: Bilkent University, 2009, p. 48. 关于奥斯曼帝国早期与热那亚间的密切关系,可参见 Kate Fleet, *European and Islamic Trade in the early Ottoman State*: *the Merchants of Genoa and Turkey*, Cambridge: Cambridge University Press, 1999; Halil İnalcık, "The Question of the Closing of the Black Sea", in Halil İnalcık ed., *Essays in Ottoman History*, Istanbul: Eren, 1998.

斯(Sis)则叙利亚人在逃离黑死病的过程中将病菌带到那里的。①

此后,黑死病在小亚细亚也多次复发。1361—1362年的黑死病大流行也波及了小亚细亚的奥斯曼领土和其他地区。由于1361年率军围攻埃迪尔内的奥尔汗于1362年去世,而当时埃迪尔内有鼠疫②,所以奥尔汗有可能死于黑死病。从14世纪后期和15世纪前期奥斯曼人频繁往返于小亚细亚和巴尔干地区,以及奥斯曼人与热那亚等意大利商业共和国的密切关系,可以推测黑死病在巴尔干地区流行的同时,有很大可能性也波及小亚细亚地区。1403年随着中亚的帖木儿在小亚细亚的扩张和击败并俘虏奥斯曼苏丹巴耶济德一世(Bayezid I,1389—1402年在位),黑死病也因战争而在小亚细亚传播开来。拜占庭史家杜卡斯写道,1403年春,"一场可怕的饥荒和瘟疫袭击了斯基泰人足迹所踏足的所有省份"。③ 而在击败并俘虏巴耶济德之后的几个月中,帖木儿的军队横扫细小亚细亚。因此杜卡斯的论述暗示了疫情起源于帖木儿军营,并影响了他们经过的所有奥斯曼土地。④ 1416—1417年,黑死病袭击了君士坦丁堡及巴尔干地区,已故奥斯曼苏丹巴耶济德的幼子优素福(Yusuf)在君士坦丁堡因感染瘟疫而亡。优素福在临死前,请求拜占庭皇帝曼努埃尔二世允许他加入基督教,他自己也将名字改成基督教名字德米特里奥斯(Demetrios),在曼努

---

① Michael Dols, *The Black Death in the Middle East*, Princeton, NJ: Princeton University Press, 1977, pp. 58, 62.

② Franz Babinger, *Beiträge zur Frühgeschichte der Türkenherrschaft in Rumelien* (14. 15. *Jahrhundert*), Südosteuropäische Arbeiten no 34, Brünn: Rudolf M. Rohrer, 1944, p. 47.

③ Doukas, *Decline and Fall of Byzantium the Ottoman Turks by Doukas*, ed. & Trans. by Harry J. Magoulias, Detroit: Wayne State University Press, 1975, pp. 112.

④ Heath W. Lowry, "Pushing the Stone Uphill: The Impact of Bubonic Plague on Ottoman Urban Society in the Fifteenth and Sixteenth Centuries," *Osmanlı Araştırmaları*, vol. 23 (2003), p. 100.

埃尔二世使其得偿所愿后不久就去世了。① 优素福也成为奥斯曼国家第一个确定死于黑死病的王室成员。1429—1430 年,黑死病又在布尔萨暴发。② 这次瘟疫可能是攻占塞萨洛尼卡的奥斯曼军队从巴尔干地区带到小亚细亚的。

二、黑死病对巴尔干和小亚细亚国家的不同影响

14 世纪中叶至 15 世纪中叶,尽管黑死病在巴尔干地区和小亚细亚地区传播并多次复发,但对该地区的拜占庭帝国、其他突厥公国和奥斯曼国家产生了不同的历史影响。

(一) 对拜占庭帝国的沉重打击

黑死病传入拜占庭帝国的时候,该帝国已经严重衰落。当时的拜占庭帝国仅控制君士坦丁堡城及周边的一些领土、少数岛屿和散布在整个希腊陆地上的一些城堡。不仅塞尔维亚人、伊庇鲁斯君主国、阿尔巴尼亚人等巴尔干势力与拜占庭帝国争权夺利,拉丁西方的威尼斯、热那亚等势力也与拜占庭帝国争夺爱琴海和贸易路线的控制权③,法兰克人的亚该亚(Achaia)公国与拜占庭的米斯特拉斯

---

① Doukas, *Decline and Fall of Byzantium the Ottoman Turks by Doukas*, ed. & trans. by Harry J. Magoulias, p. 112; Marios Philippides, *The Fall of the Byzantine Empire: A Chronicle by George Shprantzes*, 1401 - 1477, Amherst: The University of Massachusetts Press, 1980, p. 22.

② Nihal Atsız, "Fatih Sultan Mehmed'e Sunulmuş Tarihi Bir Takvim," *İstanbul Enstitüsü Dergisi*, vol. 3 (1957), p. 21; Osman Turan, *İstanbul'un Fethinden Önce Yazılmış Tarihî Takvimler*, 3. baskı, Ankara: Türk Tarih Kurumu Basımevi, 2007, p. 25.

③ Silvano Borsari, *Studi sulle Colonie Veneziane in Romania nel XIII secolo*, Naples: University of Naples, 1966, pp. 15 - 48; Thomas Allison Kirk, *Genoa and the Sea: Policy and Power in an Early Modern Maritime Republic*, 1559 - 1684, Baltimore: The John Hopkins University Press, 2005, pp. 3 - 11.

(Mistras)公国长期争夺希腊南部的控制权,奥斯曼人也在小亚细亚地区不断蚕食拜占庭领土。

在拜占庭帝国因内外挑战而不断衰落的过程中,黑死病的传播与复发进一步给衰弱的帝国以沉重打击。首先,黑死病造成大量人口死亡。尽管可靠人口数据的缺乏和文献的含糊不清使得学者难以确定黑死病在拜占庭帝国流行的实际规模和死亡率,但黑死病暴发时期的史料表明了这场瘟疫致使大量拜占庭人口死亡,其中包括拜占庭皇帝约翰六世 13 岁的儿子安德罗尼库斯。正如前文所提到的,皇帝约翰六世和史学家尼切福罗斯·格雷格拉斯都指出,瘟疫传播所有的人,无论贫富、贵贱、老幼、男女、强壮或虚弱,都会因感染瘟疫而死亡。① 拜占庭政治家德米特里厄斯·赛多尼斯(Demetrius Kydones)见证了君士坦丁堡 1347—1348 年和 1361—1362 年的疫情后,评论说:"最糟糕的是,这个伟大的城市(君士坦丁堡)每天都变得更为空旷,坟墓的数量表明这个最伟大的城市正在变成一个小镇……我,不得不生活在这种恐怖之中,必须眼睁睁看着这座城市如何处于失去其名誉的危险之中,这让我感受到我灵魂深处的恐惧。"② 瓦西列夫更是宣称,君士坦丁堡有三分之二或九分之八的人口死亡。③ 君士坦丁堡在 1361 年经历第二次疫情时,同样有大量人口死亡。赛多尼斯感叹道:"……幸存者似乎不足以埋葬死者。糟糕的情况一天比一天恶化;没有希望看到它的结束,危险是存在的,这个创造了一切的城市将吞噬一切,并成为我们共同的坟

① Christos S. Bartsocas, "Two Fourteenth Century Greek Descriptions of the Black Death," *Journal of the History of Medicine and Allied Sciences*, vol. 21, no. 4 (October, 1966), pp. 395 - 396.

② 德米特里厄斯·赛多尼斯在 1347 年被坎塔库津任命为高官,并在疫情开始前不久从塞萨洛尼基(Thessaloniki)来到君士坦丁堡。Demetrios Kydones, *Briefe*: *Erster Teil, Zweiter Halbband (91 Briefe)*, translated by Franz Tinnefeld, Bibliothek der Griechischen Literatur, vol. 16, Stuttgart: Anton Hiersemann, 1982, p. 179.

③ A. A. Vasiliev, *History of the Byzantine Empire: 324 - 1453*, Madison: University of Wisconsin Press, 1958, pp. 626 - 627.

墓。"①在 1409—1410 年的黑死病暴发期间,仅君士坦丁堡就有 1 万人死亡。② 1416—1417 年的君士坦丁堡瘟疫"既不尊重也不放过任何年龄",造成大量民众死亡③,其中包括拜占庭帝国皇后——俄国的安娜(Anna of Russia)、皇帝曼努埃尔二世的儿子米海尔(Lord Michael),以及已故奥斯曼苏丹巴耶济德的幼子优素福。尽管依据拜占庭帝国的史料难以对黑死病造成的人口死亡进行定量研究,但依据同一时期欧洲地区黑死病造成的人口高死亡率④,可以推测拜占庭帝国肯定在黑死病的传播与复发中失去大量人口。有学者指出,奥斯曼人成功地向巴尔干地区扩张,部分原因是那里的人口减少。黑死病在整个鲁米利亚广泛传播。⑤ 更糟糕的是,随着黑死病从一个港口传到另一个港口,它破坏了属于拜占庭帝国的沿海地区,同时很大程度上使塞尔维亚、保加利亚和突厥人的内陆土地免遭伤害。⑥

　　人口的减少又使拜占庭帝国劳动力短缺、财政困难和兵力空虚。拜占庭帝国的劳动力短缺可以从黑死病暴发前后的奴隶价格上反映出来。在 14 世纪早期,克里特岛的平均奴隶价格在 20 希波比拉(hyperpyra,拜占庭帝国晚期的一种硬币)左右,而黑死病暴发后 1350 年君士坦丁堡的奴隶均价为约 50 希波比拉,1362 年后君士坦丁堡和克里特等地的奴隶价格居高不下⑦。劳动力减少也致使财政困难和

① Demetrios Kydones, *Briefe: Erster Teil, Zweiter Halbband (91 Briefe)*, trans. by Franz Tinnefeld, Bibliothek der Griechischen Literatur, vol. 16, p. 281.

② Peter Schreiner, *Die Byzantinischen Kleinchroniken (Chronica Byzantina Breviora)*, Vienna, 1997, p. 394. 彼得·施赖纳认为,这一死亡数字不可证实。

③ Doukas, *Decline and Fall of Byzantium the Ottoman Turks by Doukas*, ed. & Trans. by Harry J. Magoulias, p. 112.

④ 有学者研究表明,黑死病仅在欧洲就致使 60% 的人口死亡。参见 Ole J. Benedictow, *The Complete History of the Black Death*, pp. 869 - 876.

⑤ Nükhet Varlık, *Plague and Empire in the Early Modern Mediterranean World: The Ottoman Experience, 1347 - 1600*, p. 107.

⑥ Warren Treadgold, *A History of the Byzantine State and Society*, p. 773.

⑦ 参见 Angeliki E. Laiou et al., eds., *The Economic History of Byzantium: From the Seventh through the Fifteenth Century*, Washington, D. C.: Dumbarton (转下页)

兵力不足。为了应对塞尔维亚和保加利亚以及内战的威胁,约翰六世一方面请求富有的臣民为战争做贡献;请求教皇帮助反对塞尔维亚,还求助于其女婿奥尔汗和艾登的统治者,甚至为了增加税收而降低君士坦丁堡的关税,以便将商人从热那亚的加拉塔(Galata)吸引过来。① 为了获得奥斯曼统治者奥尔汗的援助,约翰六世于1352年同奥斯曼苏丹奥尔汗的儿子苏莱曼达成协议,邀请奥斯曼人渡过达达尼尔海峡,帮助其作战。正是因为这次"邀请",奥斯曼人于1354年借地震破坏盖利博卢城堡之机占领了这一要塞,从而在欧洲获得了长期立足点,为进一步入侵欧洲的拜占庭领土奠定了基础。"毫无疑问,在黑死病导致的拜占庭帝国的最新危机和要求苏莱曼援助拜占庭军队之间,存在直接的因果关系。这被证明是奥斯曼历史上的一个分水岭,因为苏莱曼能够在鲁梅利(Rumeli)——从安纳托利亚跨过博斯普鲁斯海峡的欧洲领土——获得一个立足点。"② 到1453年被占领前夕,君士坦丁堡估计只有3万—5万人口,军队有7000—9000人。③

黑死病在拜占庭帝国传播期间,拜占庭帝国同时经历了政治动荡和衰落。当时的动荡和衰落逐渐改变了拜占庭人的心态。军事失败、内战、地震和自然灾难外加瘟疫,强化了人们的以下观念:它们是被上帝注定的。④ 黑死病还使城镇与乡村本已糟糕的经济与农耕条件更

(接上页)Oaks Trustees for Harvard University, 2002, vol. 2, pp. 848 - 850.

① Warren Treadgold, *A History o f the Byzantine State and Society*, Stanford, CA: Stanford University Press, 1997, p. 773.

② Uli Schamiloglu, "The Rise of the Ottoman Empire: The Black Death in Medieval Anatolia and its Impact on Turkish Civilization," in Neguin Yavari, Lawrence G. Potter and Jean-Marc Ran Oppenheim, eds., *Views from the Edge: Essays in Honor of Richard W. Bulliet*, pp. 270 - 271.

③ 参见 Franz Babinger, *Mehmed the Conqueror and His Time*, trans. by W. Hickman, Princeton, 1978, pp. 82 - 83.

④ Marie-Hélène Congourdeau, "La peste noire à Constantinople de 1348 à 1466," *Medicina nei secoli*, vol. 11, no. 2 (1999), pp. 377 - 390.

加恶化。① 黑死病正好发生在 14 世纪 20 年代和 40 年代拜占庭帝国发生的两次皇位继承战争之间。这两次继承战争耗费了国家的金钱并使其易受威尼斯人、热那亚人和奥斯曼人的干预与入侵。② 而拜占庭统治集团本身却长期陷入内斗,缺乏社会凝聚力,削弱了其找到应对帝国挑战的共同解决方案的能力,尤其是应对奥斯曼帝国扩张的能力。③

总之,黑死病的传播与复发使衰落中的拜占庭帝国雪上加霜,加快了帝国衰落和崩溃的进程。

(二) 黑死病对其他突厥公国的打击

黑死病通常从沿海地区向内地传播,沿海国家受到更大程度的影响。黑死病在传播过程中蹂躏了爱琴海和地中海沿岸的诸突厥公国,如卡拉曼、门特瑟(Mentese)、艾登(Aydın)、萨鲁汗(Saruhan)和卡雷西(Karesi)。④ 乌利·沙米洛格鲁认为黑死病造成安纳托利亚人口的大范围死亡,该地区的其他突厥公国受到了黑死病的严重破坏。伊纳尔哲克称,至少根据报道看,奥斯曼人的主要竞争对手卡拉曼就是这种情况。⑤ 关于其他突厥公国遭受黑死病更大打击的原因,沙米洛格鲁从两个方面进行解释:第一,直接位于沿海地区的公国受到疫情的

---

① Robert Gottfried, *The Black Death: Natural and Human Disaster in Medieval Europe*, New York: Free Press, 1983, pp. 37 - 38.

② Warren Treadgold, *A History of the Byzantine State and Society*, pp. 772 - 773; Angeliki Laiou, ed., *The Economic History of Byzantium: From the Seventh through the Fifteenth Century*, Washington, DC: Dumbarton Oaks, 2002, p. 26.

③ Johannes Preiser-Kapeller, "Complex Historical Dynamics of Crisis: The Case of Byzantium," 2010 November, p. 43, https://historicalnetworkresearch.org/wp-content/uploads/2013/01/Preiser_WorkingPapersIV_ComplexCrisis.pdf, 2022 - 03 - 20.

④ Yaron Ayalon, *Natural Disasters in the Ottoman Empire: Plague, Famine, and Other Misfortunes*, New York: Cambridge University Press, 2015, p. 50.

⑤ Halil Inalcık and Donald Quataert, eds., *An Economic and Social History of the Ottoman Empire, 1300 - 1914*, vol. 1, p. 14.

影响更严重;第二,奥斯曼人似乎比他们的对手受到的影响更小,因为他们主要是游牧民族。他澄清说:"流行病不容易在游牧人口中传播,这被用来解释为什么游牧人口在中世纪阿拉伯半岛或金帐汗国崩溃后变得相对强大。出于同样的原因,奥斯曼帝国的游牧人口在很大程度上没有受到瘟疫的影响,而拜占庭和其他土耳其主体则遭受了人口减少和不稳定。结果,奥斯曼人的相对规模和力量会突然增加。"[1]

(三) 黑死病对奥斯曼国家的较小冲击

尽管黑死病在奥斯曼领土上传播并多次复发,并造成布尔萨等城市的部分人口死亡,但黑死病整体上对奥斯曼人的冲击较小。其中原因,主要是在于奥斯曼国家是由游牧群体组成的,他们不断迁徙[2],而黑死病是由啮齿动物传播的,因此对城市和定居人口的影响最大,它需要更稠密的人口和足够程度的人类—鼠类互动。[3] 而且,在黑死病最初的几次流行波中,沿海城市遭受的打击更大,而奥斯曼人的领土处于内陆,不易受黑死病的影响,因而人口死亡率相对较低。"在拜占庭和其他突厥公国遭受人口减少和不稳定的同时,奥斯曼的游牧人口在很大程度上依然不受鼠疫的影响。结果,奥斯曼人将突然获得相对的数量和力量优势。"[4]

---

① Uli Schamiloglu, "The Rise of the Ottoman Empire: The Black Death in Medieval Anatolia and Its Impact on Turkish Civilization," in Neguin Yavari, Lawrence G. Potter, and Jean-Marc Ran Oppenheim, eds., *Views from the Edge: Essays in Honor of Richard W. Bulliet*, p. 271.

② Reşat Kasaba, *A Moveable Empire: Ottoman Nomads, Migrants, and Refugees*, Seattle: University of Washington Press, 2009, pp. 15–18.

③ Yaron Ayalon, *Natural Disasters in the Ottoman Empire: Plague, Famine, and Other Misfortunes*, p. 50.

④ Uli Schamiloglu, "The Rise of the Ottoman Empire: The Black Death in Medieval Anatolia and its Impact on Turkish Civilization," in Neguin Yavari, Lawrence G. Potter and Jean-Marc Ran Oppenheim, eds., *Views from the Edge: Essays in Honor of Richard W. Bulliet*, p. 271.

（四）黑死病对小亚细亚地区突厥语言的影响

黑死病的传播与复发，还对小亚细亚地区的突厥语言产生了重要影响。根据沙姆格鲁的研究，在13世纪到14世纪前期，安纳托利亚占主导地位的文学语言是阿拉伯语和波斯语。14世纪前期只有少量突厥语诗人，但好像在1347年后出现了突厥语诗人的显著增加。[①] 在14世纪，安纳托利亚的突厥语文学作品突然增多，留存下来的作品也很多：民间文学、简单的宗教神秘主义作品、历史作品和迎合上层阶级的书籍等。还有一些作家成长起来，他们的名声还延及后世。与此同时发生的是安纳托利亚封建领主对阿拉伯语和波斯语作品的忽视。[②] 在乌利·沙米洛格鲁看来，黑死病的传播造成受过教育的知识阶层大量死亡，在一定程度上促进了突厥语文学的兴起，而且奥斯曼突厥语兴起，书面突厥语的正字法系统也从旧安纳托利亚突厥语的规范向奥斯曼突厥语的新正字法规范转变。黑死病后采用的这种新的正字法和语法原则，是基于近在咫尺的阿拉伯和波斯模式。随着奥斯曼突厥语的发展，它也更接近14世纪至15世纪安纳托利亚和鲁梅利的口语。[③] 这种语言正字法系统的根本变化在文化上为奥斯曼人统一小亚细亚奠定了基础。

由此可以看出，黑死病传播对近东国家的影响不同，拜占庭帝国

---

① Uli Schamiloglu, "The Rise of the Ottoman Empire: The Black Death in Medieval Anatolia and its Impact on Turkish Civilization," in Neguin Yavari, Lawrence G. Potter and Jean-Marc Ran Oppenheim, eds., *Views from the Edge: Essays in Honor of Richard W. Bulliet*, p. 267.

② Mecdut Mansuroğlu, "The Rise and Development of Written Turkish in Anatolia," *Oriens*, vol. 7, no. 2, December 1954, pp. 250 – 264.

③ Uli Schamiloglu, "The Rise of the Ottoman Empire: The Black Death in Medieval Anatolia and its Impact on Turkish Civilization," in Neguin Yavari, Lawrence G. Potter and Jean-Marc Ran Oppenheim, eds., *Views from the Edge: Essays in Honor of Richard W. Bulliet*, pp. 268 – 269.

和沿海突厥公国遭受的打击更大。黑死病对港口和人口密集的城市造成的损失更大。黑死病"可能杀死了大约三分之二的(拜占庭)帝国人口,但杀死帝国的对手突厥人、塞尔维亚人和保加利亚人的人数要少得多。这场瘟疫挫败了约翰五世将塞尔维亚人驱逐出希腊北部的企图,并帮助突厥人在色雷斯站稳脚跟……大约在 14 世纪末,人口应该开始恢复……然而,到那时,帝国已经衰落到其政府无法从这种趋势中获利的地步"。① 拜占庭帝国的大部分领土已经被奥斯曼人占领。至于君士坦丁堡,一直难以从黑死病的打击中恢复过来。据当代估计,它的人口大约在 5 万人,这一数字是可能的。② 1403 年,一位卡斯蒂利亚大使发现这座城市满是废墟。1437 年,另一位卡斯蒂利亚人发现皇宫和城市的状况都很糟糕。③ 而与之相比,早期的奥斯曼国家因其自身的社会特征,在黑死病传播和复发期间遭受的损失相对较小。

三、黑死病传播背景下奥斯曼帝国的崛起

14 世纪中期至 15 世纪中期,黑死病的传播和复发严重削弱了拜占庭帝国、其他突厥公国等奥斯曼国家周边势力,为奥斯曼帝国的崛起创造了比较良好的地缘环境。

正是在黑死病沉重打击周边国家的背景下,奥斯曼帝国进行军事扩张,并成功崛起。黑死病暴发前,奥斯曼国家仅是小亚细亚的一个

① Warren Treadgold, *A History o f the Byzantine State and Society*, p. 840.
② A. M. Schneider, "Die Bevölkerung Konstantinopels im XV. Jahrhundert," *Nachrichten der Akademie der Wissenschaften in Göttingen*, *Philologisch Historische Klasse*, 1949, pp. 233–244.
③ Ruy González de Clavijo, *Embassy to Tamerlane*, *1403 – 1406*, trans. Guy le Strange, London: G. Routledge, 1928, p. 88; Pero Tafur, *Travels and Adventures*, *1435 – 1439*, trans. Malcolm Letts, London: George Routledge and Sons, Ltd. , 1926, p. 145.

小公国。尽管奥斯曼人已经在小亚细亚西部向外扩张,并从拜占庭人手中夺取了大片领土,包括他们的第一个首都布尔萨(1326 年)、尼西亚(即伊兹尼克,1331 年)、尼科米底亚(伊兹米特,1337)。但对他们来说,大多数具有战略意义的征服都发生在黑死病暴发之后(见表 2)。奥尔汗利用黑死病给周边国家带来的巨大破坏,于 1354 年成功地夺取了盖利博卢,在欧洲获得了永久性立足点并站稳脚跟;1361 年,奥斯曼人夺取迪迪莫提库斯(Didymotichus)①。然而遗憾的是,奥斯曼军队在 1362 年感染了黑死病,奥尔汗可能因感染而亡②,使这个奥斯曼国家的第二位君主无法获得更多的成功。穆拉德一世(1362—1389 年在位)更是在黑死病肆虐周边国家之际获得军事扩张的巨大成功,1369 年的埃迪尔内(亚德里亚堡),1371 年在马里查河上的车尔曼战役(Battle of Çirmen)中战胜塞尔维亚军队,控制马其顿和部分希腊;1380 年夏或 1381 年 12 月侵入塞尔维亚,但在杜布罗夫尼克战役(Battle of Dubravnica)中被击败;1385 年在萨伏拉战役(Battle of Savra)中击败塞尔维亚军队,使塞尔维亚和阿尔巴尼亚成为附庸;1385 年进攻保加利亚并先后夺取索菲亚和尼什,同时一支奥斯曼军队进入马其顿,迫使地方统治者成为附庸,一支军队到达阿尔巴尼亚的亚得里亚海沿海;1386 或 1387 年,奥斯曼军队再次侵入塞尔维亚但在布罗尼科战役(Battle of Plocnik)中被击败,在小亚细亚将权力扩展到托卡特(Tokat),并巩固了在安卡拉的权威,兼并杰米扬(Germiyan)公国、泰克(Tekke)公国和哈米德(Hamid)公国;1387 年夺取塞萨洛尼基。巴耶济德一世在 1389 年科索沃战役后再次使塞尔维亚称臣,不久后征服小亚细亚的艾登和门特瑟两个公国。尽管 1402 年巴耶济德一世在安卡拉战役中被帖木儿击败,奥斯曼帝国陷入内战,但 1413 年穆罕默德一世结束兄弟内乱后,重新进行扩张。拜

① Warren Treadgold, *A History of the Byzantine State and Society*, p. 779.
② Ibid.

占庭帝国则在奥斯曼扩张下不断萎缩,最终于 1453 年被攻占君士坦丁堡而灭亡,奥斯曼帝国成功崛起。显然,"早期的奥斯曼扩张表明,正是在黑死病之后,奥斯曼人获得其大部分领土并对拜占庭国家构成严重威胁"[①]。而且,"瘟疫和奥斯曼帝国的扩张在时间和空间上都有明显的关联:两者几乎同时扩张。奥斯曼人在巴尔干半岛和安纳托利亚最狂热的扩张是瘟疫周期性地侵袭这些地区的时期"[②]。同样,大多数突厥公国因直接位于爱琴海或地中海沿岸而遭受黑死病的沉重打击,人口减少并陷入不稳定状态,易于被奥斯曼人征服。[③]

表 2 黑死病传播与奥斯曼帝国重要扩张事件

黑死病流行年份	感染地区	奥斯曼帝国重要扩张事件
1347—1348	君士坦丁堡 爱琴海 塞浦路斯 希腊北部 伯罗奔尼撒半岛	1352 年进入巴尔干地区劫掠,1354 年占领盖利博卢
1361—1364	君士坦丁堡 小亚细亚布尔萨等地 克里特岛 塞浦路斯 伯罗奔尼撒半岛	1361 年奥斯曼人夺取迪迪莫提库斯

---

① Yaron Ayalon, *Natural Disasters in the Ottoman Empire*: *Plague*, *Famine*, *and Other Misfortunes*, p. 19.

② Nükhet Varlık, *Plague and Empire in the Early Modern Mediterranean World*: *The Ottoman Experience*, *1347–1600*, pp. 107–108.

③ Uli Schamiloglu, "The Rise of the Ottoman Empire: The Black Death in Medieval Anatolia and Its Impact on Turkish Civilization," in Neguin Yavari, Lawrence G. Potter, and Jean-Marc Ran Oppenheim, eds., *Views from the Edge*: *Essays in Honor of Richard W. Bulliet*, p. 271; Feridun Emecen, "Anatolian Emirates," in Gábor Ágoston and Bruce Masters, eds., *Encyclopedia of the Ottoman Empire*, New York: Facts On File, 2009, pp. 40–42.

黑死病流行年份	感染地区	奥斯曼帝国重要扩张事件
1378—1382	君士坦丁堡 色雷斯 伯罗奔尼撒半岛	在此期间,奥斯曼人侵入塞尔维亚,但在杜布罗夫尼克战役中被击败
1386—1391	君士坦丁堡 希腊南部 伯罗奔尼撒半岛	奥斯曼人侵入塞尔维亚,夺取塞萨洛尼基;科索沃战役;兼并杰米扬、泰克、哈米德、门特瑟和艾登公国;在科尼亚战役中击败卡拉曼领导的突厥公国联盟
1397—1402	君士坦丁堡 爱琴海 爱奥尼亚海	围攻君士坦丁堡;击败卡拉曼公国
1417—1423	君士坦丁堡 希腊北部	奥斯曼人围困君士坦丁堡;与威尼斯人作战

除了在黑死病肆虐周边国家之际进行军事扩张,奥斯曼帝国还开放式地吸收基督徒和穆斯林于自己的政体之下。"早期奥斯曼国家是一个多元社会,整合了穆斯林和非穆斯林的价值观,并允许表达多种身份。"[1]伊斯兰教并不是联合所有早期奥斯曼人的旗帜,早期奥斯曼国家吸收大量非穆斯林加入军队,其中包括领导奥斯曼军队征服色雷斯和巴尔干地区的指挥官们。希思·沃德·劳里认为,早期奥斯曼社会是基督徒和穆斯林共存的边疆社会,任何对劫掠和这个国家发展感兴趣的人都可有一席之地。以至于宗教皈依(连同不断涌入的移民)成为14世纪初奥斯曼国家人力的主要来源,一些基督徒或皈依者成为奥斯曼国家的高官。[2] 亚龙·阿亚隆指出,宗教和文化多元主义对早期奥斯曼国家的发展是有利的,因为它没有为内部不和留下空间,

---

① Yaron Ayalon, *Natural Disasters in the Ottoman Empire*:*Plague*,*Famine*,*and Other Misfortunes*, p. 52.

② Heath W. Lowry, *The Nature of the Early Ottoman State*, pp. 66 - 67, 93.

而且帮助从拜占庭和小亚细亚其他公国吸收追随者,进而创建一个帝国。在 14 世纪前半叶,在奥斯曼和奥尔汗征服拜占庭城镇的时候,被击败的拜占庭军士加入奥斯曼军队,其中许多还皈依了伊斯兰教。拜占庭帝国的生活动荡,经济不稳定,而奥斯曼人提供了稳定且走向胜利的生活环境和合理的税收。① 而且奥斯曼征服者在扩张中征集追随者的进程因黑死病的恐惧而加快了。②

此外,奥斯曼统治者建立施粥所等慈善机构和实行改善卫生等手段,在瘟疫和其他灾害发生时既缓解了社会危机,也成功吸引到更多的基督徒人口,有利于国家的扩张和崛起。当奥斯曼人在 14 世纪推进到拜占庭领土上的时候,将占绝大多数的基督徒人口引向新秩序的一种方式是在他们征服的几乎每个城镇建立施粥所(soup kitchens,'imarets'),一种按照穆斯林标准运转的慈善机构。甚至在 15 世纪后半叶,一些施粥所主要为基督徒服务。奥斯曼帝国的慈善机构在整合新征服人口方面发挥了重要作用③。奥斯曼的慈善实践引入一些创新,如周期性地颁布确定慈善资格的法令。而且,奥斯曼人比其先辈在改善城市清洁度方面更有事业心。"奥斯曼人在 1453 年征服伊斯坦布尔后不久就特别清洗了部分地区,到 16 世纪初,他们定期雇佣街道清洁工,收集垃圾到容器里并在一个中心区域处理之。"④奥斯曼人在其他城市可能也采取了类似措施。这些措施无疑有利于奥斯曼社会的稳定和成功应对黑死病的消极影响,同时客观上促进了帝国的扩张和崛起。

---

① Heath W. Lowry, *The Nature of the Early Ottoman State*, pp. 56 – 57.
② Yaron Ayalon, *Natural Disasters in the Ottoman Empire*: *Plague*, *Famine*, *and Other Misfortunes*, pp. 53 – 54.
③ 关于慈善机构在奥斯曼帝国崛起中的作用,笔者另有专文论述。
④ Yaron Ayalon, *Natural Disasters in the Ottoman Empire*: *Plague*, *Famine*, *and Other Misfortunes*, p. 58.

四、结论

从前文论述中可以看出,黑死病在近东的传播与复发,对拜占庭帝国和小亚细亚其他突厥公国造成较大的打击,而早期奥斯曼国家受到的影响相对较小。在这样的历史背景下,奥斯曼帝国通过成功的扩张政策和相关措施实现了领土和人口方面的扩张,于1453年崛起为横跨亚欧两洲的大帝国。显然,黑死病的传播与复发,在一定程度上改变了近东地区的地缘政治格局,结束了11世纪末以来该地区的政治碎片化进程,从多国林立转向一个统一帝国。

当然,奥斯曼帝国的崛起是一个复杂的历史过程,其原因是多方面的,黑死病的传播仅是其崛起的外部因素之一。尽管对于奥斯曼帝国的崛起在多大程度上是由于黑死病削弱了其敌人的实力这一问题,学者们看法不同,但毫无疑问,黑死病的传播构成奥斯曼崛起过程中一个重要的背景因素。黑死病在削弱奥斯曼人的敌人的同时,奥斯曼人恰当地利用了这一背景,采用成功的军事和扩张政策,以及社会经济举措实现了国家的扩张和崛起。当然,奥斯曼帝国的崛起实际上是因为早期奥斯曼国家领导层能够比周边其他统治者更好地应对黑死病等自然灾难和人为挑战(战争威胁和经济、政治斗争),并成功利用各种灾难与挑战给周边国家带来的困境。然而,我们依然不能忽视黑死病的传播在奥斯曼帝国崛起中的客观作用。重视黑死病在奥斯曼帝国崛起中的作用,可以从一个新角度进一步丰富和诠释奥斯曼帝国崛起这一重大历史问题。当然,本文的研究仅是这一方面的一个初步尝试,还有待对黑死病影响奥斯曼国家崛起方面更深入、量化的研究。

作者简介:宋保军,宁夏大学中国阿拉伯国家研究院教授。

"欧洲病夫"：奥斯曼帝国在 19 世纪霍乱病因学之争中的角色及应对①

杨冰冰

摘要:1838 年,为了应对肆虐的霍乱,奥斯曼帝国正式推行检疫改革。随着检疫站在奥斯曼帝国各地成立,围绕着检疫的效果与必要性,一股霍乱病因学争论之风也从欧洲吹拂至此地。国际社会以英法为主的非传染派认为,人口过密、污秽的卫生条件是奥斯曼帝国的霍乱根源。通过将霍乱描述为奥斯曼帝国的地方病,英法的目的在于维护商业利益,加深殖民干预。奥斯曼帝国则通过加强对检疫站的控制与推进医疗卫生改革予以回应。19 世纪的霍乱病因学之争涉及工业革命、自由贸易原则与资本主义全球市场形成等时代因素,具有一定的历史合理性。而奥斯曼帝国的参与则见证了帝国殖民扩张背景下文明交往的多元性、灵活性与进步性。

关键词:欧洲病夫　奥斯曼帝国　霍乱　检疫　医疗卫生改革

自新航路开辟以来,西方坐上了历史的快车,奥斯曼帝国的相对落后在 19 世纪成了明显的事实。"欧洲病夫"是欧洲给当时奥斯曼帝国的旧称,它最初来源于俄国。1833 年,沙皇尼古拉一世在与梅特涅

---

① 本文系 2022 年国家社会科学基金一般项目"近代西方对阿拉伯半岛的历史认知与话语权构建问题研究"(项目批准号为 22BSS027)的阶段性成果,受"中央高校基本科研业务费专项资金"资助。

亲王会面时首次称奥斯曼帝国为"病夫(Sick Man)"。① 克里米亚战争期间,尼古拉一世在谈及奥斯曼帝国时复称:"我们控制着一个病夫,它已经病入膏肓了,为避免它从我们手上溜走,我们必须提前采取行动。"②对此,台湾学者杨瑞松认为,该称呼是欧洲对奥斯曼帝国国家衰败、改革与军事失败的嘲讽,其背后是欧洲中心论的眼光,承载了欧洲对奥斯曼帝国的想象。③ 然而,欧洲对奥斯曼帝国的想象没有停留于政治与军事层面,"病夫"也不仅是一个政治符号。实际的情况是,它被那些奔赴奥斯曼帝国工作的医生与旅行者固执地认为是最真实的卫生观察与健康汇报。那么,对奥斯曼帝国地理意义上"身体"的批评,如何转变为政治上的行动,而奥斯曼帝国又是如何应战的,19世纪国际社会的霍乱病因学之争,提供了一个相对有迹可循的故事。

目前,中外学界对霍乱历史价值的研究成果已经较为丰富。比如,阿萨·布里格斯认为19世纪的霍乱是人类历史上不可忽视的重要篇章④;查尔斯·罗森伯格认为霍乱为观察社会结构提供了有利的环境。⑤ 实际上,伴随着霍乱的出现与世界性传播,医学界对霍乱的研究很早便开始了。这些研究涉及霍乱的缘起、传播过程及影响。比如日内瓦医学院的考文垂博士认为,霍乱系自印度本土向外传播的一种流行病。⑥ 英国皇家内科医师学会会员约翰·斯诺认为,霍乱并非

---

① Candan Badem, *The Ottoman Crimean War（1853 - 1856）*, Leiden：Brill, 2010, p. 68.

② Harold Temperley, *England and the Near East the Crimea*, Abingdon：Routledge, 2018, p. 272.

③ 杨瑞松:《病夫、黄祸与睡狮》,台北:政大出版社,2010,第28页。

④ Asa Briggs, "Cholera and Society in the Nineteenth Century," *Past & Present*, no. 19（April 1961）.

⑤ Charles Rosenberg, "Cholera in Nineteenth Century Europe：A Tool for Social and Economic Analysis," *Comparative Studies in Society and History*, 1966.

⑥ C. B. Coventry, *Epidemic Cholera：History, Cause, Pathology and Treatment*, Buffalo：CEO. H. Derby & Co. Publishers, 1849, p. 9.

通过瘴气进行传播，而是通过受污染的水进行传播。① 殖民地培训医生皮杜克认为，虽然霍乱源于水中的有毒物质，但是这种有毒物质的出现乃是上帝的旨意。② 威斯敏斯特的外科医生麦克纳马拉系统性地介绍了 19 世纪 70 年代以前霍乱的传播史及霍乱对世界造成的破坏性影响。③ 此时，关于霍乱的知识还存在着许多争议。随着 20 世纪以来医学的飞速发展，一些时代的认识局限才逐渐被打破。

　　总体而言，该研究领域仍有等待补充的空间。首先，自 20 世纪后半叶瘟疫史兴起以来，瘟疫在历史上的地位逐渐为学者所认识，从全球史视角出发研究瘟疫的交换、演变模式及影响的成果近年来层出不穷。然而，以某一国家或地区为研究对象的瘟疫研究则比较少见。比如麦克尼尔的《瘟疫与人》、贾雷德·戴蒙德的《枪炮、病菌与钢铁》依旧是该领域中的经典之作。近几年随着新冠疫情的持续影响，也出现了许多值得一看的著作。比如武斌认为，对人类而言，瘟疫虽然是一场难以避免的灾难与浩劫，却对文明的进步有深远影响。④ 陈代杰和殷瑜介绍了人类对流行病的认识与现代流行病学建立的过程。⑤ 杰夫·马纳夫与妮可拉·特莉发挥了充分的想象，通过行走于历史进程中各个防疫点，他们发现即使面临不同的传染病，人类应对的态度与措施始终如一，即隔离。⑥ 另外，比尔森·布尔穆什以奥斯曼帝国为研究对象，主要阐述了 19 世纪的瘟疫对奥斯曼帝国地缘政治的影

① John Snow, *The Mode of Communication of Cholera*, London：John Churchill，1855, pp. 9, 55.

② I. Pidduck, *Cholera：Its Cause, Pathology and Cure*, London：Robert Hardwicke, 1866, p. 3.

③ C. Macnamara, *A History of Asiatic Cholera*, London：Macmillan and Co. , 1876.

④ 武斌：《瘟疫与人类文明的进程》，济南：山东人民出版社，2020 年。

⑤ 参阅陈代杰、殷瑜编著：《传染病：战胜恐惧的力量从哪里来》，上海：东方出版中心，2020 年。

⑥ 〔美〕杰夫·马纳夫、妮可拉·特莉：《隔离：封城防疫的历史、现在与未来》，涂玮英、萧永群译，台北：商周出版社，2021 年。

响。① 努赫特·瓦尔利克关注了 17、18 世纪的瘟疫对位于地中海沿岸的伊斯兰地区政治、社会的影响以及政府和民众对瘟疫的反应。②

其次,有关霍乱病因学之争的内容虽然已经有学者涉及,但是分析奥斯曼帝国在霍乱病因学之争中角色参与的研究还相对较少。毛利霞介绍了霍乱期间英国的霍乱病因之争,其中传染派的观点包括瘴气论与卫生论等,非传染派的观点包括道德论、阶层论和种族论。③ 埃尔文·阿克尔内希特追溯了传染派与非传染派学说的历史及它们各自的发展。④ 刘金源介绍了英国医学界关于 1831 年霍乱的病因学之争以及由此引起的社会分裂。⑤

最后,有关霍乱与地缘政治竞争的研究成果已经有学者涉及,但是将奥斯曼帝国的霍乱与医疗卫生改革联系起来,分析奥斯曼帝国医疗卫生改革影响的成果比较少见。瓦莱斯卡·胡贝尔认为霍乱凸显了奥斯曼帝国在国际等级秩序中的不平等地位。⑥ 内尔明·厄索伊、于克塞尔·贡戈尔和阿斯里汗·阿克皮纳尔介绍了奥斯曼帝国在数次国际卫生会议中的具体表现。⑦ 萨里追溯了奥斯曼帝

---

① Birsen Bulmuş, *Plague*, *Quarantines and Geopolitics in the Ottoman Empire*, Edinburgh: Edinburgh University Press, 2012.

② Nükhet Varlık, ed., *Plague and Contagion in the Islamic Mediterranean*, Kalamazoo and Bradford: Arc Humanities Press, 2017.

③ 毛利霞:《从隔离病人到治理环境:19 世纪英国霍乱防治研究》,北京:中国人民大学出版社,2018 年。

④ Erwin Ackerknecht, "Anticontagionism Between 1821 and 1867," *Bulletin of the History of Medicine*, vol. 22, no. 5, 1948.

⑤ 刘金源:《疫情之下的社会分裂——英国医学界关于 1832 年霍乱的病原学之争》,《史学集刊》2021 年第 4 期。

⑥ Valeska Huber, "Pandemics and the Politics of Difference: Rewriting the History of Internationalism Through Nineteenth Century Cholera," *Journal of Global History*, 2020, p. 397.

⑦ Nermin Ersoy, "Yuksel Gungor and Aslihan Akpinar, International Sanitary Conferences from the Ottoman Perspective, 1851 – 1938," *Hygiea Internationalism*, 2011.

国医学史发展史上所涉及的国际关系。①

有鉴于此,针对目前研究尚存在的问题,本文以奥斯曼帝国为研究对象,从霍乱传播与奥斯曼帝国推行检疫改革入手,关注霍乱的传染派与非传染派之争,探讨其背后的科学依据与政治理念。其后分析奥斯曼帝国的应对举措,包括为检疫辩护与深入医疗卫生改革的过程。最后通过对以英法为代表的挑战者与奥斯曼帝国所代表的应战者的动机分析,在探讨殖民扩张时期文明交往的多元性、灵活性与进步性的同时,也阐述历史研究中的时代局限性。

一、霍乱大流行与奥斯曼帝国的检疫改革

"疫病是人类社会进步的结果,是人类必须承受的代价。"②在1817 年霍乱自印度恒河三角洲地区开始其漫长且循环往复的七次全球之旅的时候,人类也许还未对这句话真正产生过切身的体会。麦克尼尔指出,人类大多数的生命都处在一种由病菌的微寄生构成的脆弱平衡之中。③ 不少研究者赋予了霍乱"堪比黑死病的刽子手""制造恐慌的世纪病"等称呼。④ 霍乱造成的死亡人数虽不及 14 世纪的黑死病,却对社会发展产生了极其重要的影响。⑤ 倘若从两种疾病的表征而言,霍乱是由霍乱弧菌引起的急性感染性腹泻,其主要临床表现为腹泻、呕吐以及由此引起的体液丢失、脱水、电解质紊乱以及肾功能衰

---

① N. Sari, "Turkey and Its International Relations in the History of Medicine," *Vesalius*, VII, 2001.

② 于赓哲:《疾病如何改变我们的历史》,北京:中华书局,2021 年,引言第 1 页。

③ 〔美〕威廉·麦克尼尔:《瘟疫与人》,余新忠、毕会成译,北京:中国环境科学出版社,2010 年,引言第 4 页。

④ Gülhan Balsoy and Cihangir Gündoğdu, "Ottoman Death Registers (Vefeyât Defterleri) and Recording Deaths in Istanbul, 1838 – 1839," *Middle Eastern Studies*, 2020, pp. 2 – 3.

⑤ David Arnold, "Cholera and Colonialism in British India," *Past & Present*, no. 113, 1986, p. 118.

竭等症状。[1] 病人严重脱水后凹陷的脸颊、干枯的身体以及最肉眼可见的皮肤呈青黑色的变化[2]与黑死病病发时腋下黑色的肿块相呼应。不仅如此,霍乱引发的迅速死亡也与黑死病存在相似性。英国霍乱流行期间(1847—1848),当时行走于街巷进行水源调查的医生约翰·斯诺(John Snow)在其报告中记录了许多这样的病例,他的访问对象总是在感染霍乱的几个小时内或者隔天就突然去世。[3]

霍乱经行之处,造成了人口的大量死亡。在欧洲,霍乱于 1831 年到达英国的桑德兰港,1832 年 2 月到达伦敦,5 月到达利物浦,至 9 月共有 4799 个病例,1523 人死亡。[4] 1832 年 3 月霍乱首次出现于法国。在巴黎肆虐的 8 个月内,霍乱造成了 18402 人死亡。经统计,法国有超过 10 万人成为霍乱的受害者。[5]

霍乱的数次降临与死亡的不光彩,都令欧洲民众被迫回忆起《圣经》中的话语:"惹耶和华发怒,便有瘟疫流行在他们中间……直到惩罚恶人,瘟疫这才止息。"恶人是抽象的所指,但是瘟疫流行时期的宗教无疑抓住了民众的心。很快,民众便将对"恶人"的仇恨转移到了其他事物之上。检疫,是欧洲面对瘟疫时采取的措施。对于民众而言,检疫代表着由官方组织的各种蒸熏消毒流程与集中隔离的日子。检疫并不是因霍乱暴发而流行的。早在《利未记》中,就有因麻风病而单独隔离 14 天的记载。至黑死病时期,由威尼斯人在此基础上首创了在拉扎雷托集中隔离 40 天的传统。

作为防止流行病的惯常手段,直到霍乱暴发前的半个世纪,检疫才被欧洲国家视为具有特殊的重要性。18 世纪末至 19 世纪初,出现

---

① 曹务春:《流行病学》(第二卷 第 3 版),北京:人民卫生出版社,2014 年,第 119 页。

② 毛利霞:《从隔离病人到治理环境:19 世纪英国霍乱防治研究》,第 39 页。

③ John Snow, *The Mode of Communication of Cholera*, London: John Churchill, 1855, pp. 2 - 3, 4 - 5.

④ 毛利霞:《从隔离病人到治理环境:19 世纪英国霍乱防治研究》,第 46 页。

⑤ Özgür Yılmaz, "1847 - 1848 Kolera Salgını Ve Osmanlı Coğrafyasındaki Etkileri," *Avrasya incelemeleri Dergisi*, 2017, p. 33.

了更多的流行病暴发。其中黄热病的巨大冲击令欧洲各国重新审视了脆弱的检疫系统。同时，乘着拿破仑战争的东风，军事卫生的发展令英国、法国与意大利等国家在 1780 年至 1820 年间纷纷扩大了隔离措施。[①] 在这些国家中，英国对检疫的规定尤为严格。根据枢密院的会议记录，议员们经常讨论与隔离相关的问题。[②] 这些地中海的隔离措施，将为之后英国向地中海世界的扩张以及如何经营印度的事业提供了宝贵的历史经验。

不过，在那之前就已经出现，且日后将一直被英国政府视为考验的是对检疫本身的质疑。隔离的效果不如预期那样好，因隔离停摆的生活、事业，渐渐变得令人无法忍受。当政府或者隔离本身充当了"恶人"民众就会群起而摧之。1832 年，因为怀疑隔离区的医生正在杀害患者，英国约克郡附近的民众发动了骚乱。与此同时，出于相似原因，受霍乱影响的城市诸如伦敦、利物浦、曼彻斯特与伯明翰等也都出现了不同程度的骚乱。[③] 总之，隔离就像一个庞大的机器，人们愿意为了暂时的安全而委身于它，但出于长久自由的目的，人们又马上宁愿将其摧毁。政府固然不会像民众那般反复无常，它要统筹大局，兼顾海内外利益群体的目标。

与欧洲一样，奥斯曼帝国不会独立于瘟疫之外。霍乱自东向西的传播路线大致有三条。一是通过陆路从北印度，途经阿富汗、波斯与俄罗斯传播到欧洲；二是通过海路从印度南岸经由阿曼湾进入阿拉伯海，再转由陆路传播至波斯与奥斯曼帝国；三是通过海路从印度洋进

---

① Miri Shefer Mossensohn, "Medical Treatment in the Ottoman Navy in the Early Modern Period," *Journal of the Economic and Social History of the Orient*, vol. 50, no. 4, 2007, p. 561.

② Alex Chase Levenson, *The Yellow Flag*: *Quarantine and the British Mediterranean World*, *1780 - 1860*, Cambridge University Press, 2020, pp. 42 - 43.

③ 毛利霞：《从隔离病人到治理环境：19 世纪英国霍乱防治研究》，第 45—46 页。

入红海并经由埃及传播至北非与地中海地区。① 霍乱首次出现在奥斯曼帝国是在 1822 年。② 第一次霍乱期间,埃及因 1831 年的霍乱失去 15 万人口。③ 伊斯坦布尔于 1831 年出现首个霍乱病例,并有 5000 多人失去了生命。第二次霍乱期间,霍乱于安纳托利亚多地出现,1846 年末出现在东部的埃尔祖鲁姆,导致近千人死亡。1847 年,霍乱出现在特拉布宗,9 月至 10 月期间,共有 1200 至 1300 人死亡。霍乱在汉志地区夺走了大约 1.5 万人的生命。④ 巴格达共有 5825 人死于霍乱。⑤

奥斯曼帝国与欧洲同样面临着霍乱的肆虐。然而,不同国家之间对待瘟疫的措施存在一定的差异。与欧洲相比,奥斯曼帝国的检疫措施相对滞后,以至于给那些 19 世纪来到奥斯曼帝国的欧洲旅行者留下了深刻的印象。这些人惊讶于奥斯曼土耳其的女性仿佛把瘟疫当作男女之间调情的工具。一位旅行者在其日记中写道,在君士坦丁堡⑥遇到的漂亮女人,倘若你对她们微笑,她们会为你对她们的头晕目眩而狂喜,但不一会儿,她突然把手指轻轻地放在你的手臂上,并俏皮地说:"有一份瘟疫要送给你。"⑦

---

① Mustafa Hayırlıdağ, "Osmanlı'da Salgınla Mücadelede Yazılmış Bir Eser 'Koleraya Karşı Ne Yapmalı'," *Osmanlı Araştırmaları Dergisi*, Nisan 2021, p. 76.

② Oktay karaman, "Musul ve Çevresinde Görülen Kolera Vakaları," *KSBD*, Sonbahar 2020, p. 2.

③ Layla J. Aksakal, "The Sick Man and His Medicine: Public Health Reform in the Ottoman Empire and Egypt," https:∥dash. harvard. edu/bitstream/handle/1/10015270/Aksakal. pdf? sequence=1,2022 - 07 - 15.

④ Özgür Yılmaz, "1847 - 1848 Kolera Salgını Ve Osmanlı Coğrafyasındaki Etkileri," *Avrasya incelemeleri Dergisi*, 2017, p. 24 - 26.

⑤ Oktay karaman, "Musul ve Çevresinde Görülen Kolera Vakaları, 1847 - 1902," *KSBD*, Sonbahar 2020, p. 3.

⑥ 由于 19 世纪的欧洲人几乎都将伊斯坦布尔称为君士坦丁堡,故凡是援引欧洲领事、旅行者的话,为了符合原意,皆遵从了原文,特此说明。

⑦ Alexander Kinglake, *Eothen or Traces of Travel from the East*, London: John Ollivier, 1845, p. 48.

1838 年,马哈茂德二世在哈姆丹·本·奥斯曼的建议下推行检疫改革,大范围地成立检疫委员会与拉扎雷托。在此之前,埃及作为中东地区推行检疫改革的先行者,给了奥斯曼帝国一些启发。法国首先在埃及推行了检疫,埃及民众对这些外来事物表现出愤愤不平的态度。埃及的阿拉伯人抱怨道:"法国人在实施卫生措施方面表现得最为严厉。这对民众而言简直是骚扰和恐吓。当有人生病时,医生来探望他。如果他被确认患有鼠疫,他就会立即被转移到隔离区,之后他的家人就无法见到他。即使他最后活着从隔离区出来了,他的房子、衣物等财物都会被认为是染了瘟疫而被封禁或者烧毁。"①尽管如此,检疫对民众的震慑力应该为穆罕默德·阿里规划自己的崛起提供了思路。穆罕默德·阿里于 1831 年成立了卫生委员会,不仅聘请了大量的欧洲医生为埃及的卫生改革出谋划策②,还允许他们在埃及进行病因调查与建立医院、进行培训,培训的课程包括解剖学、病理学、生理学与卫生学等。这些措施令穆罕默德·阿里得以塑造改革者的形象,赢得了欧洲的赞誉。③

同样从欧洲国家那里得到思路的还有哈姆丹·本·奥斯曼。但与穆罕默德·阿里不同的是,哈姆丹是一位来自阿尔及利亚的泛奥斯曼主义者。他因写文章反抗法国在阿尔及利亚的殖民统治而被逐出家园,也因谴责殖民扩张而支持奥斯曼帝国的事业受到马哈茂德二世的认可。哈姆丹坚信穆斯林应该像学习火药技术那样学习欧洲人的检疫措施。他为苏丹制定了检疫计划。哈姆丹制定的检疫计划包括为船舶提供官方的健康证明,严格执行欧洲的检疫程序以及设置集中

---

① Birsen Bulmuş, *Plague*, *Quarantines and Geopolitics in the Ottoman Empire*, p. 99.

② Nermin Ersoy, "Yuksel Gungor and Aslihan Akpinar, International Sanitary Conferences from the Ottoman Perspecetive, 1851 – 1938," *Hygiea Internationalism*, 2011, p. 54.

③ Layla J. Aksakal, "The Sick Man and His Medicine: Public Health Reform in the Ottoman Empire and Egypt," https://dash. harvard. edu/bitstream/handle/1/10015270/Aksakal. pdf? sequence=1, 2022 – 07 – 26.

隔离区等。比如,健康证明上必须写明来自哪里,并且表明船舶的出发地没有发生瘟疫;对船舶上的货物与个人物品进行蒸熏与消毒,尤其是羊毛、棉花等加工原料的流动得到了严格的管控;根据船舶所在地的瘟疫严重程度划分隔离天数的等级;建立集中隔离区并派遣专门人员日夜看守,隔离区内提供食物与私人浴室;整体的检疫程序采取收费模式。①

奥斯曼帝国的检疫措施基本上遵循了哈姆丹的建议。但1838年的检疫改革中提到的蒸熏与隔离等诸多措施在奥斯曼帝国却不是一个新事物。自16世纪以来,奥斯曼帝国就开始采用隔离措施。② 霍乱传播路线是依照着旧的瘟疫路线展开的,用于隔离的拉扎雷托很大部分也是在旧的基础上进行修缮与翻新,好的情况下政府的资金被用于购买新的消毒机器与修建医院。因此,1838年检疫改革的意义并不在于完全赋予了奥斯曼帝国一种全新的隔离体验,它更大的意义在于政治层面:通过将各地零散分布的隔离点重新装修一番后,再巧妙地冠以中央政府的名义,以此达到加强中央集权的目的。

奥斯曼帝国不仅疆域广大,而且地理范围辽阔。为了有效防范流行病,政府一直都注重以下几方面的措施。其一是边境防范,其二是港口防范,其三是内陆地区的防范。边境防范与港口防范一直是检疫的重心。位于博斯普鲁斯海峡的伊斯坦布尔与佩拉,爱琴海沿岸的伊兹密尔与安塔利亚,位于黑海南岸的萨姆松与特拉布宗,位于安纳托利亚东部的卡尔斯(Kars)与托卡特(Tokat),位于奥地利与奥斯曼帝国边境的瓦尔纳与布加勒斯特,以及位于伊朗与奥斯曼帝国边境的巴士拉是流行病容易暴发的地点。根据对19世纪瘟疫暴发地点的统计,瘟疫的传播往往是从边境与港口进入内陆地区,这两处商业与人

---

① Birsen Bulmuş, *Plague*, *Quarantines and Geopolitics in the Ottoman Empire*, pp. 102 - 103.

② Mehmet Ak, "19. Yüzyılda Antalya'da Kolera Salgını," *Uluslararası Sosyal Araştırmalar Dergisi*, Bahar 2011, p. 259.

口流动频繁,最容易通过接触感染。但也有自内陆向四周传播的情况,这往往与当地的民风、环境或者气候有关。根据当时旅行者的回忆,他们认为村庄道路中无人管顾的牛尸体是瘟疫的来源,腐臭的气味麻痹了人们的神经。① 有学者统计,19 世纪上半叶,爱琴海沿岸共发生鼠疫 26 次,安纳托利亚中部和东部共发生 28 次。②

1838 年,伊斯坦布尔成立高级检疫委员会,邀请外国专家加入并指导检疫事务。随后各地逐渐成立了地方检疫委员会,负责推进当地的卫生事务与检疫措施。地方检疫委员会直属于伊斯坦布尔的高级检疫委员会,中央通过向各地派遣医生并且支付薪水的方式对检疫委员会进行指导。1838 年春天,伊兹密尔与安塔利亚的检疫站被批准成立,它们也是最早建立的一批检疫站。③ 随后,77 个检疫站在安纳托利亚与边境地区被部署。④ 1851 年,奥斯曼帝国又在伊拉克南部的巴士拉与霍尔木兹海峡附近建立了海上检疫站。⑤ 至 1872 年,共有 148 个检疫站为奥斯曼帝国服务。⑥ 1882 年,为了管理麦加的霍乱,奥斯曼帝国在红海入口处的卡玛兰岛上新建了检疫站。该检疫站后来成为 20 世纪世界上最大的检疫站之一,每年隔离的人数在 1 万

① William Francis Ainsworth, *Travels and Researches In Asia Minor*, *Mesopotamia*, *Chaldea and Armenia*, Vol. 1, London: John W. Parker, 1842, pp. 136 - 137.

② Fatma Simsek, "19. yüzyılın ikinci Yarısında Osmanlı Liman Kentlerinde Karantina Uygulaması," in Kantarcı Ş. and Şimşek F., eds., *Berna Türkdoğan Uysal Armağan Kitabı*, Ankara: Sonçağ Yayınları, 2014, p. 1.

③ Fatma Simsek, "19. yüzyılın ikinci Yarısında Osmanlı Liman Kentlerinde Karantina Uygulaması," in Kantarcı Ş. and Şimşek F., eds., *Berna Türkdoğan Uysal Armağan Kitabı*, Ankara: Sonçağ Yayınları, 2014, p. 4 - 5.

④ Nermin Ersoy, "Yuksel Gungor and Aslihan Akpinar, International Sanitary Conferences from the Ottoman Perspecetive, 1851 - 1938," *Hygiea Internationalism*, 2011, p. 54.

⑤ Birsen Bulmuş, *Plague*, *Quarantines and Geopolitics in the Ottoman Empire*, p. 156.

⑥ Gülden Sarıyıldız and Oya Dağlar Macar, "Cholera, Pilgrimage, and International Politics of Sanitation: The Quarantine Station on the Island of Kamaran," in Nükhet Varlık, ed., *Plague and Contagion in the Islamic Mediterranean*, York: Arc Humanities Press, 2017, p. 250.

至 3 万之间。① 至 1896 年,红海地区有 12 个检疫站。② 除了检疫站,卫生警戒线也是重要的改革内容。警戒线由瞭望台与巡逻的士兵组成,通过严格控制人口流动达到防疫的效果。③ 譬如 1892 年在伊朗流行的霍乱波及安纳托利亚,奥斯曼帝国关闭了与伊朗的一半通行口岸。④ 19 世纪 30 年代以后,奥斯曼帝国扩大了与奥地利边境的卫生警戒区。⑤

总的来说,集中隔离是中世纪时期威尼斯共和国的首创。霍乱大流行以前,欧洲的检疫制度已经颇为成熟。受霍乱破坏性的影响与埃及推行医疗卫生改革的启发,1838 年,在欧洲专家的帮助和指导下,奥斯曼帝国开始推行检疫改革。检疫改革包括成立检疫委员会、设立海上和边境检疫站与卫生警戒区等内容。在推进检疫改革过程中,欧洲的检疫经验对奥斯曼帝国产生了重要影响。

二、霍乱病因学之争与检疫问题的政治化

虽然检疫措施在某种程度上限制了霍乱的传播,但是奥斯曼帝国的检疫措施很快引起争议。对于英国而言,奥斯曼帝国推进检疫

---

① Gülden Sarıyıldız and Oya Dağlar Macar, "Cholera, Pilgrimage, and International Politics of Sanitation: The Quarantine Station on the Island of Kamaran," in Nükhet Varlık ed., *Plague and Contagion in the Islamic Mediterranean*, p. 252.

② Nermin Ersoy, "Yuksel Gungor and Aslihan Akpinar, International Sanitary Conferences from the Ottoman Perspective, 1851 – 1938," *Hygiea Internationalism*, 2011, p. 68.

③ Mark Harrison, "Disease, Diplomacy and International Commerce: the Origins of International Sanitary Regulation in the Nineteenth Century," *Journal of Global History*, vol. 1, July 2006, p. 202.

④ Oktay karaman, "Musul ve Çevresinde Görülen Kolera Vakaları, 1847 – 1902," *KSBD*, Sonbahar 2020, p. 4 – 5.

⑤ Andrew Robarts, "Nowhere to Run To, Nowhere to Hide? Society, State and Epidemic Diseases in the Early Nineteenth Century Ottoman Balkans," in Nükhet Varlık ed., *Plague and Contagion in the Islamic Mediterranean*, pp. 236 – 237.

改革的时机似乎不怎么友好。1838 年,它与奥斯曼帝国刚刚签订了《巴尔塔利曼条约》(*Treaty of Balta Liman*)。奥斯曼帝国给予英国最惠国待遇,并且允许其进口税低至 3％。而且,前些年俄国与奥斯曼帝国的频频战事也让英国决定继续支持奥斯曼帝国以维持均势制衡。① 值此关头,两国无论是经济关系还是政治关系,都正是蒸蒸日上的时候。但是英国人却逐渐发现,检疫给自己带来了不可避免的麻烦。1838 年伊斯坦布尔检疫站建立之初,英国驻伊斯坦布尔大使庞森比勋爵(Posonby)就曾向首相有预见性地抱怨道,高门在考虑的隔离措施只会给更多人带来痛苦与不便。② 约瑟夫・斯沃博达(Joseph Svobada)是英国在幼发拉底河的蒸汽公司——林奇航运(Lynch Company)的雇员,他在留给后世的日记中,就曾记载了多次因隔离无法按时向印度公司交货的无奈。令他更气愤的是,奥斯曼土耳其的船只却总能找到某种方式绕过隔离。③

林奇航运公司的经历与困扰并不是个例。虽然,1800—1840 年间,欧洲各地的检疫口岸急剧增加。④ 但是,自 19 世纪 40 年代以后,大多数欧洲国家尤其是英国和法国已经发生了转变,宽松的检疫政策变得更受欢迎。即使只是放松对检疫的管控,对于英法的商业利益而言,也已经是前进一大步了。由此,英法转向了质疑与抨击奥斯曼帝国的检疫政策。英国人和法国人发现,他们轻易地在前辈们的作品中就找到了依据。他们要做的只是将前辈们的观点发

---

① Frank Edgar Balley, *British Policy and the Turkish Reform Movement*: *A Study in Anglo-Tukish Relations*, *1826 - 1853*, Oxford: Oxford University Press, 1942, pp. 39 - 40.

② Birsen Bulmuş, *Plague*, *Quarantines and Geopolitics in the Ottoman Empire*, pp. 131 - 132.

③ Kearby Matthew Chess, *Commerce and Quarantine in Baghdad*: *Contending Visions of Ottoman and British Imperialism in Iraq*, *1862 - 1908*, Master Disserattion, University of Washington, 2014, pp. 54 - 55, 57 - 58.

④ Alex Chase-Levenson, *The Yellow Flag*: *Quarantine and the British Mediterranean World*, *1780 - 1860*, pp. 41 - 42.

扬光大。

　　查尔斯·麦克莱恩(Charles Maclean)是19世纪初英国影响最大的非传染派人士之一。正如有学者指出,他对黎凡特的瘟疫研究与对隔离的批评所散发的热情培养了一代的"麦克莱恩派",①这种风格也延伸至他的著作当中。因患瘟疫在伊斯坦布尔的隔离经历则令他更加确信了自己的想法。② 麦克莱恩认为,医学界对检疫的辩论是一种人为的错误,检疫法不仅在实践中没有依据,而且还建立在纯粹想象的基础上,是一种落后又野蛮的迷信行为。③ 与麦克莱恩同时期的医生奥伯特·罗奇(Aubert Roche)的语气则要缓和得多,他认为鼠疫并非人们想得那么简单,要充分考察该地居民的气候、文化、生活习惯甚至是政治与宗教等才能有所了解。最终罗奇得以辗转于亚历山大港、伊兹密尔与君士坦丁堡进行调查,并坚定了他的判断。而同样来自法国的克洛特贝伊(Clot Bey),利用自己是穆罕默德·阿里身边御前红人的便利身份,也在埃及进行了广泛的调查。他批评传染派人士总是倾向于以偏概全。奥伯特·罗奇和克洛特贝伊两位医生都共同认为,埃及的瘟疫是由当地的贫困与肮脏造成的。④ 英国医生加文·米尔罗伊(Gavin Milroy)则一直都是克洛特贝伊的支持者,他的辩护比前者走得更远也更实在。米尔罗伊认为,无论如何,任何人都无法感知或者看见瘴气,这便为传染派人士提供了可操作的空间。但事情的真相是,即使是几个健康的人,单独关在狭窄与不通风的空间里,或多或

---

① Alex Chase-Levenson, *The Yellow Flag*: *Quarantine and the British Mediterranean World*, *1780 - 1860*, pp. 73.

② J. C. Mcdonald, "The History of Quarantine in Britain During the 19th Century," *Bulletin of the History of Medicine*, vol. 25, no. 1, 1951, pp. 24 - 25.

③ Charles Maclean, *Evils of Quarantine Laws and Non-Existences of Pestilential Contagion*, London: T. and G. Underwood, 1824, pp. 7 - 8.

④ Birsen Bulmuş, *Plague*, *Quarantines and Geopolitics in the Ottoman Empire*, pp. 132 - 133.

少总会产生眩晕的感觉。① 总的来说，这些医生所生活的时代，霍乱的严重破坏还未真正显现出来，他们研究的对象大多是鼠疫、黄热病、天花等流行病，但是霍乱并未被他们视作与传统流行病不同的病种。这些观点为霍乱流行时期的部分医生们所继承。

1866 年，国际卫生会议将朝觐视为霍乱蔓延的罪魁祸首，并勒令印度贫困者的朝觐必须被遏制与改善。担任过印度卫生委员的约翰·萨瑟兰(John Suthland)一直是检疫措施的坚定批评者，他的亲传弟子詹姆斯·麦克纳布·坎宁汉(James McNabb Cuningham)也一直忠心于此。② 在 1872 年呈递给英国政府的年度卫生报告中，坎宁汉表明，霍乱并不具有传染性，因此对离开印度的船只实施隔离是不必要的。此外，通过在当时的权威杂志《英国医疗期刊》(The British Medical Journal)上发表文章，坎宁汉对汉志地区的卡玛兰岛检疫站进行了批评，包括卡玛兰的卫生条件很差，床位不足，一些人甚至被迫躺在地上。③

无论怎样，那些执非传染性观点的医生们除了对科学的执着，他们对待东方的观念似乎与 19 世纪曾到访奥斯曼帝国及其周边地区的欧洲旅行者们不谋而合。比如克拉克(E. D. Clarke)认为："很少有地方的境况比科皮尔更坏的了。糟糕的空气，糟糕的水，成群的蚊子，各种蝗虫、甲虫，无数的苍蝇、蜥蜴、蟾蜍统统在街上出现，这种情况与埃及暴发瘟疫的情况多么相似啊。"④詹姆斯·爱德华·亚历山大

---

① Gavin Milroy, *Quarantine and the Plague*: *Being A Summary of the Report on These Subjucts*, London: Samuel Highley, 1846, pp. 7 - 8.

② Sheldon Watts, "Cholera Politics in Britain in 1879: John Netten Radcliffe's Confidential Memo on 'Quarantine in the Red Sea'," *The Journal of The Historical Society*, 2007, pp. 302 - 303.

③ "The Epidemic of Plague," *The British Medical Journal*, vol. 1, no. 1883, Jan. 30, 1897, p. 295.

④ E. D. Clarke, *Travels in Various Countries of Eupore Asia and Africa*, London: T. Cadell and W. Davies, 1816, p. 58.

(James Edward Alexander)声称,由当地植物与动物分解产生的瘴气正是瘟疫从瓦尔纳传播到布加勒斯特的原因。① 查尔斯·艾迪生(Charles Addison)感觉,瘟疫总是潜伏在君士坦丁堡的一些低洼地区,当天气变暖时,它就会在地方蔓延。② 埃利奥特(C. B. Elliott)认为,强风能够将敖德萨的瘟疫吹走,使其变成一个健康的地方。③ 托马斯·阿洛姆(Thomas Allom)也称,正是在藏污纳垢的土耳其,瘟疫永远不会被扑灭,它只是在一直在沉睡,直到某种情况使它活跃起来。④ 有的旅行者更是直言:"瘟疫与所有最具东方特性的东西有关,它居住在东方城市里的任何地方。从伦敦向外走,你只能感受到一种衰弱的力量。"⑤总的来说,这类被爱德华·萨义德视为"东方主义"的瘟疫叙述还有许多。值得一提的是,一些旅行者在书中写道,自己原本是传染论者,但是旅途中的见闻令自己的信念发生了动摇,并最终变成了非传染论者。

1855年,约翰·斯诺出版了《论霍乱的传播方式》(*The Model of Communication of Cholera*),书中以其不俗的观察,秉持着严谨的态度大胆推测道,霍乱是由水中的某些生物引发的感染,并且这种存在于人类肠道中的生物可以进行传染。⑥ 斯诺的发现被认为具有

---

① James Edward Alexander, *Travels to the Seat of War in the East Through Russia and the Crimea in 1829*, Vol. Ⅱ, London: Henry Colburn and Richard Bentley, 830, pp. 103 - 104.

② Charles G. Addison, *Damascus and Palmura: A Journey to the East with A Sketch of the State and Prospects of Syria under Ibrahim Pasha*, Vol. 1, London: Richard Bentley, 1838, pp. 254 - 255.

③ C. B. Elliott, *Travels in the Three Great Empire of Austria*, *Russia and Turkey*, Vol. 1, London: Richard Bentley, 1838, pp. 263 - 264.

④ Thomas Allom, *Constantinople and the Scenery of the Seven Churches of Asia Minor Illustrated*, Vol. Ⅱ, London: The Caxton Press, 1839, p. 44.

⑤ Alexander Kinglake, *Eothen or Traces of Travel from the East*, London: John Ollivier, 1845, p. 42 - 43.

⑥ John Snow, *The Mode of Communication of Cholera*, London: John Churchill, 1855, pp. 10 - 11.

关键意义,因为他首次集中阐述了霍乱传染的来龙去脉。斯诺的观点得到了其他医生的认同。约翰·西蒙(John Simon)在著作中隐晦地表明霍乱造成的大量死亡确实是由可移动的人口引起的。[1] 担任红海检疫观察员的内滕·拉德克利夫(Netten Radcliffe)也在一篇演讲中提道,如果与霍乱有关的学说涉及隔离,它肯定很不受欢迎。因为无论证据多么确凿,它总是让英国的医务人员感到非常不愉快。[2] 30 年以后,斯诺的结论在罗伯特·科赫(Robert Koch)的显微镜下得到证实。然而,要真正将他们的观察视为真理,那已经是 20 世纪以后的事情了。生活在 19 世纪末与 20 世纪初的英国医生弗兰克·克莱莫(Frank Clemow)仍旧认可疾病地理学的意义。他认为人类的疾病只有在人类访问这些肮脏的地区时才会发生。[3] 无论如何,医学发展的进程总是伴随着争论,这本来无可厚非。然而,19 世纪的医学发展问题并非纯粹地限制于医学领域,而是紧密地与政治挂钩。

国际卫生会议的召开是医学与政治问题紧密挂钩的集中体现。奥斯曼帝国的医生与官员们也在国际卫生会议上留下了为检疫措施辩护的记录。第一届国际卫生会议由英法推动并于 1851 年召开,其主要内容是防止霍乱蔓延和就降低检疫天数达成国际共识。[4] 法国外交部长意有所指地称,必须消除单独的卫生条例在国际贸易体系中

---

[1] John Simon, *English Sanitary Institutes*, London: Cassell & Company, 1890, p. 297.

[2] Sheldon Watts, "Cholera Politics in Britain in 1879: John Netten Radcliffe's Confidential Memo on 'Quarantine in the Red Sea'," *The Journal of The Historical Society*, 2007, p. 295.

[3] Frank Clemow, *The Geography of Disease*, Cambridge: University Press, 1903, p. 2.

[4] Valeska Huber, "Pandemics and the Politics of Difference: Rewriting the History of Internationalism Through Nineteenth-Century Cholera," *Journal of Global History*, 2020, p. 400.

造成的不平衡。① 会议持续了将近 6 个月,但却并没有达成英法想要的结果。在最后达成的协议中,只有 12 个国家中的 5 个签署了协议,奥斯曼帝国并没有位列其中。

在 1866 年于伊斯坦布尔举行第三届国际卫生会议上,奥斯曼帝国的代表巴托莱蒂医生赞扬了伊兹密尔检疫站的效果,认为它及时遏制住了从埃及船舶上带来的霍乱,总共隔离了 2.5 万人,仅有 480 人确诊霍乱,死亡人数为 238 人。对此,国外专家却并不买账,他们称奥斯曼政府隐瞒了死亡的真相,真实的死亡人数比报告中的数字要多得多,而且他们认为,在伊兹密尔与伊斯坦布尔的拉扎雷托本身就有助于传播霍乱。②

随着对奥斯曼帝国检疫能力的质疑而来的是,要求增加外国医生在伊斯坦布尔高级卫生委员会中的数量,以扶持帝国的检疫事业。高门拒绝了这些建议。不仅如此,1879 年,高门还颁布了一项法规,限制外国领事对当地卫生事务的干预。③

尽管有关霍乱病因学之争如火如荼,而且国际社会对检疫措施的效果也都各执一词,但是实际上传染派与非传染派之间并没有如此大的鸿沟,至少他们都同样确信,卫生条件的改善与治理是预防霍乱的关键。④ 霍乱的传染如果非说有什么规律的话,那么手部的接触便是关键,这也是为何霍乱的感染看起来十分具有偶然性。位于肠道的病菌通过排泄物可能传到手上,但只要注重洗手,避免触碰,并且时常保持个人清洁,就有可能逃过一劫。对霍乱不规则传染的观察构成非传

---

① Nermin Ersoy, Yuksel Gungor and Aslihan Akpinar, "International Sanitary Conferences from the Ottoman Persecetive, 1851 – 1938," *Hygiea Internationalism*, 2011, p. 57.

② Birsen Bulmuş, *Plague*, *Quarantines and Geopolitics in the Ottoman Empire*, pp. 142 – 143.

③ Gülden Sarıyıldız and Oya Dağlar Macar, "Cholera, Pilgrimage and International Politics of Sanitation: The Quarantine Station on the Island of Kamaran," in Nükhet Varlık ed. , *Plague and Contagion in the Islamic Mediterranean*, pp. 267 – 268.

④ 曹务春:《流行病学》(第二卷 第 3 版),第 119、136—137 页。

染派人士最重要的依据。非传染派医生为了自证观点,主动触碰病患的衣物与注射了病患的血液,但神奇的事情竟然发生了,他们不但很少感染瘟疫,而且即使感染了也会很快从中恢复过来。

总的来说,奥斯曼帝国"欧洲病夫"的形象正是在 18 与 19 世纪一代代的西方医生与旅行者的观察与论述中逐渐形成的。英法政府在国际卫生会议上通过援引这些卫生报告,进而达成了质疑奥斯曼帝国检疫行为的目的,对奥斯曼帝国"欧洲病夫"的认识也由此转变成政治行动,医学成了政治的手段。然而,通过对比英国等欧洲国家在 19 世纪 40 年代前后的检疫态度由严格转变为宽松可知,这份质疑并非如他们所坚称的那般科学可信,其背后乃受着诸多政治经济利益的牵动。奥斯曼帝国亦同理。

三、奥斯曼帝国的应对与深化医疗卫生改革

对于奥斯曼帝国而言,检疫措施的一部分重要功能在于投射其逐渐弱化的政治权力。艾哈迈德·米德哈特·埃芬迪(Ahmed Midhat Efendi)在其著作《奥斯曼帝国检疫史》中曾提到埃及统治者穆罕默德·阿里受伊兹密尔检疫站拦截的事例。在穆罕默德·阿里前往伊斯坦布尔述职期间,由于埃及发生了瘟疫,穆罕默德·阿里的船只在伊兹密尔被拦截。穆罕默德·阿里被迫在伊兹密尔等待了 8 天,检疫员才从伊斯坦布尔赶来检查和对其乘坐的船只进行消毒。[1]

然而,剖除霍乱病因学之争的政治性,奥斯曼帝国的检疫措施确实存在许多不足之处。因此,国际社会的批评声音是奥斯曼帝国对检疫措施进行自我反思的起点,回应英国与法国的政治挑战的方式则是继续推进医疗卫生改革以控制霍乱传播。

---

① Birsen Bulmuş, *Plague*, *Quarantines and Geopolitics in the Ottoman Empire*, pp. 136 – 137.

医疗设备老旧、管理不善、专业医疗人员不足、卫生系统不够完善是奥斯曼帝国检疫措施效果不佳的结构性原因。

其一,检疫站的破旧与人满为患导致检疫效果很低。[①] 伊兹密尔的第一批隔离大楼是一栋曾被用作临时军事医院的废弃建筑。由于感染人数众多,又缺乏充足的政府拨款,隔离的生活环境很差,一些人只能住在隔离大楼外的帐篷里。医院里的设备也很简陋,随着后面财政收入状况的好转,伊兹密尔才建立了新检疫大楼与购买了新医疗设备。[②]

其二,管理不善导致火灾频发、官员腐败与药价居高难抑。1848年,新建立两年之久的检疫大楼发生火灾,后逐渐荒废。被送往疫区的药品也总是价格过高却效果不佳。民众常常抱怨检疫站的乱收费现象。即使带着健康证明通过,也还是要给予检查的官员一些"过路费"。[③] 在全国的医疗机构中检疫站的医生收入也是最高的。

其三,专业医疗人员的缺乏导致难以展开真正的治疗。直到19世纪以前,奥斯曼帝国的医生大多没有固定职位,他们作为临时分配的角色行走于各个部门之间。[④] 1827年奥斯曼帝国成立了帝国医学院,1839年在奥地利医生的帮助下帝国医学院根据欧洲的知识体系进行重组。帝国医学院的工作看似如火如荼,实则每年的毕业生很少。1838—1870年,总共培养了368名医生,这意味着每年只有13

---

① Nuran Yıldırım, "Osmanlı Coğfyasında Karantina Ulgulamalarına iayanlar 'Karantina istemezük!'," *Toplumsal Tarih*, 2006, pp. 18 - 19.

② Fatma Simsek, "19. yüzyılın ikinci Yarısında Osmanlı Liman Kentlerinde Karantina Uygulaması," in Kantarcı Ş. and Şimşek F., eds., *Berna Türkdoğan Uysal Armağan Kitabı*, pp. 6 - 7.

③ Ibid., pp. 9 - 10.

④ Miri Shefer Mossensohn, "Medical Treatment in the Ottoman Navy in the Early Modern Period," *Journal of the Economic and Social History of the Orient*, vol. 50, no. 4, 2007, p. 549.

名学生从这所学校毕业。[1] 此外，在检疫改革前期，本土医生尚未从帝国医学院毕业，因此外国医生在检疫站中的比例较高。由于外国医生难以理解伊斯兰教的文化习俗，一些医生的做法容易引起当地居民的怀疑，尤其是在对待女性的问题上，严重的时候外国医生往往遭到村民的排挤甚至杀害。

比如，1840 年法国的帕尔迪医生被任命为阿马西亚的检疫人员。帕尔迪医生对当地民众采取了严格的防疫模式。其中，检查女性身体的问题引起了极大的争议。当时，检疫委员会规定，允许检疫医生检查死于瘟疫的尸体，但如果尸体是女性，则要从该女性的家人中选出一名妇人进行检查。帕尔迪医生认为，由医生检查女性身体是检疫的必要程序。很快，关于帕尔迪医生的流言开始兴起。流言说，检疫医生会在感染瘟疫的妇女的私处放蜡烛，看她们是否感染了瘟疫，并且会用石灰对感染瘟疫的地方进行焚烧。1840 年 8 月，当地的毛拉们在午祷之后，召集附近的穆斯林，声讨了检疫医生的做法。随后，穆斯林袭击了检疫站，帕尔迪博士逃到希腊教堂避难，但最终被追到希腊教堂的人杀害。[2]

其四，卫生系统不够完善导致奥斯曼帝国的排水状况以及房屋卫生都比较差。卡尔巴拉与纳杰夫的房屋有污水池，却没有排水槽。汉志恶劣的卫生状况也给旅行者留下了深刻印象。帕博尔的贝古姆认为自己完全为吉达街道肮脏的面貌、缺乏排水系统以及不规则的房屋建设所震惊。[3] 当她来到麦加的时候，感觉那里与吉达简直是平分秋

---

[1] Oya Gözel-Durmaz, "The Rise of the Ottoman Military Medical School as the Center of Anti-Hamidian Opposition," *Current Debates in History & Politics*, vol. 6, 2018, p. 12.

[2] Nuran Yıldırım, "Osmanlı Coğfyasında Karantina Ulgulamalarına iayanlar 'Karantina istemezük!'," *Toplumsal Tarih*, 2006, pp. 21 - 22.

[3] Begum of Bhopal, *A Pilgrimage to Mecca*, London: W. H. Allen & Co. 13, 1870, p. 32.

色。① 在卡玛兰岛的检疫站建立之初,隔离区十分简陋。朝觐者住在易腐蚀的小木屋里,屋顶是编织而成的棕榈叶,床位之间用棕榈叶制成的隔板隔开。这样的建筑虽然造价低廉,但是无法很好地隔绝灰尘与虫鼠,连消毒也比较困难,甚至一场剧烈的暴风雨就能将其摧毁。②

围绕着检疫措施存在的问题,奥斯曼政府的医疗卫生改革主要从医疗设备的更新、提高医疗专业人员的门槛、增加培养医疗专业人员的数量与卫生系统的完善四个方面展开。

首先,奥斯曼政府热衷于兴建医院,大量引进前沿的医学技术。1861 年科索沃地区的普里什蒂纳医院里有 100 个床位,1861 年保加利亚的维丁医院里有 120 个床位。与此同时,拥有一定床位数量的医院也在贝尔格莱德、塞萨洛尼基、伊兹密尔、安塔基亚、埃尔祖鲁姆、大马士革、吉达、汉志与也门等地应运而生。③ 另外,1878 年建立了贝勒贝伊医院,1896 年建立了耶尔德兹医院,以及 1898 年建立了居尔哈内军事医院。1893 年至 1895 年霍乱流行期间,苏丹阿卜杜勒·哈米德二世邀请法国专家安德烈·尚泰梅斯(Andre Chantemesse)前往伊斯坦布尔指导检疫事务。根据安德烈·尚泰梅斯的建议,苏丹在格迪克巴夏、贝尤鲁和尤斯屈达尔三个地方建立了消毒站,并继续聘请巴黎消毒中心的首席检查员尤金·蒙德拉贡(Eugen Mondragon)来伊斯坦布尔指导消毒工作。④

其次,奥斯曼政府致力于促进医疗人员的专业化与医疗管理的层

---

① Begum of Bhopal, *A Pilgrimage to Mecca*, London: W. H. Allen & Co. 13, 1870, p. 78.

② Gülden Sarıyıldız and Oya Dağlar Macar, "Cholera, Pilgrimage and International Politics of Sanitation: The Quarantine Station on the Island of Kamaran," in Nükhet Varlık ed., *Plague and Contagion in the Islamic Mediterranean*, p. 253.

③ Aslı Taşpınar, *Osmanlı Devleti'nde Sağlık Teşkilatı, 1827 - 1914*, Yüksek Lisans Tezi, Süleyman Demirel Universitesi, 2011, pp. 27 - 28.

④ Nuran Yıldırım and Hakan Ertin, "1893 - 1895 Istanbul Kolera Salgınında Avrupalı Uzmanlar ve Osmanlı Devleti'nde Sağlık Modernizasyonuna Katkıları," *Anadolu Kliniği Tıp Bilimleri Dergisi*, cilt 25, özel sayı 1 Ocak 2020, pp. 88 - 90.

级化。1861 年奥斯曼政府颁布了《关于市药房工业的执行决议》,对药剂师的职业资格与用药实践做了详细的规定。其中提道,只有从帝国医学院毕业的药剂师才有资格配药;配药与开药都要按照流程进行严格的名簿登记;严禁没有资格证书的药剂师直接配药或者给出医疗建议;药品的使用也需要以有颜色的标签向患者详细说明;组织检查小组至少每年定期对药房进行一次检查,严禁售卖不符合卫生标准的药品;严厉打击非法经营的药房,设立严格的惩罚措施;等等。1879 年,奥斯曼帝国的第一个药剂师协会在伊斯坦布尔成立。该协会积极推动制定药剂师专业化的相关法律,比如制定药品价格表,限制药店数量,禁止在药店外销售药品,等等。1908 年,第一个由穆斯林药剂师组成的专业协会成立。[①]

此外,在奥斯曼帝国行医的人员必须拥有从帝国医学院或者国外医学院获得的资格证书。在 1861 年条例发布后,已经获得资格证书的医师应该来到帝国医学院进行登记,以便对全国的医师进行统一管理。登记在册的医生名录副本在报纸上公布,送往各个药房。通过对全国范围的医生进行信息登记,奥斯曼政府得以根据医疗需求进行调配,增加了效率。为了推进医疗卫生改革在乡村地区的渗透与加强医疗体系的临时反应能力,自 1871 年开始,奥斯曼政府设立了"国家医生"。1882 年,又新增了"事故医生"的职位。"国家医生"是为基层服务的医生,由市政当局发工资,带有一定的慈善性质,每周有两天时间在市政府规定的地点免费为公众看病。"事故医生"则是具有应急性质的医生,在流行病期间,负责协助政府完成健康调查,同时记录相关信息,也兼职照顾病人、接种疫苗、上门治疗、提供卫生指导以及事故平息后的回访,等等。[②]

---

① Layla J. Aksakal, "The Sick Man and His Medicine: Public Health Reform in the Ottoman Empire and Egypt," https://dash. harvard. edu/bitstream/handle/1/10015270/Aksakal. pdf? sequence＝1,2022 - 07 - 28.

② Erdem Aydın, "19. Yüzyılda Osmanlı Sağlık Teşkilatlanması," *Ankara Üniversitesi Osmanlı Tarihi Araştırma ve Uygulama Merkezi Dergisi*, cilt 15, sayı 15, 2004, p. 200.

1913 年,奥斯曼政府又颁布了《行省政府卫生条例》,在行省级及以下的行政单位成立医学大会,由行省级医学大会负责全行省的医学事务,尤其是改善环境与提供医疗服务。[①] 行省级医学大会由中央卫生总局派任的卫生总长管辖。卫生总长及其下属卫生员的职责范围很广。比如他们应该每年两次检查其所在行省的健康状况,并于每年 2 月之前将健康报告上呈至中央卫生总局。他们负责监督全行省医药法律条例的遵守情况,确保疫苗的接种、民众的健康、学校和工厂没有违背卫生规定等。他们还被要求对医生、药剂师、助产士以及牙医的执业情况进行监督,核查持证上岗的情况。每级医学大会每周定时召开一次,并层层上报信息。在瘟疫流行的特殊时期,如有必要,应由行省总督、行省卫生总长、州长或者县长邀请,更频繁地召开医学大会。[②]

再次,1867 年奥斯曼政府成立了民间医学院。[③] 民间医学院以奥斯曼语为教学语言,在招生范围与教学内容方面与帝国医学院有所不同。大维齐尔表示,这所民间医学院将致力于培养大量的优秀医师,并将其派往基层的乡镇,以满足各地方的医疗需求。[④] 民间医学院每年招生 200 人,分为 5 个班,教育年限最初为 5 年,后来改为 6 年。[⑤] 相比帝国医学院,穆斯林学生的比例有所提高。1871 年,奥斯曼政府发布规定,民间医学院毕业的部分学生将以"国家医生"的名义

---

① Aslı Taşpınar, *Osmanlı Devleti'nde Sağlık Teşkilatı*, 1827 - 1914, pp. 24 - 25.

② Erdem Aydın, "19. Yüzyılda Osmanlı Sağlık Teşkilatlanması," *Ankara Üniversitesi Osmanlı Tarihi Araştırma ve Uygulama Merkezi Dergisi*, cilt 15, sayı 15, 2004, pp. 202 - 204.

③ Layla J. Aksakal, "The Sick Man and His Medicine: Public Health Reform in the Ottoman Empire and Egypt," https://dash. harvard. edu/bitstream/handle/1/10015270/Aksakal. pdf? sequence=1, 2022 - 07 - 28.

④ Erdem Aydın, *Türkiye'de Sağlık Teşkilatlanması Tarihi*, Ankara: Naturel Yayıncılık, 2002, p. 15.

⑤ Aslı Taşpınar, *Osmanlı Devleti'nde Sağlık Teşkilatı*, 1827 - 1914, pp. 56 - 57.

前往乡镇,参与基层医疗建设。[1] 1874 年,第一批学生从民间医学院毕业,至 1909 年,共有 725 名学生从该校毕业。[2]

最后,1887 年卡玛兰检疫站得到了重建的批准,并最终于 1895 年用砖石材料取代了木质材料和棕榈叶。[3] 1905 年,伊泽丁被任命为巴格达的首席卫生官。随后,他开始着手推进伊拉克地区的卫生事务,分别在巴格达、纳杰夫与卡尔巴拉建立了医院和执行了新的住房规定。[4] 1908 年,奥斯曼政府颁布敕令,表示要重新进行房屋卫生检查并重建下水道。[5] 同年,汉志铁路项目引发了奥斯曼官员们新的担心,他们认为如果在沿途没有相应的卫生设施,那么铁路的便捷很有可能将霍乱传播到汉志。1910 年,汉志卫生局成立。奥斯曼政府在汉志的卫生事务上投入了相当于汉志铁路的预算。[6] 汉志卫生局的工作内容包括建设医院、药房、贫困者收容所、新的供水系统等。在汉志卫生局成立的第一年,便建立了拥有 100 个床位军营医院与 40 个床位的帐篷医院。为了提供干净的饮水,伊泽丁还向英国购买蒸馏机,通过过滤雨水与井水,大大改善了水质。

总体而言,经过政府与地方官员的努力,19 世纪末与 20 世纪初奥斯曼帝国的医疗卫生状况无论是从专业的医生队伍还是从脏污的

---

[1] Mustafa Sülkü, "Memleket Tabipliğinden Aile Hekimliği Sistemine Birinci Basamak Sağlık Hizmetleri -Mustafa Sülkü," https://www. istabip. org. tr/6741-memleket-tabipliginden-aile-hekimligi-sistemine-birinci-basamak-saglik-hizmetleri-mustafa-sulku. html, 2023-03-30.

[2] Nil Sarı, *Osmanlı Hekimliği ve Tıp Bilimi*, Ankara: Ajans Türk Matbaası, 2000, p. 55.

[3] Gülden Sarıyıldız and Oya Dağlar Macar, "Cholera, Pilgrimage, and International Politics of Sanitation: The Quarantine Station on the Island of Kamaran," in Nükhet Varlık ed. , *Plague and Contagion in the Islamic Mediterranean*, pp. 254 – 256.

[4] Birsen Bulmuş, *Plague, Quarantines and Geopolitics in the Ottoman Empire*, p. 159.

[5] Ibid., pp. 152 – 153.

[6] Ibid., p. 163.

房屋街道与水质状况来看,已经有了较大的改善,霍乱的破坏程度也大大降低。但是不可否认的是,奥斯曼帝国的医疗卫生改革进程也伴随着经费不足与民众骚动等问题。直到土耳其共和国建立以后,现代医疗卫生设施才真正开始落地生根。[①]

余 论

当19世纪的历史书页被翻阅而过,人类迎来了生物医学技术迅速发展的现代时期。在现代医学已经相对完善的今日,前微生物时代的霍乱病因学之争已经不大可能复现。然而,并非因为看到了过去的历史才理解现在,恰恰是因为看到了现在才得以重新理解历史。霍乱之所以被称为19世纪的世纪病,不仅是因为像麦克尼尔认为的那样,留下了更完整的记录[②],还因为当时世界上大多数的国家都处于面向现代化的转型时期,通过对霍乱的研究,得以窥见的是现代事物的初露端倪以及国际格局变化的诸多轨迹。

当时正值资本主义全球市场形成之际,工业革命日夜不停的齿轮在带来巨大生产力的同时,也要求对自由贸易的极大宽容。奥斯曼帝国无论是作为重要的原料生产国还是庞大的销售市场都获得了殖民帝国的长久关注。所有这些变化都令作为通往东方通道的地中海、红海、阿拉伯海在19世纪下半叶具有了全新的意义。1822年霍乱首次到达奥斯曼帝国。为了应对肆虐的霍乱,奥斯曼帝国于1838年在全国范围内推行检疫改革。随着检疫站在各地的成立,其不可避免地成了欧洲殖民扩张的阻碍,这使得欧洲国家选择了支持霍乱非传染派人士的观点,对检疫措施横加批评,并且对奥斯曼帝国进行了政治干预。

---

① Erdem Aydın, "19. Yüzyılda Osmanlı Sağlık Teşkilatlanması," *Ankara Üniversitesi Osmanlı Tarihi Araştırma ve Uygulama Merkezi Dergisi*, 2004, p. 206.
② 〔美〕威廉·麦克尼尔:《瘟疫与人》,引言第3页。

随着殖民程度加深与埃及穆罕默德·阿里的势力逐渐坐大，19世纪对于奥斯曼帝国而言，亦是内忧外患的危亡时刻。面对挑战，奥斯曼帝国利用检疫措施投射了它尚存不多的力量。奥斯曼帝国不仅拒绝在 1851 年的国际卫生条例上签字，颁布了法规限制外国领事对当地检疫事务的干预，而且还针对国际社会对其医疗卫生状况的批评，推进了医疗卫生改革。不过，历史并非是挑战与应战的单线发展。其中的复杂不仅体现在文明交往过程中的相互博弈，而且还有相互合作。正如奥斯曼帝国检疫改革与医疗卫生改革的推行都离不开欧洲专家的指导，正是博弈与合作的较量，促进了奥斯曼帝国医疗卫生的现代化。

任何人都无法脱离时代的局限。"欧洲病夫"尽管是东方主义的产物，但也有着深深的时代烙印。工业革命引发了严重的环境问题。在非传染派人士出发前往东方开启自己调查的时候，卫生问题已经在欧洲被大肆渲染并开始得到改善。麦克莱恩、克洛特贝伊以及米尔罗伊等非传染派人士在其著作中花了大量的笔墨表明自己研究的科学性与眼界的全面性。他们批评传染派人士的结论过于简单并且拘泥于理论，缺乏实地考察且没有采用解剖技术的推理过程，这些并不是没有缘由的。当时，由希波克拉底开创的流行病学传统仍被认为是最权威的学说，瘴气也对应了当下最时新的工业革命的反思文学。因此，将他们视为政治的谄媚者，至少是不全面的。与其说 19 世纪的"医学就是政治"[1]，毋宁说政治只是部分的医学。传染派人士与非传染派人士只是提供了他们的观点，但政治却远为复杂得多。希波克拉底的名言也许值得反复咀嚼，"在医学中只存在两种东西：科学与成见。前者孕育知识，后者则产生愚昧"。[2] 无

---

[1] 杨念群：《再造病人：中西医冲突下的空间政治（1832—1985）》，北京：中国人民大学出版社，2006 年，导言第 4 页。

[2] 〔古希腊〕希波克拉底：《医学原本》，李梁译，南京：江苏人民出版社，2011 年，导读第1 页。

论在任何时代,医学都不等于政治,将医学与政治对等,无疑是将医学中的成见当成了智慧。

作者简介:杨冰冰,浙江大学世界历史研究所博士研究生。

专题二　民族国家与现代性:
　　　　土耳其共和国的变迁
　　　　与记忆

奥斯曼帝国多元文化与当代土耳其民族主义话语

王艺涵

摘要：奥斯曼帝国作为一个传统帝国，社会结构的多元性是其突出特点之一。帝国对于不同群体间的所谓"米勒特制度"成了后世想象帝国多元文化的源泉。到了土耳其共和国早期，一元"土耳其化"政策使帝国的多元结构成了被批判的对象。凯末尔逝世后，随着土耳其国内外局势的变化，帝国话语重新出现在公众的视野中。基于帝国多元社会结构的"宽容"话语被创造出来，成了土耳其人融入西方阵营的文化武器。20 世纪 80 年代后，厄扎尔在"宽容"话语的基础上，利用奥斯曼历史记忆和宗教话语试图弥合国内的族群矛盾，创造出了土耳其的"多元文化主义"概念，试图以此重塑以土耳其国家为基础的身份认同。到了正义与发展党执政时期，达武特奥卢提出的利用奥斯曼帝国多元文化遗产进行外交政策调整，认为土耳其应在亚、欧、非三洲寻找更广阔的外交舞台，打造一个属于自己的"文明体系"。奥斯曼帝国多元文化遗产在当代土耳其民族主义话语中发挥了关键作用，为土耳其在国内和国际舞台上寻求更广泛影响力提供了有力支撑。

关键词：奥斯曼帝国　土耳其共和国　多元文化主义　新奥斯曼主义

一、奥斯曼帝国的多元结构

"帝国"这一概念在政治学中有着多种定义。从古波斯帝国到当代美国,人类历史上的许多区域霸权国家乃至全球霸权国家都可以被认为政治学概念上的帝国。相对于 20 世纪的美国、苏联等"现代帝国"以及 19 世纪的英国、法国等"殖民帝国"来说,地理大发现之前建立的帝国可以被称作"传统帝国"。

凯伦·巴基(Karen Barkey)将传统帝国定义为"通过各种直接和间接的关系与中央政权联系在一起的大型综合和分化的政体。"其特点可以总结为两个方面:其一是社会结构的多元性。帝国与民族国家不同,其一定统治着诸多不同的族群。传统帝国在不同的时间征服了具有不同政治和社会制度及传统的领土、民族和社群,并通过征服、结盟和联姻等方式将其纳入帝国的统治当中。传统帝国的突出特点正是属民、社群和领土的多元化,以及统治手段的多元化。其二是统治的间接性。各个不同群体在被征服和融入帝国的过程中,基于交通与通信条件的限制,帝国政府很难有效地直接管理所有领土。因而维持其既有统治结构,对不同社群采取不同统治方法,是传统帝国经常使用的手段。帝国并没有完全垄断所控制领土的权力。它与各种中间组织、地方精英、宗教和地方管理机构共同行使统治权。奥斯曼帝国在其崛起过程中,吸收了周边许多不同宗教、不同语言的族群。其社会结构有着明显的多元化特点。在 19 世纪的民族主义时代到来之前,奥斯曼帝国是一个典型的传统帝国。

奥斯曼帝国兴起的过程中吸收了大量的不同族群,通过对其既有社会结构与治理方式的承认,奥斯曼帝国的统治者创造了一个十分多元的帝国体系。从中央到地方,其多元性体现在了社会的各个层面。在奥斯曼社会的多元治理模式中,最著名的是针对非穆斯林、被称作"米勒特"的模式,其结构体系突出体现了奥斯曼帝国对于不同社群的治理方法,同时也成为 19 世纪民族主义运动的一个重要社会基础。

"米勒特"即 millet 一词,来自阿拉伯语 millah。该词在奥斯曼-土耳其语中有三个基本含义:宗教、宗教团体和民族。[①] 而所谓"米勒特制度"曾经普遍被认为是奥斯曼帝国管理非穆斯林团体的一种制度。奥斯曼帝国将非穆斯林团体按其宗教信仰分成东正教、亚美尼亚使徒正教以及犹太教三个社群。任命宗教人士管理社群内的民众,是一种基于宗教的自治制度。一般认为,其起源于伊斯兰教传统上对于"有经人"保护,以及奥斯曼帝国在征服过程中对于各地固有社会结构的接纳。学者昝涛将这一传统认知总结为四点:(1) 米勒特制度正式建立于 15 世纪中后期穆罕默德二世征服君士坦丁堡之后;作为一种制度安排,穆罕默德二世任命希腊正教的一位头面人物为帝国内希腊正教徒的大教主和文职首领,还分别任命了亚美尼亚教派的主教和伊斯坦布尔的犹太教大拉比为各自"米勒特"的首领。(2) 米勒特的首领及其下之各级教士,逐渐掌握包括管理宗教事务、教育和慈善事业的权力,还逐渐掌握了司法权和征税权。(3) 奥斯曼帝国苏丹承认各米勒特享有自治权,反映了伊斯兰统治者对归顺其统治的"有经人"的传统宽容态度。(4) 米勒特制度一直延续到 19 世纪的改革时代,中间没有什么实质改变。[②] 但 20 世纪 80 年代以来,随着对奥斯曼时期文献的解读,部分学者对所谓"米勒特制度"是否真实存在提出了质疑。其中以本杰明·布劳德(Benjamin Braude)所写的文章《米勒特制度建立之迷思》(*Foundation Myths of the Millet System*)为代表。他在文中指出:"米勒特"作为制度概念出现于 19 世纪,在之前并不存在一种成文的、名为"米勒特"的管理制度。以及奥斯曼帝国的历史上不存在专门管理非穆斯林的制度,只有一些适应性的管理

---

① Bernard Lewis, *The Political Language of Islam*, Chicago:University of Chicago Press, 1991, p. 38.

② 昝涛:《"因俗而治"还是奥斯曼帝国的文化多元主义?——以所谓"米勒特制度"为重点》,载《新史学》第十三卷,北京:社会科学文献出版社,2020 年,第 201 页。

手段。①

对于以上的争论我们可以认为,"米勒特"作为一种成型的制度无论是否存在,还是何时出现,无可否认的是,奥斯曼帝国存在着一种基于宗教信仰划分群体、以宗教为社会治理中心的政治模式,存在着一些作为治理单位的宗教社群。诚然,这种治理模式是十分松散的,且对于各个宗教社群的治理模式是完全不同的。昝涛称其为:"一个描述性的概念,用来指奥斯曼帝国的一种基于实质上存在的传统来管理或处理多元化社会现实的方式,它是奥斯曼帝国长期奉行的一种治理倾向,是在尊重多宗教、多种族、多文化局面的前提下而进行的一种治理方式的创新,其实质就是'因俗而治',但又用伊斯兰话语加以合法化。"②或者说,它是奥斯曼帝国对于其领地内不同群体政治传统的一种承认。奥斯曼帝国利用了这些政治传统,将其转化为对于不同宗教社群的治理手段。其构成了奥斯曼传统社会多元结构的基本单元。

18世纪末期,随着奥斯曼帝国内部统治危机的日益加深,以及欧洲国家对奥斯曼帝国持续的影响力日趋增强,奥斯曼帝国内部传统的多元结构开始出现松动,米勒特由纯粹的宗教信徒共同体开始向现代民族共同体转化,并由此引起了奥斯曼帝国境内的民族分离主义运动。自18世纪末期法国大革命以来,民族主义思潮开始在欧洲出现并广泛传播。通过商业网络和知识精英间的互动,这一思潮很快就在奥斯曼帝国的非穆斯林知识群体中开始产生影响。土耳其社会学家、历史学家谢里夫·马尔丁(Şerif Mardin)指出:"对于非穆斯林社区来说,19世纪可以被定义为一个宗教神话被世俗神话和现代意识形态(如民族主义和社会主义)所取代的世纪。在这一时期,以前主要由宗教官员垄断的文化和知识生产被'世俗知识分子'所接管,其中一些人

---

① 昝涛:《"因俗而治"还是奥斯曼帝国的文化多元主义?——以所谓"米勒特制度"为重点》,载《新史学》第十三卷,第202页。
② 同上。

在西方接受了教育并采用了西方的价值观。"①

现代民族主义思潮首先在帝国的希腊人群体中产生。一批在欧洲国家接受过西方教育的希腊知识分子,将现代政治概念与反奥斯曼的政治诉求融入希腊人的民族主义运动当中。其中的代表人物阿扎曼蒂奥斯·科莱斯(Adamantios Korais,1748—1833)创造了所谓"中间道路"理论,他从希腊语言的建构入手,提出应去除几个世纪中玷污了希腊语言的外来因素。此外,他还建议教育语言应该更简单,以便让所有希腊人都能接受,因为语言也与人民的道德教育有关。科莱斯认为,通过对古典教育、民主精神、美德,以及对共同利益的奉献进行培养,将恢复希腊人原有的民族精神面貌。② 科莱斯也为希腊人的民族独立运动做了理论准备。希腊的民族独立无疑是基于对奥斯曼帝国的反抗。科莱斯曾声称:"土耳其与野兽对我来说是同义词。"③他认为希腊革命主要不是一个军事准备的问题。起义必须在希腊社会从奥斯曼专制主义向自由民主过渡的社会条件成熟时进行。在争取希腊独立的斗争中,他也与国际上的重要人物进行沟通,旨在促进希腊的独立事业。④ 在这场由启蒙思想和民族主义理念共同交织而成的、被称为"现代希腊启蒙运动"(Modern Greek Enlightenment)的政治思潮的影响下,奥斯曼帝国境内的知识分子群体成功地制造了希腊人的民族自我意识,并且由这种政治思潮发展为一场广泛的政治运动。1829 年,在欧

① Şerif Mardin, *Jön Türklerin Siyasi Fikirleri 1895 – 1908*, İstanbul: Iletisim Yayinlari, 2005, p. 17.

② Evi Psarrou, "Rigas Feraios and Adamantios Korais: Two Prominent Figures of the Greek Enlightenment," *International Journal of Arts Humanities and Social Sciences Studies*, Vol. 6, no. 11 (2021), p. 3.

③ 李察·克罗格:《错过进化的国度——希腊的现代化之路》,苏俊翔译,台北:左岸文化,2003 年,第 47 页。

④ Evi Psarrou, "Rigas Feraios and Adamantios Korais: Two Prominent Figures of the Greek Enlightenment," *International Journal of Arts Humanities and Social Sciences Studies*, Vol. 6, no. 11 (2021), p. 3.

洲列强的支持下,巴尔干半岛上的希腊地区从奥斯曼帝国独立。希腊的独立极大地刺激了奥斯曼帝国的政治精英。甚至在当今,土耳其的官方历史学论述也将希腊的独立视作奥斯曼帝国解体的开始。[1]

在帝国历史上,非土耳其人各民族地区反抗帝国政府的事件时有发生。同样是在 19 世纪,1804 年塞尔维亚人起义并最终获得了在帝国境内自治的权力。但与此前不同的是,希腊的独立不仅仅是一次成功的武装起义,其本质是奥斯曼帝国境内第一场依托于现代民族主义理念的民族独立运动。希腊的独立并未获得东正教米勒特的上层人士的支持,但希腊民族主义的传播与发展和东正教米勒特有着极大的联系。受到民族主义思潮影响的希腊知识精英利用了奥斯曼帝国社会的多元特性,在东正教米勒特内部传播民族主义思想。东正教米勒特中使用希腊语的群体被建构为现代希腊民族。奥斯曼帝国的传统社会中的多元结构产生了分裂。米勒特由一种传统的社会组织形态开始向民族共同体转化。作为对现状的承认,奥斯曼帝国政府随后相继建立了塞尔维亚、保加利亚和罗马尼亚米勒特。使得米勒特由纯粹的宗教信仰者共同体转化为宗教—族裔共同体。[2] 进一步刺激其内部各类民族主义思潮的传播。

在另一个方面,希腊独立过程中所大量使用的民族主义和现代政治概念,如自由(serbestiyet)、独立(istiklal)、民族(millet)、祖国(vatan)、公众(ame)等原本存在于奥斯曼语中的词汇被赋予了新的含义,并开始被运用到奥斯曼帝国的政治话语当中。[3] 在对这些词汇进

---

[1] Emre Yıldırım, "Modern Cumhuriyetin Kimlik Arayışları: Kayıp Kimliğin Peşinde Mavi Anadoluculuk Hareketi," *İstanbul Üniversitesi Sosyal Bilimler Enstitüsü*, 2012, p. 112.

[2] 昝涛:《"因俗而治"还是奥斯曼帝国的文化多元主义?——以所谓"米勒特制度"为重点》,载《新史学》第十三卷,第 217—218 页。

[3] Hakan Erdem, "'Do Not Think of the Greeks as Agricultural Labourers': Ottoman Responses to the Greek War of Independence," in *Citizenship and the Nation-state in Greece and Turkey*, London: Routledge, 2004. p. 79.

行翻译时,奥斯曼帝国使用了"米勒特"一词来翻译"民族"。在奥斯曼帝国历史中长期模糊不清的米勒特一词在词义上与现代的"民族"产生了联系。希腊独立的成功为帝国境内的其他民族提供了一个绝佳的范本,也刺激了各独立民族主义运动的发展。

1839 年,奥斯曼帝国政府发布了《玫瑰园御诏》(Gülhane hattı hümayunu),正式开启了奥斯曼帝国整体性改革的"坦齐麦特"时代。该诏书提出了此后帝国在经济、政治、军事和法律等各方面改革的原则,其中,它宣布国家保证穆斯林和基督徒的名誉、尊严、生命和财产安全。奥斯曼帝国的臣民,不分教派,在法律面前一律平等。[①] 这是奥斯曼帝国对境内各族群民族主义情绪日益高涨的回应。根据日本学者新井政美的说法,改革本身在主观上并没有想要建构一个共同的民族身份。然而,作为对于民族主义运动的反应,改革所宣扬的平等精神以及对帝国多元结构的进一步拆分,使得奥斯曼帝国的知识精英必须要创造一种新的认同来维系帝国的存在。[②] 这也是奥斯曼帝国试图对传统的多元结构进行改革,构建帝国一元化身份认同的起点。

对于奥斯曼帝国的传统多元结构来说,冲击最大的则是对于米勒特本身的改革。1856 年 2 月,奥斯曼帝国颁布《改革宪章》(Islahat Fermanı),重申 1839 年《玫瑰园御诏》的各项原则,并特别许诺所有的臣民不分宗教,一律享受充分的"公民权"。与之前的重要改革文件不同的是,《改革宪章》完全针对帝国境内的非穆斯林。在其中帝国政府承诺对米勒特进行改革,将世俗事务的管理从宗教阶层中剥离。通过创建与传统体制相平行的、世俗的教育、法律和司法机构,终结米勒特对其信众的控制。[③] 然而,对于米勒

---

① 昝涛:《"因俗而治"还是奥斯曼帝国的文化多元主义?——以所谓"米勒特制度"为重点》,载《新史学》第十三卷,第 220 页。

② Salim Çevik, "Ottomanism and Varieties of Official Nationalism," in *Narrated Empires*, London: Palgrave Macmillan, 2021, p. 58.

③ Salim Çevik, "Ottomanism and Varieties of Official Nationalism," in *Narrated Empires*, p. 58.

特的改革并未能够建立起一个现代的跨族群民族认同。反而随着世俗教育与现代政治理念的推广,激起了更多民族,包括土耳其人在内的民族主义情绪。从而使得帝国的多元结构被进一步破坏。

对于米勒特的改革是奥斯曼帝国中央集权政策与现代民族建构的一个重要组成部分。帝国试图通过对米勒特进行改革,推进社会结构的一元化进程。然而长期以来,米勒特的上层人士是作为奥斯曼帝国与普通非穆斯林沟通的管道,以及帝国统治者的政治盟友而存在。削弱米勒特的权力在很大程度上抽空了帝国的社会中间层,削弱了帝国政府对于非穆斯林的控制。也进一步促进了帝国多元结构的瓦解,加深了帝国各族群间的分裂,这对于帝国本身而言是具有破坏性的。帝国对于米勒特的改革伴随着中央集权与官僚化进程。在这一过程中,帝国取消了包括米勒特在内的许多帝国传统结构中的中间层。新的机构、管理体制和教育体制被建立起来。帝国政府尝试着在尽可能的维持社会多元性的基础上推进国家政治体制的一元化进程。然而在民族主义的时代,建设现代国家的同时维持社会和文化的多样性是十分困难的。随着现代奥斯曼国家的形成,与传统帝国结构中松散连接的领土和族群的集合体有了质的区别,这一过程必然会导致政治意识形态的现代化演变。"坦齐麦特"时期的改革,并未能压制帝国境内日益兴起的民族主义思潮。同时,随着现代教育的开展,越来越多的群体产生了现代民族主义观念。最终在一战后,随着帝国的战败,帝国的多元社会结构彻底解体。在帝国的废墟中诞生了土耳其共和国。而帝国时期的多元社会结构作为奥斯曼帝国的突出特征受到了后世的关注,并被不断重塑,成为土耳其多元文化政治话语的想象源泉。

二、制造宽容话语

奥斯曼帝国晚期的著名思想家纳穆克·凯末尔(Namık Kemal,1840—1888)是第一个在帝国历史的叙述中融入宽容话语的奥斯曼文化、政治精英。在他所写的《忠诚誓言》(Vefa-yı ahd)中,将奥斯曼帝国的早期描绘成一个自由、开明、对其他信仰十分宽容的时代,他写道:"我们保护了希腊人,保护了他们的亲属、信仰、利益和权利。""我们把伊朗的亚美尼亚人和西班牙的犹太人从压迫的魔爪下拯救出来。在奥斯曼帝国的土地上,三四个世纪前就有基督教王公和非穆斯林官员在为国家服务。"①纳穆克·凯末尔利用"宽容"话语最初是为了回应西方学者对奥斯曼帝国的"东方化"描写。1835 年,奥地利著名东方学家约瑟夫 · 冯 · 哈默-普格斯塔尔(Joseph Von Hammer-Purgstall,1774—1856)完成了十卷本著作《奥斯曼帝国史》(Geschichte des osmanischen Reiches),这部作品被认为可以比肩爱德华 · 吉本的《罗马帝国衰亡史》(The History of the Decline and Fall of the Roman Empire),在奥斯曼帝国的知识界以及其他国家的奥斯曼研究者中都产生了巨大影响。受制于时代的局限性,欧洲学者的一些著作里会有部分并不符合实情乃至于贬低非西方研究对象的现象。而东方学者面对这些或贬低或是客观的描写,很多时候存在着民族情绪,试图去建构或是嫁接一些现代理念,展现自身不逊色于西方的文明成果。因此,学术写作也成了这一时期民族主义叙事互相争夺的战场。纳穆克·凯末尔作为帝国"坦齐麦特"时代的新一代知识分子,对于哈默-普格斯塔尔《奥斯曼帝国史》中的一些叙述感到愤怒和不安。他开始自己着手撰写奥斯曼帝国的历史,试图来对抗这部有着强大影响力的著作。他声称自己写作的目的就是为了"使帝国免于受到哈默-普格斯塔尔的责难"②。纳穆克·凯末尔的奥斯曼史论述中既有着学术争论,也存在着有意识的现代民族主义叙事。

而随着 1923 年土耳其共和国的成立,"奥斯曼帝国",作为帝国的多民族多文化共生的特性,与土耳其共和国试图建设的民族国家的政

---

① Dogan Gürpinar, *Ottoman / Turkish Visions of the Nation*,1860 - 1950,Berlin:Springer,2013,p. 24.

② Ibid.

治理念相冲突。为此,共和国早期的政治精英们创造了"内部敌人"与"外部敌人"的政治话语。"外部敌人"指的是欧洲列强,而"内部敌人"则指向了奥斯曼帝国境内的各少数民族与非土耳其人团体。二者共同摧毁了奥斯曼帝国。这一叙事直接将矛头指向了奥斯曼帝国多元结构中的非土耳其因素。共和国的政治精英们企图利用这种叙事,批判奥斯曼社会的多元结构,将这种"前现代"的社会结构与管理模式作为共和国"现代"政治体制的反面,试图推进土耳其社会的"土耳其化"与社会结构的一元化。

到了凯末尔逝世后,随着国际与国内局势的变化,土耳其政治精英和知识分子开始重新审视共和国早期严格的"土耳其化"政策所带来的负面影响。与此同时,学界对于奥斯曼帝国的兴趣也逐渐增强。政治文化精英们试图从奥斯曼帝国的历史中寻找解决当时社会危机的方法。奥斯曼帝国社会结构中的多元主义色彩开始被重新审视。

20世纪四五十年代,冷战开始,土耳其加入了西方阵营。同时,随着国内局势的变化,奥斯曼帝国的一些符号也开始出现在土耳其官方的政治话语当中。受内外因素的影响,奥斯曼帝国的"宽容"话语则再次被土耳其的政治文化精英所挖掘,此时宽容叙事面向的已不再是国内的少数民族,而变成了西方国家。

土耳其在二战中保持中立,但国内却有着强大的亲德势力,因此西方集团的主要成员美国和英国都对土耳其在二战中的作为表达了强烈不满,并指责土耳其是纳粹的同情者。对于这些指责,土耳其试图利用宽容话语,证明土耳其人在历史上就是与基督徒、犹太人和谐共处的典范,与纳粹有着本质的不同。宽容话语还帮助土耳其证明其与西方盟友一样,愿意推动国际合作,赞同以罗斯福的"四大自由"为基础的西方集团意识形态。

1950年,奥斯曼·图兰(Osman Turan, 1914—1978)代表土耳其教育部参加了由联合国教科文组织召开的"国际公共教育大会"。会后他写道:"需要促进符合联合国理想的更广泛的历史观点的教学,以各国不断增长的经济、政治和文明联系，以及相互依赖的现实为基础，取代我们以前的扁平、狭窄和极端的民族观点和教义。"①"这一努力将促进世界和平，结束国家竞争，最重要的是，有助于和'东方阵营'的对抗。"图兰接着写道："如果我们有像塞尔柱和奥斯曼时代一样的能力，我们自己就可以作为人道主义理想的典范。"②奥斯曼·图兰作为一名历史学教授，又是土耳其的官方代表，自然意识到历史教育与官方的历史叙事，对于土耳其意识形态的深刻影响。他有感于冷战之下的国际现状，认识到土耳其不能仅仅满足于在军事上依靠西方阵营，更要在政治上，乃至于文化上向西方阵营靠拢。土耳其的文化传统与西方阵营的主要国家有着较大的区别，土耳其也被很多西方国家视为异质文明而遭到排斥。宽容话语的出现，是土耳其试图融入西方阵营主流政治思潮的思想运动，是土耳其人将奥斯曼帝国历史融入现代政治话语的一种尝试。同时，也在另一个层面为找回奥斯曼帝国形象做了相应的铺垫。

　　除此之外，"宽容"还是冷战背景下东西方论战的话语武器。1948年，《安卡拉大学语言、历史和地理学院期刊》（*Ankara Üniversitesi Dil ve Tarih-Coğrafya Fakültesi Dergisi*）上的一篇文章认为，与俄国的穆斯林相比，奥斯曼帝国统治下的基督徒一直很幸福。该文作者甚至声称，"奥斯曼帝国从未与基督徒交战，只是与斯拉夫人交战"③。50年代初，苏联声称土耳其的东北部地区是原格鲁吉亚故地，对该地区试探性提出领土主张，并引用两位格鲁吉亚学者在1945年提出的论点：奥斯曼人统治时期在格鲁吉亚各地"传播暴力和死亡并用剑强

①　Osman Turan, "Milliyet ve insanlık Mefkûrelerinin Tarih Tedrisatında Ahenkşleştirilmesi," *Ankara Üniversitesi Dil ve Tarih-Co ğrafya Fakültesi Dergisi*, vol. 10, no. 3（1952），p. 210.

②　Osman Turan, "Milliyet ve insanlık Mefkûrelerinin Tarih Tedrisatında Ahenkşleştirilmesi," *Ankara Üniversitesi Dil ve Tarih-Co ğrafya Fakültesi Dergisi*, vol. 10, no. 3（1952），p. 225.

③　Nicholas Danforth, "Multi-purpose empire：Ottoman history in republican Turkey," *Middle Eastern Studies*, *vol*. 50, no. 4（2014），p. 665.

加给了他们的宗教和语言"。① 对于这种与"宽容"叙事完全相悖的观点,安卡拉大学的施纳斯·阿尔屯达(Şinasi Altundağ)在第四届土耳其历史大会上针锋相对地反驳了苏联的说法,大力捍卫奥斯曼帝国的"宽容"形象。阿尔屯达反问苏联道:"今天希腊语、保加利亚语、塞尔维亚语和阿尔巴尼亚语等语言不是还在吗? 希腊人、保加利亚人、塞尔维亚人和格鲁吉亚人在离开奥斯曼帝国后是否重新学习了他们的语言和基督教?"同时,又举出一些奥斯曼"宽容"基督徒的例子:"奥斯曼帝国的宽容是其他国家所羡慕的。偷窃基督徒的鸡或在基督徒的田地上放马,相当于谋杀,可判处死刑。有一次,十名耶尼切里(Yeniçeri,奥斯曼禁卫军)因不公正地杀害一名基督徒而被处死"。②

20 世纪 50 年代,奥斯曼"宽容"叙事作为一种叙事策略为土耳其将自身历史与文化融入西方阵营,提供了理论支撑。"宽容"话语的叙事重点仍然没有脱离"致命衰落理论"的框架,将其着眼点放在奥斯曼帝国的所谓"黄金时代",是对 15—16 世纪的奥斯曼帝国的多元社会结构乌托邦式的想象,试图创造出一种在"土耳其人"统治下各民族和谐共生的图景。当时的土耳其知识分子还将奥斯曼帝国的"宽容"与西欧 15、16 世纪的宗教"不宽容"进行了对比,如列举西班牙驱逐非基督徒等史实,凸显了土耳其社会"自古以来"的多元与活力。"宽容"叙事的基本逻辑在之后越来越广泛地被接受,并在持不同立场的政治群体中发展出了许多变体。这一时期的宽容话语,总体来说是面向西方的,展现的是二战之后土耳其共和国面向西方的自我身份认同。

而从六七十年代开始,随着国内外形势的进一步变化,尤其是奥斯曼-伊斯兰主义的复兴,"宽容"话语也逐渐为传统派知识分子所吸收和利用。但无论是何种政治观点,"宽容"话语都是与土耳其民族主

---

① Nicholas Danforth, *The Remaking of Republican Turkey: Memory and Modernity Since the Fall of the Ottoman Empire*, Cambridge: Cambridge University Press, 2021, p. 153.

② Ibid.

义深度结合的。至 20 世纪 90 年代,"宽容"已经被广泛接受为奥斯曼传统社会的固有属性之一,同样也被视为是土耳其人的文化传统,是土耳其共和国的政治文化精英建构最成功的政治概念之一。

三、"多元文化主义"的奥斯曼帝国与土耳其民族主义

20 世纪 70 年代以来,多元文化主义开始在部分西方国家内部流行。尤其是一些吸纳移民群体较多的西方国家,如何处理本地原有群体与外来移民群体间的关系,是一个十分棘手的问题。对于非移民国家而言,少数民族与主体民族间的冲突也急需解决。而多元文化主义为解决这些问题提供了一个可能的方案,因而在这一时期成为一个极具吸引力的政治概念,受到了西方国家的普遍推崇。

多元文化主义思想的具体定义并不明确,大体上来说,其在多元论的基础上继承了文化相对主义和多元主义的观点。其认为社会是由多个族群构成的,族群之间没有多数人群体或者少数人群体之分,各个族群和其代表的文化没有高低贵贱或者进步落后的区分,因为每一种文化都有它的独特之处,都是同等重要的。20 世纪 60 年代起,加拿大政府开始使用多元文化主义以促进本国内多族群的和谐共存。1971 年,加拿大联邦政府颁布了《双语框架内的多元文化政策实施宣言》,之后又制定了《多元文化主义法案》,将多元文化主义作为基本移民文化政策。① 这是西方国家首次在法律层面宣布实施多元文化主义政策。到了 20 世纪 80 代,多元文化主义开始在美国盛行。随着民权运动的发展,多元文化主义又快速传入欧洲国家。总体来说,多元文化主义是西方国家解决同一国家内文化多元化和少数群体权利问题的一种政治思潮和理论。

---

① 王丽芝:《神话与现实——对加拿大多元文化主义政策的再思考》,《世界民族》1995年第 1 期,第 51 页。

多元文化主义思潮在 20 世纪 80 年代同样影响了土耳其。对于土耳其来说，多元文化主义作为一种政治话语，也有着重要的现实意义。在当时的时空背景下，土耳其面临着一系列国内国际问题。其中国内的族群矛盾、城乡矛盾乃至发展路线矛盾尤其突出。多元文化主义为土耳其政治精英弥合国内冲突矛盾提供了一种全新的可能，是一种可以被利用的意识形态工具。因此在"宽容"话语的基础上，土耳其同样以奥斯曼帝国时期的多元社会结构为蓝本，创造出了一个土耳其版本的"多元文化主义"框架。

20 世纪七八十年代，土耳其的社会环境发生了一系列的变化，最明显的一点就是主流政治环境中出现越来越多的伊斯兰话语。在冷战的大背景下，奥斯曼-伊斯兰主义被一些政治文化精英当作对抗"东方阵营"的意识形态武器和加强社会凝聚力的工具。此外，经济和政治自由化以及由来自内陆地区的商业精英组成的新安纳托利亚社会政治阶层的出现，逐渐迫使土耳其共和国政府改革其对伊斯兰教以及奥斯曼帝国遗产的态度。随着政治和经济改革的进行，越来越多样的社会团体开始参与到政治活动当中。一些持传统主义立场的知识分子甚至与苏菲教团成员开始寻求在政治领域有所建树。他们阐述和传播了对伊斯兰身份的新解释，改变了宗教在社会中的作用。还有一些持传统主义观点亲宗教势力的人士当选为议会成员，并进入各级政府、文化部门乃至于军队，深刻影响国家的政策和执政理念。①

1983 年，由图尔古特·厄扎尔（Turgut Özal, 1927—1993）所领导的祖国党（Anavatan Partisi）赢得大选，厄扎尔出任土耳其总理，后于 1989 年出任总统。厄扎尔本人曾在美国留学，并于 1971—1973 年在世界银行工作，是一名优秀的经济学家。与此同时，他也是一名苏菲教团成员，是土耳其共和国建国以来第一位赴麦加朝觐的总统，在

---

① M. H. Yavuz, "Turkish Identity and Foreign Policy in Flux: The Rise of Neo-Ottomanism," *Critique: Journal for Critical Studies of the Middle East*, vol 7, no. 13, 1998, p. 30.

政治上持传统主义立场。与之前土耳其的传统主义政治家不同的是，作为一名曾在美国工作的经济学家，厄扎尔对于土耳其传统主义意识形态的塑造不仅仅是在政治理论的层面。在其执政时期，受世界主要资本主义国家的影响，土耳其实行了当时流行的新自由主义经济政策。此前，土耳其仿照欧洲各国采取国家主导的工业化计划，大城市的工业产业快速发展，主要居住于伊斯坦布尔以及其他沿海地区的工业资产阶级和官僚阶层控制了国家的经济命脉。而农民的利益在很大程度上则成为工业发展的牺牲品。土耳其的社会因此形成一种二元对立：居住在内地乡村的传统伊斯兰文化影响下的民众与居住在城市的现代西方式精英之间的对立。传统民众被称为"黑色土耳其人"（Siyah Türkler），西化精英则被称作"白色土耳其人"（Beyaz Türkler），二者的对立是影响之后土耳其政局的关键之一，并在土耳其的政治话语中时常出现。①

80 年代以来的新自由主义经济政策改变了土耳其自凯末尔时代以来，国有企业以及主要居住于伊斯坦布尔地区的大资本家对国家经济的绝对控制情况，重塑了土耳其的经济结构，使得原本在土耳其政治、经济和文化上处于边缘地位的一些群体，尤其是以从事食品加工与纺织等行业的一批中小企业家，获得了较大的经济利益，因而这一群体的社会地位急速上升。这些在当时被称作"安纳托利亚之虎"（Anadolu Kaplanları）的企业家主要来自安纳托利亚内陆地区，相比于居住在沿海大城市的人群，在意识形态上较为传统，对宗教信仰更加虔诚。② 但这一群体接受过良好的教育，并且拥有一定的经济实力。他们是将传统主义的意识形态，也就是"奥斯曼-伊斯兰主义"由一种政治理论转换为政治实践的主要力量。

---

① 郭长刚：《土耳其"民族观念运动"与伊斯兰政党的发展》，《阿拉伯世界研究》2015 年第 5 期，第 10—11 页。

② M. H. Yavuz, "Social and Intellectual Origins of Neo-Ottomanism: Searching for a Post-national Vision," *Die Welt des Islams*, No. 56(2016), p. 452.

由于这一群体之前在政治上处于边缘地位,使得其政治与文化需求被主导土耳其共和国的政治精英们所压制。因而当这一群体获得了一定经济地位后,自然会谋求扩大自身在政治与文化领域的话语权。这些新兴的企业家们资助了以《土耳其报》(Türkiye)、《时代报》(Zaman)和《新曙光报》(Yeni Şafak)等为代表的一大批平面媒体,以及电视媒体与各级学校、辅导机构、高等教育机构、出版社和智库。[①] 这一群体通过这些媒体和文化教育机构,在公共文化领域宣传和推广着传统主义的意识形态,使得其被越来越多的土耳其普通民众所了解并接受。土耳其的新自由主义改革创造了一个全新的社会群体,并在很大程度上改变了土耳其的社会结构,为日后传统主义在土耳其全社会的推广奠定了基础。厄扎尔时期土耳其的政治外交政策,被部分人称为"新奥斯曼主义"。而所谓"新奥斯曼主义"并没有一个非常明确的定义,总体而言,其拥有鲜明的传统主义特征,并利用各种"奥斯曼"符号来建构自身的理论体系,强调奥斯曼-伊斯兰文明的优越性。1985年,英国记者大卫·巴查德(David Bachard)首次提出了"新奥斯曼主义"这一理论。[②] 总体而言,帝国话语、伊斯兰主义与土耳其民族主义是其突出的特征,并在内政、外交、社会生活等诸多方面予以呈现。

厄扎尔将20世纪50年代以来的奥斯曼帝国的"宽容"话语进一步发展。同时受到当时北美西欧开始兴起的多元文化主义的影响,厄扎尔版本的新奥斯曼主义叙事重点放在了奥斯曼帝国的多元结构上。他试图利用帝国传统的多元社会结构,建构一种奥斯曼-土耳其版本的多元文化主义框架,来弥合土耳其国内日益严重的内部矛盾。

凯末尔时代,官方层面不承认穆斯林少数民族的存在。土耳其的

---

① M. H. Yavuz, *Nostalgia for the Empire: The Politics of Neo-Ottomanism*, Oxford: Oxford University Press, 2020, p. 60.

② David Barchard, *Turkey and the West*, London: Routledge&Kegan Paul, 1985, p. 91.

少数族裔只包括信仰基督教的希腊人、亚美尼亚人，以及信仰犹太教的犹太人。土耳其境内的所有非土耳其人穆斯林族群，包括库尔德人、波斯尼亚人、阿尔巴尼亚人等，均被视作土耳其人。土耳其政府对这些族群实施了较为严格的土耳其化政策。然而，这一同化政策并未将这些穆斯林少数族群同化于土耳其人之中，相反激发了他们的民族主义情绪。到了 20 世纪七八十年代，土耳其最大的少数族群库尔德人的民族主义情绪日渐高涨，已经有了民族分离主义的势头。对于厄扎尔时代的土耳其政府来说，库尔德问题是一个十分棘手的难题。厄扎尔时期，曾任土耳其国民教育、青年和体育部长的哈桑·杰拉尔·古泽尔（Hasan Celal Güzel，1945—2018 年）说道："库尔德问题是他（厄扎尔）主要关心的问题，因为库尔德问题总是为军事干预政治问题提供理由。他希望通过解决库尔德人的担忧来使社会和国家非军事化。他的解决方案是在文化上而不是政治上承认库尔德人的身份主张。奥斯曼帝国米勒特制度决定了他对库尔德问题的态度。"[1]面对库尔德人的政治文化诉求，之前的压制政策并没有取得理想的效果。厄扎尔选择利用库尔德人与土耳其人共同的"帝国记忆"制造一种全新的身份认同，来取代共和国一直以来的一元土耳其化政策。厄扎尔说："由于在土耳其共和国民族身份的官方定义中没有充分考虑到民族和宗教因素，所以出现了社会归属问题。因此，寻找一种更高的身份，才能让不同的身份都能找到表达的空间。"[2]

厄扎尔长期在美国生活，对于美国的多元社会、种族结构十分推崇。他认为自奥斯曼帝国以来的土耳其社会结构与当时的美国存在着相似之处。在与美国国防委员会的一次会议上，厄扎尔解释了他对土耳其身份的理解。"美国人并不代表一个民族。犹太人、穆斯林、拉

① M. H. Yavuz, *Nostalgia for the Empire：The Politics of Neo-Ottomanism*, p. 111.
② Nagehan Tokdoğan, *Yeni osmanlıcılık：Hınç, nostalji, narsisizm*, Istanbul：İletişim Yayınları, 2018, p. 65.

美人都生活在那里。如果土耳其的名字是安纳托利亚而不是土耳其，那就更合适了。那样的话，土耳其人、库尔德人，每个人都会说我是安纳托利亚人。"①与早期的土耳其共和国政治领导人不同，厄扎尔承认土耳其社会内部不同民族和宗教存在差异，并在一定程度上利用了西方国家盛行的多元文化主义话语，将土耳其描述为一个由来自阿尔巴尼亚、波斯尼亚、保加利亚、高加索、阿拉伯半岛、叙利亚等地的族群所组成的"类移民国家"，改变了土耳其官方一直以来宣传的土耳其单一民族身份。而与西方移民国家又有所不同的是，土耳其各族群间有着奥斯曼帝国以来的共同历史记忆和文化纽带。这一点成为厄扎尔建构全新土耳其身份的核心。②

　　厄扎尔试图利用奥斯曼历史记忆和宗教话语进行身份建构，在国内实行一种"文化土耳其化"政策。厄扎尔强调土耳其人与其他少数族群共同的伊斯兰身份和对奥斯曼帝国历史的共同记忆。他试图压制各族群的对立情绪，重塑以土耳其国家为基础的身份认同，并通过伊斯兰教的纽带最大程度寻找土耳其人与库尔德人之间的共性，将库尔德人融入以伊斯兰教与帝国记忆为基础的奥斯曼叙事当中。其本质和目的与他所借鉴的西方多元文化主义有着很大的区别。西方移民国家所宣扬的多元文化主义，一方面是基于移民群体间缺乏共识与共同记忆的现实，通过承认社会、种族结构的多元性，压制各族群内部的民族主义思潮。实质是反民族主义的。另一方面则是这些西方国家利用后现代政治话语，彰显自身"先进"社会文化政策的宣传话术。而对土耳其来说，宣传奥斯曼-土耳其社会的多元社会结构传统并非

---

① Muhittin Ataman, "Leadership Change: Özal Leadership and Restructuring in Turkish Foreign Policy," *Alternatives: Turkish Journal of International Relations*, vol. 1, no. 1(2002), p. 128.

② M. H. Yavuz, "Turkish Identity and Foreign Policy in Flux: The Rise of Neo-Ottomanism," *Critique, Journal for Critical Studies of the Middle East*, Vol. 7, No. 13, 1998, p. 24.

是为了消解土耳其民族主义,相反其是对土耳其民族主义的一种补充和发展。其多元政策不是为了承认差异,而是为了寻找共性。这一政策与凯末尔时代的不同点在于,凯末尔时期"土耳其人"的身份是单一的,而厄扎尔试图扩大"土耳其人"的概念,用文化、宗教的手段将土耳其人的概念多元化。在他的叙事逻辑中,土耳其的穆斯林公民就是土耳其人,穆斯林的文化就是土耳其人的文化。因此,厄扎尔的"多元文化主义"叙事其本质是文化民族主义。

厄扎尔时期的共同身份塑造不仅作用于国内,土耳其政府对于前奥斯曼帝国领土上其他国家的态度,也反映了厄扎尔时期对奥斯曼"多元文化"的利用。20 世纪 80 年代末 90 年代初,随着冷战的终结,全球形势发生了剧烈变化。土耳其也试图重塑自身在国际社会当中的位置。厄扎尔时期,土耳其开始关注前奥斯曼帝国领土上的国家事务。厄扎尔声称:"当我们审视土耳其领导下的从亚得里亚海到中亚的这一地缘政治空间时,我们意识到这一空间是由奥斯曼-穆斯林和土耳其人塑造和主导的。奥斯曼-穆斯林人口与安纳托利亚的土耳其人有着相同的历史遗产和命运。这些群体生活在波斯尼亚、阿尔巴尼亚、科索沃、马其顿和西色雷斯。"[①]在厄扎尔的视野中,基于奥斯曼帝国遗产的"新奥斯曼"人不仅存在于土耳其共和国的边界之内,而且广泛分布于曾属于前奥斯曼帝国的其他现代国家之中。其身份不是基于当下的国籍,而是奥斯曼时代的共同历史记忆和文化传承。而"安纳托利亚土耳其人"与其他"奥斯曼人"最重要的文化纽带则是伊斯兰教。厄扎尔认为:"就像在奥斯曼帝国时期一样,今天通过伊斯兰教的身份认同超越民族差异是可能的。我认为,这个社会中最强大的单一身份构成要素是伊斯兰教,是宗教融合了安纳托利亚和巴尔干地区的穆斯林。因此,伊斯兰教是不同穆斯林群体之间共存与合作的有力黏

---

① M. H. Yavuz, "Turkish Identity and Foreign Policy in Flux: The Rise of Neo-Ottomanism," *Critique*, *Journal for Critique Studies of the Middle East*, Vol. 7, No. 13, 1998, p. 24.

合剂。在前奥斯曼帝国的地理空间里,作为一个土耳其人意味着是一个穆斯林,反之亦然。"这段话在强调伊斯兰教在打造多元一体的奥斯曼身份中的重要作用的同时,揭示了厄扎尔时期土耳其外交理念的另一个重要方面,即对于西方的重视。在厄扎尔制造"新奥斯曼"人身份的时候,基本将关注点放在了奥斯曼帝国领土中的巴尔干和安纳托利亚部分,也就是帝国领土中更"西方"的部分。曾属于帝国的更广阔的阿拉伯部分,则没有成为厄扎尔关注的重点。厄扎尔时期的"多元文化主义"叙事与之后不同,其具有明显的亲西方色彩。

四、奥斯曼多元文化遗产与土耳其当代外交理念

2002 年,持传统主义立场的政党正义与发展党(Adalet ve Kalkınma Partisi)赢得大选,开始上台执政。2003 年,原伊斯坦布尔市市长雷杰普·塔伊普·埃尔多安(Recep Tayyip Erdoğan)成为总理。从这时起埃尔多安和正义与发展党执掌土耳其政坛已经 20 年。正义与发展党执政时期,是土耳其共和国历史的第三次重大转型期。自 1950 年共和人民党失去政权后,第一次有政党和政治家能够连续执政如此长的时间,这给了正义与发展党推广自身的传统主义意识形态以充足的空间。在厄扎尔版本的"新奥斯曼主义"的基础上,他们将自身政治理念加入其中,从而创造出了"新奥斯曼主义"的另一个版本。这一版本的"新奥斯曼主义",以宗教身份为基础,赞扬奥斯曼时代土耳其的荣光。其不仅仅是一种政治理念和执政策略,更重要的是它开始改变土耳其的社会形态,并深入到土耳其社会生活的方方面面。不仅是在土耳其国内,"新奥斯曼主义"也成为土耳其当代外交中重要的指导思想。而对于奥斯曼帝国的多元文化想象则是土耳其在面对前奥斯曼地区的国家时的有力文化武器。

对土耳其当代外交思想影响最大的莫过于前总理艾哈迈德·达武特奥卢(Ahmet Davutoğlu)。1959 年,他出生于土耳其科尼亚省,

海峡大学(Boğaziçi University)政治与国际关系博士,在担任公职之前是一位国际关系专业学者。2003 年埃尔多安担任土耳其总理后,达武特奥卢成为埃尔多安的外交顾问。2009 年至 2014 年间担任土耳其外交部长,更于 2014 年埃尔多安成为总统后开始担任土耳其总理。2016 年与埃尔多安决裂,辞去总理后退出了正义与发展党。在他担任外交部部长与总理期间,达武特奥卢是土耳其外交政策制定的核心人物。而在他辞任后,土耳其政府仍大体延续了他的外交理念。他的贡献也不仅限于实际的外交工作中,在外交理论方面,他以一个专业学者的视角,将正义与发展党的"新奥斯曼主义"政治理论与土耳其的外交政策进行了充分融合。他的外交观念集中体现在了其 2001 年所出版的著作《战略纵深》(*Stratejik Derinlik*)当中。

达武特奥卢在《战略纵深》一书中,将基于奥斯曼帝国时期多元特征的土耳其外交独特优势总结为四个不同的方面:其一,土耳其拥有独特的地理位置,与巴尔干半岛、欧洲、中东、中亚和俄罗斯都有较多的联系。其二,"历史纵深"强调了前奥斯曼地区共同的奥斯曼帝国历史,土耳其作为奥斯曼帝国的继承国,处于独特的地位,必须通过外交手段加以利用。其三,"地缘文化影响"将当今文化中的共同点与后奥斯曼世界联系起来,这些共同点来源于奥斯曼帝国的历史。其四,"地缘经济重要性"使土耳其作为欧洲能源供应的大陆转运中心占据核心位置,拥有重要的地缘经济地位。① 不难看出,在达武特奥卢看来,土耳其外交的核心在于利用奥斯曼帝国的遗产。他将土耳其视作奥斯曼帝国最主要的继承国,土耳其的外交政策的基本着眼点在于重建与前奥斯曼地理空间之下的国家的联系,土耳其应该寻求在这个广阔的区域发挥主导作用。对于土耳其的"战略纵深"与土耳其人身份认知间的关系,达武特奥卢认为,地理空间决定了土耳其的战略地位

---

① M. H. Yavuz, *Nostalgia for the Empire*: *The Politics of Neo-Ottomanism*, Oxford: Oxford University Press, 2020, p. 184.

以及文化传统,赋予了土耳其人独特的身份定位。

达武特奥卢认为,土耳其独特的地理空间造就了土耳其的历史和独特的多元文明。达武特奥卢曾声称:"土耳其的进步之路在于它的过去。"[①]他认为"土耳其文化是一种极具吸引力的文化,它能使土耳其源源不断地吸纳被征服土地上的人口。正是由于这个原因,当土耳其在奥斯曼帝国之后开始了成功的建国进程,它通过来自邻近地区的移民获得了人口活力。拥有高加索、巴尔干、中东、伊拉克、土库曼和安纳托利亚各种元素的不同影响,这些不同的文化元素在土耳其国家的保护伞下相遇。土耳其的地理环境协调了这些元素。就土耳其的影响范围而言,土耳其是一个中东、巴尔干、高加索、中亚、里海、地中海、海湾和黑海国家。因此,土耳其应使其边缘国家的角色成为过去,并适应自己新的定位:不仅为自己,而且为其周边地区提供安全和稳定。土耳其应通过发挥更积极 、更有建设性的作用,为其周边地区提供秩序、稳定和安全,从而保证自身的安全和稳定。"

达武特奥卢认为,土耳其文明的来源拥有极强的多元性。一方面是由于土耳其文明拥有独特的吸引力,吸引着其他族群加入土耳其人的群体当中。另一方面,这些多元群体也丰富了土耳其文明的内核。土耳其因其独特的地理位置与历史文化传统,拥有着比许多其他国家更广阔的战略空间。这本著作的标题,所谓的"战略纵深"也正是此意。在他看来,之前的土耳其外交政策有着明显的亲西方倾向,土耳其人在心理上希望自己成为西方世界的一员,因而格外关注与西方国家的关系。即使是持"新奥斯曼主义"立场的厄扎尔也将"亲西方"作为外交政策的基本着眼点。而达武特奥卢认为,之前的亲西方政策并没有让土耳其获得足够的好处。土耳其自 1963 年起就是欧共体的准会员国,可直到冷战结束,其入欧申请迟迟无法通过。冷战后的刚刚

---

① M. H. Yavuz, *Nostalgia for the Empire*: *The Politics of Neo-Ottomanism*, p. 184.

转型的部分东欧国家都先于土耳其加入了欧共体和欧盟。因此他认为，土耳其不能入欧并非是由于欧共体以及之后的欧盟所宣称的经济、社会、人权等问题，而是土耳其文明与西方文明的冲突。土耳其之前完全倒向西方的外交政策只能让土耳其在西方体系中处于一个从属地位。又因为土耳其文明也就是"奥斯曼-伊斯兰文明"，与西方的"基督教文明"有着天然的文化隔阂，土耳其在其中永远只能是一个边缘国家，无法获得战略自主权。从而，达武特奥卢则提出了一个完全不同的方案。在外交方面土耳其要充分利用奥斯曼帝国的多元文化遗产，在亚、欧、非三洲寻找更广阔的外交舞台。在他看来，土耳其坐拥其他国家所不具备的独特先天优势，完全有能力利用奥斯曼帝国的多元文化遗产，围绕土耳其本身打造出一个属于自己的"文明体系"。土耳其作为其"领袖"能收获到更大的战略利益。更重要的是，这一体系一旦建成，土耳其将在世界舞台中占有重要地位，成为一个有重大影响力的大国。

在土耳其政府开始利用奥斯曼的多元文化叙事，执行"新奥斯曼主义"外交政策后，土耳其确实大大改善了与大部分前奥斯曼地区国家和中东国家的关系，土耳其在这些国家的威望显著提高。土耳其的"新奥斯曼主义"文化产品也在这些国家受到了欢迎，力图唤起这些国家共同的历史记忆，对于奥斯曼帝国"光辉时代"的怀念。如以苏莱曼一世时期为背景的电视剧《宏伟世纪》(*Muhteşem Yüzyıl*)，以及以奥斯曼一世之父埃尔图鲁尔为主角的《复兴：埃尔图鲁尔》(*Diriliş*：*Ertuğrul*)，都在土耳其以外的许多国家产生了热烈反响，也显示出了对奥斯曼帝国时期的多元文化想象在上述这些国家拥有着巨大的吸引力。这也是土耳其文化软实力输出的重要组成部分。土耳其的"新奥斯曼主义"多元文化外交政策，虽然还没有实现达武特奥卢所说的建立一个围绕土耳其的"文明圈"，使土耳其成为一个"中心国家"。但确实在很大程度上提高了土耳其的国际地位，使土耳其的国际影响力深入到了此前未曾触及的地区，使土耳其在地区事务上发挥了远超其自身国力的影响力。

结　论

自土耳其共和国建立以来，对于奥斯曼帝国遗产的遗忘、想象、创造和重构一直是土耳其政治话语中的一个重要组成部分。凯末尔时代，帝国的多元结构被当时的政治文化精英认为是构建土耳其共和国"土耳其人"认同的阻碍，因而被建构为帝国灭亡的推手之一，从而加以批判。从 20 世纪 50 年代开始，奥斯曼帝国的文化遗产在土耳其社会有了一定的讨论空间。奥斯曼的宽容叙事被再次挖掘出来，为土耳其将自身历史与文化融入西方阵营提供了理论支撑。随后，宽容话语被传统派知识分子吸收和利用，与土耳其民族主义相结合，成为被凯末尔主义者和传统主义者都接受的一种政治叙事，也被广泛认同为奥斯曼帝国的固有特征。厄扎尔时期，土耳其国内族群矛盾愈加尖锐，厄扎尔利用西方流行的"多元文化主义"理念，将其与奥斯曼历史记忆和宗教话语进行结合，试图从文化记忆的角度重塑土耳其人的国家认同与身份认同。到了正义与发展党执政后，达武特奥卢提出将奥斯曼帝国多元文化遗产运用于土耳其的周边外交中。利用共同的历史记忆，在前奥斯曼地区国家和中东国家彰显土耳其的文化软实力与领袖地位。

通过解构与重构，土耳其利用奥斯曼帝国的多元社会结构，制造了奥斯曼帝国与土耳其社会的多元文化主义。将在早期共和国时期被批判的多元文化社会模式，置于后现代的政治语境之下，并在实践中将其纳入到了土耳其民族主义话语当中。

作者简介：王艺涵，北京外国语大学亚洲学院博士研究生。

土耳其官方关于"塞浦路斯问题"的话语构建与转变（1950—1960）

高成圆

摘要：塞浦路斯位于现代土耳其共和国建国条约《国民公约》所规定的边界之外，在第二次世界大战结束之前也一直处于土耳其内政外交的谈论范围之外。历史地看，20世纪50年代民主党执政时期是土耳其政府构建和转变关于塞浦路斯问题话语的重要时期。民主党在执政前期主要延续了共和人民党的态度和话语，将塞浦路斯问题视为英国内政事务，否认土耳其存在所谓的"塞浦路斯问题"；执政后期则利用塞浦路斯与土耳其地理位置的邻近，通过地理想象并借助民族主义话语将塞浦路斯问题表述为"国家事业"，官方话语经历了从"维持英国统治塞岛现状"到"将塞岛归还土耳其"再到"分治塞岛"最后到"支持塞岛独立"的转变。

关键词：土耳其 "塞浦路斯问题" 话语 曼德列斯

作为当代土耳其的核心问题，"塞浦路斯问题"（*Kıbrıs Meselesi*）在土耳其内政、外交中均扮演了重要角色。无论是政党、媒体还是民众，均把塞浦路斯问题描述为土耳其共和国的"国家事业"（*Milli Dava*）。自20世纪40年代末以来，塞浦路斯问题不断成为土耳其与美国、英国、希腊等国以及欧盟、联合国等国际组织的矛盾与冲突点。本文的落脚点不是讨论塞浦路斯问题在土耳其内政和对外政策中的具体发展历程，而是尝试梳理并讨论20世纪50年代即民主党执政时期,土耳其官方围绕"塞浦路斯问题"的话语(discourse)转变①。

在土耳其,尽管"塞浦路斯问题"很重要,但由于土耳其在1923年《洛桑条约》(Treaty of Lausanne)中放弃了对塞浦路斯的一切权利,所以长期以来塞浦路斯缺席于土耳其官方和公共话语中,而当"塞浦路斯问题"首先在公共舆论领域出现并凸显时,土耳其政府又将其表述为英国的内政问题,故塞浦路斯问题最初并不被官方话语视为内政事务中的一个客观存在。随着塞浦路斯事态的发展以及土耳其内政的变化,土耳其政府不断更改对塞浦路斯问题的认知及表述,随之发展出不同的官方话语,最终使其从一个他国内政问题转变为对土耳其具有重要意义的"国家事业"。

根据福柯的话语理论,"话语不只是涉及内容或表征(representation)的符号,而且被视为系统形成种种话语谈论对象的复杂实践"②。从这个角度来说,土耳其政府的话语不仅是对客观存在的"塞浦路斯问题"的符号性表达,更为重要的是,这种话语建构反映出土耳其政府以何种方式或政策来处置塞浦路斯问题,以及这样表述(符号)和对待(实践)的原因。

20世纪50年代,土耳其国内形成了多种关于"塞浦路斯问题"的认识和话语。本文选取官方话语的角度并将重点置于话语的转变而非具体的政策过程,故选取了几个导致话语转变的重要事件及时间点进行详细分析,对具体的时间及过程则作相对简略的处理。

---

① 就土耳其国家层面的"塞浦路斯问题"话语研究来说,土耳其马尔马拉大学国际关系学院教授贝赫吕尔·奥兹坎(Behlül Özkan)的文章比较有代表性。他从土耳其对外政策角度,考察政府在对塞浦路斯主张合法化的过程中所采用的话语。他认为土耳其政治精英们采用了归化的("塞浦路斯是土耳其中心地带的自然延伸")、意识形态的("塞浦路斯是东地中海抵御共产主义的据点"),以及文明的("塞浦路斯是土耳其民族主义与希腊主义斗争的一部分")这三种地缘政治话语。参见:Behlül Özkan, "Making Cyprus a national cause in Turkey's foreign policy, 1948 – 1965," *Southeast European and Black Sea Studies*, 2015, pp. 1 – 22.

② 昝涛:《奥斯曼帝国晚期与现代土耳其官方关于"库尔德问题"话语的嬗变》,《阿拉伯世界研究》2020年第6期,第4页。

一、民主党执政前的"塞浦路斯问题"

塞浦路斯(即塞浦路斯岛,简称塞岛)位于地中海东部,最早的居民是古塞浦路斯人(Eteocyprians)①。大约公元前 1400 年,首批来自小亚细亚和爱琴海的希腊人移居到塞浦路斯,成为塞岛主要定居点的创建者。后来希腊人相继大规模移民塞岛,先后融合了移居岛上的腓尼基人、犹太人和阿拉伯人等少数族群,最终成为塞岛的文化主体。拜占庭时代(395—1192 年)进一步巩固了岛上的希腊文化。1571 年9 月,奥斯曼帝国征服并统治塞浦路斯,土耳其人由此开始向塞浦路斯移民。1878 年 6 月 4 日,为了换取英国对抵制沙俄的支持,奥斯曼帝国与英国秘密签署《英国与土耳其关于保护土耳其亚洲省份的防御联盟条约》②,通称《塞浦路斯条约》(Kıbrıs Mukavelenâmesi),将塞浦路斯交由英国占领和管理。第一次世界大战爆发后,由于土耳其公开加入英、法、俄协约国的对立阵营——德奥同盟,英国作为报复于1914 年 11 月 5 日宣布废除 1878 年英、土《塞浦路斯条约》,吞并塞浦路斯。

在讨论塞浦路斯问题时,学界通常会从《洛桑条约》对该岛主权归属所提供的法律依据谈起。但对土耳其来说,考察对塞岛主权归属的安排至少要追溯到 1920 年 1 月 28 日在奥斯曼帝国议会上通过的《国民公约》(Misak-ı Milli)。虽然没有直接提到塞浦路斯,但《国民公约》明确提出了实现民族独立和领土完整的地理界限,土耳其族人在塞岛

---

① 何志龙:《外来移民与塞浦路斯的民族形成——兼述塞浦路斯历史上希腊族人与土耳其族人的关系》,《中东历史与国际关系》,北京:科学出版社,2016 年,第 46 页。

② 关于该条约的签订详情,参见 Fahir Armaoğlu, *19. Yüzyıl Siyasî Tarihi 1789 -1914*, Ankara: Türk Tarih Kurumu Basımevi, 1997, pp. 533 - 537. 该条约具体内容参见 Murat Metin Hakki, ed., *The Cyprus Issue: A Documentary History, 1878 -2007*, London: I. B. Tauris, 2007, pp. 3 - 5.

上作为少数族群①,塞浦路斯因此被排除在外。8月10日,苏丹政府与协约国签订《色佛尔条约》正式放弃了对塞岛的主权,其中有三个条款②涉及塞浦路斯。第115条规定,"缔约方承认英国政府于1914年11月5日宣布吞并塞浦路斯";第116条规定,"土耳其放弃对塞浦路斯或与塞浦路斯有关的一切权利和头衔,包括该岛以前向苏丹缴纳贡品的权利";第117条规定,"在塞浦路斯出生或常住的土耳其国民将获得英国国籍,并根据当地法律规定的条件失去土耳其国籍"。安卡拉政府③领导土耳其民族解放战争获得胜利后,在1923年7月24日与协约国签订《洛桑条约》,使《色佛尔条约》成为一张废纸。《洛桑条约》同样有三个条款④与塞浦路斯有关。第16条和第20条维持了原《色佛尔条约》第115条及第116条的规定,承认英国对塞岛的主权;最大的变化是在第21条赋予居住在塞浦路斯的土耳其国民选择是否继续拥有土耳其国籍的权利——"1914年11月5日常住塞浦路斯的土耳其国民将依据当地法律规定的条件获得英国国籍,并因此失去土耳其国籍。但是,他们有权在本条约生效后两年内选择土耳其国籍,条件是在选择后12个月内离开塞浦路

---

① 到1922年,塞岛土耳其族人仅占塞岛总人口的19.7%,希腊族人占78.8%。参见 Christos P. Ioannides, *In Turkey's Image: The Transformation of Occupied Cyprus into a Turkish Province*, New York: Aristide D. Caratzas, 1991, p. 51.

② Murat Metin Hakki, ed., *The Cyprus Issue: A Documentary History, 1878 - 2007*, pp. 6 - 7.

③ 这里指的是1920年4月23日第一届大国民议会召开后成立的新政府。此次议会的中心主题就是建立民族政府,这次议会的召开标志着土耳其出现了两个政府,在伊斯坦布尔的苏丹政府以及在安卡拉的民族主义者组成的政府。参见昝涛:《现代国家与民族建构:20世纪前期土耳其民族主义研究》,北京:生活·读书·新知三联书店,2011年,第79页。

④ 这三个条款具体内容英文版参见 Murat Metin Hakki, ed., *The Cyprus Issue: A Documentary History, 1878 - 2007*, pp. 7 - 8; 土耳其语版参见 Seha Meray, *Lozan Barış Konferansı Tutanaklar Belgeler*, C. 8, Istanbul: Yapı Kredi Yayınları, 2001, pp. 6 - 7.

斯……"①

对于土耳其为何在洛桑会议上没有争取对塞浦路斯的主权，英国历史学家威廉·黑尔（William Hale）②以及土耳其前总理尼哈特·埃里姆（Nihat Erim）③均认为，土耳其没有将塞浦路斯问题提上议程，是为了获得英国在废除投降协定问题上的让步。这是一个更为重要的问题。可以说，《洛桑条约》在为现代土耳其共和国确定边界的同时，也确立了其与塞浦路斯的关系。土耳其政府认识到英国短期内不太可能撤出塞岛，这意味着该岛也不可能被希腊合并。④ 因此，土耳其政府在 20 世纪 20 年代对塞浦路斯的主要政策就是依据《洛桑条约》第 21 条，促使尽可能多的塞岛土耳其族人移民到土耳其本土——安纳托利亚。⑤

实际上，这项政策与凯末尔党人面对新生的共和国亟待完成的历史任务密切相关。这个历史任务就是在《国民公约》所确定的地理区域内，将一个多民族和多文化的社会转变为一个统一且同质的土耳其民族国家，构建土耳其民族主义认同。换句话说，一个同质化的——土耳其化（Turkification）的安纳托利亚是凯末尔党人的目标。而在当时，一个更为现实且紧急的问题是安纳托利亚的人口危机。从第一次世界大战爆发到民族独立战争结束，连续八年的战争与冲突使得土耳

---

① Murat Metin Hakki, ed., *The Cyprus Issue: A Documentary History*, 1878 – 2007, p. 8.

② William Hale, *Türk Dış Politikası 1774 - 2000*, trans. by Petek Demir, Istanbul: Mozaik Yayınevi, 2000, p. 131.

③ Nihat Erim, *Bildiğim ve Gördüğüm Ölçüler içinde Kıbrıs*, Ankara: Ajans Türk Matbaacılık Sanay, 1976, pp. 1 - 2.

④ Ilia Xypolia, *British Imperialism and Turkish Nationalism in Cyprus*, 1923 – 1939: *Divide*, *Define and Rule*, London: Routledge, 2017, p. 73.

⑤ 关于这一时期塞岛土族人向土耳其的迁移，参见 George S. Georghallides, "Turkish and British Reactions to the Emigration of the Cypriot Turks to Anatolia, 1924 - 1927," *Balkan Studies*, vol. 18, no. 1, 1977, pp. 43 - 52; Ilia Xypolia, *British Imperialism and Turkish Nationalism in Cyprus*, 1923 – 1939: *Divide*, *Define and Rule*, pp. 72 - 76.

其人口急剧下降。旷日持久的冲突不仅意味着人口骤减,也意味着出生人数的下降。① 根据 1923 年英国陆军部(War Office)的一份特别情报,土耳其人口在 1923 年可能只有 1914 年人口的 30%。② 凯末尔政府为此制定了一项移民计划,鼓励来自前奥斯曼帝国领土的穆斯林前往安纳托利亚定居,鼓励塞岛穆斯林移民到土耳其即是该计划的一部分。

土耳其共和国建立后,凯末尔政府仍不追求对塞岛的主权。一方面这是对《国民公约》和《洛桑条约》的遵守,另一方面也源自其民族主义观。作为现实主义政治家,凯末尔认为,诸如奥斯曼主义、泛伊斯兰主义以及泛突厥主义等这样的扩张主义只能给民族带来灾难甚至毁灭。因此,在批判这些扩张主义思想的基础上,他为土耳其民族主义认同确定了一个现实的疆界。这个疆界就是一块特定的领土,即"土耳其人定居的安纳托利亚"。③ 凯末尔竭力将 1920 年《国民公约》中所指的领土界定为"祖国"(vatan),进而在这个民族国家的疆界内定义土耳其民族,确保土耳其民族的独立与自由。④ 因此,凯末尔政府针对塞浦路斯的政策框架是土耳其民族主义,这一框架将对塞岛主权的主张排除在外,而将自愿移民到安纳托利亚的塞岛土耳其族人纳为民族认同的对象。除此之外,对于塞浦路斯,凯末尔政府完全将其视为英国内政事务不予干涉。例如,1931 年 10 月,塞岛希腊族人掀起了要求"意诺西斯"(Enosis)⑤的运动,但土耳其政府不愿意介入冲突,

---

① War Office Intelligence summary, "Turkey: a history of the Nationalistic Movement, 1918 - 1922," Volume II, 1923, WO〔War Office Records, The National Archives, Kew〕157/1310.

② Ibid.

③ 昝涛:《现代国家与民族建构:20 世纪前期土耳其民族主义研究》,第 243 页。

④ 同上,第 245 页。

⑤ "意诺西斯"(Enosis)源于希腊民族主义,主要目的就是将所有希腊人纳入一个共同的国家。由此,塞浦路斯希腊族人希望塞岛与他们的母国希腊合并。"塞浦路斯问题"的根源即在此。

以维持与英国和希腊的关系。土耳其媒体对这场运动也仅仅是转载新闻,没有发表任何评论。英国驻安卡拉大使馆在报告中表示土耳其媒体的反应令人震惊。① 此外,土耳其禁止一夫多妻制,但大量土耳其公民到塞岛选择土耳其族人作为第二任妻子。凯末尔政府的对策也只是向塞岛英国政府多次抱怨这种默许行为对土耳其社会改革的破坏。②

综上,基于实现土耳其民族国家建构的现实选择,凯末尔将安纳托利亚本土之外的塞浦路斯排除在新成立的共和国之外,基于疆土的土耳其民族主义也没有将居于塞岛的土耳其族人纳入认同的对象。换言之,当时土耳其国内在客观层面确实不存在塞浦路斯问题,也就不存在国家层面关于"塞浦路斯问题"的话语。

二战后,塞岛希腊族人掀起了更为激烈的"意诺西斯"运动,特别是在苏联巩固其在高加索和中亚地区的统治后,失去了"土兰主义"(Turancılık)③理想的泛突厥主义者将目光转向塞浦路斯,塞浦路斯问题也因此成为二战后"土耳其泛突厥主义者最为关注的问题之一"。④ 为了促使土耳其政府和人民对塞岛土耳其族人的关注和支持,塞浦路斯土耳其族人与土耳其的民族主义/泛突厥主义者创办了

---

① TNA: FO 371-/16091 (1932) "Turkey. Code 44 Files 188 (Papers 1557 - End)-318". "Annual Report on Turkey for 1931" prepared by the British embassy in Constantinople, dated 7 January 1932. From Ilia Xypolia, *British Imperialism and Turkish Nationalism in Cyprus*, *1923-1939*: *Divide*, *Define and Rule*, p. 49.

② TNA: CO 67/268/4 (1937) "Marriage of Turkish Citizens in Cyprus," Despatch from Richmond Palmer, governor of Cyprus, to Ormsby-Gore, Secretary of State for the Colonies, dated 4 December 1936.

③ 一般而言,土兰主义(Turanism)也可称为泛突厥主义(Pan-Turkism),研究泛突厥主义的权威雅各布·兰道(Jacob M. Landau)对二者进行了区分,参见 Jacob M. Landau, *Pan-Turkism from Irredentism to Cooperation*, Bloomington and Indianapolis: Indiana University Press, 1995, p. 1.

④ Jacob M. Landau, *Pan-Turkism from Irredentism to Cooperation*, p. 135.

各种组织、协会及杂志。① 其中比较有代表性的有 1946 年成立的"塞浦路斯土耳其族人文化协会"(Kıbrıs Türk Kültür Derneği)以及 1948 年创办的《绿岛杂志》(Yeşilada Dergisi)等。

塞浦路斯局势的变化以及泛突厥主义者的活动引发越来越多土耳其民众的关注,一直未就塞浦路斯问题发布任何官方声明的土耳其政府不得不表明立场。1949 年 12 月 17 日,外长内吉梅丁·萨达克(Necmettin Sadak)就塞浦路斯问题发表了第一份官方声明,他称:"希腊政治家反对在塞浦路斯岛周围制造喧嚣的这个明智警告是非常恰当的……没有迹象表明英国想把塞浦路斯交给另一个国家。想要塞浦路斯的人最轻的罪行就是背叛与英国的友谊。毫无疑问,希腊民族知道这些真理。"② 1950 年 1 月 23 日,土耳其大国民议会召开。尽管塞浦路斯问题不属于会议议程,但是一位名叫因杰达伊(Cevdet Kerim inceday)的议员手握两个分别装有"塞浦路斯的土壤"(Kıbrıs toprağı)和"塞浦路斯土耳其族人的血液"(Kıbrıs Türklernin kanı)的玻璃瓶上台发言,抱怨政府对塞浦路斯这个重大问题的视若无睹和消极态度。对此,萨达克回应道:"所谓的'塞浦路斯问题'(Kıbrıs Meselesi)并不存在。我早就对记者多次明确说过了。因为塞浦路斯如今位于英国的统治和管理之下。我们对此完全坚信英国没有这个意图或倾向将塞浦路斯移交给其他国家。不论在塞浦路斯采取何种行动,英国政府都不会将塞浦路斯留给其他国家。这样一来,我们的青年人对此感到兴奋和疲倦是徒劳的。"③显然,面对二战后新的国际形势,共和人民党政府在塞浦路斯问题上延续了凯末尔时期的政策,

---

① 关于这一时期创办的各种组织、协会等,参见 Christos P. Ioannides, *In Turkey's Image*: *The Transformation of Occupied Cyprus into a Turkish Province*, pp. 75 - 91.

② ULUS, 18 Aralık 1949.

③ Hüseyin Bağcı, *Türk Dış Politikasında* 1950'li *Yıllar*, Ankara: ODTÜ Yayıncılık, 2007, p. 103.

即主张维持《洛桑条约》确立的现状,避免采取积极的外交政策。萨达克的这个回应不仅是对共和人民党政府在此之前对塞浦路斯漠不关心或不作为的解释,也为接下来上台的民主党奠定了关于塞浦路斯问题的官方话语基调。

二、民主党政府对"塞浦路斯问题"的话语构建

1950 年被看作是现代土耳其政治史上最重要的一年。共和国成立后历经 27 年一党执政的土耳其政坛,在 1946 年多党制实行后第一次举行了民主选举。在竞选期间,塞浦路斯问题并未以任何形式被纳入竞选演讲。[①] 5 月 14 日赢得大选上台的民主党在其政府公告中虽然没有提及塞浦路斯,[②]但该问题却成为其执政时期最为棘手的问题之一,民主党在处理这个问题的过程中也随之发展出了不同的官方话语。

(一)"土耳其不存在塞浦路斯问题"

1950 年 6 月 20 日,来自伊斯坦布尔的代表胡卢西·德米雷利(Hulusi Demirelli)在民主党一次小组会议上指出,存在一个塞浦路斯问题并且该问题正在激化。他将塞岛土耳其族人称为"我们在塞浦路斯的公民(vatandaşlar)"。[③] 新任外长福苏阿特·哈伊里·于尔居普吕(Suat Hayri Ürgüplü)则回应称,希腊并没有正式介入塞浦路斯问题,所以土耳其不存在该问题。[④] 8 月 20 日,于尔居普吕再次表示,"我们看不出有任何需要改变塞浦路斯现状的理由,但是如果要改变的话……

① Fahir Armaoğlu, *Kıbrıs Meselesi 1914 - 1959: Türk Hükümeti ve Kamu Oyunun Davranışları*, (*karşılaştırmalı inceleme*), Ankara: Sevinç Matbaası, 1963, p. 24.
② Hüseyin Bağcı, *Türk Dış Politikasında 1950'li Yıllar*, p. 104.
③ Demokrat Parti Meclis Grubu Müzakere Zaptı, (20 Haziran 1950). TBMM Kütüphanesi, p. 21
④ Ibid., p. 22; Demokrat Parti Meclis Grubu Gizli Müzakere Zabıtları, Dönem: IX, Cilt:3, (Haziran 1950), p. 34.

我们的权利应受到尊重……"他补充说:"在当前需要自由国家无条件团结的世界局势下,诸如塞浦路斯这样的问题不应该被提出。"①于尔居普吕的发言表明,土耳其当时的首要考虑是应对苏联的威胁,因而反对西方阵营内部就塞浦路斯这样的"边缘"问题进行争吵。他采用了"我们的权利"这样模糊的话语,但并没有进一步阐明这个"权利"到底是什么。

1951年2月16日,希腊首相索法克利斯·韦尼泽洛斯(Sofaklis Venizelos)正式宣布要将塞浦路斯与希腊合并。② 面对希腊政府的正式介入,于尔居普吕在24日召开的大国民议会上仅强调土希两国在该问题上如命运相连般密切的友好关系,并称"我认为东地中海的局势不会发生任何变化"。③ 但迫于国内舆论与塞岛土耳其族人的双重压力,于尔居普吕于4月20日在《自由报》(Hürriyet)再次发表声明称:"由于塞浦路斯对我们国家的地理重要性,我们的同胞(soydaşlarımız)在那里组成了一个重要群体以及我们之间的历史联系,塞岛的局势与我们密切相关。"④虽然这是土耳其政府首次在官方声明中表示对塞岛局势的关切并将塞岛土耳其族人纳入了"同胞"的认同范畴,但仍然没有承认塞浦路斯问题的存在。

1952年土耳其与希腊共同加入北约后,曼德列斯政府更为重视两国友好关系,具体表现在塞浦路斯问题上更加小心谨慎。总统拜亚尔(Celâl Bayar)在为11月1日大国民议会开幕的致辞中,只提到土希积极愉快的关系,没有提及塞浦路斯问题。⑤ 但是当希腊代表在当

① Suha Bolukbasi, *The Superpowers and the Third World: Turkish-American Relations and Cyprus*, Boston: University Press of America, 1998, pp. 25 - 26.

② Fahir Armaoğlu, *Kıbrıs Meselesi, 1954 - 1959: Türk Hükümeti ve Kamu Oyunun Davranışları*, p. 25.

③ TBMM Tutanak Dergisi, Dönem 6, Cilt 5, Birleşim 50, 24 Şubat 1951, p. 698.

④ Hürriyet, 21 Nisan 1951. From Fahir Armaoğlu, *Kıbrıs Meselesi 1954 - 1959: Türk Hükümeti ve Kamu Oyunun Davranışları*, p. 32.

⑤ TBMM Tutanak Dergisi, Dönem 6, Cilt 17, Birleşim 1, 1 Kasım 1952, p. 20.

月 24 日召开的联合国会议中提到塞浦路斯问题时,土耳其代表阿迪勒·德林苏(Adil Derinsu)回应道:"塞岛居民并非完全是希腊人,土耳其人也在那里居住了几个世纪。因此,统治该岛的国家在将来对该岛安排的任何协商都应妥当,以使土耳其裔居民有机会表达他们的意见,土耳其政府将支持他们在这方面的权利。"[①]德林苏的回应明显比之前土耳其官方话语更为坚决。土耳其政治史学者法希尔·阿玛奥卢(Fahir Armaoğlu)认为,德林苏的这个回应是在没有得到土耳其政府任何指示的情况下发出的。一则由于这个会议主题是人权问题,与塞浦路斯问题的议程没有直接关系,希腊代表提出塞浦路斯问题也比较突然;二则德林苏的回答并不符合民主党上台以来特别是 1952 年官方话语的总体逻辑;三则希腊代表在 1953 年联合国大会上再次提出了这一问题,而土耳其代表这一次却没有予以回应。[②] 1953 年 6 月 2 日,土耳其全国学生联合会(Türkiye Millî Talebe Federasyonu)下设的土耳其塞浦路斯委员会(Türkiye Kıbrıs Komitesi)发表声明强调:"土耳其在塞浦路斯问题上拥有真正的发言权","土耳其青年接受了塞浦路斯问题并将其视为国家事业(milli dava)",[③]这是土耳其社会首次出现将"塞浦路斯问题"视为国家事业的表述,但土耳其政府刻意回避,官方话语在这一年甚至都没有触及塞浦路斯问题。[④]

1954 年 8 月 16 日,希腊首相亚历山德罗斯·帕帕戈斯(Alexandros Papagos)要求将"实现塞浦路斯人民民族自决"的议程列

---

① General Assembly, 7th Session, Official Records, 3rd Committee, 454th Meeting, Monday, 24 November, 1952, New York, A/C. 3/SR. 454, p. 223.

② Fahir Armaoğlu, *Kıbrıs Meselesi 1954 - 1959*: *Türk Hükümeti ve Kamu Oyunun Davranışları*, p. 38.

③ Hürriyet, 3 Haziran 1953. From Fahir Armaoğlu, *Kıbrıs Meselesi 1954 - 1959*: *Türk Hükümeti ve Kamu Oyunun Davranışları*, p. 41.

④ Fahir Armaoğlu, *Kıbrıs Meselesi 1954 - 1959*: *Türk Hükümeti ve Kamu Oyunun Davranışları*, p. 45.

入联合国大会第九次会议议程。① 土耳其塞浦路斯委员会在同一天发表声明要求政府干预塞浦路斯问题。② 曼德列斯总理于 8 月 28 日接见塞浦路斯委员会成员时表示："塞浦路斯将永远不属于希腊人。政府已作出所有必要的安排，基于这个原因，土耳其民族在塞浦路斯事业中保持克制是非常合适的。"③虽然曼德列斯的回应仍然保持谨慎克制，但考虑到 1948 年以来土耳其政府所发布的正式声明，这个声明已经向前迈了一大步。9 月 24 日，联合国召开大会讨论是否将塞浦路斯问题纳入议程时，土耳其代表塞利姆·萨尔佩尔（Selim Sarper）称："我们认为，塞浦路斯岛的行政管理是英国的内政事务，根据《联合国宪章》第 2 条第 7 款，联合国无权干预这一事项。"④联合国大会在 12 月 17 日否决了希腊草案后，曼德列斯总理次日便发表声明称，"由于这个问题已经完全结束，是时候关注并注意不要让我们与盟友希腊的友谊蒙上阴影"。⑤ 可以看出，土耳其政府这一时期在面对希腊政府、塞岛希腊族人的行为所造成的国内舆论压力时，更多的是被动回应，而不是主动构建对塞浦路斯问题的官方话语。此外，这些回应不仅始终避免将矛头直指希腊，也一直没有正面承认土耳其存在塞浦路斯问题。

实际上，在希腊致力于将塞浦路斯问题国际化的过程中，土耳其一方面对内安抚国内舆论，另一方面也在着手准备新的官方话语。最

① UN Document A/2703：Letter dated 16 August 1954 to the Secretary-General from the President of the Council of Ministers of Greece.

② Hürriyet, 17 Aǧustos 1954. From Fahir Armaoğlu, "1955 Yılında Kıbrıs Meselesinde Türk Hükümeti ve Türk Kamu Oyu," *Ankara Üniversitesi SBF Dergisi*, 1959, 14(02)，p. 60.

③ Hürriyet, 29 Ağustos 1954. From Fahir Armaoğlu, *Kıbrıs Meselesi 1954 - 1959：Türk Hükümeti ve Kamu Oyunun Davranışları*, p. 64.

④ UN Document A/PV. 477：General Assembly, 9th session：477th plenary meeting, Friday, 24 September 1954, New York, para. 58.

⑤ Fahir H. Armaoğlu, 20. Yüzyıl Siyasi Tarihi (1914 - 1995), C. Ⅰ - Ⅱ, 12. Istanbul：Alkım Yayınları, 2000，p. 531.

突出的特征就是对外开始强调其在塞浦路斯的权利,并进一步明确为"与希腊相同的权利"。1954 年 7 月,曼德列斯任命法廷·萨巴图·佐卢(Fatin Rustu Zorlu)为外交部部长,负责处理塞浦路斯问题。佐卢上任后立即在外交部成立"塞浦路斯委员会"(Kıbrıs Komisyonu),该委员会的主要任务是从各个方面审视塞浦路斯问题,以确定土耳其对该问题的看法和民主党政府的立场。在新的塞浦路斯政策正式形成之前,佐卢为委员会工作制定了两项基本原则:首先是通过文件向世界舆论宣布土耳其在塞岛拥有与希腊相同的权利;其次是在该问题最终解决之前,向土耳其族人提供一切必要援助以增强他们抵御压迫的能力。[①] 委员会还准备了一本涵盖土耳其对塞浦路斯问题看法的"白皮书"(Beyaz Kitap),讨论了塞浦路斯与土耳其在历史、地理、民族、文化以及军事安全等方面的密切联系,并将其翻译为英语和法语文本后分发给外国代表。这种面向外部的官方话语的准备和构建,表示土耳其政府此时仍然仅限于从外交事务的角度看待和处理塞浦路斯问题。

(二)"塞浦路斯是祖国的一部分"

就在土耳其向外国代表分发"白皮书"时,时任英国首相艾登(Robert Anthony Eden)于 1955 年 6 月 30 日邀请希腊和土耳其参加伦敦会议,讨论"包括塞浦路斯问题在内的所有涉及东地中海安全的问题"[②]。7 月 2 日,土耳其政府接受邀请。[③] 这是自 1923 年在《洛桑条约》中宣布放弃对塞浦路斯的一切权利后,土耳其时隔 32 年再次介入塞浦路斯事务。虽然英国的邀请正式赋予了土耳其介入塞浦路斯

---

① Mahmut Dikerdem, *Ortadoğu'da Devrim Yılları*, Istanbul：İstanbul Matbaası, 1977, p. 125.

② Mahmut Dikerdem, *Ortadoğu'da Devrim Yılları*, p. 125.

③ Fahir Armaoğlu, *Kıbrıs Meselesi 1954 - 1959：Türk Hükümeti ve Kamu Oyunun Davranışları*, p. 117.

问题的合法性,但由于之前官方话语中一直否认土耳其存在该问题,土耳其政治精英们还面临如何从话语层面将之前所谓的"英国内政问题"转化为土耳其的内政问题。

7月23日,希腊再次向联合国秘书处提出正式申请,要求将"关于塞浦路斯人民的平等权利与民族自决"纳入联合国大会议程。在此背景下,土耳其政府于8月分发了一份关于"塞浦路斯问题"的备忘录①,曼德列斯总理则在24日,为次日将赴伦敦参加会议的土耳其代表团举办欢送晚宴,并在晚宴上发表了关于塞浦路斯问题的演讲②。9月1日,外长佐卢在伦敦会议上发表了关于土耳其官方立场的长篇声明③。笔者认为,三份声明时间相近且所表述的中心内容与角度基本一致,主要从民族主义的话语切入,为民主党的塞浦路斯政策赋予了合法性。

首先,土耳其政府通过强调塞浦路斯与土耳其地理位置接近——"塞浦路斯距土耳其海岸仅70公里"④,进而从地理角度想象塞岛"实际上是小亚细亚/安纳托利亚的延伸"⑤。由此引出塞岛对土耳其防卫和后勤供给的重要性,如"塞岛对土耳其南部港口的安全极其重要";"南部港口安塔利亚、梅尔辛、伊斯肯德伦不仅是供给土耳其全部基础设施系统所在地,也是为伊斯坦布尔供应燃料的起点。谁控制了

---

① 这份备忘录全文参见 *Turkey and Cyprus：A Survey of the Cyprus Question with Official Statements of the Turkish Viewpoint*，Turkey Embassy，Great Britain，London：Press Attaché's Office，1956，pp. 22 - 44.

② 土耳其驻伦敦大使馆新闻办公室总结了曼德列斯的演讲,参见 *Turkey and Cyprus：A Survey of the Cyprus Question with Official Statements of the Turkish Viewpoint*，pp. 47 - 49.

③ 佐卢的声明全文参见 Turkey and Cyprus：*A Survey of the Cyprus Question with Official Statements of the Turkish Viewpoint*，pp. 50 - 59..

④ Ibid.，p. 22.

⑤ Ibid.，pp. 22，53.

这个岛屿,谁就控制了土耳其这些港口"①。最后指出,"一旦发生战争,外部援助只能通过在地中海的西部和南部港口进入土耳其,而西部港口不幸地位于潜在的敌人②控制之下,所以土耳其只能通过其南部港口获得外援";"如果塞岛的主导力量也是(土耳其)西部岛屿的主导力量,事实上土耳其将被这种力量包围"。③ 佐卢在伦敦会议上总结道:"塞浦路斯对土耳其具有重要性并非出于单一原因。它源于历史、地理、经济和军事战略的迫切需要,源于每个国家中最神圣的生存权和安全权,简而言之,源于事物的本质。"④这些将"塞浦路斯问题"纳入国家安全问题的官方表述通过报纸、书籍、小册子等印刷媒体被广泛传播,形成了"塞浦路斯问题"对土耳其民众生存与安全具有重要性的公共话语。在这个意义上来说,土耳其官方对于"塞浦路斯问题"的地缘政治与安全话语不单是对外政策话语,同时也充当了团结和凝聚土耳其社会的话语工具。因为"土耳其民众不能以不同的方式思考这个对国家防御具有重要意义的塞浦路斯的未来"。⑤

其次,通过"塞岛是安纳托利亚心脏地带的延续","(塞岛的)土壤是安纳托利亚的土壤,气候也是安纳托利亚的气候"⑥等表述,土耳其政府首先在凯末尔疆土民族主义的基础之上,通过地理想象将塞浦路斯从空间维度纳入了土耳其的领土范畴。接着,土耳其政治精英们主

---

① *Turkey and Cyprus*: *A Survey of the Cyprus Question with Official Statements of the Turkish Viewpoint*, p. 54.

② 这里"潜在的敌人"指希腊。

③ *Turkey and Cyprus*: *A Survey of the Cyprus Question with Official Statements of the Turkish Viewpoint*, p. 54.

④ Ibid., p. 53.

⑤ Işıl Kazan, "Cyprus and the Eastern Mediterranean, seen from Turkey," in Thomas Diez, ed., *The European Union and The Cyprus Conflict*: *Modern Conflict*, *Postmodern Union*, Manchester and New York: Manchester University Press, p. 58.

⑥ *Turkey and Cyprus*: *A Survey of the Cyprus Question with Official Statements of the Turkish Viewpoint*, p. 53.

要从历史的角度将塞岛土耳其族人纳入土耳其民族认同。

一是强调土耳其与塞岛的历史联系,以突出土耳其对塞岛主张的正当性。在 8 月的这份备忘录中,将 1571 年奥斯曼帝国征服塞岛至 1878 年将其交由英国统治的历史称为对塞岛享有唯一主权的时期,而 1878 年至 1923 年称为与英国共同享有对塞岛主权的时期。由此得出"在三个半世纪的时间里,塞浦路斯居民与土耳其其余各地居民生活在一个互相渗透、贯通的国家里,以至于包括这些居民在内,均认为塞岛是土耳其的一个行省"①。佐卢在伦敦会议的发言则将 1878 年《塞浦路斯条约》签订的背景表述为"'土耳其-奥斯曼国家'(Turkish-Ottoman state)面对来自俄国最严重的威胁"②,并且强调"自从被置于土耳其的统治之下,塞岛便就像土耳其其他地方一样依附于祖国,成为(祖国)不可分割的一部分"③。

二是将当前塞岛局势与历史上奥斯曼帝国时期克里特岛起义以及土耳其民族解放战争相联系,利用历史记忆激发土耳其人民的民族主义热情。曼德列斯指出,"希腊领土收复主义(并非没有受到帝国主义的污染)是我们当前问题的根源。它开始于克里特岛及其他地方,起初获得了成功。但是它最后导致希腊和土耳其的灾难。克里特岛落入希腊的手里,其他地方同样也落入希腊的手里,这给了他们进一步征服的欲望。直到他们逼近到安卡拉,却在那里遭受了历史上最大的失败之一。今天在塞浦路斯重新出现的正是那些导致克里特岛陷落的希腊方法,这使土耳其人想起了希腊统一主义从开始到现在所采取的路线……"④可以说,曼德列斯触动了土耳其民族非常敏感的神

---

① *Turkey and Cyprus*: *A Survey of the Cyprus Question with Official Statements of the Turkish Viewpoint*, p. 23.

② Ibid., p. 50.

③ Ibid., p. 53.

④ *Turkey and Cyprus*: *A Survey of the Cyprus Question with Official Statements of the Turkish Viewpoint*, p. 49.

经,没有什么能比民族解放战争这个历史记忆更能激发土耳其民族主义了。

三是从历史层面对塞岛人口构成及其来源进行分析,以反驳希腊族要求"民族自决"的主张。土耳其族人在塞岛的人口占比是土耳其为其主张辩护的薄弱环节。备忘录指出:"(1955年)塞浦路斯的人口大约是50万。其中大约12万人[1]有不容置疑的土耳其血统和文化,这是塞浦路斯三个世纪作为土耳其内在一部分完全自然的结果。11万人来自不同的种族和信仰。剩下的37万人被希腊政府声称为希腊人。事实上,从种族的角度来看,这个社群几乎全部都属于散布在东地中海的不同民族,即'黎凡特人'(Levantines)。'黎凡特人'的这个塞浦路斯分支与希腊人没有共同之处,除了东正教信仰并在其影响下采用了希腊语的某种方言。"[2]通常来说,在东地中海和中东地区,"黎凡特人"是指没有特定民族关系、民族意识或民族认同的族群。[3] 土耳其政府在这里将希腊族人建构为"黎凡特人",意在表明塞岛希腊族人并没有资格要求民族自决以及与希腊合并,因为他们根本不是希腊人。佐卢则强调"不能以当今的人口构成来考虑(塞岛的主权归属)",因为"只要在土耳其的统治之下,塞岛土耳其人有时作为多数,有时作为少数,然而这从未被视为衡量该岛是否属于土耳其的一个标准,三个半世纪以来,塞浦路斯和土耳其其他地区一直处于完全相互渗透的状态。因此,今天也一样,当我们考虑到塞浦路斯的人口状况,例如说有10万名土耳其人居住在那里是不够的。应该说,2400万土耳其人

---

[1] 这个数据有所夸大,此时塞岛土耳其族人口应该不到10万。根据英国1959年最后一个塞浦路斯殖民地报告,塞岛共计56.1万人,其中有78.8%是希腊族人,17.5%是土耳其族人,即9.8万多人。参见 Colonial Office, *Cyprus*, *Colonial Report*, 1959, 16.

[2] *Turkey and Cyprus*: *A Survey of the Cyprus Question with Official Statements of the Turkish Viewpoint*, p. 24.

[3] Christos P. Ioannides, *In Turkey's Image*: *The Transformation of Occupied Cyprus into a Turkish Province*, p. 65.

中有 10 万人居住在那里,而 30 万塞岛土耳其族人①居住在土耳其各地"②。土耳其政府在这里不仅将占塞岛人口多数的希腊族人建构为与希腊人毫无关系的"黎凡特人",还将塞岛希腊族人视为土耳其2400 万人口中的少数,因为塞浦路斯被认为是土耳其不可分割的一部分。

上述话语表明,土政府在构建自身对塞岛主张合法性的同时,无法避开奥斯曼帝国的历史记忆。而面对与"前朝"的关系,特别是在土耳其民族主义的背景下,共和国实际上"长期以来在意识形态和政治修辞上对奥斯曼帝国是疏离的,对奥斯曼帝国的历史记忆是寡淡的,甚至是刻意排斥的。"③但如果完全排斥,在二战后以"民族自决"为主流的国际政治舞台,土耳其对于塞浦路斯问题很难有话语权。因而,既然无法将土耳其共和国与逝去的奥斯曼帝国完全剥离,土耳其政治精英们便将奥斯曼帝国对塞岛统治的历史记忆作为可供利用的话语资源,为其现实政治服务。

此外,土耳其政治精英巧妙地将塞浦路斯融入"祖国"(vatan)这个对土耳其民族主义具有象征意义的概念中。在 8 月 24 日的演讲中,曼德列斯表示:"世界上任何地方都没有一个国家孤立地区的命运仅由其中种族群体的相对规模决定。祖国(vatan)并不是裁缝手中的一块儿布料,是一个可以任意裁剪的商品。在决定其未来时,地理、政治、经济、军事以及族群的考虑都应发挥作用。"④1956 年 7 月 12 日,民主党议会发表声明进一步指出:"塞浦路斯是祖国(anavatan)的一

---

① 佐卢在这里提到的 30 万塞岛土耳其族人指的是英国殖民统治期间,从塞浦路斯移民到土耳其的人口数量。但目前并没有档案或文献支撑这一数据。

② *Turkey and Cyprus: A Survey of the Cyprus Question with Official Statements of the Turkish Viewpoint*, pp. 53 - 54.

③ 昝涛:《从巴格达到伊斯坦布尔:历史视野下的中东大变局》,北京:中信出版社,2022 年,第 301 页。

④ *Turkey and Cyprus: A Survey of the Cyprus Question with Official Statements of the Turkish Viewpoint*, p. 48.

部分,在地理和历史上都属于安纳托利亚。(它)对土耳其安全至关重要。"①

需要注意的是,虽然土耳其政府在伦敦会议前已经从地理、历史、人口等角度为其对塞岛主张提供了合法性依据,指出"塞浦路斯是祖国的一部分",但"将塞浦路斯归还给土耳其"的话语仍然不是土政府的首选,而是在英国统治难以为继的前提下,才被作为土耳其政府的选择。② 这种话语表述一直持续到英国"拉德克利夫建议"的提出。

(三)"塞浦路斯一半是土耳其人的"

1956 年 11 月 16 日,英国公布解决塞浦路斯问题的"拉德克利夫建议"。曼德列斯当天便任命前共和人民党成员、法学教授尼哈特·埃里姆按照土耳其政府关于"塞浦路斯问题"的 5 个政治目标③,准备一份关于解决塞浦路斯问题的报告。11 月 24 日,埃里姆向曼德列

---

① Ayın Tarihi, Temmuz 1956, sayı 272, s. 207. From Fahir Armaoğlu, *Kıbrıs Meselesi 1954 - 1959: Türk Hükümeti ve Kamu Oyunun Davranışları*, p. 246.

② 例如在伦敦会议召开前,土耳其代表团向英国外交大臣哈罗德·麦克米伦表明立场。土耳其外交部秘书长比尔吉(Nuri Birgi)称:"土耳其政府坚决反对英国部分或完全放弃(对塞浦路斯的)主权。如果发生变化,应将其归还给土耳其。"外长佐卢则表示土耳其坚决支持英国在塞浦路斯的法律地位,但英国"如果从某种意义上支持希腊,土耳其将不得不改变立场。土耳其人不会袖手旁观,不会让希腊为合并(塞浦路斯)奠定基础"。参见:"Conversation between the Secretary of State and the Turkish Minister for Foreign Affairs on August 27, 1955,"in PRO: FO 800/667, RG 1081/894, FO to Ankara (No. 167), August 31, 1955.

③ 曼德列斯向埃里姆罗列的土耳其政府关于"塞浦路斯问题"的政治目标以及解决方案的偏好,按最好到最坏的选择排列如下:(1) 塞岛维持现状,即英国继续留在塞浦路斯;(2) 如果英国决定撤出,塞岛应归还给土耳其;(3) 希腊和土耳其平等地对塞浦路斯进行分治;(4) 如果塞岛实行自决权,塞岛土耳其族人和土耳其的权利和安全应得到坚决保护;(5) 不能接受的选择是塞岛与希腊合并。显然,即使从当时来看英国继续保留塞岛的主权并不可行,但曼德列斯政府仍然将其看作是最佳的解决办法。参见 Türkiye Cumhuriyeti Başbakanlık Cumhuriyet Arşivi (Prime Ministry Archives of Republic of Turkey), Fon No: 030 - 01, Place No: 38 - 277 - 1 - 1.

斯提交了 13 页的报告①,报告中就解决塞浦路斯问题的 5 种方式的可行性提供了建议。根据这个报告,12 月 28 日,曼德列斯在大国民会议上宣布"塔克西姆",即分治,成为土耳其正式的塞浦路斯政策。②

　　1957 年大选前,反对党利用塞浦路斯问题指责政府没有采取更为积极的政策,时任土耳其总统拜亚尔在安塔利亚发表的竞选演说中回应道:"我们有 12 万人民(ırkdaşlar)生活在塞浦路斯,我们当然不能忽视他们和塞浦路斯问题。凭借从你们那里获得的力量,我们对这个问题持坚决立场。时间会告诉我们结果,我可以肯定地说土耳其民族会很高兴。"③拜亚尔的回应并没有提出解决方案,相比于曼德列斯总理的回应,拜亚尔的回应显得有些"不痛不痒"了。曼德列斯在巡回竞选演讲中多次提到了塞浦路斯问题。他在里泽(Rize)表示:"情况没有变化。民主党和土耳其民族的决定就是最终决定。我们将塞岛土耳其族人聚集在我们国旗下的决定没有改变。"④他在开塞利(Kayseri)明确指出,"塞浦路斯的一半是土耳其人的,(并且)仍将是土耳其人的。我们不会允许塞岛悬挂希腊国旗。"⑤在安卡拉举行的民主党会议上,曼德列斯称:"我们将作出的牺牲是放弃该岛的一半,将另一半及其之上的 12 万土耳其人一起并入安纳托利

① 尼哈特·埃里姆的报告全文参见 Türkiye Cumhuriyeti Başbakanlık Cumhuriyet Arşivi, Fon No: 030 - 01, Place No: 38 - 277 - 1. 或 Tahir Kodal, " Kıbrıs Sorununun Çözümü Konusunda Bilinmeyen Bir Kaynak: Prof. Dr. Nihat Erim'in Başbakan Adnan Menderes'e Sunmuş Olduğu Rapor," *Belgi Dergisi*. 6 (Ⅱ). 2013, pp. 779 - 787.

② Fahir Armaoğlu, *Kıbrıs Meselesi 1954 - 1959: Türk Hükümeti ve Kamu Oyunun Davranışları*, p. 288.

③ Ibid., p. 379.

④ Zafer, 15 Ekim 1957 ve Hürriyet, 15 Ekim 1957. From Fahir Armaoğlu, *Kıbrıs Meselesi 1954 - 1959: Türk Hükümeti ve Kamu Oyunun Davranışları*, p. 380.

⑤ Hürriyet, 20 Ekim 1957. From Fahir Armaoğlu, *Kıbrıs Meselesi 1954 - 1959: Türk Hükümeti ve Kamu Oyunun Davranışları*, p. 380.

亚。"①曼德列斯最终获得了选举胜利,很难说他关于塞浦路斯问题的政策和话语为其最后的成功贡献了多少选票。笔者在这里只是想表达,曼德列斯的上述话语一方面是为了回应反对党的批评,另一方面是为了转移国内民众对民主党统治下经济形势的不满,试图通过动员日益高涨的民族主义情绪来巩固对民主党的支持。从根本上来说这些话语都是争取选票的需要,而在继续掌握政权后,民主党需要做得更多。

在话语建构方面,第5届的曼德列斯政府首次在政府计划中赋予塞浦路斯问题作为"国家事业"的地位。12月4日组建新内阁后,曼德列斯在大国民议会宣读了新的政府计划。他将塞浦路斯问题称为"我们外交政策中的重要问题"以及"国家事业(millî dâva)",并表示"同意塞浦路斯分治,是土耳其所能做出的最大牺牲"。② 1958年1月2日,曼德列斯通过民主党官方报纸《胜利报》(*Zafer*)发布声明:"在新年之际,我可以放心地向我们亲爱的塞浦路斯兄弟姐妹们保证,土耳其民族对塞浦路斯未来的决定(karar)没有丝毫动摇。"③这个新年声明奠定了土耳其当年涉及塞浦路斯问题的话语基调。在此之后的官方声明中,对土耳其的"决心(azim)/决定(karar)"的强调成为一种惯例。④ 例如佐卢在曼德列斯声明两日后指出:"可以肯定的是,土耳其政府本着我们国家的敏感性关注着塞浦路斯事件,做出了必要的决定并采取了相应的举措。我们所有的朋友都应该知道,塞浦路斯是我们的国家事

---

① Hürriyet, 20 Ekim 1957. From Fahir Armaoğlu, *Kıbrıs Meselesi 1954 - 1959*: *Türk Hükümeti ve Kamu Oyunun Davranışları*, p. 380.

② TBMM Zabıt Ceridesi, Devre 6, Cilt 1, Birleşim 10, 4 Aralık 1957, s. 63; Belma Aktürk, Nuran Dağlı, Hükümetler ve Programları (1920 - 1960), Cilt 1, Ankara: T. B. M. M. Basımevi, 1988, p. 222.

③ Zafer, 2 Ocak 1958. From Fahir Armaoğlu, *Kıbrıs Meselesi 1954 - 1959*: *Türk Hükümeti ve Kamu Oyunun Davranışları*, p. 403.

④ Fahir Armaoğlu, *Kıbrıs Meselesi 1954 - 1959*: *Türk Hükümeti ve Kamu Oyunun Davranışları*, p. 404.

业,土耳其通过接受分治在这一领域做出了最大的牺牲,塞浦路斯的未来不可能是土耳其国家意志(milli irade)之外的情况。"①1 月 6 日,佐卢再次强调,塞浦路斯问题是 2600 万土耳其人和土耳其祖国的问题。② 可见,土耳其政府在话语层面已将土耳其民族置于其塞浦路斯政策的基础,并从中汲取力量。

在具体政策执行方面,1958 年 6 月曼德列斯允许关于塞浦路斯问题集会的决定代表了民主党政府的新政策。这项决定出台的背景是英国打算在 6 月 19 日提出解决塞浦路斯问题的新计划③。而在这项计划正式公开前,土耳其媒体已经在 6 月初披露了计划的一些细节,但土耳其政府并不满意这项计划。为了争取民众对于政府"分治"计划的支持,土耳其政府自 1955 年以来首次允许举行关于塞浦路斯问题的集会。各学生组织、民族主义/泛突厥主义团体积极响应,他们在全国各地组织、协调大规模示威活动④,充当了宣传政府"分治"政策的主力军,"要么分治,要么死亡"(Ya Taksim ! Ya Ölüm !)的呼声遍布全国。当首次集会于 6 月 8 日在伊斯坦布尔召开时,外长佐卢发言称:"就塞浦路斯事务而言,我国政府有全面、成熟的实施'分治'的决定,这是确保岛内同胞(soydaşlar)朝着国家意志和祖国安全方向发展的唯一解决方案。我们正在就塞浦路斯问题与英国政府保持联系。……毫无

---

① Zafer, 7 Ocak 1958. From *Kıbrıs Meselesi 1954 - 1959 : Türk Hükümeti ve Kamu Oyunun Davranışları*, p. 404.

② Zafer, 7 Ocak 1958. From Fahir Armaoğlu, *Kıbrıs Meselesi 1954 - 1959 : Türk Hükümeti ve Kamu Oyunun Davranışları*, p. 404.

③ 这项新计划被称为"麦克米兰计划"(Macmilllan Plan)。关于该计划的内容参见 Murat Metin Hakki, ed. , *The Cyprus Issue : A Documentary History*, 1878 - 2007, pp. 28 - 29.

④ 关于这一时期土耳其全国各地关于塞浦路斯问题的集会,参见 Fahir Armaoğlu, *Kıbrıs Meselesi 1954 - 1959 : Türk Hükümeti ve Kamu Oyunun Davranışları*, pp. 429 - 439.

疑问,我们的塞浦路斯事业的实现首先取决于我们的国家意志"。①

　　总体来看,1957—1958年,土耳其政府通过"国家意志""土耳其祖国""祖国安全"等表述,不断在官方话语中强化塞浦路斯问题作为"国家事业"的地位。一方面,"国家事业"的崇高地位使得"塞浦路斯问题很快便不再是公众辩论的合法话题,而成为为了国家生存利益行事的政治家、记者、外交官、学者等'专家'的职权范围。"②另一方面,塞浦路斯问题也赋予了统治者区分内部和外部的权力,划定内部和外部之间的思想和物理界限,并决定谁留在这些界限内,谁被排除在外。换句话说,土耳其政府通过话语政治的主观方式,将"塞浦路斯问题"作为"国家事业"的地位视为不容置疑、无可争辩的客观存在。这个"客观存在"排除了其他话语解释以及那些将塞浦路斯问题不视为"国家事业"的人,因为那些批评土耳其塞浦路斯政策的人被指控背叛了"国家事业"以及边界已经延伸至塞浦路斯的祖国(即土耳其),由此消除了反对派的合法基础。③

(四)"支持塞浦路斯的独立"

　　1959年2月19日,希腊、土耳其、塞浦路斯希腊族和土耳其族三国四方代表在英国伦敦达成一致,最后共同签署了《苏黎世—伦敦协定》,宣布将成立塞浦路斯共和国。仅仅几个月的时间,土耳其政府对塞浦路斯的归属又做出了与之前截然不同的安排。面对民众与反对党的不满,曼德列斯政府通过重新阐述土耳其在塞浦路斯

---

① Zafer, 8 Haziran 1958. From Fahir Armaoğlu, *Kıbrıs Meselesi 1954－1959*：*Türk Hükümeti ve Kamu Oyunun Davranışları*, p. 431.

② Behlül Özkan, "Making Cyprus a national cause in Turkey's foreign policy, 1948－1965," *Southeast European and Black Sea Studies*, 2015, p. 19.

③ Behlül Özkan, "Jeopolitik Tahayyül Olarak Yavruvatan," in Yeşiltaş Murat, Durgun Sezgi, Bilgin Pınar (eds.) *Türkiye Dünyanın Neresinde? Hayali Coğrafyalar ve Çarpışan Anlatılar*, Istanbul：Koç Üniversitesi Yayınları, 2020, p. 210.

的利益,重构了官方关于塞浦路斯问题的话语。在 2 月 28 日召开的大国民议会上,外长佐卢指出《苏黎世—伦敦协定》取得的成果符合土耳其对塞浦路斯的期望。他明确罗列了该协定对于满足土耳其在塞岛利益的 4 个条件:"(1) 塞浦路斯不应被外国吞并;(2) 塞浦路斯土耳其社区(Türk Cemaati)的发展没有受到阻碍,也没有被视为岛上的少数群体;(3)考虑到该岛对土耳其安全的重要性,土耳其参与该岛的防御;(4) 英国在岛上有基地对土耳其有利,有必要维持下去。"[1]显然,民主党政府针对塞浦路斯问题的话语出现了某种收缩,首要表现就是已经完全放弃了 1955 年以来对塞岛享有全部主权("塞浦路斯应归还给土耳其")或部分主权("对塞岛进行分治")的话语主张。其次体现在对塞岛土耳其族人的称呼上,用"土耳其社区"这个更为中立的表述来代替之前的民族主义色彩浓厚的"同胞""兄弟姐妹"等称呼,遮蔽了民族主义话语的因素。

在回应反对党的批评时,佐卢表示"如果非要说有什么牺牲的话,那就是不能合并整个塞岛;然而,放弃分治的想法就没有牺牲了。我们并没有为实现分治而与希腊斗争多年,而是为岛上的土耳其社区(Türk Cemaati)提供主权和掌控权而斗争。此外,(该协定)还保障了土耳其祖国(Türk Anavatanı)的安全。"[2]

总理曼德列斯则认为,1959 年协定对土耳其而言既不是胜利也不是失败,而是"在不破坏土耳其国家利益的情况下尊重各方利益的一个妥协"。[3] 可以说,土耳其关于塞浦路斯问题的话语回到了现实主义的层面,对塞岛的全部主权或分治的主张已经不再被视为土耳其民族意志、国家安全的象征,反而被看作是土耳其国家安全与国家利益的对

---

[1] TBMM Zabıt Ceridesi, Devre XI, Cilt 7, İçtima 2, pp. 1350 – 1356.

[2] Ibid., pp. 1378 – 1379.

[3] Suat Bilge, "Kıbrıs Uyusmazligi," *Olaylarla Turk Dış Politikasi*, Ankara: Ankara University, 1977, p. 380. From Suha Bolukbasi, *The United States-Turkey Influence Relationship during the Cyprus Crises*, p. 76.

立面。

三、结语

凯末尔政府在《洛桑条约》中放弃了对塞浦路斯的一切权利,作为已被放弃的奥斯曼帝国的遗产,塞浦路斯长期脱离于现代土耳其共和国内政、外交的谈论范围。然而,塞浦路斯与土耳其地理位置的邻近、国内民族主义/泛突厥主义运动的兴起以及现实政治的需要,土耳其必然要从内政、外交两个维度面对塞浦路斯问题。特别是在以两极对峙为特征的复杂的冷战环境下,土耳其在这个问题上更难以继续"袖手旁观"。

从历史视角来看,二战后的塞浦路斯问题,对土耳其而言最初是以泛突厥主义活动的形式出现和凸显的。随着土耳其政府的逐渐介入,官方对塞浦路斯问题的话语在20世纪四五十年代经历了从否定其存在到肯定并利用民族主义、地缘政治、历史联系等赋予其重要性的过程。在这个过程中,土耳其政府最初对塞浦路斯的态度并不积极,更多的是对国内民族主义/泛突厥主义运动以及希腊和塞岛希腊族人行动的应对。而随着塞浦路斯事态的发展以及土耳其国内政治的变化,民主党政府的政策主张在民族主义的助力下成为规训土耳其人民的话语工具,因为任何讨论或者质疑官方话语和政策的政治举措都会被取消合法性。此外,虽然在话语层面塑造了土耳其版本的"意诺西斯",但考虑到现实条件,土耳其政府从未像希腊政府那样在实际层面真正争取,只是希望塞岛不受一个敌对国家所控制。因此,土耳其可以在目标上做出一些妥协。也就是说,放弃"分治"政策而赞成塞浦路斯的独立并不是土耳其一项重大的政策改变,而是对同一政策的灵活执行。

作者简介:高成圆,北京大学历史学系博士研究生,北京大学土耳其研究中心助理。

凯末尔时代土耳其教育的变革

李明隽

摘要:教育现代化是现代化进程中不可或缺的一部分。土耳其共和国在凯末尔时代大力推动西方化和世俗化,开启了现代化迅速发展的进程。通过各方面的改革与建设,土耳其在教育领域取得了较大的发展,开启了教育现代化。本文从教育改革的背景渊源、教育体制的改革与建设、教育内容的调整、以国民学校与人民宫为代表的社会教育体系的建立与发展、教育变革的积极意义与缺陷等方面,全面论述了凯末尔时代土耳其的教育现代化历程。揭示了教育变革促使土耳其接受西化的社会文化、培养一批现代人才和促进凯末尔主义意识形态的普及等意义,同时也指出存在乡村教育发展不足、管理偏单一和激进改革伤害传统信仰群众的感情等缺陷。

关键词:土耳其共和国 凯末尔 教育 现代化

在一战后奥斯曼帝国面临解体的严峻形势下,凯末尔领导了民族独立战争并取得胜利,于1923年建立了土耳其共和国。共和国建立后,面临在政治、经济、社会、教育与文化生活等各个方面进行大刀阔斧改革的新任务,这个任务实际上是奥斯曼帝国晚期以来学习西方以实现自强的继续。① 以共和人民党为代表的国家精英设计和贯彻了的现代化方案,被总结为凯末尔主义。在此指导下,土耳其各领域产生重要的变革,现代化得以迅速发展。

教育方面的变革也是凯末尔改革的重要组成部分。教育现代化是通过教育体制、方式、内容的不断革新,以实现教育的理性化、多样化、社会化、世俗化、科学化、公平化等发展目标的变革。广义的教育,泛指影响人们知识、技能、身心健康、思想品德的形成和发展的各种活动。狭义的教育,主要指学校教育。② 教育现代化既要求狭义上学校教育的现代化,也要求广义上的社会教育的现代化。凯末尔时代,土耳其改革了教育制度体系,革新了教育内容,发展了社会教育,推动了教育的现代化发展。

国际学界关于凯末尔时期教育变革的研究有很多。在研究土耳其近现代史或凯末尔时代的通史著作中,有很多涉及凯末尔的教育变革,例如斯坦福·肖(Stanford J. Shaw)《奥斯曼帝国和现代土耳其史》第二卷、伯纳德·刘易斯(Bernard Lewis)《现代土耳其的兴起》、叶西姆·巴亚尔(Yeşim Bayar)《土耳其国家的建设:1920—1938》等,都有较大篇幅涉及凯末尔改革,其中也包括教育改革的相关讨论。凯末尔时期教育变革问题亦有较多专题著作与论文,如:《土耳其的教育问题:1920—1940》一书展现了20世纪二三十年代土耳其共和国教育的创建和多样情况,关注国家教育政策制定方面和中央教育管理。③《土耳其教育与现代性的追求》一书揭示土耳其教育发展的历史和现状,介绍了其取得的进步以及仍然存在的巨大困难,提供了学

---

① 昝涛:《现代国家与民族构建:20世纪前期土耳其民族主义研究》,北京:生活·读书·新知三联书店,2011年,第335页。

② 顾明远:《教育大辞典·增订合编本(上)》,上海:上海教育出版社,1998年,第725页。

③ Ilhan Başgöz, Howard E. Wilson, *Educational Problems in Turkey*, *1920－1940*, Bloomington: Indiana University, 1968.

校系统的图表与丰富的统计信息。①《凯末尔主义土耳其的教育现代化》一文从教育立法、宗教教育、学校制度等方面讨论了在凯末尔时代土耳其由传统教育到现代教育的转向。②《人民宫是土耳其非正规教育的典范》一文探讨了人民宫在土耳其国民社会教育中的重要作用，即推进土耳其现代意识形态的助推力。③ 在土耳其学界，《共和国时期教育史》一书系统地揭示了土耳其共和国教育的发展历程。④《探析阿塔图克时期的教育改革》一文分析了凯末尔时期的教育制度，从正反两方面讨论这一时期教育改革。⑤

　　国内学界有关凯末尔时期教育变革的专题研究还较少。张楠《土耳其共和国早期宗教教育的转型及相关讨论(1923—1949)》论述了共和国早期宗教教育的改革和发展情况，讨论这时期宗教教育与现代化的关系。⑥ 昝涛《现代国家与民族构建：20 世纪前期土耳其民族主义研究》展现了民族主义教育在土耳其的发展，包括土耳其史观的形成与教授。⑦ 杨兆钧在其《土耳其现代史》每章的最后一节"社会问题和文教事业"，论述从凯末尔时期开始土耳其文教事业的发展，展现了土

---

① A. M. Kazamias, *Education and the Quest for Modernity in Turkey*, London: Allen & Unwin, 1966.

② Michael Winter, "The Modernization of Education In Kemalist Turkey," in Jacob M. Landau, ed., *Atatürk and the Modernization of Turkey*, Boulder: Westview Press, 1984.

③ Behçet Kemal Yeşilbursa, "The People's Houses as a Model of Non-Formal Education in Turkey (1932 - 1951)," *Çanakkale Araştırmaları Türk Yıllığı*, Yıl 16, Güz 2018, Sayı 15, pp. 1 - 17.

④ N. Sakaoğlu, *Cumhuriyet dönemi eğitim tarihi*, Istanbul: iletişim Yayıncılık, 1992.

⑤ Yayın Süreci, "Atatürk Dönemi Eğitim Sistemi Gelişmelere Bir Bakiş," *The Journal of Academic Social Science Studies*, Number: 37, Autumn I , 2015, pp. 511 - 530.

⑥ 张楠:《土耳其共和国早期宗教教育的转型及相关讨论(1923—1949)》,《中国穆斯林》2022 年第 4 期,第 53—57 页。

⑦ 昝涛:《现代国家与民族构建:20 世纪前期土耳其民族主义研究》,北京:生活·读书·新知三联书店,2011 年。

耳其教育现代化不断发展的历程。①

一、教育改革的背景渊源

(一) 奥斯曼帝国的传统教育与帝国晚期的教育改革

奥斯曼帝国教育制度继承自传统伊斯兰教育体系,该体系为国家利益而塑造但依赖于传统的宗教教规和宗教领袖的教导。② 宗教教育在其中占有重要地位。传统的教育不追求发展专业技能,而向信徒传授真主对他的要求。③ 宗教领袖乌莱玛(Ulema)阶层是传播和教授教义的教师,也是解释教法的法官,这使得乌莱玛在社会和政治活动中拥有相当大的威信和权力,拥有免税权,"对教育的垄断使他们一直控制统治阶级很多成员和广大民众的思想"④。清真寺利用宗教基金瓦克夫(Evkaf)开办大量学校,从教授古兰经的小学麦克泰卜(Mektep)到培养乌莱玛和法官的高等学校麦德莱塞(Medrese),形成了阶梯形升学轨道。奥斯曼教育遵从安萨里(Ghazali)的观点,将数学和天文学等科学视作揭示宗教真理的工具,因而在学校中也形成了包括神学、数学、天文学、医学和文学等方面的教育体系。⑤

奥斯曼帝国晚期的改革涵盖政治、经济、法律等多方面,也包括教育领域。教育领域最早的现代化改革在军事方面。帝国自 18 世

① 杨兆钧:《土耳其现代史》,昆明:云南大学出版社,1990 年。

② Bill Williamson, *Education and Social Change in Egypt and Turkey: A Study in Historical Sociology*, London: Macmillian Press, 1987, p. 20.

③ Bill Williamson, *Education and Social Change in Egypt and Turkey: A Study in Historical Sociology*, p. 23.

④ 〔美〕斯坦福·肖:《奥斯曼帝国》,许序雅、张忠祥译,西宁:青海人民出版社,2006 年,第 354 页。

⑤ Bill Williamson, *Education and Social Change in Egypt and Turkey: A Study in Historical Sociology*, p. 29.

纪起就设立了军事学校,如海军和陆军的工程学校,培养新式军官。1827 年,苏丹马哈茂德二世(Mahmud Ⅱ,1808—1839 年在位)向欧洲派遣以军人为主的留学生,学习新式技术;还开办了医学院和军事科学院。① 此外,教授现代科学知识的新式世俗学校也得以开办并不断发展。1838 年开始开办"吕希底耶"(Mekâtib-i Rüşdiye,即中等学校),学校采用传统课程,但其中包括有关讲授法语和现代课程的规定。学校的目的是训练政府官员和翻译人员。② 1847 年教育部的成立,以及新式中等学校的逐步建立,为世俗教育制度开辟了道路,使乌莱玛阶层失去对教育的独占权。1856 年改革御诏中表明,无论宗教信仰,所有人都可以就读新的平民学校和军事学校。1859 年成立的米尔基耶学院(Mekteb-i Mülkiye)成为文官训练中心。1868 年开设的帝国奥斯曼高级中学——加拉塔萨雷高中(Mekteb-i Sultanî)完全用法语讲课(纯粹的土耳其课程除外),并且认真地试用了现代西方中等学校所设的课程。同时,穆斯林和基督徒可以在一起学习,进一步推动了教育世俗化。③ 苏丹阿卜杜勒·哈米德二世时期(Abdul Hamid Ⅱ,1876—1909 年在位)又办起一系列财政、法律、商业、土木工程、警察、海关等专门学校。1900 年 8 月,经过多次失败的尝试后,高等教育学府"达吕尔菲努恩"(Darülfünun,意为"科学之院")正式重建开学。④ 开办于 1848 年的师范学院,到 1908 年已有 31 所分布在各地。在现代初等教育吕希底耶学校的基础上,帝国又于 1875 年发展出提供中等以及初中教育的伊达底(Idadi)学校。

---

① 〔英〕伯纳德·刘易斯:《现代土耳其的兴起》,范中廉译,北京:商务印书馆,1982 年,第 89—90 页。

② 同上书,第 90—91 页。

③ 同上书,第 129 页。

④ Walter Rüegg ed., *A History of the University in Europe*, Vol. 3: *Universities in the Nineteenth and Early Twentieth Centuries (1800 - 1945)*, Cambridge: Cambridge University Press, 2004, p. 687.

1884 年开始征收一种特别教育税,为教育进一步发展奠定经济基础。① 可见,教育改革已取得一定成果,主要方向是推动世俗化、实用化和西方化。

统一与进步委员会掌权后,进一步推行政治和社会改革。改革促进了司法和教育体制的进一步世俗化,以及进一步降低乌莱玛阶层地位。1917 年教法法庭被划归世俗的司法部控制之下,宗教学院则被划归教育部的控制之下,还创建了一个新的宗教基金部来管理宗教基金瓦克夫。同时,高等宗教学院的课程也被现代化了,欧洲语言被规定为必修课程。②

奥斯曼帝国晚期教育改革在发展教授现代科学知识的西式教育方面取得了相当的成绩,教育世俗化和西方化方面进展迅速。但是,对于广大地区的传统教育体系以及大量的未受教育的群众,教育改革取得的成绩和影响力是相当有限的。到共和国建立之初,学生总数占总人口的比例约为 3%,小学生占 2.8%,中学生 0.05%,高中生0.01%。在全国 1200 万人口中,只有 100 万人被认为是识字的。有35.5 万儿童和青少年进入了条件和机会各不相同,但都被称为"学校"的各种教育培训机构。在职教师 1.2 万人,其中来自师范学校的只有三四千人,其余都是伊斯兰教学校或小学的毕业生。③ 无论是受教育者占总人口数的比重,还是新式教育占教育体系内部的比重都不高,受教育率和新式教育发展水平较低。帝国晚期接受教育的知识分子叶海亚·凯末尔(Yahya Kemal)在回忆录中记载他五岁被送到叫作"新学校"的传统小学,学习古兰经。教师在"拉比耶希尔"(Rabbi Yassir)祈祷词上撒糖,并引导他舔舐,以使他进入传统学习的氛围。后来他转入一所由犹太人主办的叫作"文学学校"(Mektebi Edeb)的

---

① 〔英〕伯纳德·刘易斯:《现代土耳其的兴起》,第 192—193 页。

② 昝涛:《"被管理的现代性"及其挑战者——对土耳其现代化进程的历史反思》,《史学理论研究》2009 年 第 1 期,第 70 页。

③ N. Sakaoğlu, *Cumhuriyet dönemi eğitim tarihi*, pp. 21‐22.

现代学校,但该校当时被指责旨在培养异教徒。① 叶海亚·凯末尔对两所学校的差别深有体会,他指出"我从'新学校'到'文学学校'的转校是从东方到欧洲的转变。"②此时,大众尤其是乡村群众还更认同传统的伊斯兰教育体系。初等教育,特别是在乡村,一般在古兰经学校进行,其最终目标是培养孩子成为哈菲兹即一个将古兰经牢记在心的人。传统教师(Hoca)受到平民百姓将其视为作为宗教的守护者的尊敬;他们的精神比政府派来教孩子新奇事物的年轻教师的心态更能被大众理解和接受。③ 各部委建立自己的学校来培训他们需要的技术和专家人才,各州的专门学校由建立它们的部委管理和检查,④没有整体性的教育体系和计划。

(二) 土耳其民族知识分子的教育改革理念:格卡尔普与阿克储拉

早期土耳其民族主义知识分子等宣传"土耳其民族"和现代化发展,对共和国的建立与建设都具有重要理论指导意义,凯末尔曾表示"我们都是齐亚·格卡尔普的精神之子"⑤。格卡尔普(Ziya Gökalp)和尤素夫·阿克储拉(Yusuf Akçura)是其中具有重要影响力的代表。

格卡尔普对于教育的重视首先来源于他对民族的观点。格卡尔普认为,构成民族的诸要素中语言、文化和宗教是最重要的;民族既不

---

① Michael Winter, "The Modernization of Education In Kemalist Turkey," in Jacob M. Landau, ed., *Atatürk and the Modernization of Turkey*, pp. 184 – 185.

② Yahya Kemal, *Hatıraları*, Istanbul, 1976, pp. 21 – 29.

③ Michael Winter, "The Modernization of Education In Kemalist Turkey," in Jacob M. Landau, ed., *Atatürk and the Modernization of Turkey*, p. 185.

④ Yayın Süreci, "Atatürk Dönemi Eğitim Sistemi Gelişmelere Bir Bakiş," *The Journal of Academic Social Science Studies*, Number: 37, Autumn I, 2015, p. 513.

⑤ Ş. Hanioğlu, "Türkçülük," in *Tanzimattan Cumhuriyete Türkiye Ansiklopedisi*, Clit 5, Istanbul: İletişim Yayınları, 1985, p. 1399.

是与人种或血统相关的部落,也不是一个地理的、政治的或自发组成的实体。他对民族的定义是:"一个由讲共同语言、接受共同教育并统一于共同宗教、道德和审美理想的社会,简单地说,就是有着共同文化和宗教的社会。"①他指出族裔是由后天教育决定的,就算一些人来自其他的部族,但只要他们从小就是在土耳其文化和语言中被教育成人的,他们就是土耳其人。② 因而格卡尔普认为教育在确立人的民族性方面具有根本意义,他重视民族主义教育,通过教育来构建土耳其人的共同体。格卡尔普还主张现代化和世俗化,学习以科学和技术为标志的西方现代文明;主张政教分离,将宗教保留在文化精神领域,使其从政治经济社会事务中分离。③

阿克储拉也重视教育的作用。阿克储拉指出推行土耳其民族主义的困难在于土耳其民族已经"遗忘"了自己的身份;推行民族主义关键是要使土耳其人拥有民族意识。④ 阿克储拉援引法国教育体系通过讲授法国民族历史以宣传民族观念为例,认为教育是培养民族意识的重要方法,他在俄国就曾亲身投入教育以培养民族意识。他指出:"民族问题与教育密切相关。民族语言、意志和信仰是民族主义的最牢固基础,它们在学校教授,并通过教学和培训获得。"⑤因此,在学校内宣传民族主义、爱国主义是推行民族主义、建立民族国家的重要助

---

① Uriel Heyd, *Foundations of Turkish Nationalism*: *The life and Teaching of Ziya Gökalp*, London: The Harvile Press, 1950, p. 63. 转引自昝涛:《现代国家与民族构建:20 世纪前期土耳其民族主义研究》,第 170 页。

② Ziya Gökalp, *Turkish nationalism and western civilization*: *Selected Essays of Ziya Gökalp*, Niyazi Berkes tr., New York: Columbia University Press, 1959, pp. 44 - 45.

③ 昝涛:《现代国家与民族构建:20 世纪前期土耳其民族主义研究》,第 173—175、177—179 页。

④ David S. Thomas, *The Life and thought of Yusuf Akcura* (*1876 -1935*), Doctor of Philosophy at the University of McGill University, 1976, p. 61, 142.

⑤ Yusuf Akçura, "Ittihat ve Terakki Comiyetinin Yıllık Kongresi," *Türk Yurdu*, cilt5, 1913, pp. 878 - 879. 转引自 David S. Thomas, *The Life and thought of Yusuf Akcura* (*1876 -1935*), p. 143.

力。他还主张土耳其学习西方教育制度,以进行民族宣传和教育西方文化。①

教育的民族化即宣扬民族主义、教育的现代化和世俗化即学习西方现代知识和教育制度,是当时土耳其民族知识分子的重要观点。这影响了凯末尔党人的教育思想和改革实践。

(三) 凯末尔本人的教育理念

哈尼奥卢(Sukru Hanioğlu)在《凯末尔传》中谈到了凯末尔本人思想中的民族主义观念和科学主义传统。首先,受戈尔茨《武装的民族》(*Das Volk im Waffen*)影响,奥斯曼军官阶层形成了普遍民族主义思想。凯末尔较早就接受了民族主义的认识。② 其次,哈尼奥卢指出"(青年土耳其党)这些年轻人多数信奉一种'庸俗唯物主义'的德国哲学。它将唯物主义学说通俗化,把唯物主义、科学主义和进化论的普通观念融合为一种简单的信仰,并坚持科学对社会的作用。后来奥斯曼版的唯物主义进一步简化德国的原版,融合各种不同的思想,摒弃宗教信仰是其共性。"③他们坚持,历史是以宗教和科学的斗争为中心,最终以科学的胜利而告终。④ 凯末尔主张在教育领域通过民族主义教育奠定民族凝聚力;主张世俗化教育,支持科学知识教育而不赞成宗教教育。

独立战争期间,凯末尔党人就相当重视教育。1922 年 3 月 1 日凯末尔在大国民议会发表的讲话,展现了他在时局下对教育形势的思考,为土耳其发展国民教育的原则与方针政策奠定了基础。他指出:

---

① 参见 David S. Thomas, *The Life and thought of Yusuf Akcura* (1876 - 1935), pp. 157 - 158。
② 〔土耳其〕M. 许克吕·哈尼奥卢:《凯末尔传》,时娜娜译,北京:商务印书馆,2017,第 34 页。
③ 同上书,第 48—49 页。
④ 同上书,第 50 页。

（1）政府最大和最重要的任务之一，是国民教育工作。为了取得这方面的成绩，需要依据本国的情况、社会上的与生活上的需要及各方面的条件和适应长期的需要，制订出长期规划来。（2）国民教育政策的基础和初步目标是使全国公民能读会写，进一步要求公民具备世界水平的知识。若能达到此项目标，将标志着我国在国民教育史上迈出了可贵的一步。（3）为了适应国家的需要，须培养各种专业技术人才，并为高等教育提供候选人，要办好中等教育。（4）在对儿童和青年进行教育中，不论受教育者程度如何，首先应施以土耳其独立自主的思想教育和用全力与入侵的敌人奋战的精神的教育。[①]

土耳其共和国成立初期，教育的基本状况是：教育的普及程度较低，文盲率仍很高；现代教育体系虽有所发展，但影响力还很有限，人们（尤其是乡村人）更愿意接受传统宗教教育，对现代教育存在偏见。而奥斯曼帝国晚期教育改革为凯末尔时代的改革提供了条件，理论指导和经验教训。在凯末尔党人教育理念影响下，国家教育政策主要集中在三方面：（1）确保民族文化的统一；（2）扩大公民教育和初等教育；（3）培养土耳其需要的训练有素的人力。[②] 这就需要教育体系和内容的全面变革。

二、教育体系的改革与建设

（一）教育立法和指导工作的开展

1923 年，在土耳其共和国成立前，执行代表委员会在大国民议会宣读计划，其中国民教育部分中指出教育的目标是：养育孩子、教育人民、培养民族精英；为教育发展提供各种设施支持；开办高中和师范学

---

① 杨兆钧：《土耳其现代史》，第 87—88 页。

② Ş. Budak, "Atatürk'ün eğitim felsefesi ve geliştirdiği eğitim sisteminin de ğiştirilmesi," *Milli Eğitim Dergisi*, sayı. 160, 2003, p. 23.

校；教育要最大限度发挥个人的潜力和能力，扶助贫困学生；开设体育教师学校；初等教育要为应用专业做准备，适当地区初等教育结束后开设农工商业进修班；女性的教育将与男性一样受到重视，为此，将开设女子师范学校、女子高中和女子工业中学。① 这为共和国的教育发展提供了指南。凯末尔指出了教育的几项原则："教育要全国性、科学、世俗、混合、应用化。"②教育部则指出要发展"民族和世俗、现代和民主的教育"③。

1920 年，教育部成立。④ 1924 年，《教育统一法》(Tevhid-i Tedrisat Kanunu)颁布，宣布国内所有的教育组织都归教育部管理，教法和宗教基金部中用于教育事业的款项被纳入教育预算，各个部门下设的专业学校也隶属教育部。⑤ 这是在一个分散的、伊斯兰认同的国家，建立统一的、现代的、世俗的、平等的国家教育体系的一个基本步骤。⑥ 在其他中东国家，这种改革并不容易，埃及直到 1954 年才废除有两个不平等等级的小学制度，且长期存在宗教教育系统与世俗教育并立的情况。⑦

新生共和国的教育部执行一种中央主义政策，加强对全国教育组织的掌控，以维护国家及其新生的教育系统的权威。⑧ 依据《组织

---

① Tayyip Duman, "Türkiye'de Eğitim Reformları Açısından Öğretmen Yetiştirme Sorunu," *Erdem*, Clit 12, Sayı 34, 1999, pp. 97 - 98.
② Yayın Süreci, "Atatürk Dönemi Eğitim Sistemi Gelişmelere Bir Bakiş," *The Journal of Academic Social Science Studies*, Number: 37, Autumn I, 2015, p. 513.
③ N. Sakaoğlu, *Cumhuriyet dönemi eğitim tarihi*, p. 33.
④ Michael Winter, "The Modernization of Education In Kemalist Turkey," in Jacob M. Landau, ed., *Atatürk and the Modernization of Turkey*, p. 185.
⑤《教育统一法》内容参见 Sakaoğlu, N, *Cumhuriyet dönemi eǧitim tarihi*, pp. 23 - 24.
⑥ Michael Winter, "The Modernization of Education In Kemalist Turkey," in Jacob M. Landau (ed.), *Atatürk and the Modernization of Turkey*, p. 186.
⑦ Ibid.
⑧ Ibid., pp. 188 - 189.

法》，在全国设立 13 个教育区，教育官员被分配到各区，加强对各地教育状况的管控。① 教育部从 20 世纪 20 年代起就对外国建议呈开放态度，并积极接纳。从 20 年代到 30 年代初，教育部邀请欧美著名教育家如约翰·杜威（John Dewey）等人来土耳其访问，并为本国教育政策提供建议。但这些建议很多并不切合土耳其的实际。② 共和国设置了国家教育委员会（Milli Eğitim Şurası）由教育工作者和管理人员组成，是讨论基本问题和制定一般和长期教育政策指导方针的有效机制。③ 此外，科学委员会（Heyeti ilmiye）在讨论和研究教育事务中亦发挥了重要的作用，直至被教育与培训部（Talim ve Terbiye Dairesi）取代。④

（二）基础教育的改革与发展

土耳其建立了"5＋3＋3"的基础教育制度，即小学五年，初中三年，高中三年。⑤ 帝国晚期发展的新式（西式）教育体系是受法国影响下形成的，共和国成立后，简化了旧的结构，减少了学年，使学校教育更加普遍和平等。⑥ 规定初等教育每周课程时数为 26 小时。1926 年颁布的关于教育组织的第 789 号法律中，规定了共和教育体系的结构，初等教育分为城市、乡村小学；师范学校分为初等师范学校和乡村

---

① N. Sakaoğlu, *Cumhuriyet dönemi eğitim tarihi*, pp. 33 – 34.
② Bill Williamson, *Education and Social Change in Egypt and Turkey: A study in Historical Sociology*, p. 94.
③ Michael Winter, "The Modernization of Education In Kemalist Turkey," in Jacob M. Landau, ed., *Atatürk and the Modernization of Turkey*, p. 189.
④ N. Sakaoğlu, *Cumhuriyet dönemi eğitim tarihi*, pp. 30 – 33.
⑤ Michael Winter, "The Modernization of Education In Kemalist Turkey," in Jacob M. Landau, ed., *Atatürk and the Modernization of Turkey*, p. 189.
⑥ A. M. Kazamias, *Education and the Quest for Modernity in Turkey*, London: Allen & Unwin, 1966, pp. 121 – 122.

师范学校。① 初等教育是义务教育,在公立学校免费,但不包括外语学习。② 所有的小学课程都是相同的,上中学之后,学生可以选择进入师范学校学习或接受伊玛目培训。③ 中等教育分为初级中学、高级中学和中等技术学校,实行男女同校。初级中学和高级中学虽相衔接,但分开设校。初高中的教学大纲中除必修的基础课程外,外语设英、法、德文三种(任修一种),技术课程有农业、商业知识,男生须学细木工和钳工,女生则学家事、缝纫等。除体育之外,还有军训。④ 土耳其还宣布中学教育将会免费,但当下需向富人收取一些费用。⑤

重视教师的培养。1925 年 3 月 13 日颁布的《中学教师法》(Orta Tedrisat Muallimleri Kanunu),指出教师是一个职业,承担作为国家公务部门的培训和教育职责。⑥ 该法案提出发展教师的教育事业——师范教育,师范学校的教育年限将增加到 5 年,计划的课程数量将会增加,并增加"社会学"课程。为高年级开设"法律"课程,为进村的教师传授法律知识。此外,还将教授"土耳其与外国文明"课程。⑦ 为实习教师的教学实践提供必要条件也成为重要任务。1932 年后,初等师范学校也改为 6 年制,分为两个 3 年的阶段,分别招收小学和初中的毕业生。⑧

---

① Tayyip Duman, "Türkiye'de Eğitim Reformları Açısından Öğretmen Yetiştirme Sorunu," *Erdem*, Cilt 12, Sayı 34, 1999, p. 99.

② N. Sakaoğlu, *Cumhuriyet dönemi eğitim tarihi*, p. 34.

③ Jacob M. Landau, *Atatürk and the Modernization of Turkey*, p. 189.

④ 杨兆钧:《土耳其现代史》,第 88—89 页。

⑤ Yayın Süreci, "Atatürk Dönemi Eğitim Sistemi Gelişmelere Bir Bakiş," *The Journal of Academic Social Science Studies*, Number: 37, Autumn I, 2015, p. 516.

⑥ N. Sakaoğlu, *Cumhuriyet dönemi eğitim tarihi*, p. 31.

⑦ Yayın Süreci, "Atatürk Dönemi Eğitim Sistemi Gelişmelere Bir Bakiş," *The Journal of Academic Social Science Studies*, Number: 37, Autumn I, 2015, p. 516.

⑧ Tayyip Duman, "Türkiye'de Eğitim Reformları Açısından Öğretmen Yetiştirme Sorunu," *Erdem*, Cilt 12, Sayı 34, 1999, p. 99.

　　小学和中学的课程设置进行了较大程度的改革。1926 年颁布《小学计划》(ilkokul Programı)，小学中增加了公民教育课程，增加土耳其语、历史、地理、生命研究课程的学时，逐渐减少了宗教课。1936 年开始实施新的《小学计划》，教师要在学校关心学生的身体和健康，规定乡村学校每周的课程包括阅读和写作、宿舍和生活知识、算术和农业。① 中学教育在"字母改革"后，将之前的语言和文学教育合并为土耳其语，取消了阿拉伯语和波斯语，改为第二外语，但因为师资短缺后来又被取消。1930 年，历史领域的教学开始采用新形成的土耳其史观，物理、化学与自然科学按照美国教育的惯例合并为理学。1934 年，随着高中课程的新变化，强调重视哲学和美学课程，文学课程也改为以西方文学为重点，出版了课程指南书籍。1937 年，物理和化学又被分开在中学教授。②

　　乡村地区教育的发展有赖于乡村学校的建设和乡村教师的培养。由于教育条件的限制，乡村小学实行 3 年制，直到 1939 年才改为 5 年制。在乡村地区开办寄宿学校使贫穷孩子能受到教育。1933 年，在教育部长雷斯特·加里普(Reşit Galip)组织下成立了乡村事务委员会，目标是培养新型乡村教师。教育部设立了几个项目，发展乡村师范学校，为乡村学校培训教师；在其中一项计划中，受过一些教育的农村士兵通过接受简短的教学课程培训而担任乡村教师。根据 1937 年的《乡村教育法》和 1940 年的《乡村学院法》，设立了专门的乡村教师培训中心。这些乡村师范学院后来得与正规的教师培训学院合并。③

　　随着教育事业的发展，入学率得以大幅上涨，7—12 岁适龄入学儿童的入学比率保持稳定增长：从 1927 年的 23% 上升到 1935 年的

---

① N. Sakaoğlu, *Cumhuriyet dönemi eğitim tarihi*, pp. 62, 65 - 66.
② Ibid., pp. 67 - 73.
③ J. S. Szyliowicz, *Education and Modernization in the Middle East*, Ithaca, N. Y.: Cornell University Press, 1973, pp. 221 - 222.

29％再到 1940 年的 35％。① 同时，发展妇女教育也成为重要的目标。凯末尔本人就是男女同校的坚定支持者。② 男女同校成为官方政策，首先在 1923—1924 学年在大学层面被引入，并在 1927 年成为整个教育系统的规范。③ 女性可以进入所有高等教育机构。

在《教育统一法》以及相关政策的指引下，凯末尔时代私立小学的数量一直在稳步下降，而私立大学也倾向于接受国家的管控。④ 同时，公立学校快速发展，公立教育处在了绝对优势地位。

基础教育改革和发展最显著的成就表现为学生数量的迅速上涨。到 1928 年，小学数量增加到 6060 所，学生人数上涨到 423263 人。⑤ 从 1923—1927 年，各类学校学生人数上涨如下：小学 24.5％，初中 160％，高中 46％，师范学校 98％。⑥ 阿克储拉指出，1928 年，土耳其高中（约 20 所）和初中（约 70 所）满足了国民教育的需要，而小学和职业教育距离（满足需要）的目标还差很远。⑦ 随着 30 年代乡村教育的开展，小学和师范学校不断普及。中学和高中的寄宿生大大增加，免费寄宿生制度得以开展。到 1937 年，小学毕业生比 1928 年增加了一倍，而初中和高中人数则比 1923 年增加了 10 倍和 15 倍。1931 年中学学校的教室数量是 651 间，到 1937 年达到 1394 间，高中学校的教室数量也从 126 间增加到 355 间。⑧ 基础教育取得了巨大发展。同时，为了避免过量学生涌入发展还较为滞后的高等教育，土耳其实行了较为严格的毕业和升学制度。

---

① T. C. Milli Eğitim Bakanlığı, *Cumhuriyetin 50 Yılında*, Istanbul: Milli Eğitimiz, 1973, p. 20.

② A. M. Kazamias, *Education and the Quest for Modernity in Turkey*, pp. 108–109.

③ Jacob M. Landau, *Atatürk and the Modernization of Turkey*, p. 190.

④ Ibid., p. 192.

⑤ N. Sakaoğlu, *Cumhuriyet dönemi eğitim tarihi*, p. 36.

⑥ Ibid.

⑦ Yusuf Akçura, *Türk Yılı (1928)*, Istanbul: Yeni Matbaa, 1928, p. 123.

⑧ N. Sakaoğlu, *Cumhuriyet dönemi eğitim tarihi*, pp. 58–59.

（三）高等教育的建设

共和国成立初期，"达吕尔菲努恩"继续保留，拥有财务自主权和法人资格。[1] 在教育实践中，它被赋予科学和行政自主权。随着凯末尔改革和现代化的发展，越来越多的人开始注意高等教育的重要性，教育部长穆斯塔法·奈加蒂（Mustafa Necati）在 1926 年演讲中强调"'达吕尔菲努恩'在各个领域都必须上升到其他文明国家的大学水平，因为它是代表一个国家文明能力和生命力的最高水平的机构"。[2] 赛乌凯特·坎苏（Şevket Kansu）声称应该建立"一所将土耳其革命转化为土耳其发展的安纳托利亚大学"。为了实现这个目标，必须进行大学改革，以发展科学和技术知识。因为共和国从奥斯曼帝国手中接管的唯一一所大学'达吕尔菲努恩'跟不上凯末尔的观点。宗教学校的特色还在继续。[3] 瑞士教育家马尔切（A. Malche）在仔细考察"达吕尔菲努恩"的现状与问题后，提交了关于教育改革的报告。指出其中存在着教师薪资过低，出版物较少，教学方法过时等问题。[4] 1933 年，教育部长加里普直接指责"达吕尔菲努恩"在土耳其正在进行的变革中处于旁观者的地位。[5]

当改革与现代化事业在诸多领域展开后，高等教育改革被提上了议程。1933 年，土耳其以马尔切的报告为参考，颁布大学教育改革法，宣布关闭"达吕尔菲努恩"，并于同年 8 月 1 日将其更名为伊斯坦布尔大学及其附属的医学、法律、文学、科学学院。土耳其的大学改革大体上按照德国的模式进行，被要求跟上并积极参与土耳其的现代化

---

[1] Yücel Namal, Tunay Karakök, "Atatürk ve Üniversite Reformu (1933)," *Yükseköğretim ve Bilim Dergisi*, Cilt 1, Sayı 1, Nisan 2011, p. 30.

[2] Ibid., p. 31.

[3] Ibid.

[4] Ibid., pp. 31 – 32.

[5] Ibid., p. 32.

进程。① 大学隶属于教育部，教育部有权在伊斯坦布尔大学设立翻译委员会。法律允许教育部长在一年过渡时间内解雇工作人员，留任的大学人员需受到考察，②新的大学工作人员准入严格，他们必须懂一门外语，有些人来自国外，有些人是来自纳粹德国的难民。在 1934—1935 学年，大学共有 6 890 名学生。在安卡拉，高等教育也有所发展，1925 年成立安卡拉法学院，1933 年成立高等农业学院，1936 年成立语言、历史和地理学院。③ 1937 年，法律、农业、语言、历史和地理学院的合并奠定了后来的安卡拉大学的基础。④

高等教育改革给土耳其带来了深远的影响。大学的改革奠定了土耳其科学发展的基础，其创新包括提供科学和行政自主权；学者的学术生涯受法律约束；大学由附属预算管理；他们的预算增加到了过去无法比拟的水平；教师已在各分部接受过培训；教学和研究工具增加，等等。⑤ 大学的变革促进了科学技术的发展，为现代化发展提供了重要支撑。

(四) 职业技术教育的发展

凯末尔曾多次访问职业学校，指出"我们离今天必须达到的水平如此遥远的最重要原因之一是技术和工艺没有得到必要的重视"。⑥ 1927 年颁布的 1052 号法令规定了职业技术教育制度，学制增加到 5 年，前 2 年为预备班，后 3 年为技术班。1933 年成立职业和技

---

① Yücel Namal, Tunay Karakök, "Atatürk ve Üniversite Reformu (1933)," *Yüksekö ğretim ve Bilim Dergisi*, Cilt 1, Sayı 1, Nisan 2011, p. 32.

② Ibid., p. 33.

③ Ibid., p. 34.

④ Bill Williamson, *Education and Social Change in Egypt and Turkey: A study in Historical Sociology*, p. 193.

⑤ Ibid., p. 33.

⑥ Engin Demir, H. Şenay Şen, "Cumhuriyet Dönemi Mesleki ve Teknik E ğitim Reformları," *Ege Eğitim Dergisi*, Cilt 10, Sayı 2, 2009, p. 42.

术教育总局(Mesleki ve Teknik Öğretim Genel Müdürlüğü)。1934 年召开的"部际委员会",审查了外国专家的报告,建议为满足工业发展的需要,应开设学徒学校、夜校和短期课程,以培育工业人才。[①] 1934 年成立女子职业师范学校,1936 年成立男子技术师范学校,培养一批技术教育的教师,促进职业教育的发展。[②]

实际上,共和国初期,职业技术教育并不受到人们重视。基础教育的迅速发展和大受欢迎使得技术培训受到挤压。在奥斯曼帝国时代,技术培训被认为主要适合孤儿和贫困儿童,尽管在凯末尔时期鼓励技术培训,但高中占据初中毕业生去向的最大比例:约 60%,只有 15% 的人进入技术学校,造成了学生的相对过剩和技术人员的严重短缺。技术学校甚至不能提供政府计划中预计的 10% 的受训练的人员。[③] 1938 年,在职业技术教育范围内的男子、女子艺术和技术、卫生、商业、农业和其他职业学校学习 9390 名学生。这在当时农业领域和各行各业都需要训练有素的人员的时候是极其不足的。1936 年颁布的技术教育发展计划(Teknik Eğitim Planı),对于教育和就业部门的联合工作非常有价值,该计划在未来十年得以实施,取得了重要的成果。[④]

三、教育内容的调整

(一) 教育的世俗化发展

凯末尔党人支持鲜明的教育世俗化政策,于 1925 年率先停办了

---

① Engin Demir, H. Şenay Şen, "Cumhuriyet Dönemi Mesleki ve Teknik Eğitim Reformları," *Ege Eğitim Dergisi*, Cilt 10, Sayı 2, 2009, p. 43.
② N. Sakaoğlu, *Cumhuriyet dönemi eğitim tarihi*, p. 75.
③ Jacob M. Landau, *Atatürk and the Modernization of Turkey*, p. 191.
④ N. Sakaoğlu, *Cumhuriyet dönemi eğitim tarihi*, p. 75.

宗教学校麦克泰卜、麦德莱塞，其次逐渐停止学校的宗教课程。凯末尔主义者的官方态度是，宗教教育应该在家里而不是在学校进行，但当局采取了谨慎的行动。宗教课程并没有立即从课程中删除，而是逐步取消。起初，它们在自愿的基础上继续开展；然后它们初中停止，后来在高中停止。1932 年，宗教教育也从小学的课程中撤出。[1]

在教育统一法颁布执行的初期，出现了一些以培养伊玛目为目标的政府学校，《教育统一法》第 4 条规定，在宗教教职人员学校即将关闭的情况下，设立专门学校（伊玛目—哈提普学校，imam-Hatip Mektepleri）来培养宗教工作人员。1924 年 9 月，开设了 26 所这样的学校。这种学校的大部分教学时间都用于科学和法语，宗教科目如古兰经和圣训被降为次要位置，根本不教阿拉伯语。最终这种学校在 1931 年也被关闭了。[2] "达吕尔菲努恩"中的神学院也在 1933 年高等教育改革时被关闭。这一时期，学校中的神学教育受到空前打击，在土耳其的学校中，基本不存在宗教神学教育了。

（二）对民族主义理念的教育与宣传

1. 对于"土耳其民族"的教育

凯末尔党人对民族的认识逐渐形成土耳其共和国民族主义意识形态，在国家教育中被反复宣传。凯末尔主张把民族主义限制在安纳托利亚，属共和国国土范围内，反对扩张倾向。[3] 同时强调了土耳其民族的共同特性，包括共同语言、共同起源、共同地域、共同之过去和共同文化。30 年代初，凯末尔与阿菲特·伊楠（Afet Inan）合写了一部民族教育读本，后来成为 30 年代土耳其的教科书。[4] 民族教育进

---

① Jacob M. Landau, *Atatürk and the Modernization of Turkey*, p. 187.
② Ibid, p. 188.
③ 凯末尔对扩张主义的批评参见昝涛：《现代国家与民族构建：20 世纪前期土耳其民族主义研究》，第 243—252 页。
④ 同上书，第 253—254 页。

入校园,以直接传达凯末尔的思想。这一时期的民族教育从小学生抓起,小学生上课前要朗诵加里普撰写的誓词"我是土耳其人,我诚实而勤劳",将民族自豪感上升到道德层面。凯末尔指出,在道德中,有一种最崇高,即勇于为民族献身的民族道德。他很重视这种道德,认为这种民族道德感是教育的根本目标。① 通过基础教育,"土耳其民族"的官方理念被灌输在新一代土耳其人中。

2. 土耳其民族史教育:土耳其史观

共和国早期的历史教科书主要是《土耳其史》(*Türkiye Tarihi*),实际上还是奥斯曼史,该书没有把土耳其的种族特征作为主要的分析单位。1928 年格卡尔普的《突厥文明史》(*Türk Uygarlığı Tarihi*)出版并成为高中教科书,这本书了突出土耳其民族的地位,但主要讲述伊斯兰教之前的突厥文明。而且反映了格卡尔普的文化、文明观,即主张学习西方文明,发展传统文化,与共和人民党的全盘西化理念不合,因而也不很适宜作为教科书。② 而当时使用的一些外国教科书则认为土耳其人是黄种人,奥斯曼征服是破坏,伊楠把这些历史教科书拿给凯末尔看,凯末尔对于这种传统的历史叙事不满,③主张编纂新的"土耳其民族"的历史,通过族史重构树立土耳其民族的地位。在"突厥之家"第六次代表大会中,伊楠在凯末尔的支持下,发表了关于土耳其历史的演讲,提出追求"真实的"土耳其历史的号召,以此展开了检视族史的活动,成立了土耳其历史委员会。1930 年,在凯末尔的支持下,历史学者们完成了《土耳其史纲要》(*Türk Tarihinin Ana Hatları*)的编写,重构了土耳其历史,基本阐述了"土耳其史观"的主要内容,成为凯末尔主义历史研究的指南。全书篇幅有所调整,缩减奥斯曼史的部分,而突厥文明部分大大增加。书中参考了欧洲东方学和人类学成果,提出反对西方对土耳其人的长期以来的偏见;通过展

---

① 昝涛:《现代国家与民族构建:20 世纪前期土耳其民族主义研究》,第 257—258 页。
② 同上书,第 279—281 页。
③ 同上书,第 262—264 页。

示土耳其人种族的优点,突出土耳其人创建国家与传播文明方面的能力,来培养民族的自尊;否定神学史观,宣扬科学史学。[1]

1931年,土耳其高中历史教科书四卷本《历史》(Tarih)出版。"从内容和逻辑上讲,《历史》在很多方面受益于《土耳其史纲要》,甚至个别章节完全拿来就用了,可以说,前者只是对后者的修订与扩展罢了。从主题思想来看,《历史》也是要正式公开地宣扬土耳其种族的优越性、历史的悠久性及对其他民族文明的贡献。"[2]书中宣称,土耳其人是来自中亚的圆头颅的白种人,早期人类文明的所有成果都是土耳其人创造出来的,土耳其人从中亚向外迁移,在全世界创建了许多文明。上述说法体现了"土耳其史观"突出史前史以及土耳其对世界文明的"贡献"的特点。新的教科书的编写,标志着"土耳其史观"的框架已经系统化。[3]

1932年召开了第一次土耳其历史大会以促进在教师中形成新的史观的共识,从而宣扬和推广土耳其史观。卡拉尔总结第一次土耳其历史大会所形成的结论,即"土耳其史观"的主要内容,包括:"(1)土耳其民族的历史,并不……只包括奥斯曼史。土耳其的历史更古老,把文化传播给所有其他民族的是土耳其民族。(2)土耳其人是白种的圆头颅人。他们是今天我们祖国的主人和最古老文化的创建者,我们是他们的子孙,认可同一个名字。(3)土耳其人把文明带到了他们居住的地方,而且是伊拉克、安纳托利亚、埃及以及爱琴海的最早文明的创建者,土耳其人来自中亚。我们今天的土耳其人,是中亚人的后代。"[4]这种史观还把伊斯兰教视作奥斯曼帝国衰落的主要原因。在大会上,中学和大学老师要接受"土耳其史观"并向全国的学生传授。

---

① 昝涛:《现代国家与民族构建:20世纪前期土耳其民族主义研究》,第281—284页。

② 同上书,第285页。

③ 同上书,第285—302页。

④ Enver Ziya Karal, "Atatürk'ün Türk tarih tezi," in A. İnan and E. Z. Karal (eds.), *Atatürk hakkında konferanslar*, Ankara, 1946, pp. 59-64. 转引自昝涛:《现代国家与民族构建:20世纪前期土耳其民族主义研究》,第302页。

随着"土耳其史观"的传播,土耳其民族主义的观念逐渐深入人心,推动土耳其现代民族国家的转变与建设。

3. 民族文化、知识的传播

共和国政府为了保证民族教育的发展,采取了限制外国学校的政策。教育部于 1925 年 9 月 25 日发布通知,决定在少数民族学校和外国学校中教授 5 个小时的土耳其语、历史和地理课程;并宣布,教授这些课程的教师由土耳其人担任,并由教育部选拔。① 1924 年后,境内外国人开办的学校陆续停办,能够保存下来的仅有几所,如美国人创办的伊斯坦布尔的罗伯特学院等。②

在 30 年代系统的形成对土耳其文化、历史的重新认识、理解后,凯末尔推动对这种认知的传播,在教育系统融入、发展这些理念。1936 年开办的语言、历史、地理学院,其宗旨为建立一个考试和研究机构,以信息的方法处理土耳其文化;根据对民族语言、历史科学及其最新理解,为教育机构培训教师。③

(三) 对共和主义、科学精神的传播

1. 教育贯穿共和精神

土耳其教育改革力图于建立符合共和国发展需求的教育体制,共和主义精神是土耳其共和国的立国原则之一,也是教育内容中所强调的对象。这一时期力图构建一种适合民族国家性质的"共和教育"的教育方法。凯末尔在《公民知识》(*Millî Eğitim*)中强调,国民教育的义务是"根据受教育程度,培养不同层次的有知识和有益的公民"。《公民知识》将向所有公民灌输这样一个最重要的原则,即承认并热

---

① Ismail Acar, *Türk Ocakları*, Balıkesir: Türk ocağı, 2004, p. 72.

② 杨兆钧:《土耳其现代史》,第 89 页。

③ Yücel Namal, Tunay Karakök, "Atatürk ve Üniversite Reformu (1933)," p. 34.

爱共和国,承认宗教和信仰的纽带是超越世俗生活限制的精神概念。"①1923 年 12 月 19 日教育部的通知规定"学校有义务教育对共和国的原则的忠诚",1924 年 9 月 8 日的通知指出"我们的孩子应该在他们的心灵深处铭记为共和国牺牲的思想"。1927 年 5 月由教育部长奈加蒂签署的通知中,有以下声明:"所有学校校长和教师的共同责任是利用一切机会解释土耳其共和国的成立并利用每个机会宣传共和国。"在官方编纂的《历史 IV》中,指出教育目标首先是培养民族主义、民粹主义、革命和世俗共和国公民。② 在教育改革中,传统君权、神权教育被废除,公民教育进入小学课堂,以凯末尔主义代表的现代政治理念得到普遍传播,共和理念被宣扬。此外,共和精神也通过社会教育组织人民宫来传播,普及大众。

2. 教育培养科学精神

奥斯曼帝国晚期,现代科学教育就已经受到重视。共和国初期,随着世俗化的开展,科学教育越来越被强调。凯末尔提出科学应作为教育原则之一,指出"全国的孩子必须平等地学习科学和技术"。③ 在基础教育体系内,虽然具体内容时有变动,但数学、物理、化学等科学学科始终是学校教育的重要组成部分,而宗教教育逐渐被排除于教育体系之外。对于学生科学精神的培养,从小学就已经抓起,小学就已经有自然知识、生命科学、算术—几何等科学方面的课程。对于科学精神的发扬使得科学理念逐渐取代宗教虔信成为流行观念,为现代化发展奠定了思想基础。大学改革加强了对高等教育的扶持,推动了对科学尖端领域的探究,展现了对科学精神的追求。

1928 年进行的字母改革即土耳其文由阿拉伯字母书写变为拉丁

---

① A. Afetinan, *Medeni Bilgiler ve M. Kemal Atatürk'ün El Yazıları*, Ankara: Atatürk Araştırma Merkezi, 2000, p. 365.

② İsa Tak, "Atatürk Dönemi Eğitim Politikasının Cumhuriyetçi Karakteri," *Sosyal Bilimler Araştırmaları Dergisi*, Cilt1, 2007, pp. 133 - 134.

③ N. Sakaoğlu, *Cumhuriyet dönemi eğitim tarihi*, p. 23.

字母书写,编制新的字母表,也被赋予了西方化、现代化与科学的意义。时人认为拉丁字母代表革新和西方现代文明,而阿拉伯字母已经过时,阻碍学习西方先进文明;且阿拉伯字母学习过于繁复,是本国文盲率高的重要原因。有关文字改革的讨论一直存在,1928 年 6 月 26日,一个特别委员会成立,着手研究"关于采用拉丁字母的可行性及方式",凯末尔亲自主持和指导了会议的讨论。8 月 9 日,新字母被推广给全体国民。① 新字母通过教育和扫盲运动被迅速推广给国民,寄托着土耳其对现代化的新追求。字母改革蕴含着摆脱落后的传统,迅速发展科学的新文化的目标。与此相称的是 1928 年,阿拉伯语和波斯语教学也从教学体系中删除。

四、社会教育体系的建立与发展:国民学校与人民宫

(一) 国民学校的设立及其作用

共和国建国之初,一个困难的教育任务是在农村推动扫盲和传播文化。正式的学校制度必须由各种俱乐部和有组织的活动加以补充。② 新字母颁布以后,凯末尔指出"还有一项非常有必要的工作。应该快速学习新的土耳其字母,要教给每个公民,女人,男人,搬运工,船夫。"③较为简单好学的新字母,为迅速而广泛的扫盲运动奠定了基础。

1928 年 11 月 11 日,国务委员会制定的《关于国民学校组织的指示》(Millet Mektebi teşkilâtına dair Talimatname)被部长会议接受并实施。此指示条例第一条指出,其宗旨是"由于土耳其国民议会已依法通过在个人、公共、私人和官方通信中使用土耳其(新)字母书写土

---

① 〔英〕伯纳德·刘易斯:《现代土耳其的兴起》,第 291 页。
② Jacob M. Landau, *Atatürk and the Modernization of Turkey*, p. 190.
③ N. Sakaoğlu, *Cumhuriyet dönemi eğitim tarihi*, p. 44.

耳其语,因此,(该组织的)目的是确保土耳其民族最大程度受益于新字母,让每个人都有机会在短时期内以简单方式读写,使广大人民群众迅速识字"。条例第 4 条规定,"组织的负责人和国民学校的首席教师是尊敬的加齐穆斯塔法·凯末尔。"随着此条例出台,土耳其在正规和非正规教育领域开始了真诚、热情和富有成效地动员。年龄在 15 至 45 岁之间且未上学的所有公民,不分男女,都被视为国民学校(Millet mektebi)的学生。军队中的人将在军营中接受军官和识字中士的识字训练。计划在两三年内使除老年人口以外的所有人摆脱文盲状态。① 这些学校分为男子学校、女子学校和混合学校。每年的 11 月 1 日,国民学校举行盛大而有趣的开学仪式。课堂教学持续四个月,能够成功毕业的人将在三月份获得文凭。②

国民学校的教学体系包括三个阶段。第一个阶段即 A 课程教授阅读和写作。B 课程为完成 A 课程的学生提供继续生活和工作所需的基本知识。C 课程为已完成 B 课程的学生传授更高水平知识和技能。③ 在 20 世纪 30 年代,土耳其开设了乡村教育课程、公共阅览室、夜间艺术和商业学校、军士教官培训中心等各种基础教学组织及设施,并积极推行通过短暂培训成为乡村教师的项目。④

国民学校的开展取得了相当的成绩,在扫盲和基础知识的普及方面成就颇大。1929—1935 年,230 多万人通过了 A 与 B 类课程,获得国民学校证书。到 1937 年,总计有约 252 万名公民通过这类课程获得读写能力。当然,一些人懂得旧文字,本来就是识字的。⑤ 共和国成立时只有不到 10% 的人可以读写。建国后开展了扫盲事业,但到 1927 年读写率仍只有 10.6%,1928 年的字母改革为更多人识字提供

---

① N. Sakaoğlu, *Cumhuriyet dönemi eğitim tarihi*, pp. 46 - 48.
② Yayın Süreci, "Atatürk Dönemi Eğitim Sistemi Gelişmelere Bir Bakiş," p. 520.
③ N. Sakaoğlu, *Cumhuriyet dönemi eğitim tarihi*, p. 47.
④ Ibid, p. 50.
⑤ N. Sakaoğlu, *Cumhuriyet dönemi eğitim tarihi*, p. 48.

了条件,1940 年读写率已经提升到 22.4%,并在之后继续提升。① 大批不适龄的成年人受到了基础教育的基本培训,获得了一定的读写能力,能够适应现代化的进程并发展自我,为国家的现代化发展奠定基础。

(二) 人民宫与社会教育

1. 人民宫及其社会功能

1931 年,在凯末尔推动下共和国初期有相当影响力的社会组织"突厥之家"被并入共和人民党,在此基础上建立了人民宫(Halkevleri)。1932 年 2 月 19 日,人民宫正式向公众开放。人民宫是直接在共和人民党的管理下的面向大众、提供社会服务的社会组织。人民宫是在共和人民党秘书长的领导下,安卡拉人民宫的领导由秘书长直接任命,各省人民宫的负责人由该省党的负责人任命。共和人民党提供人民宫的建筑物,通过党的预算提供人民宫资金,而相关资金又从国家预算中获得。② 人民宫起初有 14 个分部,随后迅速增长,到1932 年年底就有 34 个分部,1940 年分部达到 379 个,1950 年为478 个。③

官方支持使得人民宫有能力提供更多的社会服务。人民宫下设九个部门,包括:语言、历史和文学,美术,戏剧,体育,社会救助,课程,图书馆和出版物,农村,博物馆和展览。④ 每个活动部门又根据成员和现有领导层的不同分为若干分支。30 年代初设立了种种社会组

---

① Jacob M. Landau, *Atatürk and the Modernization of Turkey*, p. 190.

② Behçet Kemal Yeşilbursa, "The People's Houses as a Model of Non-Formal Education in Turkey (1932 – 1951)", *Çanakkale Araştırmaları Türk Yıllığı*, Yıl 16, Güz 2018, Sayı 15, p. 5.

③ Ibid. Kemal H. Karpat, "The People's Houses in Turkey: Establishment and Growth," *Middle East Journal*, Winter-Spring, 1963, Vol. 17, No. 1/2, p. 61.

④ Alexandros Lampous, *Nation-Building in Modern Turkey: The "people's houses", The state and The citizen*, London: I. B. Tauris, 2015, p. 35.

织,包括共和人民党公共演说家机构、土耳其历史学会、土耳其语言学会等等,人民宫是其中在创立和延续凯末尔主义意识形态方面最为全面和广泛的机构。①

正如安卡拉人民宫的报告中所指出的,"人民宫作为一个理想和一个机构,是一个向我们大部分人传授我们政党的原则的非常重要的中心";它的主要目的是"锻炼和培养爱国主义"。党试图通过间接的、更有效的文化宣传方法来实现这一目标,而不是通过直接的政治指导。② 希姆沙克(Sefa Şimşek)也指出:"人民宫的目的是在没有大众媒体和其他中介元素的情况下,国家与社会,知识分子和普通百姓之间进行政治交流的手段。"③简而言之,人民宫的功能是通过提供多种社会服务来宣传共和国的官方意识形态,使其深入大众。

2. 人民宫的作为社会大众教育的积极意义

(1) 大力宣传共和国的意识形态

当凯末尔领导的民族独立斗争的时候,人们支持战争是因为反对侵略,可以说他们在很大程度上支持安卡拉政府,只是因为它正与侵略他们的占领军交战。很难相信人们对共和国的建立或采用世俗的西方文化有意识地产生了兴趣。④ 坦纳·帖木儿(Taner Timur)指出这一时期的意识形态困境,"以一党实证主义为代表的西方资本主义对于现有的生产关系来说太先进了。同时,伊斯兰意识形态继续忠实地反映出前资本主义生产方式的残余。"⑤共和人民党一方面发展经

---

① Sefa Şimşek, "'People's Houses' as a nationwide project for ideological mobilization in early Republican Turkey," *Turkish Studies*, March 2005, Vol. 6, No. 1, p. 71.

② FO624/32, "Report on the Turkish Halkevleri," by E. W. E. Tomlin, *British Council Reports*, No: 319, British Embassy, Baghdad, 1943; CHP, *Halkevleri* 1940, Ankara: Ulusal Matbaa, 1940.

③ Sefa Şimşek, "'People's Houses' as a nationwide project for ideological mobilization in early Republican Turkey," *Turkish Studies*, March 2005, Vol. 6, No. 1, p. 71.

④ Ibid, p. 73.

⑤ T. Timur, *Türk Devrimi ve Sonrası*, Ankara: Imge Kitabevi, 1993, p. 57.

济，使经济状况适应官方意识形态，而另一方面则积极推进自己的意识形态。30 年代初，因反侵略战争形成的统一意识形态已经过去，而新的凯末尔主义意识形态更需要加强构建。

在共和国初期，"突厥之家"积极支持共和人民党理念、政策和民族主义意识形态。因而，凯末尔对"突厥之家"很看好，他指出"我们由思想上完全不符合党（的要求）的人组成，但我在"突厥之家"看到了真正的革命者团体，我们要做的是关闭这个组织，而将其并入共和人民党。"[1]他把"突厥之家"的架构并入共和人民党，在此基础上以官方方式加强意识形态宣传。

新建成的人民宫对于凯末尔主义意识形态的宣传也是不遗余力的，他们在人民宫杂志《理想》（*Ülkü*）中突出宣传："我们可以高兴地说，共和国找到了解决我们每一个障碍的办法，为时不晚地发现宣传所应有的价值。但是，我们的一些人误解了这个词或从贬义方面理解它。当我们说'宣传'时，我们想象的是谎言或至少是夸大其词……当宣传用于对付敌人时，宣传可能意味着这些。但是，当用于代表理想、革命时，宣传仅意味着充分传播事实……"[2]卡尔帕特（Kemal Karpat）对于人民宫的作用分析道："人民宫的政治目标是说服尽可能多的人，土耳其民族主义是他们的新宗教，共和主义是他们的现代政治身份。土耳其作为一个国家的生存取决于这些政治原则的普遍接受，这些原则被认为是现代化本身的同义词。因此，很明显，为了实现其主要目标，人民宫首先需要发展媒体，使他们能够接触到最多的人并向他们传播这些思想。"[3]人民宫通过媒体传播官方

---

[1] Ismail Acar, *Türk Ocakları*, p. 86.

[2] See Ülkü, No. 36 (Feb. 1936), p. 452. 转引自 Sefa Şimşek, "'People's Houses' as a nationwide project for ideological mobilization in early Republican Turkey," *Turkish Studies*, March 2005, Vol. 6, No. 1, p. 83.

[3] Kemal H. Karpat, "The Impact of the People's Houses on the Development of Communication in Turkey: 1931–1951," *Die Welt des Islams*, New Series, Vol. 15, Issue 1/4, 1974, p. 69.

意识形态。

（2）进一步深入人民，将国家意志推动扩散

人民宫的重要特征是其本质上的大众性。作为一个俱乐部，它声称既不迎合富人也不迎合穷人，而是迎合所有人，不管他们的经济或社会地位如何。① 30 年代初的凯末尔主义还未深入基层。因而，深入大众是当时的迫切需求。

具有民粹性的"突厥之家"已经为"面向人民"的目标奠定了基础，但共和人民党仍需要彻底面向人民，它主张去除组织的知识分子属性。《理想》在谈到人民宫时，声称："人民宫：……顾名思义，这不是宫殿或庄园。这是一个国家机构，聚集了所有深度民粹主义，完全反对任何阶级冲突的土耳其人民。那里没有'你'或'我'，只有'我们'。政治上和社会上较高的公民、农民或工人肘挨肘坐着（并排）；他们互相交谈……"②这力图构建一个理想化的人民组织。与"突厥之家"成立农民之家的农村组织相对应，这时在农村地区设立了"人民之家"（Türk Odaları），力争深入群众。《理想》杂志除坚持西方化之外，还坚持走"人民路线"，主张以现代的和民族的艺术形式使人们接受共和国的理想。③

（3）挖掘宣传土耳其传统民俗文化

人民宫一方面向无知的青年教授知识，教导未受过教育的群众树立良好风尚；另一方面承担着将民族文化、道德和艺术的内容汇编起

① Behçet Kemal Yeşilbursa, "The People's Houses as a Model of Non-Formal Education in Turkey (1932 - 1951)," *Çanakkale Araştırmaları Türk Yıllığı*, Yıl 16, Güz 2018, Sayı 15, p. 8.

② K. N. Duru, "Halkevleri ve Halk Terbiyesi", *Ülkü*, No. 81(Nov. 1939), p. 209. 转引自 Sefa Şmşek, "'People's Houses' as a nationwide project for ideological mobilization in early Republican Turkey," *Turkish Studies*, March 2005, Vol. 6, No. 1, p. 78.

③ 昝涛：《现代国家与民族构建：20 世纪前期土耳其民族主义研究》，第 360 页。

来，以民族视角向外界展示的任务。① 卡尔帕特指出："（人民宫的）文化目标是建立基于民间传说和真实土耳其生活方式的民族文化，这要求在村庄乃至据说保留了土耳其文化的部落群体中进行广泛的社会学和民俗学研究。人民宫的职责是发掘地道的土耳其文化，收集传说、诗歌和故事，采集歌曲，并通过先进的技术改善其质量，最终与全国分享。"②共和人民党指示人民宫负责人敦促当地青年从当地事件、乡村生活和城镇生活中汲取灵感，并撰写故事和散文，描述其土地的自然美景。③ 在此过程中，加强民族文化的保存和宣扬。

　　帕森斯（Talcott Parsons）指出大众教育是导向现代化的一个新的文化创新。④ 对于人民宫，亚希尔布尔萨（Behçet Yeşilbursa）总结道："人民宫在新土耳其共和国的生活中发挥了巨大的作用。如果不是因为它的起源，那么从它的活动中，更不用说从它的成就看，它都是独一无二的模范机构，没有它，即使是像阿塔图尔克这样伟大的领导者，也可能无法实现他所做的影响深远的变革。"⑤作为社会教育的重要组成部分，人民宫在土耳其现代化历程中起到了相当重要的积极作用。

① See *Ülkü*, Vol. 1, No. 3 (1947), p. 2, 转引自 Sefa Şimşek, "'People's Houses' as a nationwide project for ideological mobilization in early Republican Turkey," *Turkish Studies*, March 2005, Vol. 6, No. 1, pp. 79 - 80.

② Kemal H. Karpat, "The Impact of the People's Houses on the Development of Communication in Turkey: 1931 - 1951," *Die Welt des Islams*, New Series, Vol. 15, Issue 1/14, 1974, p. 69.

③ Cumhuriyet Halk Firkasi Katibi Umumiliginin Firka Teskildtina Umumi Tebligati, Vols 1 - 20 (Ankara, 1933 - 1940), vol. I, p. 107, communication ♯ 129, of November 11, 1932.

④ T. Pasons, *The system of modern societies*, Hoboken: Prerice Hall, 1971, pp. 94 - 95.

⑤ Behçet Kemal Yeşilbursa, "The People's Houses as a Model of Non-Formal Education in Turkey (1932 - 1951)," *Çanakkale Araştırmaları Türk Yıllığı*, Yıl 16, Güz 2018, Sayı 15, p. 1.

五、余论:教育变革的积极意义与存在的问题

(一) 积极意义

1937年,凯末尔在大国民议会的演讲中指出国家教育的目标:"我们的伟大事业是将我们生活的国家提升为最文明、最繁荣的国家。这是伟大的土耳其民族的充满活力的理想,它不仅在制度上而且在思想上都发生了根本性的革命。为了尽快实现这一理想,我们必须共同实施一个理念和行动。只有以最合理的方式制定详细的计划,才能取得成功。为此,不留一个文盲,培养伟大的发展战争和国家新建设所需的技术人员,创造能够理解和解释国家事业意识形态并使其代代相传的个人和机构。尽快落实这些重要的原则,是文化部肩负的重大而繁重的责任。让我所指出的希望永远活在土耳其青年的心中和土耳其民族的意识中,这是我们大学和学院的主要职责。"[1]事实上,通过教育改革,凯末尔为实现这些目标基本扫清了道路,取得了初步的成果。

这一时期的教育变革,使土耳其教育现代化事业取得重大成就。土耳其的各类学校数量不断增长,在校学生大大增加,教师数量不断增多,初步形成了从小学到初中,到高中,再到大学的现代教育升学体系。教育内容进行了较彻底的世俗化、科学化的现代化改革,传统的宗教教育为现代知识的教育所代替。这一时期的教育改革为后来进一步的教育现代化、基础教育的普及和高等教育的进一步发展奠定了坚实的基础。

教育改革彻底改变了土耳其的社会文化面貌,社会文化的现代发

---

① A. İnan, *Atatürk Hakkında Hatıralar ve Belgeler*, Dördüncü Baskı, Ankara: Türkiye iş Bankası Kültür Yayınları, 1984, p. 367.

展得以展开。传统的、保守的宗教气氛被打破,新式教育逐渐培养了科学、理性的新的社会氛围,人民逐渐能够接受西方新思想,为全面西化改革、现代化道路奠定了社会文化基础。

新的教育培养了一大批新式人才,共和国教育培养出来的一大批优秀学生,逐渐在土耳其的现代化进程中成为顶梁柱。新式教育适应了土耳其迅速开展的工业化等现代化进程,为工业化和现代经济的发展,培养了大量人才。这一批学生在后来的经济、政治、社会文化等方面的现代化进程中起到重要作用。新的大学体制,培养了高等教育人才,为科技发展提供了科研环境和学术从业者。

新式教育的培养逐渐改变人民的观念,树立了凯末尔主义的官方意识形态在全国范围内的领导地位。民族主义取代伊斯兰教成为维系国家认同的"公民宗教"。人民接受了科学主义和共和精神,在共和人民党的领导之下,土耳其迈上了现代化道路。

教育领域贯彻修订了的新民族史,"土耳其史观"通过教育的普及逐渐深入人心。昝涛教授指出,其积极意义包括增强民族自信,为世俗化改革提供合法性,确定土耳其人对安纳托利亚的历史主权,反对"西方中心主义"等方面。[①] 民族精神通过教育得以发扬,土耳其民族国家建设得以由此逐步发展。

(二) 教育变革的缺陷

出于资金和人员的资源有限性、行政惰性,以及大量农民的抵触等因素,新式教育很难真正全面普及和发展。[②] 乡村教育发展有限,很多学校只有一个教师、一间教室和三个年级,许多孩子因此无法上学;1939 年学制改革前,孩子们不能上 4—5 年级。计划的教学内容

① 参见昝涛:《现代国家与民族构建:20 世纪前期土耳其民族主义研究》,第 325—330 页。
② Bill Williamson, *Education and Social Change in Egypt and Turkey:A study in Historical Sociology*,p. 96.

没有涵盖乡村生活实际需要的实用内容。同时,乡村教师的待遇也有待提高。[1] 另一个教育改革的疏漏之处是高等教育改革和发展较晚,初期没有发展出系统性的高等教育体系。

凯末尔改革主张全面西化。[2] 因此在教育领域,植入西方的教育制度、物质科技与精神文化,推行字母改革,在培养了一大批现代化人才的同时,也使一代人在受教育阶段与传统完全脱离,使得他们与土耳其传统文化面临严重割裂。

强制的激进世俗化改革一定程度上伤害了传统虔诚的穆斯林信众的感情。"(世俗化)发展不能归因于大多数穆斯林人口真诚支持向世俗化和国民教育过渡。一个仅占全国8%—9%的人能识字、尚未摆脱乌玛(Ummah)和臣民习惯、尚未获得公民美德的社会能够纯粹出于'土耳其意识'而支持这种激进的变革,这是不可想象的。"[3]通过国家强力的世俗化,宗教教育被完全取消,甚至世俗化教育框架内的一定的神学教育也不被允许存在,这种激进变革影响了宗教教育正常的发展,也存在着宗教力量反弹的隐患。

教育改革建立了在教育部领导下的统一的教育体制,推动整体的教育变革,在实践中带有过于集权化倾向。杜威在给土耳其教育部的报告中指出,过于集权化的教育体制"阻碍了地方社区承担起他们应该承担的责任,产生了太过于划一的教育体系,无法灵活地适应各种不同地方、城市、农村、海运的多种多样的需要,无法适应农村不同社区、不同环境和不同工业门类的需要。"此外,"任何集权制都会导致行动上的官僚主义、专断和专横的习气"[4],带来了教育体制的低效。这

---

[1] N. Sakaoğlu, *Cumhuriyet dönemi eğitim tarihi*, pp. 63 - 65.

[2] 参见昝涛:《现代国家与民族构建:20世纪前期土耳其民族主义研究》,第365—366页。

[3] N. Sakaoğlu, *Cumhuriyet dönemi eğitim tarihi*, p. 25.

[4] John Dewey, "Report and Recommendation upon Turkish Education (1939)," in J. A. Boydston, ed., *John Dewey: The middle Works, 1899 - 1924*, Carbondale IL: Southern Illinois University Press, 1983, pp. 280 - 282.

种教育制度引发了对教育多样化的忽视和官僚、低效的习气。杜威建议道:"(土耳其)中央教育部应该赞成统一,但必须反对划一,赞成多样化。"

总而言之,在凯末尔时代,新生共和国推动了教育改革与发展。教育体制得以变革,设立了统一管理教育的教育部,改革原有基础和高等教育体制,并大力开办各类学校。教育内容得以革新,教育在世俗化、民族主义化、传播共和与科学精神等领域取得重大发展。此外,社会教育领域得以发展,国民学校和人民宫在推动现代知识和官方意识形态的传播方面成绩突出。凯末尔时期的教育改革为现代化发展提供了接受西化的社会文化、一批现代人才和传播凯末尔主义意识形态的基础等条件;同时,也存在着乡村新式教育发展有限、管理偏单一和激进改革伤害传统信仰群众的感情等缺陷。

作者简介:李明隽,兰州大学历史文化学院硕士研究生。

名与实之间：围绕土耳其国名的争论①

张 楠 昝 涛

    土耳其共和国自 1923 年建立以来一直采用 Türkiye Cumhuriyeti（即土耳其共和国，简称 Türkiye）作为自己国家的名称，英文名称为 The Republic of Turkey（简称 Turkey）。但是，土耳其要努力摆脱 Turkey 这个名称，这一努力在 2022 年 6 月 1 日取得了正式成果，联合国同意将土耳其的英文名称注册为"Türkiye"，正式取代"Turkey"这一旧名称。

一、付诸实践：土耳其寻求摆脱"Turkey"的名称

    土耳其寻求更名的努力始于 2021 年底。2021 年 12 月 4 日，土耳其总统府在《官方公报》上发布通告，规定在出口产品上使用"Made in Türkiye"代替"Made in Turkey"，并在各类活动和通信中使用"Türkiye"作为国家品牌。具体规定如下：

        Türkiye 这个词以最好的方式代表和表达了土耳其民族的文化、文明和价值观。在此背景下，我们的出口产品将开始使用

① 本文系国家社科基金重大研究专项（编号：21VGQ014）的阶段性成果，于 2022 年 6 月 22 日首发于《澎湃新闻·私家历史》。

"Made in Türkiye"代替"Made in Turkey"……在加强土耳其品牌的范围内,应该在各种活动和通信中,特别是在与其他国家、国际机构和组织的正式关系中,使用"Türkiye"来代替"Turkey""Turkei""Turquie"等类似的称呼。①

2022年1月13日,土耳其发起"Hello Türkiye"活动,推进在国际舞台上使用"Türkiye"作为土耳其的新名称。作为活动的一部分,总统府新闻办公室在社交媒体上分享了一段视频,该视频旨在宣传使用"Türkiye"代替"Turkey",以此强化土耳其的国家品牌。总统府新闻办公室主任法赫雷丁·阿尔通(Fahrettin Altun)表示,这是土耳其在语言和交流方面加强自我和身份认同的表现,同时也是土耳其在全球舞台上建立对话统一和巩固国家品牌方面迈出的重要一步。他还表示,土耳其将成立品牌办公室(Türkiye Brand Office)来支持这一活动的推进,并将在全球品牌标识领域开展工作,为加强其形象和品牌价值做出贡献。②

2022年5月31日,土耳其外交部长梅夫吕特·恰武什奥卢(Mevlüt Çavuşoğlu)向联合国和其他国际组织正式提交申请,要求将土耳其的英文名称从"Turkey"改为"Türkiye"。③ 次日,联合国秘书长发言人斯特凡纳·迪雅里克(Stephane Dujarric)表示,他们收到了土耳其外长给联合国秘书长安东尼奥·古特雷斯(Antonio Guterres)

---

① Cumhurbas,kanlığı, Marka Olarak "Türkiye" I baresinin Kullanımı, https://www.resmigazete. gov. tr/eskiler/2021/12/20211204—5. pdf,2021 – 11 – 05.

② Mehmet Tosun, "'Hello Turkiye' campaign kicks off to promote country's new global brand," https://www. aa. com. tr/en/turkey/hello-turkiye-campaign-kicks-off-to-promote-countrys-new-global-brand/2472954,2021 – 11 – 05.

③ Merve Aydogan, "Türkiye to submit official letter to UN, international organizations for new global brand," https://www. aa. com. tr/en/turkey/turkiye-to-submit-official-letter-to-un-international-organizations-for-new-global-brand/2602078,2021 – 11 – 05.

的信,并表示该请求即日生效。① 自此,土耳其在国际上的外文名称正式更改为"Türkiye"。

二、历史渊源:土耳其何以成为"Turkey"

(一) 关于 Türk

在国民和民族的意义上,现代土耳其人称自己为 Türk,但在历史上,土耳其人较近的先辈们,也就是奥斯曼人,在绝大部分历史时期里,并不认同 Türk 的称呼,他们不喜欢别人这样称呼自己,当然更不会这样自称。自古以来,某个群体如何称呼自己和别人如何称呼他们之间往往是存在差异的②。讲突厥语的不同游牧部落都有各自的身份和认同,而没有一个统一的所谓"土耳其人"或者是"突厥人"的认同。外人可能对他们有这样的一个界定,比如,在波斯—阿拉伯的认知里面,就会将他们统称为"突厥人",这里讲到的"土耳其"或"突厥"是比较泛化的一种统称,显然不是今天意义上的民族认同,所以,两者不能混为一谈。③ 随着奥斯曼人力量逐渐发展壮大,西方人把活跃在小亚细亚地区的这些

① Betül Yürük, "BM, Ankara'nın talebinin ardından yabancı dillerdeki 'Turkey'i 'Türkiye' olarak değiştirdi," https://www. aa. com. tr/tr/gundem/bm-ankaranin-talebinin-ardindan-yabanci-dillerdeki-turkeyi-turkiye-olarak-degistirdi/2603451,2011 - 11 - 07.

② 作者按:历史上自称和他称不一样的情况并不少见,比如我国自称是"中国",西文里称我国为"China"或"赤那""支那"(言译),一般认为,这是由西域民族称呼"秦国"的"秦"字发音变化而来(当然,对此有不同的看法),中亚和俄罗斯的语言中则称中国为"契丹"(Kitay),那可能跟他们比较多地接触西辽王朝有关系。德国人自称是"德意志",英文称之为 Germany,即"日耳曼"。日本人自称 nihon 或 nippon,但西文称之为 Japan,这应该是西方人听到汉语发"日本"这个音而来的。

③ 昝涛:《奥斯曼-土耳其的发现——历史与叙事》,北京:北京大学出版社,2022 年,第13 页。

长相、语言、习俗、宗教相似的部落或者部落联盟都称作 Türk,①我们一般翻译成"土耳其人",有时候也不准确地译为"突厥人"。但是,在中世纪的欧洲,Türk 并不是一个族群的概念,而差不多是"穆斯林"(Muslim)的同义词。就像阿拉伯人、土耳其人、波斯人或者印度人说到"法兰克人"的时候,他们指的并不是族群意义上的法兰克人,而是泛指欧洲人。

与此同时,欧洲也发展出了一套关于穆斯林的历史叙事。首先,穆斯林的强大是不可否认的,但是,在欧洲那些敌视穆斯林的人眼中,他们同时又是"邪恶的""非正义的",是"魔鬼"的化身。最终,这套关于穆斯林的历史叙事就被用到了 Türk 身上,所以,在中世纪很多欧洲人那里,Türk 成了"不道德"的代名词,也就是说,在很多情况下,欧洲人对穆斯林和土耳其人都没什么好感。在奥斯曼帝国的社会中,Türk 这一名称也几乎不怎么使用,更多情况下是指游牧的土库曼人,或者是安纳托利亚乡村中那些说土耳其语的、粗鲁无知的农民②,这种观念和看法一直持续到 19 世纪末 20 世纪初。因此,不论是在欧洲人眼中,还是在奥斯曼人自己看来,Türk 的称呼在很长一段时间里都是具有贬义色彩的。

Türk 一词向现代意义上民族概念的转变大概始于 19 世纪中叶。面对强大的西方,土耳其人开始或被迫或主动地向他们学习,同时也开始通过西方来了解自己。在这一过程当中,土耳其人接触到了许多西方人关于东方的著述。这些著述的材料自然是从东方获取的,但这些来自东方的材料经过西方的加工,又变成了"东方学"的一部分。对土耳其人来说,将东方学中与土耳其相关的部分译介到奥斯曼帝国的过程,是通过那个知识系统来了解自身并建构自身认同的必经之路。

---

① 昝涛:《从巴格达到伊斯坦布尔:历史视野下的中东大变局》,北京:中信出版社,2022年,第31页。

② 〔英〕伯纳德·刘易斯:《现代土耳其的兴起》,范中廉译,北京:商务印书馆,1982年2月,第8页。

与此同时,这也是利用西方的知识和思想资源来消除对土耳其的蔑视性史观(无论是宗教性的,还是种族性的)的重要手段。[①] 当时的民族主义者试图对他们的过去进行重新表述,放弃奥斯曼社会对自身的传统看法,他们抛弃了那种将自身和伊斯兰等同的传统叙事,转而强调土耳其种族/民族的概念。新的意识形态认为奥斯曼帝国的主人就是土耳其人,而他们甚至认为,土耳其人是更广泛意义上的所谓"图兰人"(Turanian)[②]。在 20 世纪初,提出这些观念的思想家自称是"青年土耳其人",尽管他们渴望摆脱欧洲的控制,更渴望建设一个现代化的国家,但在 19 世纪后半期流行的语文学和史前史研究中,他们仍然受制于欧洲,因为 Türk 和 Turanian 这两个词本身就是欧洲语文学家和政论家的发明。[③] 因此可以说,无论是在民族主义的意义上,还是在古代历史的意义上,土耳其人今天对 Türk 的理解,其实部分地也是被欧洲再教育的结果。虽然 Türk 的含义完成了一个华丽的转变,但本质上,土耳其仍然是在利用西方思想资源之矛对抗西方话语之盾,始终没有摆脱西方的控制。

(二) 关于 Türkiye

关于 Türkiye 这一名称的来源,学界有不同的观点。一种观点认为,Türkiye 的名称是外语音译和本土构词相结合的结果。[④] 土耳其自己取的 Türkiye 这个名字,实际上是把外国人的"他称"用作了"自称"。事实上,欧洲人很早就开始称这个地方为"土耳其"了,奥斯曼帝国崛起之后,欧洲人称这里为土耳其帝国。根据法国著名学者伯希和

① 参见昝涛:《从现代主义到伊斯兰主义——试论中东伊斯兰社会主流意识形态的演变》,《中东研究》2020 年第 1 期。
② 图兰(波斯语:ناران)指伊朗东北一带的土地。图兰和伊朗是一组相对的概念,一般认为图兰人是游牧民族,伊朗人是农耕民族。
③ Elie Kedourie, *Nationalism in Asia and Africa*, New York: The World Publishing Company, 1970, pp. 48 – 50.
④ 参见昝涛:《从巴格达到伊斯坦布尔:历史视野下的中东大变局》,第 31 页。

的考证,马可·波罗(1254—1324)生活的时代,也就是奥斯曼帝国还在襁褓之中时,欧洲人已经称呼安纳托利亚(也就是小亚细亚)这个地方为土耳其(Turcia)了,不过,马可·波罗本人则更多的是使用Turcomanie来指称安纳托利亚,而使用"Gran Turchie"(大土耳其地方)指称中亚蒙古人的察合台国家。① 从这个角度来看,Türkiye这一名称很可能就是Turchie的音译,也很可能是后者启发了前者。

此外,土耳其学界也有一种观点认为Türkiye来源于古代突厥语。他们认为,Türkiye中的"-iye"由古代突厥语中的édi演变而来,有"占有""拥有"的意思,在现代土耳其语中,这一含义也得以保留。在鄂尔浑碑铭、回鹘文中iye以édi、idi/ége等形式出现;在《先祖科尔库特之书》(*Book of Dede Korkut*)中也曾以éye/iye的形式出现。②《先祖科尔库特之书》中第二章开篇对撒鲁尔·喀赞(Salur Kazan)有这样的描述:

> ……*Ulaş oğlı, tülü kuşuñ yavrısı, beze miskin umudı, Amıt suyınuñ aslanı, Karaçuğuñ kaplanı, koñur atuñ iyesi, Han Uruzuñ ağası, Bayındır Hanuñ güyegüsi, kalın Oğuzuñ devleti, kalmış yiğit arhası Salur Kazan……③*

大意为:"撒鲁尔·喀赞,乌拉什之子、长羽鸟之雏、不幸与无助者之希望,埃米特河之狮,卡拉丘克之虎,栗色马之主,乌鲁兹汗之父,巴音迪尔汗之婿……"在这里,iye表示"拥有",iyesi表示"拥有者""主人"。同样的道理,Türkiye这个名字其实是Türk加上iye,字面意义上是"土耳其人拥有的",实际上就是"土耳其人的地

---

① Paul Pelliot, *Notes on Marco Polo II*, Paris: Imprimerie Nationale, 1963, pp. 864 - 865.

② 关于"iye"的词源,参见 http://www. etimolojiturkce. com/kelime/iye,2021 - 11 - 07.

③ Muharrem Ergin, *Dede Korkut Kitabı: Metin-Sözlük*, Ankara: Ankara Üniversitesi Basımevi, 1964, p. 14.

盘"。从这个角度来看,Türkiye 这个词,前半部分作为民族身份的意义部分地是来自欧洲,后半部分有可能是来自古代突厥语,算是一个"混血儿"。

然而,就是这个在欧洲如此普通的名称在土耳其建国前夕却引起了巨大震动。在凯末尔领导土耳其进行独立战争期间(1919—1922),围绕"奥斯曼""土耳其""穆斯林"这几者之间的身份曾经发生过很多的争论,这种争论主要反映在民族主义者和其他非民族主义者之间。但由于战争的紧迫性,凯末尔对这些问题采取了"不争论"的态度,暂时将这个问题搁置下来。① 在关于新宪法的讨论中,围绕 Türkiye 这个词所产生的冲突集中爆发。1920 年 9 月 13 日,凯末尔和部长委员会共同署名提交了一份新宪法草案。在该草案的开头,有一个部分为"目标与原则",共四条。在第一条中,出现了"土耳其大国民议会"这个用语,也就是说,在原来"大国民议会"的名称中加入了 Türkiye 一词。这似乎就意味着,有一个新的国家正在建立或者已经被建立了,它的名字就叫 Türkiye。在改动这个用语时,当然有人反对,他们力图用"奥斯曼帝国"来取代"土耳其",但他们没成功。在面对这些争论的时候,当时比较有说服力的辩护就是认为欧洲也称他们为"土耳其"(Türkiye),所以他们自称"土耳其"也没有问题。1924 年,土耳其颁布了共和国建立以来第一部宪法,以宪法的形式将自己的国名正式确定为 Türkiye。② 从这个角度来讲,土耳其民族主义的一个成果就是促成了人们对这个叫 Türkiye 的国家的接受和认可。

(三) 关于 Turkey

土耳其的英文名字是 Turkey,这和英语中的"火鸡"(turkey)

---

① 昝涛:《现代国家与民族建构:20 世纪前期土耳其民族主义研究》,北京:生活·读书·新知三联书店,2011 年,第 219 页。

② 1924 Anayasası, https://www. anayasa. gov. tr/tr/mevzuat/onceki-anayasalar/1924-anayasasi/,2022 - 11 - 11.

同音同形，只有首字母大小写的区分。那么，土耳其为什么会和火鸡产生关系，Turkey 又是如何进入英语世界的呢？语言学家白马礼（Mario Pei）是最早对这个问题进行理论研究的人之一。① 他推测，15—16 世纪的时候，一些土耳其商人将来自西非几内亚的珍珠鸡（Guinea fowl）贩卖到欧洲市场，欧洲人称之为"土耳其公鸡"（Turkey cock），时间一长，最后干脆简称之为"土耳其"（turkey）。再后来，欧洲人在美洲遇到了墨西哥人驯养的另一种大肉鸡，就是后来我们熟悉的火鸡，它的样子与珍珠鸡很像，于是欧洲人也叫它 turkey。有趣的是，土耳其人并不将这种鸡称为 turkey，他们将火鸡称为 hindi（在土耳其语中，这个词既有火鸡的意思，又有印度人的意思），这是因为土耳其人认为这种鸡属于印度，不过，我们对这个说法具体始于何时以及具体是什么情况，还不太清楚。法国人最初也称这种美洲种鸟为 poulet d'Inde（来自印度的鸡），并将其简称为 dinde，波兰语、希伯来语和加泰罗尼亚语中也使用了类似的表达方式。在荷兰语中，kalkoen 是 Calicut-hoen 的缩写，意思是"来自 Calicut 的鸡"（Calicut 即卡利卡特，是当时印度的一个主要贸易中心）。这些"误解"可能是由于当时把"新世界"与印度混为一谈，或者认为火鸡贸易要经过印度而造成的。除此之外，葡萄牙人用 peru 这个词来形容火鸡。虽然这种动物不是秘鲁的原生动物，但人们认为它在葡萄牙和西班牙探险家发现"新世界"的过程中得到了普及。西方殖民主义的传播使事情变得更加复杂，马来西亚人称火鸡为 ayam blander（荷兰鸡），而柬埔寨人选择了 moan barang（法国鸡）这个名字。总而言之，火鸡（turkey）的名字确实来自"土耳其"，但不管是珍珠鸡还是火鸡，原产地都不在土耳其。英语中土耳其和火鸡产生联系不过是历史和语言发展过程中的一个常见的误会罢了，而这

---

① 参见 Burcu Kara，"Turkey ismi nereden geliyor? Türkiye'nin ingilizce adının kökeni"，https://ungo. com. tr/2020/01/turkey-ismi-nereden-geliyor-turkiyenin-ingilizce-adinin-kokeni/，2022 - 11 - 11。

种误会不仅是在土耳其有,世界上某些其他国家也和火鸡有联系。尽管指的是同一种动物,在不同的国家和语言里,往往又是使用他国的国名来通俗地称呼它。明显的例外是中文,没有使用任何一个外国的国名来称呼它。这些现象透露给我们丰富的信息,也就是存在着一部"火鸡"这一物种全球流动的历史。

三、内外驱动:土耳其为何想要摆脱"Turkey"?

正如上文提到,一个国家的名字不仅仅只是一个称呼那么简单,它有时候承载着整个民族的历史、认同和情感。土耳其之所以急于摆脱英文的 Turkey 这一名称,当然是希望通过此举来美化自己在国际上尤其是在英语国家中的形象,但同时也有国内政治的考虑。

首先,最直接的原因就是重建国家品牌的需要。虽然"火鸡"这个词并不是土耳其的专利,世界上其他国家的语言中也有用诸如荷兰、法国等命名火鸡的例子,但不能否认的是,在英语中 turkey 确实有"失败""愚蠢""无能"①之意,贬义色彩浓厚。凭借建立在发达工商业资本主义基础上的殖民—帝国主义,英语早就在全球建立了语言霸权,世界上有大量的人知道 turkey 的双关意思,也就是既指一个国家,又指一种并不那么可爱的或"高大上"的动物,也就是火鸡。这也是当前土耳其试图弱化甚至抛弃 turkey 这个名字的最直接原因。土耳其的做法有一定的合理性。

历史上,试图通过更名而重新建立国家品牌的例子不在少数。这些国家更名有的是出于政治原因,有的是为了统一名称,有的是为了摆脱殖民时代的旧名称,还有一些国家,如土耳其、捷克,则是为了使其身份得到更广泛的承认。如在过去的 70 年里,随着政府更替,柬埔

---

① 参见韦氏词典对"turkey"的定义,https://www. merriam-webster. com/dictionary/turkey,2022-03-11。

寨多次改变国名。1953—1970 年,这个国家被称为柬埔寨王国(Kingdom of Cambodia);1970—1975 年被称为高棉共和国(Khmer Republic);1975—1979 年,它又被称为民主柬埔寨(Democratic Kampuchea);1989—1993 年,柬埔寨放弃社会主义,成为柬埔寨国(State of Cambodia);1993 年君主制恢复后,更名为柬埔寨王国(Kingdom of Cambodia)。又如,2020 年,荷兰为了在国际上统一名称进行了更名,它放弃了更广泛认可的名字"荷兰"(Holland),正式用"尼德兰"(Netherlands)来对国家进行重新命名,从而更新其全球形象并试图消除两个不同名字所造成的混淆。

在过去的一个世纪里,许多国家名称的改变都是为了摆脱殖民主义的影响。例如,津巴布韦(Zimbabwe)在 1980 年获得独立后放弃了罗得西亚(Rhodesia)的旧称;曾经被大英帝国称为锡兰(Ceylon)的斯里兰卡(Sri Lanka)也在 2011 年放弃了锡兰这一称呼。与土耳其类似,捷克共和国(Czech Republic)也曾试图在国际上将其国名的简称从 Czech 更改为 Czechia。原因是 Czech 单独使用时为形容词,表示捷克人或者捷克语,词性上和 Türk 类似,不能很好地表示国家的意思;同时国际上也存在诸如 Czechlands、Czecho 等混乱的称呼。2013 年,新上任的捷克总统米洛什·泽曼(Miloš Zeman)对这一混淆度高、认同度低的国名感到不满,于是提议用 Czechia 代替 Czech,但保持全称 Czech Republic 不变。2016 年,Czechia 这一新名称被联合国和欧盟接受,成为正式名称。但从实际效果来看,该名称并没有真正流行起来,反而被诟病听起来太像"车臣"(Chechnya)①。

第二,从更深层次的角度看,这其实是土耳其执政党正义与发展党(简称"正发党")的民族主义在作祟。近些年来,正发党常常被人诟病"伊斯兰色彩浓重""开历史倒车",等等,此次正发党提出更名是在

---

① "Czech Republic to change its name to 'Czechia'," https://www. irishtimes. com/news/world/europe/czech-republic-to-change-its-name-to-czechia-1. 2611789,2022 - 03 - 10.

提醒我们不要过分解读它的所谓"伊斯兰主义"(Islamism),而是要更多地关注它民族主义的一面,从某种意义上,这也应该说是向凯末尔民族主义的某种形式的靠拢。除此之外,土耳其在芬兰和瑞典加入北约的问题上和西方产生了分歧①,争论的核心以及土耳其最直接的关切其实就是库尔德问题②。土耳其在库尔德问题上的高调做法的背后其实也是民族主义,而且是主体民族的民族主义。这是有利于执政集团得分的。

第三,从现实层面上考虑,这也是选举政治的需要。埃尔多安于2021 年 12 月份提出要求国际上将土耳其国名更改为 Türkiye,而当时正值土耳其通货膨胀最严重、国内经济最低迷的阶段。在埃尔多安提出这一提议之后,土耳其国内对更名的态度分为两派。支持者赞扬政府"以最好的方式代表和表达了土耳其民族的文化、文明和价值观";但另一方面,反对者则指出埃尔多安此举不过是在为 2023 年总统选举做准备,象征性地分散对国内经济状况和的政治危机的注意力罢了,甚至还有人戏称"这是埃尔多安近期唯一一个无助于汇率下跌的举动"③。不过,根据我们的了解,在用 Türkiye 取代 Turkey 这个问题上,土耳其人普遍予以支持,很像 2020 年将圣索菲亚博物馆改回清真寺的情况,就连一些反对埃尔多安的人,也对此表示支持。④

---

① Merve Aydoğan, "President Erdoğan: For now, Turkiye's view on Finland, Sweden joining NATO not positive," https://www. aa. com. tr/en/politics/for-now-turkiyes-view-on-finland-sweden-joining-nato-not-positive-president-erdogan/2587144,2022 - 5 - 13.

② 参见 Ma Xiaolin, Shen Shali, "Turkey has its own fish to fry in objecting Sweden and Finland's NATO bid," https://enapp. globaltimes. cn/article/1267244,2022 - 05 - 13。

③ Jeri Clausing, "What's in a Name? Why Turkey Is Now Türkiye," https://www. afar. com/magazine/why-turkey-is-now-turkiye,2022 - 04 - 15.

④ 参见昝涛:《从巴格达到伊斯坦布尔:历史视野下的中东大变局》,第 295—296 页。

四、未知数：土耳其更名行动效果如何？

目前来看，土耳其要求国际上为本国改名的出发点当然是可以理解的，但实际操作起来恐怕会面临不小的问题和挑战，实际效果也有待观察。

首先，从传播的角度来讲，Türkiye 这个名字并不十分利于传播。书写上，英语中并没有"ü"这个字母，因此在实际操作过程中会面临比较大的不便；发音上，许多国家的语言中也没有"ü"这个发音。当前，土耳其在宣传新名称方面发起了一系列活动，其中反响最热烈的就是 2022 年 1 月 13 日在社交媒体上开展的"Hello Türkiye"活动。当天，土耳其总统府新闻办公室在社交媒体上分享了一段视频，视频中来自世界不同地区的外国游客说着"Hello Türkiye"，但视频里的外国人说的其实并不是 Türkiye，而是按照英文的发音习惯说的 Turkiye（有些类似在 Turkey 的结尾加上了一个 ye 的音）。毕竟要改变一个约定俗成的叫法已经是一件非常难的事情了，如果还要将这个叫法改成一种更不易于使用的形式则是难上加难了。

其次，土耳其目前对于新名称的宣传呈现出一种高开低走的趋势。自"Hello Türkiye"活动以来，就很少有影响力大、讨论度高的活动再出现了。而且 2022 年 6 月 1 日联合国通过 Türkiye 这一新名称之后，土耳其官方媒体阿纳多卢通讯社甚至没有第一时间予以报道，也并没有把这一新闻置于醒目的位置。

最后，从本质上来讲，英文中的"土耳其"无论写成 Turkey 还是 Türkiye，无非是发音略有差别，形式也没有实质性的改变，土耳其还是那个土耳其，这并不能从实质上对土耳其自身进行改变。从这个角度来讲，更名虽然会产生一定的影响，但影响可能不会很大。国际上也有一种玩笑般的举动，就是民间人士提议顺便将火鸡 turkey 改名为 türkiye。不知道力主更名的土耳其领导人作何感想……

作者简介:张楠,北京大学区域与国别研究院博士研究生,北京大学土耳其研究中心助理;昝涛,北京大学历史学系教授,北京大学土耳其研究中心主任。

专题三　艺术与生活：

奥斯曼帝国的格调

从珠宝镶嵌瓷器看 16—18 世纪的奥斯曼帝国[①]

梁蓉容

一、前言

1453 年 5 月 29 日,奥斯曼军队成功将旗帜悬挂在了君士坦丁堡的各处堡垒之上,"征服者"穆罕默德二世在军队和群众的簇拥和欢呼声中,终结了这座 12 个世纪以来作为基督教东方圣城的角色,代之以伊斯兰世界保卫者的角色继续存在。至 16 世纪中叶苏莱曼大帝统治时期,帝国的权力达到历史巅峰,其繁荣景象不仅体现在幅员辽阔的帝国统治疆域,还体现在境内活跃的手工业市场之中。根据埃弗利亚切莱比的游记中记载,"伊斯坦布尔有 1100 多个工人行会,其中包括画家、金匠、铸剑师、珠宝匠、乐手等行会"[②],东西方的技术、商品与文化艺术由于战争和商贸等各种原因汇聚到奥斯曼帝国的首都伊斯坦布尔,极大地促进首都手工业的繁荣。

---

① 本文部分内容发表在李军:《跨文化艺术史年鉴 4:走向艺术史的"艺术"》,济南:山东美术出版社,2023 年,第 333—354 页,原文名称为《珠光宝气的"中国"——中国瓷器在奥斯曼帝国宫廷的变容记》,内容有删改。

② Robert Dankoff, Sooyong Kim, *An Ottoman Traveller*, *Selections from the Book of Travels of Evliya Celebi*, London: Eland, 2011, p. 437.

正是在这一时期,伊斯坦布尔的皇宫内诞生了一种别无仅有的瓷器装饰方式——珠宝镶嵌(见图1),即使用珍贵的宝石装饰在异域瓷器表面。它诞生于16世纪早中期,盛行于16世纪末,17世纪中期开始走向衰落,直至消失不见。现存的273件珠宝镶嵌瓷器一直被保存在奥斯曼帝国的中心,即伊斯坦布尔的托普卡比皇宫(Topkapı Sarayı)宫殿中,尽管在19世纪,苏丹阿布杜·迈吉德(Sultan Abdülmecid I, 1839—1861年在位)搬迁至新皇宫,部分瓷器也随之迁移,但在博物馆成立之后,散落在其他宫殿的大部分镶嵌瓷器回迁,并继续存放在托普卡比宫博物馆中。然而,由于1680年以前宫廷档案存在150年的遗失,如今已经不能准确地从官方文件中得知珠宝镶嵌瓷器出现的时间以及数量,世人亦很少留下描绘这批瓷器的任何笔墨。这类特殊工艺品的存在如同谜一般,为世人留下无尽的想象。是什么原因使得珠宝镶嵌瓷器在16世纪的奥斯曼帝国流行?又是什么原因只流行了一个多世纪,就消失在了历史的长河中?

图1　珠宝镶嵌碗
(高6 cm,直径12 cm,16世纪下半叶,托普卡比宫博物馆藏,编号 TKS 15 / 2840,笔者拍摄)

二、珠宝镶嵌瓷器的诞生与16世纪的奥斯曼帝国

在奥斯曼帝国遗留下来的官方历史文献中,最早记载珠宝镶嵌瓷器的档案出现在1534—1536年,档案中提到"四件镶嵌瓷"(dört aded murassa çini)。Murassa 是用贵金属和宝石加工作品的艺术,çini 指中国瓷器,虽然 çini 后来也泛指具有中国风格的陶瓷,例如土耳其的伊兹尼克陶器(iznik Çinisi),以及屈塔希亚陶(Kütahya Çinisi),但结合历史文献以及珠宝镶嵌瓷器的实物遗存来看,珠宝镶嵌的对象均为中国生产的瓷器,没有一例使用奥斯曼生产的陶器装饰宝石的现象,从侧面表明帝国统治者对中国瓷器的喜爱。

事实上,珠宝镶嵌瓷器在奥斯曼帝国的突然出现并非偶然,虽然我们无法得知奥斯曼帝国的珠宝镶嵌风尚具体在何时开始出现在宫廷中,但可以肯定的是,镶嵌技术早就在奥斯曼帝国所在的巴尔干半岛与安纳托利亚半岛流行并传播。如今许多被认为源自罗马、波斯萨珊、拜占庭甚至中世纪欧洲的镶嵌作品很可能是几个不同的伊斯兰国家生产的,因此很难辨认这种工艺的起源和出处。[①] 但就瓷器镶嵌而言,在瓷器上镶嵌珠宝的行为与玉石器有密不可分的关系。

玉石器与瓷器都属于不可逆的材料,而早期镶嵌技术通常被运用在金属类可逆的、柔韧的材料当中。因此,在询问奥斯曼帝国为什么在瓷器上镶嵌珠宝之前应该考虑的是镶嵌技术是如何以及在何时与硬质材料发生关联。

在托普卡比皇宫博物馆的收藏中,有两件玉石材质的龙形手柄壶(图 2、图 3),一件黑曜石壶被工匠采用珠宝镶嵌的工艺予以装饰,并用金属细丝摆成叶形纹饰填满錾刻空隙,使得原本光素无纹的玉石器表面增添了由宝石与金属构成的繁密缠枝花叶装饰。另一件采用错金工艺将金片填充在錾刻好的花纹中,这一件玉壶是大不里士的工匠为萨法维王朝的创始人伊斯玛仪一世(Ismail I, 1502 年—1524 年在位)制作的。它的制作时间较黑曜石壶早了将近一个世纪的时间。

此类形制的玉壶在中亚地区广泛流传,现藏于里斯本古伯金汉博

---

① Hülya Tezcan, *The Topkapi Palace Museum Collection*, *Fashion at the Ottoman Court*, Istanbul: Raffi Portakal, Portakal Art and Culture House Organisation, 2000, p. 78.

物馆(Museu Calouste Gulbenkian)同样形制的玉壶(图 4)在一定程度上表明这片区域存在的文化共性以及文化交流。这件玉壶是帖木儿的孙子兀鲁伯(Ulugh Beg)在位时期制作的①,也正是在这一时期,玉器表面开始出现錾刻及镶嵌工艺。受伊斯兰地区黄铜器的启发,兀鲁伯用喜爱的玉器仿制了黄铜器的器型样式,并在玉壶的脖颈处以浅浮雕雕刻自己的姓名与头衔,在龙柄尾部镶嵌一颗圆形金属装饰。不仅如此,帖木儿帝国还发展出在玉器表面錾刻后错金的工艺,如 15 世纪制作于赫拉特的玉杯(图 5)。

图 2 黑曜石壶
(16 世纪下半叶,托普卡比宫博物馆藏,编号 TKS 2/3831)

图 3 玉壶
(16 世纪早期,大不里士,高 11 cm,托普卡比宫博物馆藏)

图 4 玉壶
(1447—1449 年制,撒马尔罕,高 14.5 cm,直径 16 cm,里斯本古伯金汉博物馆藏,编号 Inv. 328)

图 5 玉杯
(15 世纪,赫拉特,高 4.5 cm,直径 8 cm,私人收藏)

---

① Ralph Pinder-Wilson, "Jades from the Islamic World," *The Art of Jade*, Volume XLIV, No. 2, 1992, pp. 35 - 48.

16 世纪初,帖木儿王朝最重要的北方城市撒马尔罕以及首都赫拉特相继沦陷,萨法维王朝取代帖木儿帝国,成为帝国领土新的主人,玉石装饰工艺在萨法维王朝统治下被完整地继承下来。也许是由于赞助人缺乏对这种装饰的兴趣,抑或是工匠们因战争等关系移居至奥斯曼帝国和莫卧儿王朝的宫廷中,萨法维时期的装饰手工业在此之后几乎停止了使用玉石的錾刻与镶嵌工艺①。而在 1514 年,伊斯玛仪一世领导的萨法维军队与苏丹塞利姆一世率领的奥斯曼军队在查尔迪兰爆发战争,伊斯玛仪一世战败,大不里士大量精美的手工艺品与技艺高超的工匠作为战利品被带回奥斯曼的首都伊斯坦布尔,包括图 2 的错金玉壶。

奥斯曼工匠在吸收玉器制作技术的同时,改变了原先在玉壶表面使用的错金工艺。错金是在器体表面錾刻凹于表面的纹饰,而后以金属细丝或金片填满錾刻空隙的一种装饰工艺。奥斯曼帝国金属细丝镶嵌形成的效果与错金工艺不同的是,错金后的器物表面仍然是一个光滑的平面,而镶嵌金属细丝是凸出器物表面的,形成三维的立体效果。在此基础上,后者将此工艺创造性地运用在 16 世纪风靡的异域物品——瓷器表面,形成代表帝国宫廷趣味的独特风格。

综上所述,珠宝镶嵌瓷器的装饰方式不仅仅是奥斯曼帝国单方面的发明,帝国的工匠吸收了来自帖木儿帝国以及波斯帝国等不同地域的文化因素,充分体现了奥斯曼帝国自创建以来,对不同文化海纳百川的包容态度。这种态度从征服者穆罕默德二世统治以来便沁入帝国的治国传统中,在处理拜占庭文明的问题上,穆罕默德二世将帝国称为继罗马(拜占庭)之后崛起的帝国,将他自己看作继承了亚历山大大帝权杖的帝王,苏丹主张建立一座多元文化的都城,在攻城之后,古

---

① Ralph Pinder-Wilson, "Jades from the Islamic World," *The Art of Jade*, Volume XLIV, No. 2, 1992, pp. 35 - 48.

老城市中的一些异教标志物也被完善保存了下来①。在苏丹塞利姆一世统治期间,其于 1517 年战胜马穆鲁克王朝,占领埃及和叙利亚,并开始统治居于马穆鲁克王朝保护下的麦加和麦地那两处宗教圣地,奥斯曼帝国正式成为伊斯兰世界的守护者。② 伊斯兰文明与其他文明一同赋予奥斯曼宫廷手工业源源不断的活力。

实际上,帝国的审美趣味与装饰风格所体现的多元性与奥斯曼帝国的政治息息相关。在这片地域上,古犹太教、基督教与伊斯兰教相继出现,即便三者是后者取代前者的关系,但信仰三个宗教并作为其诞生土壤的文明仍然在这片土地上活跃,并持续塑造新的文化形态。③ 此外,由于地理位置上的特殊性,不论是陆上丝绸之路,还是海上丝绸之路,奥斯曼帝国都是连接东方与西方的中间点,是亚非欧的交汇处。这种复杂性在奥斯曼帝国的文化土壤中层层积累,相互交叠,最终呈现在物质形态的艺术作品中。

三、苏丹的趣味

珠宝镶嵌瓷器在奥斯曼帝国的流行,不仅仅是奥斯曼帝国在综合运用各种文化因素的基础上主动创造的结果。同时代其他流行珠宝镶嵌的印度莫卧儿帝国、波斯萨法维王朝等国家为什么没有出现以瓷器为媒介的宝石装饰现象? 是什么力量推动着此潮流的兴起? 镶嵌瓷拥有者或接受者的身份问题变得尤为重要。

令人遗憾的是,没有任何一份官方文献或者记载包含苏丹本人对

① 〔英〕罗杰·克劳利:《1453:君士坦丁堡之战》,北京:社会科学文献出版社,2014年,第 322 页。
② 〔日〕林佳世子:《奥斯曼帝国:五百年的和平》,北京:北京日报出版社,2020 年,第 94 页。
③ 昝涛:《奥斯曼-土耳其的发现:历史与叙事》,北京:北京大学出版社,2022 年,第 2 页。

这类器物的看法。有学者推测①,奥斯曼苏丹实际上并没有对这类瓷器产生浓厚的兴趣以及更深层次的关注,苏丹对瓷器历史分期、纹饰风格等特征的好奇与了解也只有微乎其微的程度,在皇宫内的收藏品类中,瓷器仅仅是众多来自东方遥远文明的代表之一,苏莱曼大帝及其之后的苏丹们对这种遥远文明至多表示惊叹或者尊重,仅此而已。

事实并非如此,朱利安·雷比(Julian Raby)与云萨尔·宇杰尔(Ünsal Yücel)详细梳理了 1680 年②宫廷内的金属器皿与瓷器(包括珠宝镶嵌瓷器)的数量。在 1680 年,宫内共有 372 件珠宝镶嵌瓷器,对比当时 4534 件的瓷器总数,每十一件瓷器中就有一件瓷器被选去镶嵌珠宝;金银器皿共计 1523 件,瓷器在国库中的收藏比例远远超过金银器三倍之多,可知瓷器在这一时期的托普卡比宫宫廷收藏与使用的比例较高,并与金银器享受同等甚至更高的待遇。

同时,这份数据还显示了这些特殊的工艺品在宫廷中摆放和收藏的位置及占比情况。其中,70.1％的珠宝镶嵌瓷被保存在私人宫殿(Has oda),私人宫殿是托普卡比宫中专门为苏丹建造的、存放其私人物品的房间,也是苏丹自己的起居室,一些属于历代苏丹的特殊珍宝和遗物也会保存在这一房间中。因此,这是一个属于苏丹自己的、十分私密的空间,苏丹将很大一部分同时具有异域风情以及宫廷特色的珠宝镶嵌瓷器摆放在自己的宫廷内,372 件珠宝镶嵌瓷器中,有 260 件瓷器都与帝国的最高统治者朝夕相伴,足以说明苏丹对这类装饰品的喜爱程度,以及对珠宝镶嵌瓷器的美学与收藏价值的认可。

尽管 1680 年珠宝镶嵌瓷器的制作已经进入尾声,苏丹穆罕默德

---

① Krahl R, Erbahar N, Ayers J, et al., *Chinese Ceramics in the Topkapi Saray Museum Istanbul: A Complete Catalogue*, Vol. 1, *Historical Introductions Yuan and Ming Dynasty Celadon Wares*, London: Sotheby's, 1986, p. 13.

② 1680 年以前至少 150 年的宫廷档案遗失,故 1680 年的档案为最早的一份记载珠宝镶嵌瓷器的宫廷档案。

四世（Mehmed IV，1648 年—1687 年在位）统治时期的宫廷档案不一定代表一百多年前苏莱曼苏丹在位时的情况，但上述信息至少能够说明，直到珠宝镶嵌瓷器在宫廷内的制作从历史中褪去的最后一刻，镶嵌瓷器都被保存在宫廷最重要的位置。

回到镶嵌瓷的初创时期，这一时期由苏莱曼大帝统治奥斯曼帝国，苏莱曼大帝是帝国史最为著名且最有能力的苏丹之一，被同时代的奥斯曼王朝臣民敬称为"立法者"（Lawgiver）与"伟大的苏莱曼"（Suleiman The Magnificent）。其在位时期，奥斯曼帝国的政治权力达到顶峰。在苏莱曼大帝的率领下，帝国的铁骑向西推进到维也纳，威胁到哈布斯堡王朝；在东部，奥斯曼军队从伊朗的萨法维王朝手中夺取了对伊拉克的控制权；在地中海，奥斯曼海军占领了北非的所有主要港口，其舰队一度控制了地中海的绝大部分区域。到苏莱曼统治末期，奥斯曼帝国的霸权横跨欧洲、亚洲和非洲。后人在看待及评价苏莱曼苏丹的统治时，更多的是基于"伟大的"以及"立法者"的光辉形象描述这位不停地在开疆扩土的战士。而本文将揭示苏莱曼大帝更加不为人所知的一面，即苏莱曼大帝对珠宝的热爱。

珠宝一般象征着皇帝个人乃至国家的权力与财富，而对于苏莱曼大帝来说，珠宝是他的心灵慰藉。旅居奥斯曼帝国四十余年的探险者埃弗利亚切莱比在其游记中记载[①]，塞利姆一世与其子苏莱曼大帝在他们还是王子的时候，都曾在特拉布宗接受极其严厉的珠宝工艺训练，年轻的苏莱曼甚至受到希腊裔教师康斯坦丁用白桦树枝的无情鞭打。在老师的严格教导下，苏莱曼不仅出色地掌握了宝石加工工艺，制作出诸多珠宝工艺品，还在运水者喷泉（Water-carriers' fountain）附近专门建立了加工宝石的金匠作坊，对珠宝的热爱贯穿

---

① Robert Dankoff, Sooyong Kim, *An Ottoman Traveller*, *Selections from the Book of Travels of Evliya Celebi*, pp. 21 - 23.

了他的一生。

在珠宝狂热爱好者苏莱曼大帝的支持下,珠宝行业在奥斯曼帝国达到鼎盛,伊斯坦布尔成为全球珠宝制造业的中心,与苏莱曼大帝同时代的英国女王伊丽莎白一世在其加冕仪式上所佩戴的黄金宝石王冠即出自奥斯曼帝国工匠之手。位于伊斯坦布尔金角湾岸边的卡吉塔内(Kağıthane①)每年都会举办大型的珠宝交流展销活动,埃弗利亚切莱比的游记中记载,展销活动长达二十个昼夜,活动场地中有五六千个摊位提供给来自各地的珠宝商人和金匠,大约有 1.2 万名来自不同工会的代表参加这个盛大的活动,宝石加工业在如此活跃的氛围中繁荣与发展,更是促进了新风格与新样式的诞生。苏莱曼制定的一条法律规定,奥斯曼的统治者需亲自参加盛会,在场地上搭建自己的帐篷,并赠予 12 位首席金匠 12 个钱袋,首席金匠则会将自己做的一些礼物献给苏丹以表尊敬,如箱子、墨水瓶、剑或弯刀等,所有这些礼品的共同特点是镶嵌有宝石②。

在苏莱曼大帝的影响下以及帝国活跃的珠宝行业交流中,宫廷内掀起了在各种材质的器皿表面镶嵌珠宝的风尚,工匠在玉石器、金银器、锡器、水晶等各种材质的器皿表面,在头盔、玫瑰水喷瓶、咖啡杯、吊灯等各种功用的器皿表面,皆镶嵌了五颜六色的各式宝石。“当那些装饰着珍贵珠宝和闪耀亮片的长袍的光芒与枝形吊灯、墙壁上的烛台和地板上的大烛台发出的光芒混合在一起时,在场的每个人都会联

---

① 名称由笔者音译。据北京大学历史学系教授、土耳其研究中心主任与北京大学区域与国别研究院副院长昝涛教授提供的信息,Kağıthane 位于伊斯坦布尔金角湾,得名于一座古老的拜占庭造纸厂,Kağıt 原义为“纸”,而 hane 在土耳其语中有室、舍的意思,故 Kağıthane 可能在某一历史阶段中作为造纸厂而存在。自征服君士坦丁堡以来,Kağıthane 一直是最受欢迎的野餐胜地,并得到了苏莱曼大帝与其他苏丹的青睐。

② Robert Dankoff, Sooyong Kim, *An Ottoman Traveller*, *Selections from the Book of Travels of Evliya Celebi*, pp. 23.

想到自己身处在光的境界中。"①宝石的光芒、瓷器釉色的光芒、吊灯的光芒、自然光、反射光、折射光……在光的引领及照射下,观赏者进入神圣而又陶醉的境界中。

艺术史是一部"总体史",涉及人类同时期物质生产和精神生产的全部领域,从政治、经济到文化,从材料、工具、工艺到观念等,体现艺术作品的生产、流通、接受和传承的具体历史。② 上文着重描述镶嵌瓷在奥斯曼帝国流行的社会背景和收藏情况,下文将通过镶嵌瓷的技术以及风格分析寻找隐藏在物背后的奥斯曼帝国历史。

四、珠宝镶嵌瓷器的技术分析

镶嵌瓷的技术不仅涉及镶嵌本身,其背后有一套严密且复杂的工序,包括宝石加工工艺、金属加工工艺,以及镶嵌的材料和媒介等,这些步骤由托普卡比皇宫内设立的工作坊(Ehl-i Hiref)合作完成。

工作坊属于皇家生产机构,为苏丹家族和高级官员服务,生产日常用器及装饰所用的器物。它最初设立于 15 世纪末巴耶济德二世(Beyazıt Ⅱ,1482—1512 年在位)统治时期,苏莱曼大帝在位时期(1520—1566 年)达到完善。机构根据不同的分支分为武器制造师、细密画师、锁匠、珠宝匠、马具匠和建筑师等不同的部门。因此,在一定程度上,工作坊制作出来的艺术品代表了奥斯曼帝国的审美风尚和艺术追求③。

珠宝镶嵌瓷器的镶嵌过程是关键技术环节,其分为三个步骤:首

---

① *Leyla Sair Haim-Ailar*,Istambul:Cumhuriyet Kitaplari,2009,p. 91.

② 李军:《跨文化的艺术史:图像及其重影》,北京:北京大学出版社,2020 年,第484 页。

③ Kalyoncu,Hülya,"'Ehli Hiref-i Hassa' Teşkilatının Osmanlı kültür ve Sanat Yaşamındaki Yeri ve Önemi,"*International Journal of Social Science*,2015,pp. 279 - 294.

先是切——宝石的切割，其次是镶——宝石的金属镶嵌装饰，最后是嵌——将镶嵌好金属的宝石与瓷器结合。下文将分步骤详述。

第一步：切。切割宝石由锻造工匠（Foyager）和珠宝匠（Kuyumcu）完成。最常见的宝石切割方式是方形切割（Square cut）；其次是三角形切割（Triangular cut）；还有一些宝石依照天然形状磨圆的圆形切割（Cabochon cut），正面呈凸面圆形，背面呈平面；另外，还存在少量的钻石切割方式（Diamond cut）。

第二步：镶。在切割好的宝石与瓷器相结合之前，宝石需要可延展的金属材料作为连接瓷器的接面。因此，金工（Zergeran）为每一个宝石制作金属饰板（图 7），首先将金属长条环成圆形，包裹固定宝石，然后制作花朵形状的植物纹饰板，同时起到装饰与连接作用。可以辨识出来的花卉与果实的种类是郁金香、石榴与玫瑰花，其余大多是这几种花型的变体。

第三步：嵌。由负责镶嵌的工匠（Zernişan）将上述制作好的材料镶嵌在作品上，再由雕刻家（Hakkak）依据画家（Nakkaş）设计的装饰图案，用金刚钻等硬度大的工具在器物表面为即将嵌入的金属丝刻出凹槽。由于宝石在上百年运输流传的过程中可能遭遇被剥落或自然脱落的情况，脱落的镶嵌表面成为如今学者窥探原初制作工艺的理想标本。奥斯曼帝国的珠宝镶嵌采用两种方式：凹槽嵌合法与点状插入法①。

第一种是凹槽嵌合法。工匠先在瓷器表面雕琢出圆形凹面，将凹面内的釉料刮去，然后将固定珠宝的环形金属压入凹槽，再嵌入珠宝。此种类型可在图 1 中的珠宝镶嵌碗上窥见。此举会使釉面与图案受损严重。

---

① 学界暂未对镶嵌工艺进行归纳命名，故该名称由笔者依据镶嵌工艺命名。

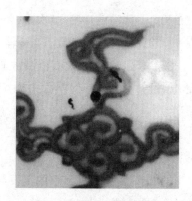

图 6　青花执壶

（1522—1566，直径 16 cm，高
35.3 cm，宽 20 cm，沃尔特艺
术博物馆藏，编号 49.1617）

图 7　执壶宝石脱落细节

　　第二种是点状插入法。代表器物为美国沃尔特艺术博物馆（The Walters Art Museum）藏编号 49.1617 的青花执壶（图 6、7）。此种类型的制作工艺是先在瓷器表面钻孔，将金属花托处理成带花梗的短柱结构，而后用深色树脂材料作为黏合剂，帮助短柱插入器壁上提前钻好的小圆孔中。此种方式对瓷器本身损害较小，但点状插入法在所有宝石装饰的瓷器中的使用情况较少。世界上仅存 7 件使用点状插入法镶嵌的瓷器，除了这件藏在沃尔特艺术博物馆的执壶，其余 6 件藏在托普卡比宫博物馆，7 件钻孔的珠宝镶嵌瓷器由壶和盆组成，两者的数量几乎相等，它们都是用于洗涤和沐浴的物品。①

　　从瓷器留存珠宝的状况来看，在运用点状插入法镶嵌宝石的瓷器中，诸多宝石已经脱落，在器壁留下洞眼，因此这种方式并不能够很好地固定住宝石。而第一种方式却能使珠宝更加牢固地镶嵌在瓷器上，

---

① Gregory Bailey, "A Chinese Porcelain Ewer with Jeweled Ottoman Mounts," *The Journal of the Walters Art Museum*, Volume 75, https://journal. the walters. org/ volume/75/note/a-chinese-porcelain-ewer-with-jeweled-ottoman-mounts/, 2023 - 05 - 07.

因此托普卡比宫博物馆的珠宝镶嵌瓷器大多数采取了刻凹槽的方式。

值得注意的现象是，不论使用凹槽嵌合法还是运用点状插入法镶嵌宝石的瓷器，都没有钻孔穿破器壁，这种做法保证了该器皿仍然可以作为盛装液体的实用容器，体现了奥斯曼帝国的器物观——帝国对器皿的态度在最初多是实用，在实用的基础上进行装饰，即使对于 16 世纪仍然十分昂贵的中国瓷器来说也不例外。大部分珠宝镶嵌瓷器的共同特点是器型较小，多为小尺寸的杯与碗状容器，极少见到大尺寸的镶嵌器，造成这种现象的原因在于，包括奥斯曼帝国在内的伊斯兰文化的饮食习惯中，大盘与大碗的使用频率相对较高，且没有使用小碗与公筷分餐的习惯。与中国分餐制饮食习惯不同的是，奥斯曼帝国的饮食习惯是将食物摆放在一个大盘子里，盘子摆放在桌面的正中心，人们围坐在圆桌边，用勺子从中央盘子里舀出食物直接食用，在同时期的诸多细密画作品中可以找到对应的图像证据。

因此，同为中国生产的青花大盘与此文珠宝镶嵌的对象——青花小碗，在奥斯曼帝国得到了不同的礼遇，前者由于符合伊斯兰文化的饮食习惯，较多地被用作饮食器皿，而器型较小的杯碗则被挑出辅以宝石装饰。不论作何种用途，中国瓷器都在异域文化中发挥着日益重要的作用，产自中国的瓷质器皿正在逐渐走上贵族们的餐桌，与金盘、银盘一起进入上层阶级使用的器皿清单中①。

五、珠宝镶嵌瓷器的风格分析

在奥斯曼帝国的镶嵌瓷器中，青花瓷占据非常大的比例，在 140 件镶嵌盘中，有 121 件青花瓷；在 95 个镶嵌碗中，有 82 件青花瓷，在

---

① 金、银、瓷质器皿的使用人群为少数精英阶层，而大多数官员则是用镀锡铜制成的浅盘用餐。Arif Bilgin-Ozge Samanci, *Turk Mutfagi*, Ankara: Kultur ve Turizm Bakanligi Yayinlari, 2008, p. 46.

16个镶嵌杯子中,存在12件青花瓷。① 因此,在瓷器上以宝石进行装饰,势必会面临的问题是:如何处理瓷器上的彩绘图案与宝石形成的装饰图案? 又如何协调在同一平面上存在的两种视觉冲突?

在镶嵌瓷器流行的100多年历史中,珠宝镶嵌呈现出了几种不同的风格面貌。本文概括为"移植""适应""冲突"和"超越"四种镶嵌风格。

第一种风格是"移植"。

上文提到,珠宝镶嵌的媒介物最初用于玉石材质的艺术品,因此,珠宝镶嵌在瓷器上的最初风格参照了玉器的镶嵌方式。在图8的嵌宝石玉碗中,宝石集中在用细丝围合成的菱花形空间内,作为玉碗的主体图案,开光图案以四方连续的方式均匀排布在碗外围的四个方向,并以中间的一颗宝石为中心,在周围环绕六颗宝石,每颗宝石之间用金丝相互连接,形成开光内的一个整体图案。这种图案被广泛运用在除瓷器外的其他材质的艺术作品中,包括书籍封面、水晶杯的主体纹样和头盔表面等,形成"可拆卸式"的风格化图案,是装饰纹样走向成熟的结果。此外,半菱形的装饰空间被安排在与主体纹饰相邻的空间中,紧紧贴合着口沿下部的水平线分布。

玉碗外壁的金属以两种方式装饰玉器,第一种方式是工匠用金片填满錾刻的空隙,使金丝与玉器表面处在同一水平面上,这种方式是帖木儿王朝时期在首都赫拉特流行的错金工艺;而第二种方式是奥斯曼帝国的镶嵌风格,金丝突出表面形成具有立体感的装饰效果。从细节上看,金丝表面存在一段一段按压的痕迹,为后人留下了珍贵的工艺线索。两种方式在一件器物上结合,工匠综合运用帖木儿王朝与奥斯曼帝国的装饰工艺,处在不同时空下的两个伊斯兰世界的强大帝国,通过物质形态的艺术作品使文化得以传承和延续。

---

① 数据来源:Gedük, Serkan , "Topkapi Sarayi Müzesi Çin Porselenleri Koleksiyonu Üzerinde Yapilmiş Osmanli Süslemeleri Veonarimlari," *Istanbul* , 2014.

　　当成熟化的镶嵌图案"移植"至风靡 16 世纪的中国瓷器,四组封闭的菱花形装饰被原封不动地移到瓷器表面,而半菱形的辅助装饰部分则表现出了"移植"过程中的不理想性,辅助装饰紧贴玉器口沿下方第二道棱线,与口沿留有一定的空间,这种做法被原封不动地"移植"到瓷器表面(图 9),由于瓷器没有玉器口沿上部的棱线装饰,空白口沿与底部自然衔接的纹饰相比显得不太自然。不过,由于斜向的瓷器器壁较圆润的玉器器壁更长,在宝石大小不变的情况下,工匠去除了玉器表面属于帖木儿帝国的装饰语言,在没有错金工艺作为地纹的基础上装饰菱花形图案,瓷器外壁略显空旷,工匠在此基础上做了对称处理,将装饰延伸至器壁底部与圈足的连接处。

图 8　嵌宝石玉碗

(直径 8.6 cm,高 4.5 cm,约 1550 年,卢浮宫博物馆藏,编号 MR202)

图 9　青花碗

(高 6 cm,直径 12 cm,16 世纪末,托普卡比宫博物馆藏,编号 TKS 15/3141)

　　法国年鉴学派艺术史家达尼埃尔·阿拉斯曾以"分析的图像志"(une iconographie analytique)来研究作者与其作品之间存在的真实关系。阿拉斯认为,作者总会在其作品中留下种种痕迹、特征和反常之处,它们如同精神分析学中的"症状"一样,可经由艺术史家的"分析"来加以追溯和阐释①。工匠虽然负责处理几何化与程式化的装饰,但在处理风格化纹样时,他们仍会在细节处暴露出"艺术意志",与金丝

---

① 转引自李军:《跨文化的艺术史:图像及其重影》,第 8 页。

呈现出的痕迹一样,它们为后人在已经出现技艺断层的时空中,留下了往昔的见证。

综上,在镶嵌风格流行的初期,奥斯曼帝国的工匠在解决器物纹饰和宝石装饰与器物适配时,尽量挑选外壁无任何装饰的瓷器进行镶嵌,并以帝国早先在其他材质的器皿中已运用成熟的装饰技法,"移植"进瓷器表面。在"移植"的过程中,工匠亦会体现自己的"艺术意志"。

第二种风格是"适应"。

图 10 中的笔盒制作于 15 世纪末至 16 世纪初,镶嵌于 16 世纪下半叶,是少数几例制作与镶嵌的时间相隔长达近一个世纪的例子。它

图 10　青花笔盒

(长 27.5 cm, 宽 7.7 cm, 高 7.5 cm, 15 世纪末至 16 世纪初, 托普卡比宫博物馆藏, 编号 TKS 2/894)

的特殊之处在于,缠枝莲纹图案占满了整个笔盒。宝石装饰形成的图案却与缠枝莲纹装饰和谐地处在一个空间,二者相互映衬,相得益彰。金属细丝随着缠枝纹的走向分布,工匠在每一朵莲花的中心与旁边枝叶分别镶嵌一颗红宝石作为装饰,在视觉上加强了纹饰分区与立体感。这种"适应"性风格在镶嵌瓷中极为少见。

第三种风格是"冲突",此种风格占据镶嵌瓷的绝大比例。

与"适应"性的理想风格形成强烈对比的是"冲突"风。大多数青

花瓷器都以这种"暴力"的方式解决青花装饰与宝石装饰之间的矛盾。在"冲突"风镶嵌的瓷器中，宝石以几何形或花瓣形纹饰规律地分布在瓷器表面，充分绽放帝国的装饰魅力。然而，在精湛镶嵌工艺的背后，是对瓷器纹样的忽视。

若单独欣赏图 1 中的珠宝装饰，珠宝呈花瓣结构在白色的瓷器外壁绽放，莹润的白色充分衬托宝石的璀璨与黄金的质感。而当这一装饰结构出现在有青花纹饰的瓷器表面，如图 11 中的青花花卉纹杯，花朵般绽放的宝石装饰"野蛮"地覆盖在杯身，不仅遮挡住部分青花图案，还打破了杯子整体的秩序感，似乎是炫耀珠宝在二者矛盾战争中胜利的结局。

镶嵌在青花盘上的宝石装饰通常有一个共性，即盘子中央永远镶嵌有一颗或三颗，有时多至五颗单粒分布的宝石，不论盘子中央装饰的是哪种纹样——怒放的娇艳花朵、灵动的动物，或是女性形象，奥斯曼帝国的工匠仿佛对瓷器上所体现的中国文化丝毫不感兴趣，瓷器只是承托宝石的媒介，借助这一载体，宝石才能够以组合的方式形成各种富于变化的图样。

图 11　青花花卉纹杯

（直径 5.7 cm，高 3.8 cm，16 世纪末，托普卡比宫博物馆藏，编号 TKS 15/2818）

第四种风格是"超越"。

前三种风格是宝石装饰与青花纹样较量的结果，第四种风格却超越了纹饰之间的矛盾。上文提及，由于接受国奥斯曼帝国与生产国明朝之间文化与饮食的差异，部分瓷器无法发挥其使用功能，因此，帝国工匠会将这部分瓷器有机地拼接组合在一起，改造成奥斯曼文化中常用的器型。图 12 的香炉由青花高足杯与青花折沿盘组合而成，高足杯的足部被镶嵌锯齿状的金属，连接并固定在盘子中心，高足杯外壁的云鹤图案部分被山字形的宝石覆盖，杯子内部加装金属内胆，内胆

图 12　青花香炉

（高 16.5 cm，直径 13.5 cm，16
世纪下半叶，托普卡比宫博物
馆藏，编号 TKS 15/2773）

加盖宝石装饰的镂空器盖，以便燃香时气体自杯内穿过层层间隙向上升腾，托盘的折沿处与盘心环绕一圈宝石。

香炉与玫瑰水喷瓶通常作为一种组合，出现在宗教仪式、皇家举办的庆典以及王公贵族的生活中，是奥斯曼帝国常见的器物搭配。然而，在托普卡比宫博物馆收藏的中国瓷器中，尚未发现一件器物是奥斯曼帝国文化中常用的香炉。因此，高足杯与折沿盘被工匠转化为在奥斯曼文化中熟悉的器型，并增加金属材质的附件。奥斯曼宫廷的"珠宝美学"在不断超越与突破器物材质的基础上达到了顶峰。

六、珠宝镶嵌瓷器的终结与 17—18 世纪的奥斯曼帝国

图像有其自身的物性存在，每件物质形态的艺术作品的生产、流通与传承，都涉及人类物质生产及精神生产的全部实践，它们在不同程度造就物品的样态。表面上看来，奥斯曼帝国的珠宝镶嵌瓷器是中国瓷器与奥斯曼珠宝镶嵌装饰的结合，而实际上，这类器物表明了奥斯曼帝国对异域文化的态度以及宫廷的审美取向。珠宝镶嵌工艺的诞生与发展，从最初对帖木儿王朝玉器中错金工艺的接纳与仿效，到技术成熟时摒弃原初挪用的痕迹，以"冲突"和"超越"的方式，展现帝国纯熟的技艺。工匠从一开始尊重瓷器，选择瓷器无装饰的空白部分镶嵌宝石，演变为无视瓷器自身的纹饰美感，到后来的"为我所用"，改变瓷器原本的功能，将器物包装成生活中常见的器物，以发挥瓷器最大的功用性价值，中国的文化元素被一一抹去，仅仅留下物质载体。

而当瓷器这类异域媒介的再装饰意义被开发殆尽，帝国在瓷器上

镶嵌珠宝的兴趣也随之消失。迎面而来的是奥斯曼帝国史上著名的郁金香时代,"欢笑吧,玩耍吧,让我们尽情享受世界上的一切美好"①。1647 年至 1687 年在位的穆罕默德四世是近半个世纪以来第一个对园艺全身心投入的苏丹,也是第一个在托普卡比宫的第四庭院内种满郁金香的苏丹,当他在"鸟笼"②里生活了 16 年的儿子艾哈迈德三世即位之后,更是史上最狂热的郁金香爱好者。土耳其历史学家艾哈迈德·雷菲克(Ahmed Refik)据此将这一时期命名为"郁金香时代"③,帝国宫廷内的花园芳香扑鼻,鸟儿自由自在地在郁金香上空翱翔。

然而,帝国的实际情况并不像内迪姆(Nedim)在诗句中描绘得那般美好,隐藏在享乐主义背后的危机开始在奥斯曼帝国与维也纳发生的战役中显现。曾经在 1529 年追随苏莱曼大帝御驾亲征的奥斯曼军队在铁骑踏遍之处,令欧洲人闻风丧胆。1683 年,军队统帅信誓旦旦地率军出发围攻维也纳,本以为归来时能像 1529 年的那场战役一样风光。不曾想风光不再,如同珠宝镶嵌瓷器在帝国消失的命运一样被人们所淡忘。曾经被视作耀眼明珠的宝石瓷器仅存在了短短一个世纪,便随着 1683 年的那场失败的远征,匆匆离开了奥斯曼帝国。两件镶嵌着宝石的瓷器正是在这样的背景下,在大维齐尔卡拉·穆斯塔法帕夏(Kara Mustafa Pasha)的帐篷中,被带军前来支援维也纳的波兰国王作为战利品带回了波兰。

随此而去的,是奥斯曼帝国称霸时代的结束。1699 年帝国签

---

① 内迪姆(Nedim),郁金香时代最著名的诗人。见 Kemal Silay, *Nedim and the Poetics of the Ottoman Court*：*Medieval Inheritance and the Need for Change*, Bloomington：Indiana Univ Turkish Studies Dept, 1994, pp. 112 - 117.

② 艾哈迈德一世(Ahmed Ⅰ, 1603—1617 年在位)上位后,打破了奥斯曼帝国皇位继承的传统,不再遵从奥斯曼帝国祖先优胜劣汰的夺位制度,而是将皇子们幽禁在皇宫内的一间居所里,与世隔绝,这种制度被称作"Kages"。

③ 转引自〔英〕迈克·达什:《郁金香热》,冯璇译,北京:社会科学文献出版社,2015 年,第 234 页。

订《卡洛维茨和约》,标志其与欧洲国家不再是征服者与被征服者的关系,彼此也不再势均力敌,奥斯曼人开始反省军事上的连连失利。随着俄国彼得大帝的西化取得巨大成功,奥斯曼帝国的兴趣自遥远的东方转移至不断发展的西方,经历了数次政治、经济和社会文化变革的西方开始成为奥斯曼帝国学习的榜样,帝国内部掀起了一场"西化"的激烈纷争,并在艾哈迈德三世时,迈开了全面学习西方的步伐。在其统治期间,他派遣了第一批土耳其使节前往欧洲考察。

奥斯曼帝国对于遥远东方文明的崇拜,由此被封存在一个多世纪里带有珠宝镶嵌的瓷器中。

七、结语

16 世纪通常被学界认为是"近代早期"(Early Modern)的初期阶段,大航海时代促成各地的商品与文化在全球范围内流动。因此,诸多学者提倡运用整体性的思维看待同时期不同文化的发展。经典史学研究长于文本文献视野中近代早期社会文化之间的互动,以镶嵌瓷器为代表的艺术品或物质文化所表现的历史的丰富层面和多元可能性没有受到足够重视。本文从历史长河中遗留至今的具象物件出发,以实物形态的艺术品——珠宝镶嵌瓷器为研究对象,从镶嵌瓷器的技术和风格分析出发,深入探究艺术品与人的互动关系,关注奥斯曼帝国 16—18 世纪的历史演进,以及不同文化间的交流和互动,揭示了早期现代东西方跨文化关联中的奥斯曼模式,从全球视野与整体性视角重思镶嵌瓷器包含的社会历史内涵,为历史研究提供了新的思路与实践样本。

一位英国家庭妇女在伊斯坦布尔的日常生活，1916—1918[①]

林之韵

摘要：受史料所限,学术界对一战时奥斯曼帝国平民的日常生活的研究尚处于起步阶段。因此,对第一次世界大战的研究来说,探究战时奥斯曼帝国普通人的日常生活,并分析其思想及心绪的变化,不仅有学术价值,更具现实意义。

由伊恩·李斯特(Ian Lyster)所编辑的其祖母的战时日记《在奥斯曼人之中:来自土耳其的第一次世界大战日记》(*Among the Ottomans: Diaries from Turkey in World War I*)为这一研究视角提供了一个信息翔实的个案。本文以普通的城市家庭主妇为研究对象,对其物质生活困境与社会精神生活进行了翔实的梳理,较为全面地展现了战时奥斯曼帝国普通民众的日常生活状态,还尝试分析了战时协约国公民在奥斯曼帝国的待遇与处境。总的来看,战时伊斯坦布尔存在较严重的物价上涨、物资短缺现象,平民生活较拮据;协约国公民在奥斯曼帝国得到了较为公正的对待,与敌对国公民能够和睦相处,其人身安全与财产也都得到了法律的保障。

关键词：第一次世界大战　奥斯曼帝国　家庭主妇　日常生活

---

① 本文系作者学士学位论文。

绪　论

(一) 研究意义及概念界定

以往学界对第一次世界大战中的奥斯曼帝国的研究大多集中于传统的战争、政治及外交等领域,而现有的社会史研究又多集中于士兵的军队生活与亚美尼亚人的悲惨遭遇,缺乏对平民生活实态的关注。战时生活在伊斯坦布尔的协约国公民这一群体为这一领域提供了一个研究的交叉点。在战争期间,身为普通市民的一分子,他们的日常生活状况究竟是怎样的? 而作为协约国公民,身处敌对势力的统治之下,他们的境遇究竟如何? 这些问题颇具研究价值,只可惜很长一段时间以来,囿于史料与其规模(约有 3000 人),这一极少数群体往往不为人所知,更不用说针对他们做什么深入的研究了。对当时滞留于奥斯曼帝国的协约国公民的日常生活进行微观研究,观察其生活质量与所处的政治环境,有助于填补平民日常生活的研究空白,增加对这一极少数群体的认知与了解,纠正一些受现有研究影响可能存在的刻板印象,从而完善对一战时期奥斯曼帝国境内少数群体境遇的认识。

日常生活史是近几十年来在反抗结构化史学的过程中新兴的一种微观历史学流派。要研究日常生活史,首先得厘清日常生活的概念与定义。何谓日常生活? 衣食住行等物质层面与消费、休闲娱乐等精神层面的生活,都属于日常生活中的一部分。用马克思主义史学来概括的话,日常生活便是个体所有再生产要素的一个总括。马克思说:"现代历史著述方面的一切真正进步,都是当历史学家从政治形式的外表深入到社会生活深处时才取得的。"①梁景和认为这句话可以从

---

① 马克思:《马志尼和拿破仑》,《马克思恩格斯选集》第十二卷,北京:人民出版社,2012年,第 450—451 页。

以下三个层次去理解："其一，在马克思讲这番话之前，历史研究基本是在政治史范式下进行的，历史为政治服务，是政治的附庸和工具，历史体现着一种资政的功能。其二，政治与社会生活之间有着一种紧密而又深刻的联系。政治的明暗直接影响着社会生活的品质和质量，归根到底政治应当是服务于社会生活的，社会生活是政治的反映，社会生活是评价政治的一把标尺。其三，社会生活与生活方式是一个题的两个方面，是形式和内容的关系，是表象与本质的关系。所以，生活方式是社会生活的外在表现形式，是社会生活的直接反映。"①正因如此，日常生活史绝不应是民众生活琐碎细节的简单堆砌，它从个体生活中生发而来，应当将其提升到群体与文化层面，尝试以个体的生活现象为基础，勾勒出其所属群体的生活状态，并探究其背后所隐藏的历史细节与历史意义，从而得到个体所属的那个时代的较为深刻的认识。

（二）作为史料的玛利亚·李斯特日记

1. 记主身份及家庭情况

日记的主人玛利亚·德·阿尼诺（Maria d'Anino）（1865—1965）出生于意大利驻伊斯坦布尔的一个译员家庭中，年幼丧父之后，其母带着她改嫁给了在当地极富声名的英国港务长亨利·纽博尔特（Henry Newbolt）。在英国社区长大的她，成年后遇见了在奥斯曼银行担任首席出纳的英国人阿尔弗雷德·詹姆斯·李斯特（Alfred James Lyster），并在22岁时与之成婚。他们长大成人的孩子一共有三个，依次为亨利（Henry，即日记整理者的父亲）、伊迪斯［Edythe，昵称提萨（Tizza）］和弗雷德里克［Fredrick，昵称弗雷迪（Freddie）］。长

---

① 梁景和：《生活方式：历史研究的深处——评李长莉著〈中国人的生活方式：从传统到近代〉》，《近代史研究》2009 年第 2 期，第 141—147 页。

子亨利子承父业,同样在奥斯曼银行就职①;而幺子弗雷迪则在标准石油公司工作。② 家中的三位男性在一战爆发之后分别应征入伍,阿尔弗雷德在皇家海军担任中尉,亨利为希腊非正规军③做情报工作,而弗雷迪在步兵团担任翻译官,随后父子三人在希腊的萨洛尼卡聚首,为协约国抵御保加利亚与德国进攻的马其顿防线效力;而唯一的女儿提萨则独自一人滞留在埃塞克斯的亲戚家,在那里她遇见了未来的丈夫小斯塔克(Stack)。④

　　时任美国驻奥斯曼大使亨利·摩根索在其回忆录中介绍了当时居住在伊斯坦布尔的协约国公民的具体情况:"当时,大约有 3000 名英国和法国公民居住在伊斯坦布尔。绝大多数人属于一个叫作黎凡特人(Levantines,黎凡特是伊斯坦布尔的欧洲人聚居区的名字)的阶层,几乎所有人都出生在奥斯曼帝国,他们的家庭往往已经在这里定居了两代或更久。他们的欧洲公民身份几乎是他们与祖国的唯一联系。我经常在大城市里见到英国人,虽然种族和国籍都属于英国,但他们却不会说英语,只会说法语,法语是地中海地区的通用语言。大多数人也从未踏足过英格兰或其他任何欧洲国家;他们只有一个家,那就是这里。除了这些黎凡特人之外,当时也还有大量的英国人和法国人居住在伊斯坦布尔,其中教师、传教士以及商人占了绝大多数。"⑤可见,这一群体中还可以分出两个小群体:本地的黎凡特人和

---

① Ian Lyster, *Among the Ottomans*:*Diaries from Turkey in World War I*, London, New York:I. B. Tauris, 2011, 1918 年 10 月 5 日的日记。为了简明,下文在引用该日记时均使用日期,而非页码作为标注。

② 同上。

③ 当时希腊是中立国,而其内部分裂为针锋相对的两派,君士坦丁一世亲德(他是德皇的妹夫),而首相韦尼泽洛斯则亲近协约国,在他的支持下,盟军得以在萨洛尼卡部署军队。

④ 1917 年 7 月 27 日的日记。

⑤ Henry Morgenthau, and Peter Balakian, *Ambassador Morgenthau's Story*, Detroit:Wayne State University Press,2003, Chapter 12.

外来的英法公民。玛利亚的身份介于两者之间，从原生家庭来看，她属于土生土长的黎凡特人，但是她从小接受的是英国式教育，又和一个外来的英国人组建了家庭，复杂的家庭背景让她于这一内部差异极大的小群体中显得颇具代表性。

一战爆发前，玛利亚的丈夫与儿女都回到了英国，她本应同行，然而她的母亲摔了一跤，身体情况急剧恶化，因此在整个一战期间，母女俩不得不滞留在伊斯坦布尔。玛利亚和她的母亲一起生活在伊斯坦布尔的欧洲人的聚居区佩拉（Pera），因此除了公务人员，玛利亚的日常生活几乎不会和土耳其人发生任何接触；无论是朋友、房客还是学生，他们毫无例外的都是欧洲人，在她的日记中出现的唯一一个土耳其人是她的房东。出于同样的原因，自小生长在欧洲区的玛利亚应该不会说土耳其语，即使会，应该也仅限于简短的日常交流的水平。根据日记的内容，除了母语英语和意大利语，她还会说法语、德语和希腊语。

和她们一起生活的还有一名女佣，也许现在看来，有能力雇佣女佣是一种身份与财力的象征，然而恰恰相反，玛利亚在战时实际过得极为困顿，笔者推测，无论如何落魄，她都没有削减这笔开支的原因应有两个：她很可能不会烹饪，而且作为一个家庭主妇，此时她需要养家糊口，补贴家用；她还需要抛头露面处理各种事务，因此需要有一个人替她承担家务事，并在她不在家的时候照应她卧床不起的母亲。

2. 日记的史料价值

日记，作为第一手的研究资料，其史学价值不言而喻。但将其用于史学研究则存在诸多缺陷：一方面，日记是个人主观意见的集合，因其视角所限，不可避免地会带有些许主观性色彩；另一方面，日记主人创作的初衷并非为后人研究提供资料，而是为自己的日常生活做一记录，因此文本之中往往不可避免地存在结构散乱，行文随意等诸多问题，大大提高了利用的难度，因此在使用之前，研究者需要对其进行审慎的处理。笔者将就本文所采用的原始材料的史料价值进行简要分析。

总的来说,这本日记具有较强的私人性质,旁人俱不知其存在,所记载的内容为作者在一战时期于伊斯坦布尔的生活经历,因此具有较高的可信度,她本人亦曾有言:"……我不会向任何人吐露我的真实想法,除了亲爱的主和这本日记。"其史料价值主要有如下几点。

(1)有助于对伊斯坦布尔的经济史研究。这部日记对战时伊斯坦布尔的物资和物价的具体情况有着详细的记载。这在下文的"物资物价"部分有详尽摘录,在此不再赘述。这为研究当时帝国首都的经济情况提供了一个独特的底层市民的视角,并与战时官方的相关记载互为对照、互为补充。

(2)有助于对战时奥斯曼帝国的社会史研究。长久以来,人们都对一战时期奥斯曼民众的现实生活知之甚少,其主要原因便是基础材料的缺乏。尽管存在诸多缺陷,如背景的模糊、信息的误差等问题,这部日记的出版仍为研究这一时期奥斯曼普通民众的生活提供了宝贵的研究材料。

(3)对奥斯曼帝国少数群体的研究。日记的主人玛利亚·李斯特夫人的身份十分特殊:她生活在伊斯坦布尔,是一个来自敌对国家的欧洲家庭妇女。她的身上有着多个有趣的身份标签:欧洲人、妇女、敌国公民、异教徒。因此,通过研究这些身份对日记主人日常生活的影响,可以了解帝国的少数群体在战时的生活状态。

(三) 研究现状

由于本文研究对象身份的多样与特殊性,本文在选择参考文献时较为灵活机动,并不局限于奥斯曼帝国范围之内的研究。

对一战时欧洲女性生活的各项研究都颇为完备,在此只摘录与正文相关的文献作为参考。苏珊·彼得森(Susan Pedersen)的《家庭、依赖和福利国家的起源,英国和法国,1914—1945》(*Family, Dependence, and the Origins of the Welfare State, Britain and*

France，1914—1945）提及各国政府通过向士兵家属发放分离津贴补偿其经济损失，以维护社会稳定，她还特别指出，与实施征兵制的其他国家不同，在执行志愿入伍政策的英国，分离津贴激发了国民参军卫国的热情。关于战时妇女的文学创作亦有很好的选集，艾格尼丝·卡迪纳尔（Agnes Cardinal）、多萝西·戈德曼（Dorothy Goldman）和朱迪丝·哈特维（Judith Hattaway）编辑的《第一次世界大战时期的女性创作》(Women's Writing on the First World War)按时间顺序介绍了战争期间以及战后整个欧洲大陆的妇女创作，选集的体裁丰富多样，包括新闻、短篇小说、素描、日记和回忆录，揭示妇女在战争中的经历，以及她们看待和叙述战争的方式；编者也注重听取不同的声音，这些女性作者在战争中的角色各不相同，完整地覆盖了从置身其外的家庭主妇到觉醒的女性先锋的政治光谱。

这一时期的奥斯曼帝国女性史研究尚处于起步阶段，且多集中于对精英女性的个案研究。爱丽芙·马希尔·梅廷索（Elif Mahir Metinsoy)的《第一次世界大战中的奥斯曼妇女：日常生活、政治与冲突》(Ottoman Women during World War I：Everyday Experiences，Politics，and Conflict)填补了这一空白，她将研究对象拓展至广大的穆斯林土耳其妇女群体，描绘了这一群体在战争中遭遇的苦难，以及她们是如何走入职场，并为争取生存的经济保障而发声。此外，还有一个与本文处于相同时期、题材类似的个案研究值得关注。克里斯托弗·赫尔佐格（Christoph Herzog)的《女性回忆录中的城市体验：梅蒂哈·凯亚在第一次世界大战中的日记本》(The Urban Experience in Women's Memoirs：Mediha Kayra's World War I Notebook)，记叙了一位穆斯林少女凯亚在 1914 年夏至 1917 年 6 月间的生活回忆，在此期间，随着帝国东部的沦陷，她随家庭从特拉布宗移居至伊斯坦布尔，这一空间上的变换为帝国内部不同地域的研究提供了生动的资料，亦是研究当时奥斯曼妇女的生活与思想的一块宝贵的拼图。

学界对奥斯曼帝国境内的外国人境遇的研究主要聚焦于对亚美

尼亚平民的迫害与灭绝,而关于欧洲人的研究较少。在《受监视的"嫌疑人":伊斯坦布尔的希腊人与亚美尼亚人,1914—1918》(Policing the "suspects":Ottoman Greeks and Armenians in Istanbul,1914—18)一文中,德尼兹·多莱克·塞维尔(Deniz Dölek Sever)指出,当局政府通过驱逐、限制人身自由以及严密监视等手段压制帝国中"潜在的危险分子",这些少数民族中的重要人物的待遇与协约国公民较为相似,可以作为旁证参考。1913—1916年的美国驻奥斯曼帝国大使亨利·摩根索(Henry Morgenthau)在他的回忆录《大使摩根索的故事》(Ambassador Morgenthau's Story)中详细记述了与英国大使交接庇护责任的过程,以及作为中立国的大使,他是如何巧妙地维护协约国公民,使他们免于被当局逮捕和流放的命运的。

关于奥斯曼帝国战时的经济状况,现有研究中,经济大多居于为战争服务的次要地位。例如,赛维科特·帕慕克(Şevket Pamuk)的《第一次世界大战中奥斯曼帝国的经济状况》(The Ottoman Economy in World War I)和费若兹·艾哈迈德(Feroz Ahmad)的《青年土耳其人为帝国存续做出的努力,1914—1918》(The Young Turks:Struggle for the Ottoman Empire,1914—1918)均从宏观角度对总体的社会与经济状况进行了概括性的介绍,爱德华·J.埃里克森(Edward J. Erickson)亦在《听命而亡:第一次世界大战奥斯曼军队史》(Ordered to Die:a History of the Ottoman Army in the First World War)中提供了战时奥斯曼帝国指标性商品的价格数据。对战时奥斯曼日常生活史最详尽的研究出版于90年前。1930年,在卡内基基金会(The Carnegie Endowment for International Peace)"世界大战的经济与社会史"项目(Economic and Social History of the World War)的支持下,土耳其著名的记者兼学者艾哈迈德·艾明·亚尔曼(Ahmet Emin Yalman)出版了著作《世界大战中的土耳其》(Turkey in the World War),除论述政治外交外,此书对食物供应、战时贸易、价格与工资、疾病与健康救济等方面的状况及政策均有涉及,其中还摘录了颇多官方的原始数据,例如伊斯坦布尔战争期间的物价以及物价指数,为本文提供了重要的数据来源。

一、战时的物质生活困境

(一) 衣食住行

战争爆发后,经济形势急剧恶化,生活愈发艰苦,由战争所导致的社会与经济危机造成的影响,每一个人都有切身体会。物资供应和物价涨跌是玛利亚最为关心的时事,占了她的日记大半的篇幅,因为这些价格的变动对普通人的生活影响最大。这些记载大多是本人亲历,辅以摘录见闻,虽然琐碎,但能真实地反映时人的日常生活,下面便分门别类地抄录一二。[①]

1. 食品

在很长一段时间内,奥斯曼帝国的谷物生产都没有办法自给自足,特别是伊斯坦布尔,因为它拥有巨量的人口,且帝国内部的道路不畅,运输成本高企;因此进口外国谷物不但是弥补供应不足的客观需要,也是更经济的选择。战争爆发后,主要的粮食进口来源被切断,以及大量的军队被调集于首都,因此在战争的第一年,伊斯坦布尔就陷入了粮食危机之中。除此之外,在战时的食品供应流程中充斥着低效的分配与浪费,以及政府支持的恶意垄断与囤积居奇,这加剧了市民的苦难。存在着两种并行的价格体系:政府及其代理人能够拿到比较公道的价格,而普通民众则需要承受一路飙升的"市场"价。

在百物之中,玛利亚最关注的自然是食品的供应与价格。那时,

[①] 当时奥斯曼帝国流通的主要货币有里拉(Lira)、库鲁斯(Kuruş)〔欧洲又称皮亚斯特(Piastre)〕和帕拉(para),官方的兑换比率为 1 里拉=100 皮亚斯特=4000 帕拉,在战时汇率虽然略有波动,但是总体上还是保持了稳定的兑换比率。参见王辉:《奥斯曼帝国货币体系演变研究(1326—1914)》,硕士学位论文,西北大学,2019 年。

人们的主食是一种叫作维斯卡的面包,也许是因为当时的口粮根据维斯卡(vesika,即身份证件)配给。玛利亚在日记中描述道:"它是淡黄色的,沉得像用玉米和稻壳做成的铅块,既难以下咽,又难以消化,只需要轻轻一碰,就会碎掉。"①1916 年 2 月 22 日,需要花 6 皮亚斯特才能买到这样一公斤面包,而仅仅六天之后,面包的价格就涨到了 8 皮亚斯特每公斤,人们为了这个"良心"的价格争执不休,可见实际物价的涨幅比这还要糟糕得多;而在一年多之后,玛利亚回顾日记的开头部分时,她不禁嘲笑当时自己的少见多怪,因为当时面包的价格已经涨到了 23 皮亚斯特每公斤。② 偶尔,也有久违的好消息,玛利亚兴奋地记录道,每个人每天将会多得到 110 克的面包配给,只需要多付十个帕拉。③ 但是这种希望往往就像是划过夜空的一颗流星,转瞬便消失在了黑暗之中。生活的常态是一个接一个的坏消息。为了果腹,人们开始动用武力。"在找面包的时候,女仆的额头被抽了一鞭子⋯⋯配给点只发了很少的面包出去,为了争抢食物,还发生了打斗。"④1917 年的新年之际,尽管物资紧缺,物价飞涨,但是富人们依旧有茶叶、新年晚餐和圣诞树,糕点店里人头攒动,生意前所未有地好,玛利亚认识的一位开店的熟人感叹道:这个新年真是个好光景! 玛利亚忍不住在日记里发出质问,为什么上等人总是有办法在别人挨饿受冻的时候过着奢侈的生活?⑤ 随着战争的进行,玛丽亚很快便得到了她所盼望的公平:在饥饿面前,没有人能够幸免。"昨天晚上在市场上,大家真的非常恐惧,价格一天上涨两次,富人挤满了杂货店,而穷人只能绝望地看着他们哄抢食物。"⑥几乎所有人都被裹挟进了这个恐惧的

---

① 1916 年 9 月 2 日的日记。
② 1917 年 5 月 26 日的日记。
③ 1917 年 9 月 18 日的日记。
④ 1917 年 7 月 22 日的日记。
⑤ 1917 年 1 月 2 日的日记。
⑥ 1917 年 1 月 20 日的日记。

漩涡之中，当局努力使用行政命令控制飞涨的物价，然而收效甚微，毕竟，物价飞涨的症结在于物资的匮乏，物资供应不足，无论怎么调控，都是指标不治本的。玛利亚愤怒地写道："政府命令大米的单价不应高于 30 皮亚斯特，但是实际的市场价为 40 到 46 皮亚斯特，所以在命令下来之后这批大米很快就被一抢而空，我什么都没有买到，这就是限价的后果！"[①]

在当时，除了满足基本需要的必需品之外的一切食品都成了奢侈品。玛利亚苦闷地写道："我们已经十天没有吃肉了，我很怀念它们，可是谁能买得起 43 皮亚斯特的小羔羊肉、36 皮亚斯特的牛肉和 48 皮亚斯特的羊排呢？现在吃肉就和吃金子一样奢侈。"[②]三个月后，她又写道："我正在变成一个素食主义者……万幸的是，我的健康没有因此而受到影响。"1917 年 7 月 6 日，政府开始接管肉类的分配，除规定最高价格外，还要求所有每周消耗三公斤及以上肉类的人进行登记。[③] 然而，上有政策，下有对策。在政府的高压政策下，大量食品开始流入黑市，以"符合市场"的价格销售："一周前，报纸上说肉类的售价不能超过 30 皮亚斯特，我把这件事告诉了我的屠夫，他笑着说这篇文章一定是在开愚人节玩笑。第二天，屠夫们站在店面前，咧嘴笑着看穷人们从一个店铺冲到另一个店铺，想要买一点便宜的肉。"因此，想要买到好东西，不仅要有钱，还要有灵通的消息来源。玛利亚看起来已经适应并接受了残酷的市场规则，她兴致勃勃地记载了一次成功抢购的经历："我去找了一个熟人，他只有两小块肉，我以 40 皮亚斯特的（非法）价格买了下来，真是幸运！"[④]这个时候的玛利亚，还有苦中作乐的勇气，随着形势愈发艰难，在她的日记之中便再难寻如此的快

---

① 1917 年 6 月 28 日的日记。

② 1917 年 3 月 14 日的日记。

③ Emin Yalman, *Turkey in the World War*, New Haven: Yale University Press, 1930, p. 131.

④ 1917 年 4 月 24 日的日记。

乐了。

2. 衣物

衣物价格的涨幅同样令人咋舌。根据记录,一套进口服装的价格在战前为 5 里拉,1916 年 9 月为 10 里拉,1917 年 1 月为 15 里拉,1917 年 7 月为 20 里拉,1918 年 3 月为 72 里拉,1918 年 9 月为 90 里拉,1918 年 12 月为 100 里拉。而一双鞋子的价格在战前是 0.7 里拉,1917 年 1 月为 2.5 里拉,1917 年 7 月为 3.5 里拉,1918 年 3 月为 9 里拉,1918 年 9 月为 12 里拉,1918 年 12 月最终涨到了 18 里拉。[①] 这样的价格,自然是没有多少人买得起的。人们只能八仙过海各显神通,为凑出一套得以蔽体的衣物而竭尽全力,玛利亚也不例外。一方面,她为自己的勤俭持家而骄傲,自战争爆发以来,她只在衣物上花了不到三镑,用一条旧裙子给自己改了一件外套,还用建材和绳子给女佣做了一双拖鞋。[②] 另一方面,随着冬天逐渐临近,她不得不早早地为越冬做准备。没有靴子,没有袜子,没有背心,也没有胶鞋。[③] 因为买不起新的,玛利亚只得从儿女的衣柜的边边角角中翻检出旧物缝补一番,再将两件并作一件,"穿得像个洋葱一样"[④],才能勉强抵御寒风的侵袭。在解决了基本的保暖问题之后,玛利亚才有资格思考如何穿得体面一些。为了掩盖衣服上的破洞,她只在早晚光线昏暗时出门,还时刻裹着唯一的毛披肩,能穿的鞋子也只剩下一双,她不禁感叹道,自己要是有一双靴子穿的话,就不用担心袜子上的补丁露出来了。[⑤]

3. 饮用水

公共服务的失灵使得饮用水的来源也成了一个大问题。当时,伊斯坦布尔的自来水由两家不同的公司提供,一家在亚洲一侧,另一家

① Emin Yalman, *Turkey in the World War*, p. 149.
② 1917 年 5 月 13 日的日记。
③ 1917 年 8 月 31 日的日记。
④ 1917 年 12 月 11 日的日记。
⑤ 1917 年 10 月 24 日的日记。

在欧洲一侧，在战争期间，它们近于完全停摆，根据玛利亚的记录，往往一周里只有一两天有自来水。① 玛利亚比较幸运，她的房子里有一个蓄水池，所以她可以用其中囤积的雨水来勉强维持生活；而她身边的其他人就没有这么幸运了，他们不得不花上一笔可观的费用来买水。② 是的，这个时候，连水也成了投机商们牟取暴利的对象。

4. 家庭用电

家用电在当时的伊斯坦布尔仍称得上是一种新鲜事物，用得起电，在某种程度上是一种阶层的象征。玛利亚如是评价道："电……是一种奢侈品，但是它其实并不怎么昂贵，只是初始成本的确不菲。在我们的房子里通电大概要花上 9 里拉，我很难一次性付清这笔钱。"③玛利亚楼上楼下的邻居们都在使用电灯，旁人家中稳定而持续的照明给她留下了深刻的印象；同时，由于蜡烛和煤油的供应极度短缺，传统的照明方式随时有可能无以为继，因此玛利亚下定了决心，要给自己的家里也装上电灯，日记里记录了安装电力设施的整个流程。11 月 23 日晚上，玛利亚得知市政府已经停止发放安装电力设施的许可，因此她不得不暂缓进程。④ 其间又有多笔大额意外开支，所以一直到来年的三月，她才攒够了钱，和电力公司签订了合同，以 6.5 里拉的价格安装了两盏灯，每个月还需要付 38 皮亚斯特的电费，此时玛利亚的心里仍有迟疑："我不知道这个选择是否明智……毕竟在这个艰难的时刻，这是一笔巨款。"随后，玛利亚又用 10.5 里拉在厨房、母亲的房间和另外一个空房间里安装电灯，因为款项过大，这一次她不得不分期付款，付完了钱，她又患得患失起来："我是不是疯了？为了这么些个小玩意儿花了这么多钱……我真希望这个时候阿尔弗雷德能

---

① Emin Yalman, *Turkey in the World War*, p. 155.
② 1917 年 7 月 28 日的日记。
③ 1916 年 10 月 19 日的日记。
④ 1916 年 11 月 23 日的日记。

在我身边,因为我不是一个精明的女人。"[1]其实电灯并不是一无是处,她不仅节省下了买燃料的钱,还可以向房客们收取更高的租金。出于安全的考虑,当时电力的使用受到严格的限制,违者会被处以高昂的罚金。玛利亚就有一次这样不愉快的经历,应她的房客弗拉曼(Flamman)先生的要求,她用一个两倍功率的灯泡替换了原来的灯泡,让他可以在床上看书。她警告他应该小心,但是在电力公司例行的一次上门抽查中,他还是被抓住了,因此她被处以 342 皮亚斯特的罚金,她没有提及罚款的具体细节,也许是因为房间和餐厅的线路的额定用电功率不同,因此超额用电可能会有线路熔断的风险。[2]

为了计算应向公务员发放多少生活补贴,自 1917 年 1 月 1 日起,奥斯曼公共债务管理局开始记录伊斯坦布尔食品的零售价格(参见表1)。根据这一官方记录,战前,伊斯坦布尔的面包价格在 0.875 到 1.25 皮亚斯特每公斤之间。官方统一配给的战争面包最初的价格是 1.25 皮亚斯特,1916 年 11 月上涨到 2 皮亚斯特,从未超过 2.50 皮亚斯特。此时市场上还流通着一种自由定价的白面包,价格在 1917 年 1 月为 15 皮亚斯特,8 月为 21 皮亚斯特,10 月为 35 皮亚斯特,1918 年 3 月为 30 皮亚斯特,1918 年 4 月为 37.5 皮亚斯特,1918 年 12 月为 56 皮亚斯特。[3] 玛利亚在日记中提及的维斯卡面包应当就是政府统一配给的战争面包,由于面包配给量太少,难以果腹,她不得不通过黑市以及私人渠道补充购买面包,其价格与公示价格相差甚远。由此可见,在食物开销占生活成本大头的情况下,官方记录大大低估了时人的维持生计的艰难程度,玛利亚的日记为我们研究战时生活提供了一个较为真实的视角。此外,在价格上升的同时,商品的质量也一路下滑,面包里都是谷壳和沙子,而一份黄油里有四分之三是水[4];人们

---

[1] 1918 年 8 月 31 日的日记。
[2] 1918 年 7 月 27 日的日记。
[3] Emin Yalman, *Turkey in the World War*, p. 147.
[4] Emin Yalman, *Turkey in the World War*, p. 148.

被迫以高昂的价格购买假冒伪劣产品,由于商品质量的下滑,他们得购买数倍于原来的数量,才能勉强维持战前的生活水平;因此,实际的情况远比纸面的记录更为触目惊心。

玛利亚的痛苦与迷茫并不单单属于她自己,而是整个社会共同的感受。战争带来的破坏、封锁和通货膨胀彻底破坏了人们的购买力。"我看见有人倒在了街头,人们围着他,想帮他一把,但是我看他是活不成了。"[1]此类惨剧在伊斯坦布尔的街头巷尾时刻都在发生着。与亡于街头的饥民相比,尽管捉襟见肘,但还能勉强维持温饱的玛利亚多多少少算得上是幸运的了。

表1 伊斯坦布尔日用零售价格表[2]

单位:皮亚斯特

	1914年7月	1917年1月	1917年9月	1918年1月	1918年9月
糖	8	62	150	140	250
咖啡	12	160	450	1000	600
大米	8	85	90	95	90
通心粉	8	42	90	110	95
土豆	1	8	20	86	27
豆子	4	19	55	65	65
洋葱	0.50	6	11	16	16
橄榄油	8	45	140	200	180
盐	1.50	2.50	2.50	2.50	5.50
牛奶	2	9	19	40	45
奶酪	12	55	130	250	280
羊肉	7	28	65	130	120
黄油	20	100	210	260	400

---

① 1917年1月20日的日记。

② Emin Yalman, *Turkey in the World War*, p. 148.

续表

	1914 年 7 月	1917 年 1 月	1917 年 9 月	1918 年 1 月	1918 年 9 月
鸡蛋	0.50	1.50	2.50	7.25	4.25
肥皂	7	32	75	140	140
燃油	1.50	50	110	125	160
煤炭	0.50	2.75	5.50	10	13
木材	45	150	320	380	540

表 2　伊斯坦布尔生活成本增幅①

	1917 年	1918 年
1 月	405%	1645%
2 月	475%	1640%
3 月	665%	1700%
4 月	580%	1860%
5 月	605%	1730%
6 月	670%	1850%
7 月	790%	1905%
8 月	800%	1920%
9 月	976%	1860%
10 月	1255%	1481%
11 月	1480%	1675%
12 月	1461%	2205%

注:以 1914 年 7 月水平为基准。

(二) 收入来源

1. 物品典当

典当构成了战时人们日常生活中重要的一环,因为他们不得不出

---

① Emin Yalman, *Turkey in the World War*, p. 151.

卖一切可以出卖的东西来补贴家用，玛利亚也不例外。战时，在吃饱穿暖的实用主义精神的影响下，奢侈品和必需品的价格正好完全掉了个个儿，这是由供需关系急剧变动所导致的。当时，玛利亚所有的奢侈品主要是一些纪念品以及贵金属制品。她首先委托朋友尼娜（Nina）以 100 皮亚斯特的价格卖掉了一张朱利佩·加里波第（Giuseppe Garibaldi，意大利统一战争中的著名将领）的签名照片。"如果在和平时期，我应该能拿到更多，但是现在我不能抱怨太多了，我只希望尼娜能在我把最后一分钱花光之前把钱给我。"①随着局势不断恶化，不能吃的金子也越来越不值钱。玛利亚有一枚上有苏丹头像的金胸针，本已收到了 220 皮亚斯特的报价，但当时她没有舍得卖出去，因为想把它留给女儿；而当她身无分文，不得不再去询价时，胸针的价格已经跌到了 163 皮亚斯特，缩水了近四分之一，此时的玛利亚别无选择，只好接受。② 此类纪念品数量较少，也卖不出什么好价钱；此时的硬通货还是日用品。由于新衣价格一路飙升（在上文已有所提及），二手衣服格外紧俏，"无论多么古老的布料，都能卖个好价钱"③，通过这一途径，玛利亚获利颇丰，例如，一套 14 年前的旧西装竟卖了 5 里拉，虽然仅是当时新衣价格的十分之一，仍是一笔可观的收入。④ 尽管如此，玛利亚没有被送上门的财富冲昏头脑，她对自己当前的处境有着清晰的认识，典当是一种应急的手段，而绝非长久之计，她警醒地写道："……我得振作起来，不能只靠卖东西活着，这样坐吃山空是活不下去的。"⑤

2. 汇款与福利救济

在第一次世界大战期间，英国政府为帮助其国民渡过难关提供了

---

① 1917 年 2 月 12 日的日记。
② 1917 年 8 月 2 日的日记。
③ 1917 年 8 月 2 日的日记。
④ 1918 年 7 月 4 日的日记。
⑤ 1917 年 3 月 18 日的日记。

各式各样的福利保障,而军人及其家属是政策的重中之重——一切战时政策都为了战争的最终胜利而服务,稳定军心的最好办法就是安定他们的大后方:家庭。根据官方政策,停职入伍人员的家属能够如常申领他们的工资,同时政府还会向他们发放一定数额的救济津贴。每个月,除了她丈夫的工资(15~21里拉)以外,玛利亚还可以领到银行500皮亚斯特的补贴,以及政府300皮亚斯特的救济金。① 政府的救济随着时间的推移而有所增加,1918年4月,她每月可以领到715皮亚斯特。② 政府还提供医疗保险,诊疗时,只要使用的是政府救济处方,治疗的费用便可以由政府全额报销。③ 作为一个身处异国、没有正式工作的家庭妇女,玛利亚唯一可以依靠的官方机构,就是她丈夫曾供职的奥斯曼银行。银行会不定期向她发放一定数量的食品杂货④,但是其数量定然不足以维持生活,否则她也不必为了食物而到处奔波了;银行还能提供基本的节日福利,在圣诞节他们向玛利亚发放了6里拉的礼金。⑤ 1916年12月起,驻外机构受到英国政府限制黄金外流政策的影响,因此在战争的最后两年里,奥斯曼银行只能向员工发放最低的基础工资⑥。在日记里,玛利亚时不时地担忧,银行是否还会发放已经离职多年的丈夫的薪金,所以玛利亚的处境其实并没有想象中的那么宽裕,面对战时一路飙升的物价,她丈夫战前足以维持一家人体面生活的工资其实也只是杯水车薪,在1918年1月的一封家书里,当得知丈夫每个月最多只能给她寄22里拉时,玛利亚抱怨道:"远远不够! 我需要的是这个数的两倍还多呢!"⑦

---

① 1917年6月8日的日记。
② 1918年4月16日的日记。
③ 1918年5月7日的日记。
④ 1917年11月14日的日记。
⑤ 1918年1月2日的日记。
⑥ 1917年12月9日的日记。
⑦ 1918年1月19日的日记。

政府想要通过"军人优先"的政策稳定军心，企业亦然，如此银行的董事们便自然而然地如法炮制，提出了"在职员工优先"的口号，慑于政府的法令，这种歧视自然不能做得太过，也不能摆在台面上：在满足生活基本需要的基本品的分配上，大体上应还是一视同仁的；然而，在一些与稀缺品有关的事情上，二者之间不免就有了区别。军人家属往往与内部消息无缘，玛利亚曾就此事焦虑地写道："我听说，银行的董事们已经和一些大的杂货商们达成了协议，以批发价向职工供货……我不知道为什么我得不到这种内部消息。"[1]此外，在稀缺品的分配上他们也是"二等公民"，例如，糖作为一种稀缺品，就只分配给在职的银行员工，玛利亚作为离职的军人家属是没有资格申领的。总的来说，在玛利亚这个个案上，英国政府以及奥斯曼银行所提供的福利保障是差强人意的。

3. 房屋租赁

房屋租赁构成了玛利亚收入中的另一个重要部分。一开始，她其实并不乐意将房子租出去，因为身为一个需要照顾重病的老人的单身女性，和陌生人同住一个屋檐下，在生活中会遇到许多尴尬与不便；但是窘迫的境况让她不得不向现实低头。因此，玛利亚在1917年1月才下定决心，将家人离去后空闲下来的房间租赁出去贴补家用，有时她也顺便为房客提供连带的洗衣、餐食和家教服务。她不是房子的主人，而是以"二房东"的身份，将房间再次转租给临时的租客。房间的租金不断上涨，1917年年中一个房间的租金是4里拉每月，到1918年年底就翻了一番，涨到了8里拉每月。在收租时，玛利亚也接受实物与货币相结合的方式，例如食品、燃料等急缺品都可以作为支付的手段。房客的流动性较大，其中最久的租客也不过待了6个月，房屋时常空置，租赁收入并不稳定，所以很难计算出依靠房屋租赁，玛利亚究竟获利几何。

---

[1] 1916年3月1日的日记。

当时似乎有规定,同盟国的官员不能和敌国人员住在一起①,但是很明显无人遵守这一规定,因为他们似乎更愿意和欧洲同胞待在一起,即便他们在立场上相互敌对。同盟国的军人是玛利亚最主要的客人来源,除了数量多、租房需求旺盛等客观原因,出于寻求庇护、获取消息以及便利的考虑,玛利亚在寻找房客时,也更偏向选择他们。一些有权有势的房客能给房东带来以成本价购买食品、日用品的特权,这在物资紧缺的战时比什么都要珍贵。但玛利亚就没有这么好的运气了,她不乏尖刻地评价某一位房客"只是一个铁路公司的职员,除了整天不在家,和能练习德语之外,没有什么别的好处"。② 诸多房客之中,玛利亚和一位姓纳托尔斯基(Natolsky)的先生相处得最好,他经常送玛利亚礼物,有一次他甚至为她带来了一份违禁的《时代周刊》(Times)。③ 玛利亚在他将要离开时依依不舍地写道:"他是个快乐的年轻人,十分有魅力,我的房客里没有人会比他更好了。"④

4. 语言家教

玛利亚的母语是英语和意大利语,此外,她还会说法语、德语和希腊语。在战时,她充分利用了自己出色的多语能力,给其他国家的人做英语家教来贴补家用。玛利亚主要通过在报纸上登发广告、朋友口耳相传的推荐以及为房客提供服务来招揽学生。她的一个学生每周上门 4 次,学费是一个月 3.5 里拉。⑤ 相比出租房屋,语言家教更不稳定,几乎没有学生能稳定地上超过两个月的课,因此它只在玛利亚的收入来源之中占据很小的一部分。

---

① 1917 年 7 月 29 日的日记。
② 1917 年 3 月 21 日的日记。
③ 1918 年 2 月 1 日的日记。
④ 1918 年 3 月 9 日的日记。
⑤ 1918 年 6 月 26 日的日记。

（三）疾病与健康

第一次世界大战期间，各类流行病在欧洲迅速蔓延。战争为各类病毒和细菌创造了快速传播的条件：大范围的饥馑、有限的医疗条件、军队脏乱的卫生状况，以及交战过程中频繁的人口流动都使疫病更加肆无忌惮地传播。疾病主要的类型包括霍乱（水源传播）、斑疹伤寒（虫类叮咬传播），以及臭名昭著的西班牙大流感（飞沫传播）。总的来说，相较其他地方，战时伊斯坦布尔的防疫措施取得了较好的成果，市内曾多次出现疫情均得到了良好控制，没有大规模扩散。政府采取了全面的防控措施，包括免费的公共浴室、强制搜查所有感染者的房屋、在任何可能的场合都要求出示健康证明、强制接种疫苗、禁止士兵乘坐公共交通（由于恶劣的作战条件，士兵是疾病的一大传染源）等。[1]

即便如此，身处各类条件都更为优越的佩拉区，玛利亚也曾多次与烈性传染病擦肩而过：1917年的一日清晨，她惊恐地发现自己被内衣上的一只跳蚤咬了一口。当时，她身边已经有许多人被斑疹伤寒感染了，许多名人死去，那么自己一个普通人又怎么能从病魔手中幸免呢？她已经做好了最坏的准备。不过非常幸运的是，她没有出现症状，咬她的那只臭虫身上或许并没有病菌。[2] 一个月后，这场疫情才平息下去。[3] 而在1918年，她的房客在那场席卷全球的大流感之中倒下了，奇迹的是，与他同住一屋之中、同吃同住、毫无隔离条件的玛利亚和母亲竟然又逃过了一劫。虽然幸运地逃过了疫病的魔爪，但是窘迫的物质条件和紧张不安的精神状态渐渐将她推到了崩溃的边缘。在1917年5月4日的日记里，一向坚强的玛利亚罕有地对自己的命运发出了哀叹："我感到非常痛苦，不是自吹自擂，一直以来我都是非

---

[1] Emin Yalman, *Turkey in the World War*, p. 250.

[2] 1917年4月18日的日记。

[3] 1917年5月12日的日记。

常勇敢的,但是我觉得我的勇气正在一点点地消逝,有时我发现自己已经力不从心了……很可能得像去年一样过冬,那会很快地消磨我的精神和肉体"。①到战争的最后一年,由于长期的营养不良,玛利亚的耳朵开始发炎,脸部也已经完全变形,"如果阿尔弗雷德看见我的样子,一定会发笑的"。医生给她开了洋地黄和氯仿铁,二者都是当时用于治疗心律不齐的药物,看起来她的心脏也出现了一些问题。② 到10月,她的身体愈发虚弱,像她的母亲一样卧床不起,这一次她没有再找医生,而是只靠意志力与芥末膏以及阿司匹林的帮助,和身体全方位的虚弱做斗争,也许是因为,她认为医生对衰弱也是无计可施的。③ 随后,同盟国接受威尔逊十四点原则的新闻传来,毋庸置疑,此时已是黎明前最后的黑暗,胜利就在眼前。然而,玛利亚已经被病痛折磨得"软弱无力,对一切都漠不关心",她陷入了一种行尸走肉式的麻木之中,这是战争之中人们最终的共同精神归宿。④ 好消息是,和平再也不是风言风语中虚无缥缈的东西了,随着和约的签订,她的丈夫和儿子们很快地来到了她身边,玛利亚的病痛似乎也随风飘散,在字里行间再难寻其踪迹。

然而玛利亚年老体衰的母亲就远没有这么幸运了。"毫无疑问,妈妈已经不像一年前发生事故之前那么精神了。"⑤这是玛利亚在日记中唯一一次提及在母亲身上发生的事故,整理者因此猜测,照顾受伤的母亲就是玛利亚滞留在伊斯坦布尔的原因,但是他亦承认,事故发生时(1915 年 5 月)距离奥斯曼帝国加入战争(1914 年 11 月)也已经过去了半年时间,如果她想要(或是能够)动身,早就应该离开。滞留的真正原因依然是一个谜。除了活着,深受病痛折磨的母亲并不能

---

① 1917 年 5 月 4 日的日记。
② 1918 年 5 月 7 日的日记。
③ 1918 年 10 月 5 日的日记。
④ 1918 年 10 月 7 日的日记。
⑤ 1916 年 5 月 17 日的日记。

给玛利亚什么心灵慰藉。"除了想象我们的家人在做什么，过得怎么样，我和妈妈几乎找不到话说。"[1]"妈妈最近的脾气非常暴躁，很难把话和她说清楚。她对任何人和任何事都充满了偏见，她又老又弱，很难接受现实。"[2]一年过去，母亲的身体状况愈发糟糕，死神似乎已经在向她招手，玛利亚绝望地写道："我很担心妈妈，她的情况似乎越来越糟了。过去的两年里，我一直生活在恐惧之中，但现在她的情况真的一天不如一天。"[3]一个月后，她担心的事情终于发生了。"妈妈已经在床上躺了十天了，我一直陪护在她的身边。医生说她的心脏功能正常，但是肺有一些衰竭，他给她用了一些药，说现在的症状可能是脑部贫血导致的。妈妈说她感觉很糟糕，觉得自己要死了；她要么醒着发脾气，要么就在昏睡。我感觉很不好，坚持给她做了临终的傅油圣事（Extreme Unction）。"[4]幸运的是，她的母亲熬过了这一关。但是她的病情不断出现反复，玛利亚已经做好了最坏的准备："我以为妈妈的状况好多了，但是昨晚她的情况又吓到了我……如果妈妈撑不过这一次，我就把房子租出去，去当家庭教师。"[5]此后的日记中，玛利亚很少再提及母亲，只知道她已经卧床不起，饱受肉体和精神上的折磨[6]，"过着无比漫长而悲伤的生活"。[7] 她最后一次在日记里出现是在1918 年 9 月，玛利亚简短地记述道，可怜的母亲终于被折磨得精神失常了。[8] 此后她的命运不得而知，日记的整理者推测，她最后死在了伊斯坦布尔，没能和家人一起回到英国。

---

[1] 1916 年 2 月 22 日的日记。
[2] 1916 年 10 月 19 日的日记。
[3] 1917 年 6 月 10 日的日记。
[4] 1917 年 7 月 4 日的日记。
[5] 1917 年 7 月 9 日的日记。
[6] 1917 年 11 月 24 日的日记。
[7] 1917 年 12 月 15 日的日记。
[8] 1918 年 9 月 23 日的日记。

（四）空袭

空军在第一次世界大战中首次被大规模投入使用，尽管装备简陋，它仍然开启了新的全面战争的时代：人口、资源密集的城市成为空袭的主要目标，对于深居腹地的城市居民来说，战火不再遥不可及。

一战时，伊斯坦布尔因其地理位置遭到英军来自爱琴海、俄军来自黑海的双重袭击，其中主要的破坏来自英军，俄国的飞机无法到达市区，只能在城郊进行威慑。根据记录，第一次空袭发生在 1916 年 4 月 12 日，英军从爱琴海上派遣了一支小队对伊斯坦布尔进行了试探性的进攻。奥斯曼军方随后颁布了包括加强监视、部署防空炮台以及空袭发生时熄灯断电等一系列防控法令，并在其后的袭击中发挥了一定防护作用。1917 年 7 月 9 日，英国再次发动了空袭，其目标是击沉"亚武兹"号［Yavuz，即被收购更名的"戈本"号（Geoben）］、摧毁当地的飞机库和战争部的大楼，虽然由于偏差未能实现，但这次空袭仍造成了一定的破坏。最大规模的空袭发生在 1918 年 10 月 18 日。在早晨的第一波攻击中，7 架敌机连续轰炸了城市的中心区 20 分钟。5 架飞机在下午发动了第二轮攻击，这一次空袭总共造成 70 名平民死亡，200 人受伤。袭击发生时，苏丹瓦赫代丁（Sultan Vahdettin）正在参加星期五祈祷的路上，不得不逃入清真寺寻求庇护。[①]

作为城市核心区的居民，玛利亚亦亲历了多场空袭，并在日记中留下了宝贵的记录，这些记录集中出现于战争的最后几个月，随着同盟国在前线的败退，协约国开始加大对帝国首都的施压力度。记录多为零散的只言片语，笔者从中选取了一些有趣的部分摘录如下：7 月 7 日的夜空之中传来了第一声枪响，除了飞机，玛利亚还看见了三架飞艇[②]，

---

① 以上关于空袭的官方记录均转引自阿特勒（Altay Atlı）建立的"土耳其战争网"（Turkeyswar.com），该网站因不明原因现在暂时无法访问，可以通过搜索引擎所储存的网页快照访问。http://www.turkeyswar.com/aviation/air-defense/

② 1918 年 7 月 7 日的日记。

在当时,只有德国空军大规模地使用飞艇,英国空军中飞艇的数量非常少。第二次空袭有六架飞机,飞机投下的炮弹爆炸出的弹片造成了很大的伤亡,死难者中有一名德国副领事。[①] 第四次空袭时,危险发生在了她的房客伯恩哈特的一个手下身上,一颗炮弹直直穿过屋顶,砸在了他刚刚躺着的床上,奇迹的是,那颗炮弹竟然没有爆炸。另外,玛利亚还记载了她的邻居的一次惊险经历,那次空袭发生时,他们正在度假回家的路上,不得不整整花了4个里拉(实在是一笔巨款)才找到了一辆愿意送他们回家的马车。玛利亚十分庆幸自己没有参加聚会,语重心长地评价道:"在这个动荡不安的时代,最好还是乖乖地待在家里。"[②]

当局试图掩盖江河日下的局势,所以在报纸上,玛利亚没有看到关于首都空袭的任何报道。许多人是以一种看热闹式的心态看待空袭的,几乎没有人有防空的相关知识,毕竟在当时,飞机算得上是种新鲜事物。

二、社会生活与精神世界

(一) 寻找庇护

在战争期间,玛利亚先后得到了美国与荷兰大使馆的庇护。日记的整理者于这一变化颇感疑惑,他在日记的前言部分推测,她通过某种未知的手段得到了美国护照,摇身一变成了美国人,随后在荷兰重复了这一过程。笔者不认同这一论断,事实应如美国大使摩根索在其公开出版的日记中所说的那样,奥斯曼介入一战后,他受英法大使之托代为庇护其国民,而并不是直接给他们发放美国护照,变更国籍;而在美国介入一战前,美方大使应与荷兰做了与前者类似的交接工作,

① 1918年7月27日的日记。
② 1918年8月27日的日记。

将他们移交给中立国使馆代为照顾。这一事实从玛利亚需要一张照片去荷兰使馆登记可以看出,如果涉及护照的发放,所需的材料就不仅仅是一张照片了。和前文提及过的奥斯曼银行相比,玛利亚和大使馆之间的联系更为紧密,前者是单纯的金钱关系,而后者发挥了更多社会关怀功能:大使馆为她提供庇护与法律援助,传收信件,重要的活动玛利亚亦有参与,例如1916年圣诞节前夕,她便参与了美国大使馆主持的为英军战俘制作圣诞礼物的活动。①

玛利亚还尝试依靠自己的努力寻找庇护。一次偶然的机会,玛利亚在报纸上美国大使馆的宾客名单上看到一位与她养父同名同姓,名叫亨利·纽博尔特的军官,她好似看见了一根救命稻草,没有机会,便创造机会;没有联系,便创造联系:"虽然我觉得我们之间一点关系都没有,但是出于冒险精神,为了改善当下的生活,我要去和他套套近乎。"②机不可失,时不再来,第二天,玛利亚便穿上最体面的衣服,来到美国大使馆去找那位纽博尔特先生。一见面,问题的答案似乎便已经分明了,"他十分和蔼可亲,但是很明显,我们之间没有任何的亲缘关系"。不过这也并不是重点,她委婉地向那位先生说明了她的来意,告诉了他她所知的父亲家里的情况。当天晚上那位军人便应邀上门拜访,并答应下次会再来。③ 在玛利亚眼中,他便成了可以依仗的靠山:"今天,美国宣布与德国断交……我很想知道,如果美国大使馆不得不离开,会对我们造成怎样的影响。我已经给那位纽博尔特少校写了一封信,在他的庇护下,我感到了些许的安全感。"④然而,美国正式向德国宣战之后,那位少校不得不离开,玛利亚对他的拉拢便不了了之了。

---

① 1916年11月12日的日记。
② 1917年1月20日的日记。
③ 1917年1月21日的日记。
④ 1917年2月10日的日记。

（二）道德与投机

战争导致的物质匮乏会动摇人的道德基础。在日记里，玛利亚诚实地记录了第一次，也是唯一一次偷窃的经过："饥饿，已经给了我偷窃的勇气！我从我的军官房客那里偷了两小块糖，我实在是太想吃甜的了……银行的糖只发给在职人员和他们的家属，所以我不能用购买替代偷窃。我感到非常地羞耻，因为这太卑鄙了。"[1]在战前，偷窃对她这样的一位英国淑女来说是不可接受的行为，更别提自己亲自动手行窃了！同时，战争所带来的动荡不安也会使人失去理性，给他们一种有利可图的错觉，除了极少数的幸运儿，绝大多数普通人最终只会在豪赌中失去一切。玛利亚在日记里不失同情地写道："最近，我听说有一个年轻人鼓励一些女士进行投机，由于市场的剧烈波动，其中的一位女士——我不知道是哪一位——自杀了……他们所投资的金镑的价格距最高位已经接近腰斩。"[2]

（三）宗教生活

玛利亚是一名虔诚的天主教徒，在日记的字里行间中，我们可以深切地感受到她对信仰的坚定信念、和平的热切渴望以及悲天悯人的情怀："今天，我去了德国人的弥撒。布道的神父说：'我们必须为和平祈祷，但不是让他们成为英国人的奴隶的那种和平。'在双方同等虔诚的情况下，亲爱的主将做出怎样的抉择？"[3]"我们的好父亲、教皇大人正在充当这场战争的调解人，上帝会满足他的祈愿吗？妈妈一直在抱怨女佣的错处——然而与和平、和平、和平相比，这一切都显得多么微

---

① 1918 年 5 月 15 日的日记。
② 1918 年 10 月 5 日的日记。
③ 1917 年 10 月 7 日的日记。

不足道!"①

三、协约国公民在奥斯曼帝国的待遇

(一) 美国大使的证言

在奥斯曼帝国正式加入战争之后,摩根索便就悬而未决的协约国公民的待遇问题和陆军部长恩维尔(Enver Pasha)展开秘密会面,他劝说道:"整个西方世界一直认为你们是野蛮人,而现在正是证明他们大错特错的机会,你应当善意地对待这些人,只有这样,你们才能洗刷不平等条约的耻辱,并证明你们是一个值得尊敬,不需要外国的监护的国家。记住,要文明,要现代!"摩根索准确地戳到了奥斯曼人的痛处,他们无比渴望得到世界的认同,既然高抬贵手不需要任何的付出,便可以挣得一个好名声,那么又何乐而不为呢? 第二天,内政部长塔拉特(Talaat Pasha)便告知摩根索:"我们已经仔细考虑了在奥斯曼的英国和法国居民的问题,内阁已经做出正式决定,敌国公民可以按照他们的意愿自由地离开或者留下,他们不会被投入集中营。平民可以平静地从事他们的日常工作,只要他们表现得足够好,他们就不会受到骚扰……我们打算用对待敌国公民的方式来表明,我们不是你们口中的'野蛮人'。"②除了下文要叙述的这场"高高举起,轻轻放下"的闹剧,奥斯曼政府在战时基本履行了他们的诺言。

1915 年 5 月,为了"以牙还牙地报复加里波利战役中盟军对手无寸铁的穆斯林的暴行",恩维尔改变了主意,愤怒地宣称要将滞留的英法公民通通逮捕,转移到加里波利的阵地的集中营上,让他们成为盟

---

① 1917 年 8 月 17 日的日记。
② Henry Morgenthau and Peter Balakian, *Ambassador Morgenthau's Story*, Chapter 12.

军的活靶子。在进行初步调停后，恩维尔只答应摩根索将妇女儿童以及和美国使馆有联系的人排除在外，其余的青壮年男性一律都要被放逐。"驱逐日的前一天，整个伊斯坦布尔的外国人都来到了美国大使馆，人们完全陷入了绝望，处于一种歇斯底里的状态之中，"摩根索写道，"他们错误地认为我能主宰他们的命运，每当我从办公室里走出来时，都会被几十个惊慌失措的母亲和妻子团团围住，恳求我为她们的丈夫和儿子求得赦免。"当天下午，他又前往内阁劝说恩维尔："世界对你的帝国对待敌人的方式有着高度的评价……在这个问题上，你们做得比其他任何一个参战国都要好，然而现在你为什么要破坏先前无比明智的选择呢？"在一番软磨硬泡与恩威并施后，恩维尔最终听进去了他的话，经过一番讨价还价，最后只有 50 个身强力壮的年轻人登上了开往加里波利的船，在满是虫蚁的木屋中关了一周，便有惊无险地被释放了。①

（二）记主的真实生活体验

1. 敌我之间

离玛利亚最近的"敌人"便是她的房客们，总的来说，她和他们的相处是愉快而友好的，她还和其中几位绅士缔结了友谊。虽然在论及时事时因立场不同，他们不可避免地会产生一些分歧，但都在理性辩论的范围之内。玛利亚高度赞美了德国人的绅士风度："我必须承认，我还没遇到过一个对我们有仇恨的德国人，在我看来，他们比我们更加宽容。"②这些可爱的人们有着一种健康而理性的民族主义与爱国情怀：热爱自己的国家，同时敬重对手。

玛利亚对年轻人怀有一种特别的偏爱。一位年轻的德国士兵想

① Henry Morgenthau and Peter Balakian, *Ambassador Morgenthau's Story*, Chapter 19.
② 1917 年 12 月 30 日的日记。

要租她的房子,虽然他凑不齐租金,但她依旧让他搬了进来。她在日记里动情地写道:"看到他,我就想到了我的孩子们,所以我让他住了进来……我爱所有的年轻人,上帝保佑他们,不管他们是德国人还是英国人。"①又比如,在街上,玛利亚看到了一艘满载土耳其和德国年轻士兵的船,她不禁满怀悲悯地感叹道:"这些可怜人最后有多少能回家呢?"②

玛利亚也从不吝对德国人伸出援手。她在日记中还记载了与同盟国士兵的两次偶遇。第一次是在从教堂回家的路上,她看到一个疲惫不堪的德国士兵坐在马路旁,便从家里搬了一把椅子给他坐,又跑上楼给他倒了一杯红酒,像招待一位贵客一样,让他在紧凑的急行军之中得到了喘息之机。③第二次则是一个疲惫不堪的奥地利士兵,他被一个疯女人撞倒在地,是过路的玛利亚将他拉了起来。他对玛利亚说:"谢谢……可我没有什么可以给你的,我非常穷,有一个妻子和四个孩子,我来自泰洛尔的波桑,也许你去过那里吗?"玛利亚答道:"我和你感同身受,因为我也有两个儿子在战场上打仗。"她觉得这个可怜人非常需要同情,便同他一起祈祷,祝愿他能够活着回到家乡和家人的身边。她推测他一定是一个从来没有离开过山丘的穷苦农民,在日记的末尾,她悲哀地感叹道:"哦!这是一场多么残酷的战争,许许多多的人注定要心碎!"④

另一个重要的地点是教堂。协约国的公民,无论是神职人员抑或是普通信徒,都能够正常地进行宗教活动,没有因其身份而有所区别歧视:在圣诞夜时,市政当局不分国籍、一视同仁地取消了宵禁的限制,为基督徒们参加午夜礼拜提供方便;前文亦曾提及,玛利亚能够自

---

① 1917 年 10 月 1 日的日记。
② 1917 年 6 月 22 日的日记。
③ 1916 年 11 月 7 日的日记。
④ 1917 年 5 月 9 日的日记。

由出入德国人的教堂。① 唯有一次例外,是在 1917 年 10 月德皇威廉来访期间,所有敌国国籍的牧师被要求停止一切活动,但这无疑是出于安保的考虑,而且这一禁令在德皇离开之后很快就被撤销了。②

由于居住于欧洲人占绝大多数的佩拉区,玛利亚身边的邻居与好友全部都是欧洲人,所以除了她的房东,在玛利亚的日记里几乎不曾出现过土耳其人的身影,因此我们无法用具体案例去探究他们之间的交往。玛利亚在战争胜利后的一篇日记里提及了土耳其人对他们的敌视:"在过去的四年里,我们被当作基督教异教徒(giaours)对待。在公共交通工具上,他们(土耳其人)常常推搡我们,因为他们知道我们不能以牙还牙。"③鉴于当时奥斯曼国内高涨的民族情绪,这一事实其实不难想见。

2. 信息安全

在日记的一开头,玛利亚便开门见山地表达了对信息以及隐私安全的担忧:"我已经下定决心每天写几行日记,我有点害怕被当局搜查,但是到目前为止,在我的身边还没有这样的事情发生……我将尽量记下我们的情况,希望它不会给我带来麻烦。"④但是,接下来的分析表明,在整个战争期间,她其实拥有相当宽大的信息与通信自由。

玛利亚和家人的联系主要依赖信件。由于协约国的邮局都已经被政府先后关停,玛利亚只能依靠其他方式与家人保持联系,主要的渠道有红新月会、梵蒂冈(罗马天主教会)以及大使馆(先是美国,后是荷兰)。这些通路的时效时好时坏,有时数日之内就可以送达,有时却需要数月,丢件的现象也屡见不鲜。当时奥斯曼政府对信息来往的管制颇为严格,所有的书信往来都要经过政府的审查,具体要求如下:"信件不得超过两页,字迹必须清晰,以便审查;其中不能包含任何标

① 1916 年 12 月 26 日的日记。
② 1917 年 7 月 28 日的日记。
③ 1918 年 11 月 8 日的日记。
④ 1916 年 2 月 22 日的日记。

志或者记号;信件必须直接寄给收件人,不得代收。"[1]然而上述的渠道似乎并没有被当局拆封审查的危险,因为在其中的一封来信中,玛利亚的丈夫阿尔弗雷德直言不讳地告诉她,他们的长子亨利正秘密潜伏在希腊做情报工作,企图推翻亲德的皇室[2];如果这封信要经过奥斯曼人之手,很明显他并不会这么做。但是也有迹象表明,使馆的确受到了来自当局的压力:有一次,在美国大使馆取信时玛利亚被告知,必须就地拆封,且不能带走信件,很明显,这是来自奥斯曼情报部门的要求。[3] 玛利亚与家人之间的通信受到客观条件与政府监管的限制,并不是完全自由与畅通无阻的,但形势亦没有像她在日记的开头所设想的那么紧张,总而言之,虽有所不便,但完全在可以接受的范围之内。

3. 财产权的保障

在战时,伊斯坦布尔的住房十分紧张,成千上万的难民涌入首都,推动房租持续上涨,一年翻了三番。玛利亚所在的佩拉区虽然是欧洲人聚居区,但也间接受到了难民潮所带来的租金暴涨的影响:1918 年5 月 20 日,虽然离合同到期(10 月 1 日)还有四个月,她的房东便迫不及待地上门通知玛利亚,他想要涨租金,如果她不接受,那么他就要收回房子以更高的价格租给别人。玛利亚极为恐慌:如果被扫地出门,要是只有她一个人,那会好办得多,但是她卧床不起的母亲是经不起这样的折腾的。她首先向一位姓费里的先生求援,他告诉她,根据现行的法律,在战争结束之前,房东无权驱逐房客。[4] 玛利亚迟疑道:

---

[1] Emin Yalman, *Turkey in the World War*, p. 156.

[2] 1916 年 4 月 30 日的日记。

[3] 1916 年 8 月 12 日的日记。

[4] 为了解决住房问题,伊斯坦布尔政府在 1918 年 4 月 8 日颁布了一项特殊的住房法,规定房屋租金只能比 1916 年 3 月 1 日实际支付的租金高出 50%。所有现存的合同在战后 6 个月内都应被视为有效。法院无权审理旨在腾空房屋的法律诉讼,除非房客没有遵守租约中的条款,或者房东除了收回房屋没有地方可以居住。参见 Emin Yalman, *Turkey in the World War*, p. 150.

"可他是奥斯曼人，而我是英国人。"为了弄清楚她是否也适用新法，玛利亚只好再去寻求"英国领事馆"的帮助——当时正式的英国使团早已撤离，在领馆坚守的是一些前工作人员，他们为滞留侨民提供一些力所能及的帮助。看了她的合同，年轻的前译员马林奇先生安慰她道："根据现行的法律，您的房东无权赶您走，无论他和您的身份为何。"玛利亚仍不敢相信，她战战兢兢地追问道："如果他把我告上法庭，我又该怎么办？"他干脆利落地答道："新的法律正是要禁止他这么做。"得到明确的保证后，玛利亚不禁喜极而泣，出于淑女的骄傲，她捂住了自己的脸，不想暴露她的脆弱，马林奇亦为她的泪水而深深动容。能在无依无靠的异国他乡得到同胞的帮助，并保有自己的一方小小天地，实在是十分值得感动的事啊！这一事例亦为奥斯曼的"文明国家"宣言提供了佐证：身为敌国公民，玛利亚的权益的确得到了法律一视同仁的保护，而并未因她的身份而失效——她在欧洲大陆的同胞们便远没有那么幸运了，没收财产、强行驱逐乃至集中营式的非法拘禁屡见不鲜。

余　论

　　第一次世界大战是人类历史上第一场全球规模的战争，然而很长一段时间以来，因为缺少材料，战时奥斯曼帝国平民的日常生活被人忽视，玛利亚·李斯特夫人的日记的出版，为我们尝试探究这一时期奥斯曼民众的生活状况提供了重要的资料来源。

　　本文简单勾勒了1916年到1918年一个生活在伊斯坦布尔的英国家庭妇女的日常生活与所思所想，这本日记篇幅有限，又颇为散乱，且由于年代过久，资料遗失颇多，日记的整理者亦无从为其补充一些重要的背景信息，因此要根据这本日记对玛利亚其人其事做更深入全面的探讨，那是不太可能的；但从积极的角度来看，本文也算是为研究时人的日常生活与所思所想打开了一扇小小的窗。

在行文的过程中,笔者主要根据日记记述之详略组织。在通读完全文并将其分门别类之后,笔者粗略估计,玛利亚的日记中,有七成的内容是与物资、物价以及收入有关的,其他的题材,比如时政、社交等不超过三成。这种分布有好处,也有坏处:一方面,这本日记为经济史的研究提供了非常详尽的数据,物资与物价的变动情况、各项服务的价格以及救济的具体数额,尽管琐碎,但都填补了之前记录的空白。同时,这本笔记也几乎包含了当时所有涉及金钱流动的可能渠道:收取汇款、家教收入、领取救济、房屋租赁、物品典当等,让我们对当时人们赖以维生的途径有一个大概的了解。而在研究的其他方面,就不太尽如人意了。作为一个家庭妇女,玛利亚对时局的变化并没有真正地了解,她的时事消息主要来源于报纸,以及身边的道听途说,因此虽然日记中有颇多关于战争与和平的内容,但没有什么研究价值。不过,她的日记在一些具体事件上也有很多闪光点,比如对外国公民的撤离政策以及伊斯坦布尔的空袭情况就记录得十分翔实,颇有可取之处。此外,笔者在尝试复现玛利亚的社交与情感生活的时候也遇到了很大的困难,因为绝大部分人名在她的日记中往往只出现过一两次,其身份信息也是语焉不详,因此也无从探寻他们和日记主人之间的关系,从而完整构建她当时的社交网络与情感生活;而玛利亚与家人的信件交往也受到距离的限制,唯一陪伴在她身边的母亲也一直卧床不起,从始至终,这位女士都是在孤军奋战。所以笔者只能退而求其次,选择几个主题,从日记中摘取些许残章断句,再简单勾勒一番,这不可谓不遗憾,然而资料有限,也只好如此。

滞留于奥斯曼帝国的协约国公民是一个非常特殊的少数群体,关于他们的处境与待遇,他们和敌国人是如何交往的,之前在学界并没有相关的研究。由于居住在佩拉区,玛利亚身边的人绝大多数来自欧洲。与充斥着仇恨与鲜血的欧洲大陆相比,小小的佩拉区可以说是沙漠之中的一片小小绿洲,身为英国公民的玛利亚,能与来自德国和奥匈帝国的人们和平相处,他们之间的交往和战前好像没有什么不同;

而在她日记中所提及的与德国士兵的几次偶然交往，更是将人性超越敌我的闪光与高贵之处体现得淋漓尽致，笔者在阅读这些感人至深的片段之时也深深地为之动容。而就待遇而言，平心而论，除了不可避免的冷眼与敌视，协约国公民在奥斯曼帝国得到了较为公正的对待，其人身安全与财产都得到了法律的保障，相比大规模拘禁、流放、扣押敌国公民的欧洲国家，奥斯曼似乎的的确确是一个"文明国家"，然而笔者不由得思及同时代亚美尼亚平民的悲惨命运，如果没有强大的母国，这些人是否还会得到如此的善待？没有人知道答案。

如果在一个和平安定的年代，玛利亚将会拥有一个令人艳羡的生活：夫妻生活幸福和睦，儿女亦各自有了归宿，再过几年，便能和丈夫一道回到家乡，过上祥和安定的退休生活，但是突如其来的世界大战打乱了所有既定的安排。玛利亚·李斯特夫人是幸运的，她的故事有了一个完美的结局。虽然她的日记也许并不能完整地体现当时平民的状况，但我们仍能从其中得到些许助益：个体之于整个时代，不过是沧海一粟，可时代亦是由千千万万的个体的历史汇聚而成的。

作者简介：林之韵，北京大学历史学系 2017 级本科生。

书　评

十字路口前的阿拉伯人和土耳其人

——评哈桑·卡雅勒《帝国的韧性》①

陈 功

  哈桑·卡雅勒（Hasan Kayalı）教授要出新书了！任何一位对晚期奥斯曼帝国历史感兴趣的读者都会对这一消息感到兴奋。卡雅勒教授出生在土耳其，在哈佛大学获得中东历史方向的博士学位，与因《奥斯曼帝国的衰亡》一书而被中国读者所熟悉的牛津大学中东研究中心主任尤金·罗根（Eugene Rogan）是博士生同学。但与已经出版多本专著的罗根截然相反的是，在 1997 年出版《阿拉伯人和青年土耳其党人》（*Arabs and Young Turks*）一书后，卡雅勒教授在过去的 20 多年时间里只发表了几篇短文章。2021 年 10 月，卡雅勒的新书《帝国的韧性：世界大战的终结、奥斯曼的长寿与偶然的民族》（*Imperial Resilience：The Great War's End，Ottoman's Longevity，and Incidental Nations*）问世。在仔细阅读后，笔者认为，凝结了卡雅勒教授 20 多年心血的《帝国的韧性》确实是一本建立在几十年学术界新成果之上的优秀著作。

  本书大致分为四个部分。本书的前言（Preface）和导论（Introduction）构成第一部分。本书的主要研究对象是在奥斯曼帝国退出历史舞台这一历史背景下阿拉伯人和土耳其人的"分离"

---

① 本文于 2022 年 4 月首刊于《澎湃新闻·上海书评》。

(disengagement)，研究目标是探索第一次世界大战结束和 20 世纪 20 年代初这段历史时期，由现在的土耳其的安纳托利亚东南部、伊拉克北部和叙利亚北部组成的地区从帝国通往民族国家的曲折道路。① 作者指出，过去的历史叙述常常认为帝国和民族国家之间存在一个清晰的断裂，具体到中东历史，过去的叙述认为 1918 年奥斯曼帝国战败标志着帝国时代的结束（尽管帝国的正式灭亡是 1923 年）和被压迫民族的解放，土耳其共和国和阿拉伯民族国家的兴起是水到渠成之事。阿拉伯国家的民族主义史学作品将奥斯曼帝国几百年的统治视为土耳其人对阿拉伯人的"扰乱"（intrusion），而新生的土耳其共和国则尽力撇开与帝国的关系，凯末尔政权在推行世俗化过程中将伊斯兰教和阿拉伯属性（Arabdom）联系在一起，阿拉伯属性成了落后的象征。

本书的第一章《民族国家时代奥斯曼计划的展开》（Unfolding of an Ottoman Project in the Age of Nation）构成全书的第二部分。本章的主题是"奥斯曼主义"（Ottomanism）这一概念。在奥斯曼帝国历史上，帝国精英称自己为"奥斯曼人"（Ottoman），到 19 世纪，"奥斯曼人"的范畴逐步从帝国精英扩展到帝国统治范围内、苏丹权威之下的所有臣民，人们开始意识到法律意义上共同的国民身份构成了所有臣民之间的纽带，无论信仰和民族身份如何，所有臣民在法律面前一律平等，这种以共同国民身份为基础的认同就是"奥斯曼主义"（Ottomanism）。1876 年宪法的诞生也是这种意识发展的成果。由于帝国在 1912—1913 年巴尔干战争中失败，几乎丢失了在欧洲的所有领土，大量穆斯林难民从巴尔干逃到伊斯坦布尔和帝国的亚洲属地，而基督徒人口被胜利的巴尔干国家吸收，因此帝国的人口结构发生了重大变化，穆斯林在帝国人口中占据绝对多数，"奥斯曼主义"与宗教

---

① Hasan Kayalı, *Imperial Resilience*：*The Great War's End*，*Ottoman Longevity*，*and Incidental Nations*，Oakland：University of California Press，2021，pp. xv - xvi.

身份的联系更加密切，一种帝国穆斯林共命运的意识发展起来，不久后一战爆发，由于战时宣传和对基督徒的暴力活动，这种意识更加强化。

本书的第二章《命运的逆转与韧性》(Reversals of Fortune and Resilience)、第三章《反殖民的抵抗与追求自决》(Anti-colonial Resistance and the Search for Self-determination)和第四章《国家转型》(State Transformations)主要讲述 1918 年到 1922 年间各方势力对帝国遗产的争夺。随着《穆德罗斯停战协定》(Mudros Treaty)的签订，帝国退出了第一次世界大战。这是一份概念不清、自相矛盾的和约，叙利亚的四大主要城市（大马士革、哈马、霍姆斯、阿勒颇）的地位也是悬而未决。事实上，在本书所涉及的历史时期里，从来没有一份各方同意的对东南安纳托利亚—北叙利亚—北伊拉克地域的集体性处理方案。在这一背景下，作者关注三位人物的活动：穆斯塔法·凯末尔、费萨尔和厄兹德米尔(Özdemir)的活动。凯末尔成为安纳托利亚抵抗运动的领袖，抵抗运动强调安纳托利亚的人口主体是穆斯林，反对外部对这一地区的干涉。阿拉伯人的领袖费萨尔希望能摆脱英法的控制，在叙利亚独立建国，试图与安纳托利亚的抵抗运动合作。此外，当时在安纳托利亚和叙利亚存在着许多自发性、地方性的抵抗组织，这些组织互相合作。厄兹德米尔的经历很有代表性：他在艾因塔卜(Ayntab，今土耳其加济安泰普 Gaziantep)组织抵抗活动，之后受安卡拉政权委托去叙利亚发展抵抗运动，后来又来到伊拉克，联系伊拉克库尔德人的领袖谢赫马哈穆德(Shaykh Mahmud)反抗英国。至于奥斯曼帝国政府，巴黎和会上的奥斯曼代表团主张以威尔逊的"十四点"(Fourteen Points)为基础处理战败的帝国，将帝国转变为邦联制的国家，并将基尔库克—摩苏尔—拉斯艾因(Ra's al-'Ayn)—阿勒颇—拉塔基亚一线作为阿拉伯自治区和帝国直辖区的边界。1920年，帝国国会通过了《民族公约》(National Pact，Misak-ı Milli)，强调阿拉伯各省是帝国不可分割的一部分。也就是说，将阿拉伯地区保留在帝国框架内的努力一直存在。

本书最后一部分的主体是第五章《拯救帝国的奋斗与帝国的解体》(Struggle for Redemption and Imperial Dissolution),这部分主要讲述了洛桑谈判前后各方的博弈。到1922年,局势有了很大的变化:凯末尔领导的抵抗运动取得了战争的胜利,而大马士革的费萨尔政权却被法国消灭,斗争的焦点变成了伊拉克北部的摩苏尔,安卡拉和伦敦方面都试图拉拢当地势力,特别是库尔德人部落。在洛桑进行的谈判中,安卡拉方面再次强调威尔逊的民族自决原则,指出既然摩苏尔的人口主体是土耳其人和库尔德人,那么摩苏尔应该归属土耳其。而英国方面则认为摩苏尔的人口主体是阿拉伯人和库尔德人,并否认库尔德人和土耳其人共享的民族属性。洛桑的谈判没有确定摩苏尔的最终地位,摩苏尔在1925年被确定归属伊拉克。而随着洛桑谈判的结束,土耳其减少了对叙利亚抵抗运动的支持,法国在叙利亚建立了委任统治,直到1946年。卡雅勒教授总结,一种再概念化(reconceptualized)的奥斯曼主义支撑着一战后在东南安纳托利亚—北叙利亚—北伊拉克地区的抵抗运动,这种奥斯曼主义是一种"穆斯林的公民理想"(Muslim civic ideal)[1],也就是说,土耳其人和阿拉伯人的情感纽带在帝国战败后继续发挥影响,真正削弱它的不是战败,而是30年代土耳其民族主义的发展和世俗化改革。

笔者认为,卡雅勒教授新书的最成功之处在于综合了两方面研究的新成果,一是对一战中奥斯曼帝国的研究,二是对帝国晚期身份认同的研究。一战对20世纪中东地区产生了极其重大的影响,战后对奥斯曼帝国亚洲部分领土的处理直接塑造了今日中东地区的地缘格局。然而在相当长的一段时间里,学界却忽视了一战中的奥斯曼帝

---

[1] Hasan Kayalı, *Imperial Resilience*: *The Great War's End*, *Ottoman Longevity*, *and Incidental Nations*, p. 178.

国,不包括"亚美尼亚问题",关于一战中奥斯曼帝国的英文专著只有戴维·弗罗姆金(David Fromkin)的《终结一切和平的和平》(*A Peace to End All Peace*)等几本。但在过去的十多年里,乘着一战百年纪念活动的东风,中东研究学界出现了越来越多的相关研究。除了对战事本身的研究外,一些学者开始关注奥斯曼帝国的战时政策(英文学界往往称为war efforts)。例如,伊易特·阿肯(Yiğit Akın)的《当战争上门》(*When the War Came Home*)一书研究了战争时期的征兵制度和食物配给制度,指出战争时期的动员让帝国的国家能力(state capacity)增强,强大的国家能力是后来土耳其独立战争的基础。[1] 而穆罕默德·贝希克齐(Mehmet Beşikçi)则详细研究了战争时期安纳托利亚的征兵,指出帝国借征兵大大加强了管控,事实上"再次征服"了安纳托利亚。[2] 在帝国的众多地区里,叙利亚[3]得到了特别的关注,因为当时青年土耳其党"三巨头"之一的杰马尔(Cemal)帕夏担任叙利亚总督,在他的领导下,帝国政府在叙利亚开展了一系列改革措施。在过去十年里,许多学者都对杰马尔帕夏统治下的叙利亚进行研究,包括卡雅勒教授自己,不过他的研究更多关注德国对杰马尔帕夏的影响而不是政策本身。[4] 对杰马尔帕夏时期叙利亚最全面的研究是土耳其学者塔尔哈·齐切克(M. Talha Çiçek)的《叙利亚的战争与国家构建》(*War and State Formation in Syria*)一书。作者指出,杰马尔帕夏的政策不仅是战时的应急政策,更有着实现国家对臣民直接管控的目的,他对一部分本

---

[1] Yiğit Akın, *When the War Came Home: The Ottoman's Great War and the Devastation of an Empire*, Stanford: Stanford University Press, 2018, passim.

[2] Mehmet Beşikçi, *The Ottoman Mobilization of Manpower in the First World War: Between Voluntarism and Resistance*, Leiden: Brill, 2012, passim.

[3] 更为准确的说法是"大叙利亚",因为当时的叙利亚还包括了今天的黎巴嫩、约旦、以色列和巴勒斯坦。

[4] Hasan Kayalı, "Ottoman and German Imperial Objectives in Syria during World War I: Synergies and Strains behind the Frontier Lines," in *War and Collapse: World War I and the Ottoman State*, ed. M. Hakan Yavuz and Feroz Ahmed, Salt Lake City: University of Utah Press, 2011, pp. 1112-1133.

地阿拉伯和犹太精英进行打压,接管之前英法管控的机构,并发展教育,目的是消除原本在帝国政府和普通臣民之间的中间人集团的影响,培养出忠诚的阿拉伯臣民。[①] 卡雅勒在本书中引用了上述较新的研究成果,他强调奥斯曼帝国在战争中使用共同的伊斯兰教信仰作为宣传武器,也扩大了教育系统,并且入伍的经历使得许多叙利亚的阿拉伯人第一次走出家乡,与来自其他地方的穆斯林共同生活,这段经历强化了不同社群(community)之间的认同。从战后叙利亚的发展来看,帝国的战时政策至少延续和强化了部分叙利亚阿拉伯人对帝国的认同感,这是卡雅勒教授在前人基础上得出的重要观点。

关于帝国晚期的身份认同,长期以来的历史叙述往往认为 19 世纪以来民族主义的兴起推动了奥斯曼帝国的灭亡:巴尔干各民族的民族主义导致巴尔干地区在 19 世纪纷纷开展独立运动并获得成功,而一战时谢里夫家族在麦加掀起的阿拉伯大起义则在帝国后方给了帝国沉重一击。具体到阿拉伯历史方面,20 世纪 30 年代,巴勒斯坦学者乔治·安东尼乌斯(George Antonius)在经典著作《阿拉伯的觉醒》(The Arab Awakening)一书中指出,19 世纪初的穆罕默德·阿里改革和瓦哈比运动是阿拉伯觉醒的开始,之后西方传教士在叙利亚兴办的学校培养出一批阿拉伯基督徒知识分子,这些人领导了阿拉伯语和阿拉伯文化的复兴运动,到 19 世纪末,文化运动转变为政治运动,阿拉伯民族主义诞生,一战时的大起义是民族主义发展的结果。[②] 安东尼乌斯的结论一度是学术界的主流观点,卡雅勒表示"没有一个对阿拉伯民族主义的再评价能够撇开乔治·安东尼乌斯的

[①] M. Talha Çiçek, *War and State Formation in Syria*: *Cemal Pasha's Governorate during World War I*, *1914 - 1917*, London & New York: Routledge, 2014, passim.

[②] George Antonius, *The Arab Awakening*: *The Story of Arab National Movement*, Philadelphia: J. B. Lippincott, 1939, pp. 1 - 242.

重要著作《阿拉伯的觉醒》"。① 但是从 60 年代以来,安东尼乌斯的观点开始遭到质疑。学者们逐步认识到,民族主义并不是简单的身份认同,民族主义是与自治、自决和民族国家等政治计划联系在一起的,正如凯杜里所定义的那样,民族主义的核心论点是"人类自然地划分为不同的民族,这些民族由于某些可以证实的特性而被人认识,政府的唯一合法形式是民族自治政府"。② 如果阿拉伯精英只是强调阿拉伯人的特殊身份,而没有提出替代帝国的政治方案的话,那么他们很难被视为完整意义上的民族主义者。60 年代之后的学者开始更加重视阿拉伯穆斯林在阿拉伯民族主义中的作用,并且他们承认,尽管有一些阿拉伯人从事反对奥斯曼帝国的活动,仍然有相当多的阿拉伯人忠诚于帝国。卡雅勒的上一本书《阿拉伯人和青年土耳其党人》就指出,尽管利比亚被意大利占领,犹太人在巴勒斯坦扩大定居点等事件让阿拉伯人对帝国越来越失望,但对于包括阿拉伯人在内的不信仰基督教的各民族来说,民族主义在 1908 年之后仍然不是国家(state)层面上决定性的政治潮流,也不是主导性的集体身份。卡雅勒倾向于使用"阿拉伯主义"(Arabism)而不是"阿拉伯民族主义"一词来形容那些强调阿拉伯人特殊身份,但只考虑在帝国现有框架内解决问题的阿拉伯精英的思想。③ 卡雅勒在加州大学圣迭戈分校的同事迈克尔·普罗文斯(Michael Provence)在 2017 年面世的力作《最后一代奥斯曼人》(The Last Ottoman Generation)中,通过描写曾任伊拉克王国首相的亚辛·哈希米(Yassin al-Hashimi)等人的经历,展现出相当一部分

① Hasan Kayalı, *Arabs and the Young Turks: Ottomanism, Arabism, and Islamism in the Second Constitutional Period of the Ottoman Empire, 1908 - 1918*, Berkeley: University of California Press, 1997, p. 7.
② 埃里·凯杜里:《民族主义》,张明明译,北京:中央编译出版社,2002 年,第 1 页。
③ Hasan Kayalı, *Arabs and the Young Turks: Ottomanism, Arabism, and Islamism in the Second Constitutional Period of the Ottoman Empire, 1908 -1918*, passim; Hasan Kayalı, *Imperial Resilience: The Great War's End, Ottoman Longevity, and Incidental Nations*, p. xvi.

阿拉伯人在一战后延续了对奥斯曼帝国的认同,他们中的一些人甚至参与了土耳其独立战争,为战争胜利做出了重要的贡献。① 这些研究都说明阿拉伯民族主义的影响力不应被高估,而奥斯曼主义的力量被大大低估了。在过去研究的基础上,卡雅勒在《帝国的韧性》一书中,通过对安纳托利亚和叙利亚地方抵抗组织的研究,进一步说明了对奥斯曼帝国认同的持续影响力,或许这也正是本书标题"帝国的韧性"的含义之一。

　　碍于篇幅限制,这篇书评没有办法覆盖到本书的其他内容,例如土耳其共和国对《民族公约》的再诠释。笔者认为,本书最重要的意义在于哈桑·卡雅勒教授在充分进行档案搜集和引用学术新成果的基础上,展现出帝国灭亡时复杂的政治图景,表明民族国家的诞生,并不是帝国灭亡的必然结果,而是帝国灭亡时多种道路选择中的一种。谈及土耳其建国时,昝涛教授曾经表示,"土耳其的独立建国并不是源于内战,而是一场多战线的、较小规模的国际战争与外交斗争的结果"。② 这一结论可以扩大到同一时期同一地区发生的其他事件上:伊拉克和叙利亚的建国,以北纬 37 度线为基础的土耳其—叙利亚边境的确立,摩苏尔归属伊拉克。在帝国灭亡时,土耳其人和阿拉伯人都站在历史的十字路口上,民族国家是其中一条路,但并不代表其他的路并不存在,最终他们选择了民族国家,这是多方面斗争的结果,并非必然的结果,因此他们的民族国家是"偶然的"(incidental,即本书标题),而在这一过程中,以平等帝国臣民身份为基础的奥斯曼主义发挥了持续性的影响。一百年过去了,现如今,东南安纳托利亚—北叙利亚—北伊拉克再次成为国际冲突的焦点,土耳其在经济和文化大发展

---

① Michael Provence, *The Last Ottoman Generation*:*and the Making of the Modern Middle East*,New York:Cambridge University Press,2017.

② 昝涛:"全球史视野下的土耳其革命与变革:以民族主义、独立革命与世俗化为例",《澎湃新闻》,2019 年 12 月 5 日。https://www. thepaper. cn/newsDetail_forward_5160068,2022 - 01 - 10.

之后，在阿拉伯地区发挥着更大的影响力，以至于"新奥斯曼主义"一词屡屡被用来形容土耳其的区域影响。在这一环境下，阅读《帝国的韧性》这本书，或许我们能够对现代中东地区的格局，以及土耳其—阿拉伯关系的历史与现实，产生新的认识。

作者简介：陈功，美国普林斯顿大学近东研究系博士候选人，研究方向为 20 世纪初的奥斯曼帝国史。

右翼统治的延续性：土耳其政治斗争的阶级分析之维①

——评哈利勒·卡拉维利《为什么土耳其是威权的》

张　楠

从历史上土耳其共和国五次军事政变（其中包括一次未遂军事政变），到现实中每五年一届的总统选举；从土耳其国父凯末尔，到现任总统埃尔多安；从土耳其军队到民选政府；从民族主义到伊斯兰主义……不难发现，我们对于这些问题的讨论往往集中在"冲突"、社会经济和意识形态结构的破裂等方面，对这背后的历史连续性往往缺乏关注。"为什么土耳其是威权的？"是作者在标题中发出的叩问，也是本书要集中讨论和解决的核心问题，作者由此引出了对于土耳其政治上左翼、右翼、资产阶级的分析和讨论。《为什么土耳其是威权的：从阿塔图尔克到埃尔多安》这本著作抛弃了传统的对于"教""俗"之争的简化分析，主张采用长期被忽略的阶级分析法对土耳其政治进行诊断。正如作者所说："如果不考虑阶级因素，土耳其的政治将没有任何意义"②。

这本书的作者是哈利勒·卡拉维利（Halil Karaveli）。他的父亲

① 本文系国家社科基金中国历史研究院重大历史问题研究专项"亚洲文明研究专题"一般委托项目（批准号：21@WTA004）的阶段性成果，于 2022 年 12 月首刊于《澎湃新闻·上海书评》。
② Halil Karaveli, *Why Turkey is Authoritarian: From Atatürk to Erdoğan*, London: Pluto Press, 2018, p. 98.

是土耳其人，母亲是瑞典人。1962 年，哈利勒出生于伊斯坦布尔，1977 年，他从土耳其加拉塔萨雷高中（Galatasaray Lisesi）毕业，后前往瑞典继续学习①。从哥德堡大学政治学系毕业之后，卡拉维利成为一名记者，并在瑞典著名报社奥斯特古塔通讯社（Östgöta Correspondenten）做了 16 年社论作家。卡拉维利精通土耳其语、瑞典语、法语和英语。虽然不在土耳其生活，但他仍然和土耳其保持联系，土耳其主流媒体《共和报》（*Cumhuriyet*）也曾收录他的文章。目前，卡拉维利是美—瑞智库中亚—高加索研究所、丝绸之路研究计划联合中心高级研究员，《土耳其分析》（*Turkey Analyst*）的编辑。② 卡拉维利的主要研究领域包括：土耳其的威权主义、军队的回归以及阶级动态和民主失败的相互作用，等等。

一、断裂还是延续："文明冲突论"背后的故事

土耳其是一个"东西方相遇"的地方。在过去一个世纪里，西方一直把土耳其视为伊斯兰教和西方世界之间"文明冲突论"的一个关键案例。塞缪尔·亨廷顿在《文明的冲突与世界秩序的重建》一书中将土耳其描绘成所谓的"无所适从的国家" ③。从表面上看，现代土耳其的历史似乎是不连续的，这个国家的统治者经历了从军人向平民的转变，由世俗主义者到伊斯兰保守主义者的转变；国家建立时打破了伊斯兰传统，而最近这种传统似乎又在回潮并蚕食世俗主义。

然而，在"文明冲突论"以及世俗主义与伊斯兰主义拉扯的背后，还有另外一个被掩盖的故事，那就是土耳其左翼和右翼之间的冲突，

---

① 参见 http://www.oktayaras.com/halil-karaveli/tr/29067，2022 - 08 - 11。

② 参见 https://www.silkroadstudies.org/staff/item/13037—halil-m-karaveli.html，2022 - 08 - 11。

③ 塞缪尔·亨廷顿：《文明的冲突与世界秩序的重建》，周琪等译，北京：新华出版社，2009，第 153—160 页。

以及右翼势力在这一过程中最终大获全胜。这与卡拉维利的关注点——"为什么土耳其总是威权主义的"——直接相关。而要回答这个问题,根本在于考察其右翼统治的延续性。无论是由世俗主义者还是伊斯兰主义者、军方还是平民统治,土耳其从根本上是保持不变的,亦即,民族主义和资本主义一直是右翼政权的支柱,尽管它们可能带有不同的文化和宗教保守主义色彩。凯末尔被认为是一个激进的世俗主义改革派,而埃尔多安则是一个社会和文化保守主义者。表面上来看,两人似乎站在了彼此的对立面,但这并不改变如下一个事实,即从阶级分析的角度看,二者都是代表了土耳其资产阶级的利益,其区别不过是资产阶级意识形态和利益的两种变体。自土耳其共和国建国以来,这种资产阶级意识形态就一直占主导地位,为同样的阶级利益服务。也就是说,从凯末尔到埃尔多安,有一条线是一直延续的,那就是右翼统治在土耳其的连续性。这就是卡拉维利给出的洞见。

二、昙花一现:土耳其左翼的历史与现状

早在共和国成立之前,土耳其的左翼就开始兴起了。代表人物有土耳其共产党的创始领袖穆斯塔法·苏菲(Mustafa Sufi)以及著名诗人纳泽姆·希克梅特(Nazım Hikmet)。苏菲在 1913 年去了俄国,一战爆发后被流放到乌拉尔地区,他在那里接触了鞑靼地区的共产主义者,并深受其影响。他将社会变革寄希望于民族主义,但是凯末尔认为土耳其的社会变革必须由他的政府决定,最终穆斯塔法·苏菲惨遭杀害。希克梅特和凯末尔都是萨洛尼卡人,但出身却大不相同,希克梅特出身贵族,凯末尔则出生于普通家庭。两人在 1921 年见了面,但不久之后希克梅特就去了俄国,与苏菲不同的是,希克梅特没有投身民族主义事业,而是投身于社会主义和人文主义事业。1924 年,当希克梅特再回到土耳其的时候,凯末尔已经建立起他的统治了,希克梅特也被关进了监狱。

在土耳其共和国建立之后，凯末尔主义左派开始兴起。当时，凯末尔主义左派主要思考的一个问题是"土耳其为什么落后"。在他们看来，宗教蒙昧主义和帝国主义应对国家的社会、经济，尤其是他们认为的文化不发达负责。他们认同民族主义，呼吁在凯末尔党人主张的文化和教育改革主义的基础上，进行经济改革，为实现社会主义迈出第一步。然而，凯末尔主义左派并没有动员人民，而是动员了军队。这些知识分子认为，不能依靠工人阶级来完成革命，一方面因为土耳其的工人阶级人数太少；另一方面，这些工人没有受过教育。但是，在1971年，土耳其军队倒戈，左翼政变变为右翼政变，社会主义工党被取缔，左派活动家被监禁，军队中的凯末尔主义左派分子遭到清洗，社会民主主义者不得成为军官，军队中任何带有左翼色彩的东西都被抹去了。但凯末尔主义左派的失败不仅是因为它遇到了强大的力量——军队的等级制度、土耳其与北约的关系，另一个注定了他们失败的原因还有他们与人民的疏离。凯末尔主义左派的悲剧在于他们对人民的不信任，以及他们对民主的蔑视。在精英主义的氛围中，他们认为土耳其的普通民众太不成熟，没有受过教育，无法适当地利用民主自由。凯末尔主义左派这种拥护民族主义的、精英式的改革，也注定了他们只能为右翼势力服务。

与凯末尔主义左派相对，在20世纪60年代，自由主义左派开始兴起，并在80年代达到高潮。对凯末尔主义左派而言，他们一边肩负着"启蒙"群众并将其从"宗教迷信"中解放出来的使命，一边通过计划经济来保证社会正义的实现。而自由主义左派却试图解构凯末尔主义左派的意识形态大厦，他们推动了公民社会的概念，认为民族主义和国家主义是自由社会的对立面。在他们看来，土耳其的民主之所以没有发展，是因为自共和国建立以来国家一直控制着社会的各个阶层，扼杀了公民社会，在他们看来，官僚专制国家是缺乏民主的罪魁祸首。土耳其的统治阶级不是资产阶级，而是军民官僚机构。于是，自由主义左派把社会改革的希望寄托于资产阶级，他们认为土耳其政府之所以保持其专制主义,是因为没有强大的资产阶级要求公民权利和政治权利,只有让资产阶级代替官僚专制来治理国家,土耳其才有可能真正走上民主的道路。但其实他们错了,资本家表面上看起来可能是"政治哑巴",但他们仍然是国家的真正统治者。他们可能以民主方式上台,假装和民众站在一起,呼吁民族主义和煽动宗教情绪来动员民众,但他们其实是为资产阶级服务的。1980年,土耳其的社会主义、共产主义和社会民主左派在政变中遭到了残酷镇压,军人们建立起了一套新自由主义经济秩序。正如凯末尔主义左派寄希望于民族主义使得他们最终成为右翼的帮凶一样,自由主义左翼似乎也选错了边,他们认为资产阶级是对抗国家威权主义的力量,这就让他们再次不自觉地同右翼站在了一起。

前面所说的几次左翼运动最终都没能取得成功,事实上,土耳其共和国历史上占主导地位的阶级利益只受到过一次真正的挑战:比伦特·埃杰维特(Bülent Ecevit)作为唯一一位担任过土耳其总理的社会民主党人向该体系发起了左翼挑战。埃杰维特出身于精英阶层,甚至拥有"贵族"背景,但他却拥有超越世俗文化和伊斯兰文化鸿沟的独特能力。埃杰维特从小就浸润在宗教的氛围当中,他虽然不去礼拜,但总是给人以虔诚的感觉。对他来说,土耳其右翼政客表现出的"宗教狂热"毫无诚意,不过是一种用来掩盖阶级关系和剥削本质的烟幕弹罢了。与之前的那些所谓进步的左派知识分子不同,埃杰维特敲开了工人阶级的大门,他主动去"寻找人民",而不是"与资产阶级混在一起"。埃杰维特的成功从侧面说明,土耳其之所以一直保持右翼威权主义,不是因为人民的"落后",恰恰是因为所谓进步人士对人民的"蔑视",这导致了左翼的瘫痪。

三、中坚力量:土耳其右翼的历史与现状

1950年5月14日,土耳其举行了第一次民主选举,门德列斯

(Menderes)代表的民主党走上政治舞台，他们的口号是将经济和宗教从国家的干预中解放出来。这次选举对于左翼来说意味着反革命，因为它恢复了宗教在社会中的地位；对于右翼来说，这次选举是人民和宗教的胜利。事实上，1950 年的这次选举并不是人民或宗教的胜利，而是商人和拥有土地的资产阶级的胜利。这反过来又建立了一种长期存在的模式：右翼政党服务于富裕阶层的利益，但它们却一直能得到小农、下层中产阶级和工人阶级的支持。他们通过充当穷人和弱势群体的护民官、劳动人民文化和信仰的捍卫者，巧妙地化解了部分阶级矛盾、保持了自己的权力；同时，他们将下层阶级的沮丧与不满引向官僚机构，而不是官僚机构实际服务的经济利益。这种模式带来了经济自由，但是没有实现政治自由，民主党在上台之后依然维持了某种独裁统治。20 世纪 50 年代末，土耳其陷入政治动荡。保守派政府在农村享有广泛的支持，但越来越多的城市人口开始反对它。那么问题就来了，既然门德列斯维护了资产阶级的利益，但他最终为什么会被推翻呢？答案在于土耳其政治的悖论：资本主义的发展确保了右翼的主导地位，但也使其变得不稳定。右翼虽然代表着资产阶级的利益，在政治生活中占主导地位，但他们内部经常产生矛盾和对立，甚至是分裂。随着资本主义的发展，土耳其逐渐形成了两个资产阶级阵营：一个是以伊斯兰主义者为代表的保守的安纳托利亚新兴资产阶级，另一个是以伊斯坦布尔为中心亲西方的老牌资产阶级。自 20 世纪 50 年代以来，土耳其的政治进程在一定程度上是由执政的资产阶级内部的冲突所塑造的，这一点在右翼之后的发展中可见一斑。

20 世纪 60—70 年代，一批保守派知识分子建议右翼政党和军队推进"伊斯兰化"作为对抗左翼的解药。他们提出了所谓的"土耳其—伊斯兰一体化"，即土耳其民族主义和伊斯兰教的融合，这种融合也成了 1980 年上台的军政府的意识形态蓝图。他们认为，只有让伊斯兰教在国家意识形态中占有更突出的地位，他们才能战胜左翼，于是，他们开始鼓励并帮助右翼联合成为一个统一的民族主义—伊斯兰阵线。

当然,土耳其资产阶级秩序得益于伊斯兰主义和民族主义的结合。

随着这种新意识形态的出现,土耳其很快出现了一大批伊斯兰主义者。内治麦汀·埃尔巴坎(Necmettin Erbakan)就是代表人物之一。他建立的国家秩序党(1970 年)和繁荣党(1994 年)不仅代表地方弱势资产阶级,也代表下层农村阶级。繁荣党的崛起使得伊斯坦布尔老牌的资产阶级产生了不安,这些成熟的大企业开始害怕所谓的"绿色资本",即伊斯兰主义者所代表的新资产阶级。更重要的是,埃尔巴坎挑战了土耳其的亲西方倾向,从而威胁到美国至关重要的地缘政治利益。1996 年,埃尔巴坎担任总理时,他公然选择对美国的头号敌人伊朗进行首次外交访问,并对当时处于国际制裁下的利比亚独裁者卡扎菲进行访问。于是,1997 年,土耳其再次发生军事政变,埃尔巴坎政府倒台。当然,这次政变也是符合资产阶级的利益的。与埃尔巴坎不同,埃尔多安和新一代伊斯兰主义政治家及时看到了两个资产阶级阵营之间的裂痕并试图缓解这种内部矛盾。他们意识到,伊斯兰主义者想要掌权就必须重塑自己,挑战土耳其与西方的关系、疏远伊斯坦布尔的资产阶级只会是死路一条,因此,他们必须拥抱西方和资产阶级秩序,发展与华盛顿的关系,修补与商业大亨之间的联系。这些"改革派"最终决定与埃尔巴坎决裂,并于 2001 年成立了"保守民主党人"的正义与发展党(简称:正发党)。正发党完成了繁荣党未能完成的任务,也就是实现统治阶级和阶级派别之间的团结,这也是埃尔多安掌权的关键。

四、历史的车轮:五次政变的背后的逻辑

土耳其共和国历史上共发生过五次军事政变,包括一次为未遂军事政变。这些政变无一不是为了保护资产阶级的利益。由此,作者在书中提到了土耳其发生政变的两个要素:社会和政治环境中,占主导地位的(或上升的)阶级利益受挫,要求推翻民选政府;美国公开或默

许发动政变。这样看来，1960 年的军事政变在于消除工业资本主义发展的障碍；1971 年的政变在于打击并消灭左派；1980 年的政变在于消除工人阶级；1997 年的政变在于打击伊斯兰资本势力；而 2016 年的未遂军事政变，虽然得到了美国的默许，但是因为没有资产阶级利益要求发动政变，所以最终没能成功。

作者的这种分析方式虽然不能说十分严密，但确实为我们提供了一种分析角度，破除了一些传统认知中的偏见。例如，土耳其的军队并不是传统意义上所认为的世俗主义的监督者，相反地，他们也曾积极利用和宣传宗教，以期消除左翼势力的影响，但是他们不能接受伊斯兰主义者领导的政府质疑土耳其和美国的关系，这也是他们选择干涉埃尔巴坎的繁荣党政府的原因所在。

五、历史与现实：选举背后的考量

这本书的出版是在 2018 年与 2019 年之交，当时土耳其总统大选刚刚结束。作者在书中提到了土耳其总统埃尔多安的有力竞争者——土耳其好党(Iyi Parti)总统候选人梅拉尔·阿克谢耐尔(Meral Akşener)。然而我们也看到，梅拉尔最终没有能够对埃尔多安构成威胁，埃尔多安成功连任。五年时间过得很快，2023 年土耳其又要迎来新一届选举，这届选举中梅拉尔大概率会退出总统位置的争夺。[①] 但是，这不禁让我们思考土耳其总统大选背后的影响因素是什么。

从一个长时段来考量，我们可以看到，影响土耳其大选的三个主要的因素分别是：经济增长、大众动员、意识形态。不管是哪个政党执政，这三个方面都是不可避免的。埃尔多安在 20 世纪初得以执政的关键就在于他大力推动私有化，将土耳其当时的经济颓势拯救了回

---

① Aykırı, "Meral Akşener, iYi Parti'nin oy oranını açıkladı", https://www.aykiri. com. tr/meral-aksener-iyi-parti-nin-oy-oranini-acikladi/23176/, 2022 - 05 - 21.

来,保护了资产阶级的利益;同时,埃尔多安还有极强大的大众动员能力,他通过打温和的宗教牌以及民族主义牌笼络了不少中部以及其他地区群众的人心,这也使得在土耳其相对保守的中部地区成为他的稳定票仓;从更深层次的意识形态来看,埃尔多安所代表的毫无疑问是土耳其资产阶级的利益。

对于 2023 年的总统大选,埃尔多安在大众动员和意识形态方面的工作还算到位,但是对于经济增长的贡献却并不如意,这也是他在未来总统大选中不确定性的最主要来源。但是,反过来看,土耳其目前经济面临崩溃,其实受影响最大的并不是那些拥有土地的资产阶级,反而是那些靠工资生活的普通群众。对于大资产阶级来说,他们的资产并不是存在银行里的钱,而且是土地、房产、黄金、投资、外汇,等等。因此,在里拉贬值的情况下,他们的资产并不会贬值反而会升值;但是对于普通的依靠工资生活的群众来说,他们的情况只会变得越来越糟。

结 语

从凯末尔到埃尔多安,土耳其统治的连续性在于右翼统治的连续性。威权主义的政治权威以及伊斯兰主义不过是右翼的两种表现,它们都服务于有产者的上层。当前土耳其是右翼当家,左翼还处于相对弱势的地位。当右翼成功地将阶级冲突重塑为文化战争,使得大众阶层、未受教育的农村人口和工人阶级以及城市精英之间发生分离时,左翼就会被削弱。土耳其政治的未来将取决于一个埃杰维特式的左派精英的出现,这个左派必须拥护劳动人民、工人阶级和少数民族的事业,通过大声疾呼社会正义和自由,调和社会和文化诉求的矛盾。

在左翼和右翼的冲突与对抗中,宗教并不是冲突的根源,反而是他们争夺的对象。我们看到,在左翼唯一一次成功的案例中,埃杰维特并不排斥宗教,反而是将宗教和左翼结合起来,这在本质上是抓住了群众。而现在的作为右翼代表的埃尔多安，同样也是将宗教和右翼整合起来，塑造出自己是群众代言人的角色。在这个过程中，伊斯兰并不是左右之外一个独立的存在，而是必须要和左翼或者右翼结合起来。

此外，左翼和右翼的概念是流动的，这种流动既是横向的也是纵向的。横向流动是指：在不同社会背景下，左翼和右翼的内涵有所不同。例如，在伊朗的社会当中，伊斯兰主义既存在于左翼当中又存在于右翼当中，侧重点各有不同；但逊尼派主导的国家社会当中，伊斯兰主义只存在于右翼当中。纵向的流动则是指，即使是同一社会，在其历史发展过程中，左翼和右翼的含义也会发生变化。不同党派的精英通过对左翼、右翼进行重新解释、话语建构，将自己塑造成某种意识形态的代表，甚至对传统的界定进行颠覆式的改变。这一现象在现代土耳其的历史发展中屡见不鲜，同时也普遍存在于其他伊斯兰社会当中。

在民主与威权之间：对土耳其政治的多维度观察[①]

——评阿拉特与帕穆克合著的《民主与威权之间的土耳其》

沈莎莉

对土耳其政治发展道路尤其是民主问题的研究向来是学术界津津乐道的问题。近年来，欧美学者在研究该问题上的一个主流观点是，认为埃尔多安领导下的土耳其正逐渐从一个西方眼中的穆斯林民主国家的典范走向一个伊斯兰主义色彩浓厚的威权国家。[②] 人们大

---

① 本文系国家社科基金中国历史研究院重大历史问题研究专项"亚洲文明研究专题"一般委托项目(批准号：21@WTA004)的阶段性成果，于 2023 年 4 月首发于《澎湃新闻·思想市场》。

② 这一观点可用"土耳其民主衰落论"加以概括，其代表性文献众多，如："Turkey is still just a democracy, but it is not certain to remain that way," *The Economist*, 2023-01-21; Berk Esen, Sebnem Gumuscu, "Why did Turkish democracy collapse? A political economy account of AKP's authoritarianism," *Party Politics*, Volume. 27, Issue 6, 2020, pp. 1–17; Sean Young, "Turkey's Democratic Decline: the End of Kemalish Turkey and the Rise of Authoritarianism," *The Boston Political Review*, 2022-08-23; Kürşat Çınar, *The Decline of Democracy in Turkey: A Comparative Study of Hegemonic Party Rule*, 1st edition, 2019, Abingdon: Routledge; Kemal Kirişci, Amanda Sloat, "The rise and fall of liberal democracy in Turkey: Implications for the West," *Democracy & Disorder*, February 2019; Diego Cupolo, "The Decline and Fall of Turkish Democracy," *The Atlantic*, https://www. theatlantic. com/international/archive/2017/04/turkey-referendum-erdogan-kurds/522894/, 2017-04-14; Lauren McLaren, Burak Cop, "The Failure of Democracy in Turkey: A Comparative Analysis," *Government and Opposition*, Vol. 46, No. 4, Oct 2011, pp. 485–516; Toygar Sinan Baykan, （转下页）

可以列举埃尔多安执政时期一系列加强政治权力的举措对上述观点加以印证。但相较于所谓"威权"政治的具体表现，其背后的发展逻辑却更加复杂，这种复杂性往往使得对土耳其"威权"政治内在逻辑的探讨被有选择地忽视了。因此，当我们使用"民主"或"威权"等话语来评价现代土耳其政治时，我们既需要首先对这些概念加以界定，也需要一种综合性和本土化的视角对该国的民主化道路加以观察。而叶希姆·阿拉特（Yeşim Arat）与谢夫凯特·帕穆克（Şevket Pamuk）合著的《民主与威权之间的土耳其》（*Turkey Between Democracy and Authoritarianism*）恰恰提供了甚有价值的参考。

从内容来看，本书充分体现了两位作者的研究专长。叶希姆·阿拉特任职于土耳其海峡大学政治学与国际关系学系，主要研究土耳其政治、性别政治以及土耳其的妇女运动，其博士论文研究了土耳其政治中的女性角色（*Women in Turkish Politics*）。另一作者谢夫凯特·帕穆克则专攻经济学领域，是土耳其海峡大学经济学与经济史教授，在近代奥斯曼帝国、现代土耳其及中东和巴尔干地区经济史研究方面均有贡献。谢夫凯特·帕穆克同时也是诺贝尔文学奖得主奥尔罕·帕穆克的哥哥。值得一提的是，作者在前言中不仅提到了双方均来自世俗主义家庭，也提到了其家庭曾在二战前后的几十年间参与了土耳其共和国的制度建设，[①]该信息或许在某种程度上对于理解作者的写作背景和动机有所帮助。

从时间跨度来看，本书的研究对象是1980年军事政变以来的土耳其，观察20世纪80年代以来至2018年总统大选期间土耳其在民主化道路中政治、经济、社会的变化。尽管该书是一部关于当代土耳其的综合性分析文献，但总的来看，作者将80年代以来土耳其的发展道路

（接上页）*The Justice and Development Party in Turkey：Populism，Personalism，Organization*，Cambridge：Cambridge University Press，2018，等等。

① Yeşim Arat & Şevket Pamuk，*Turkey Between Democracy and Authoritarianism*，Cambridge：Cambridge University Press，2019，p. ix，preface.

内化为世俗主义与伊斯兰主义两股力量的博弈,这两股力量产生的张力导致当代土耳其兼具民主与专制两种属性,或正如书名指出的,介于"民主与专制之间",该结论或许借鉴了"经济学人智库"(Economist Intelligence Unit,EIU)的民主指数(Democracy Index)。①该报告一直以来将土耳其界定为"混合政权"(Hybrid Regime)。

本书的主题围绕土耳其民主的衰落展开,因此,寻找民主衰落的原因以及理解当下介于民主与专制之间的土耳其的形成便是本书的主要目的。在此之前,我们自然而然需要厘清本书关于"民主"的概念,才能理解作者赖以评价土耳其民主变化的标准。本书所使用的"民主"概念,系指政治制度必须满足的最低限度的程序要求以及对公民政治权利的保护(包括普遍的选举权、自由而公正的选举、竞争性政党体制、法治、问责机制等,并且保护所有公民在言论、新闻、结社、宗教信仰上的自由),国家的行政、立法、司法部门的权力分立则是上述两项民主基本内容的必要保障。② 可以说,作者使用的"民主"标准体现了当今西方社会的一种主流价值观。根据这一标准,土耳其自1980年政变以来的政治体制先是走向民主,而后又滑向威权主义。③ 作者进一步断言,土耳其民主制度的衰落与带有宗教色彩的威权主义的转向是一种多数主义政策的结果,而奉行这一政策的土耳其政党通过竞争性民主选举获得了执政地位。那么,是什么导致土耳其公民选择支持威权统治,又或者土耳其政治精英是如何使用自己的权力塑造、操纵了选民偏好并最终实现威权统治,便是本书试图解答的

---

① 该报告考察了全球167个国家和地区的政权民主化程度,包括选举程序与多样性、政府运作、政治参与、政治文化和公民自由等五个方面,并将考察结果按照得分划分为四种类型:"完全民主"(8.01—10.00)、"部分民主"(6.01—8.00)、"混合政权"(4.01—6.00)和"专制政权"(0—4.00)。

② Yeşim Arat & Şevket Pamuk, *Turkey Between Democracy and Authoritarianism*, p. 3.

③ Ibid., p. x, preface.

问题。① 具体而言,本书选取了土耳其国家发展中的几大结构性因素,并将其置于国内和国际两大背景下加以考察。

一、经济维度:由城市化开启的变革

城市化进程是推动土耳其政治变革的第一大结构性因素。一方面,城市化进程的发展伴随着大量的人口迁移。这场由东部偏远农村地区向西部发达城市迁徙的移民浪潮既有着经济方面的驱动因素,也受到当地政治环境的影响。尤其是在 20 世纪 80 年代以来,土耳其东南部地区的军事冲突导致大量库尔德人外迁,他们主要流向西部和南部等大城市,尤其是伊斯坦布尔。另一方面,二战后土耳其快速的城市化进程带来的人口和社会结构变化为政治和经济变革创造了必不可少的条件。

具体而言,劳动力人口由农村向城市的转移推动了土耳其国内制造业和服务业的发展,而这又反过来为大量城市人口和移民提供了就业收入。随着 1980 年以后出口导向政策的实施,制造业的发展也带动了出口经济的增长,加强了土耳其与世界市场的联系。人口的迁移也导致外来群体及贫富差距的扩大,对政党的执政能力提出了要求和挑战。其中最重要的一点是人口的迁移改变了族群和宗教群体分布。与占人口多数的逊尼派穆斯林一道,大量库尔德人与阿列维派穆斯林也从东部农村地区迁移到城市,并通过组建政党参与政治生活,而生活在底层的棚户区居民数量的扩大也使该群体成为政党争夺选票的重要对象。作者认为,世俗主义政党与伊斯兰主义政党在提供市政服务上的差距也导致后者在土耳其国内政治中的地位不断提升。在作者看来,世俗主义政党在组织和意识形态上的劣势使其无法充分回应城市贫民的物质

---

① Yeşim Arat & Şevket Pamuk, *Turkey Between Democracy and Authoritarianism*, p. 3.

需求。① 而 1980 年的军事政变则进一步加剧了世俗主义政党的分裂，与此同时，以繁荣党、正义与发展党（简称正发党）为首的伊斯兰主义政党则凭借在提供城市服务、改善民众生活、回应底层需求方面的快速反应在 20 世纪 90 年代以来的地方选举中脱颖而出。究其原因，伊斯兰主义政党的成功得益于广泛的社会网络和深厚的群众基础，而这一优势正是在二战后土耳其城市化进程中逐渐形成的。可以说，作者对城市化进程的关注提供了观察土耳其政治发展道路的一个重要视角，而以往对土耳其政治民主的考察则更多关注军政关系、世俗与伊斯兰力量的博弈，相比之下，本书对土耳其人口及社会结构的分析则成为理解土耳其国内政治生态变化的重要基础。

经济及其与政治复杂的相互作用作为另一大结构性因素同样对土耳其的民主化道路产生了重要影响，尤其是在厄扎尔、埃尔多安执政时期扮演了重要角色。受 20 世纪 70 年代以来全球新自由主义浪潮的影响，厄扎尔时期实行的以出口为导向的新经济政策一方面为土耳其国内市场注入了活力，另一方面也加重了土耳其经济发展对国际市场的依赖，使土耳其经济发展中的脆弱性与不稳定性因素增加。与此同时，80 年代以来出口增长带动的制造业繁荣以及工业化规模的扩大促成了保守商业群体的崛起，这在正发党将自身打造为温和伊斯兰政党并上台执政的过程中扮演了中坚力量。总的来看，厄扎尔政府时期的新经济政策旨在依托国际市场以及加速向国际贸易和资本流动开放的模式来取代共和国初期盛行的国家主义和内向型经济增长模式。然而必须指出的是，尽管该时期制造业出口呈现出显著的增长，但除此以外新经济政策在其他领域成果有限。②

而到了 90 年代，不稳定性加剧逐渐成为土耳其国内政治和经济

---

① Yeşim Arat & Şevket Pamuk, *Turkey Between Democracy and Authoritarianism*, p. 29.
② Ibid., p. 134.

的显著特征。一方面，政治意识形态的多元化与政党力量的相对分散导致土耳其左右翼政党的分裂进一步加剧。其结果之一便是 90 年代一系列联合政府的出现。另一方面，政治上的不稳定也间接导致了财政秩序的紊乱和预算赤字的急剧上升，带来了巨额债务与严重的通货膨胀。这些经济问题在 90 年代联合政府时期未能得到有效缓解，最终在土耳其国内引发金融危机，为正发党上台并及时调整经济政策创造了历史机遇。

二、政治维度：从军人干政到文官政治

历史地看，从军队干政到文官政治的演变体现了土耳其政治民主化的过程。然而，土耳其文官政治的回归似乎并不必然走向真正的"民主化"道路。1980 年政变及新宪法的颁布加强了国家的权力，体现了土耳其政治精英对强大政府与稳定秩序的现实需要。然而，这部宪法也为 80 年代以后的土耳其政治奠定了浓厚的监护色彩，执政党一方面需要在该宪法的框架内寻求合法性的来源，另一方面也在尝试突破既有约束，以拓宽土耳其的民主内涵。

与 1961 年颁布的宪法相比，1982 年宪法对土耳其民主政治的影响主要体现在三个方面。一是作为军事政变的结果，它巩固并加强了军队监督文官政府的权力。尽管军队在政变后还政于民，但国家安全委员会在政府决策过程中依然占据主导地位。二是新宪法对公民自由和权利进行了诸多限制，例如宪法关于基本权利和义务的部分列举了限制权利的条款及条件，而非保护这些权利的手段。此外，宪法对民主生活必不可少的公民自治机构的自主权也施加了限制，其表现之一是 1980 年政变后工会的组织活动受限，工人加入工会变得困难。这些措施的目的被认为是防止公民过度参与政治。三是宪法试图使伊斯兰作为一种实用主义的意识形态，成为整合/教化普通民众尤其是年轻一代的工具，使其远离 70 年代以来"有

害"的左翼思想的影响。① 其结果不可避免地导致宗教在民众社会生活中的影响和地位日益显露,进一步加速了伊斯兰主义政党合法化的过程,尽管 20 世纪末以世俗精英为代表的军方对伊斯兰主义政党依然保持着高度警惕,以防止政治伊斯兰势力的壮大。总的来看,1982年宪法试图打造一个在强大政府统治下的稳定而温和的平民社会,但过度僵化的世俗主义也在无形中留下了威权政治的遗产,并为伊斯兰主义政党在 21 世纪的崛起创造了条件。

此外,本书在分析 80 年代以来土耳其民主化改革的过程中并未局限于国内政治的单一视角,欧盟作为对土耳其民主化议程施加影响的外部力量,在土耳其从军人政治向文官政治转变的过程中扮演着重要角色。作者认为,在 90 年代末土耳其希望成为西方一部分的愿望引发了新一轮的民主化。② 欧盟在 21 世纪初给予土耳其成员国资格的承诺在土耳其国内释放了强大的民主活力,促使土耳其在哥本哈根标准的框架内积极进行政治改革以消除军人政治的残余影响,同时也在人权状况与社会民主向欧洲靠拢方面取得了广泛的成果。1999年,土耳其在赫尔辛基峰会上正式获得欧盟候选国资格后,民主左翼党、祖国党、民族行动党联合政府通过的宪法修正案在巩固文官政治方面取得了一系列进展,包括对国家安全委员会进行改革,使军队成员占比不再具有优势,而该机构对政府决策的影响力也开始下降。此外,宪法修正案在促进男女平等、扩大工会等民间组织权利、取消在公共场合使用库尔德语的限制,以及废除死刑等方面的成果也被认为超越了 1983 年以来的历届政府。③

然而,90 年代末埃杰维特领导的联合政府未能在 21 世纪继续推进这一民主化进程,这一时期,国家财政上的巨额赤字使国民

① Yeşim Arat & Şevket Pamuk, *Turkey Between Democracy and Authoritarianism*, pp. 57 - 59.
② Ibid., p. 56.
③ Ibid., p. 85.

经济不堪一击，尽管 1999 年土耳其在国际货币基金组织支持下启动了相应的稳定经济计划，但金融系统的脆弱最终引发了严重的经济危机，由入欧进程开启的政治民主化改革不得不让位于国内经济秩序的重建。21 世纪以来，土耳其的入欧之路更是受到来自"欧盟轴心"——法德两国的阻力，这进一步加剧了土耳其与欧盟之间的不信任。这种相互的不信任也导致欧盟无法为土耳其的民主化改革提供持续性的支持。最终，埃杰维特领导的民主左翼党在 2002 年大选中支持率降至不到 2%，不敌埃尔多安新组建的正发党。

进入 21 世纪，土耳其军队的角色已经发生了变化。在埃尔多安执政时期，尽管遭遇了 2016 年未遂政变，但 21 世纪的土耳其军队已不再是扮演上个世纪的世俗主义捍卫者角色，这场未遂政变的肇始、过程与结局显示出其性质是无法用世俗主义—伊斯兰主义的框架概而论之的。

三、社会维度：土耳其民主化道路的参与者

社会维度是观察当代土耳其政治民主化道路的重要视角。作者在书中分别对推动土耳其民主政治发展变化的三股社会力量进行分析，即伊斯兰主义、库尔德民族主义、女性主义，这三股力量相互交织，共同建构了当今土耳其民主政治的复杂性与多元性。

作者认为，以埃尔多安及其正发党为代表的伊斯兰主义者的掌权得益于土耳其世俗精英群体的弱点。[1] 然而，尽管作者在前文中提到世俗精英的弱点主要是组织和意识形态上的，但却并未对此作深入剖析。作者试图说明的是，埃尔多安与正发党的崛起正是世俗精英对伊

---

① Yeşim Arat & Şevket Pamuk, *Turkey Between Democracy and Authoritarianism*, p. 88.

斯兰主义力量过度压制的结果。从这一角度而言,1980 年政变以来土耳其世俗精英与伊斯兰保守主义者在军队、政府、司法体系中的角力是理解埃尔多安上台的重要背景。该过程使土耳其的世俗主义呈现出一种霸权的色彩,而这恰恰为以埃尔多安为代表的伊斯兰保守主义阶层提供了探索新型民主模式的政治空间。然而,世俗与伊斯兰主义精英之间长期的相互不信任加剧了双方对权力的渴望,这一方面是为了确保自身在政权中的话语地位,另一方面,正如作者指出的,是为了追求更多的权力。为此,埃尔多安采取的一系列措施,如:控制军队和司法体系、加强媒体监管、压制反对声音等,破坏了民主的原则,使土耳其逐渐走向威权。

长久以来困扰土耳其政治民主化的另一大挑战是库尔德问题。这在 20 世纪主要表现为库尔德工人党与土耳其政府之间的武装冲突。自 1974 年库尔德工人党成立以来,土耳其政府与库尔德武装力量之间经历多次冲突与停火,土耳其政府一方面严厉打击境内外以库尔德工人党为代表的分离主义势力,另一方面对国内库尔德人有限地放宽权利,但围绕库尔德人民族身份的问题却始终悬而未决。随着时间的流逝,土耳其国内库尔德民族主义者的政治目标也发生了改变,部分库尔德精英阶层选择通过政党斗争的方式合法地介入政治,寻求在宪政民主的框架下实现对库尔德人民族权利的要求。以人民民主党为代表的亲库尔德群体在近年来的大选中日益崭露头角并进入议会参与国家议程,这一现实局面一方面挑战了土耳其建国以来排他性的单一民族国家认同,另一方面为土耳其探索更加包容性的政治民主化道路提供了一种可能。在该问题上,作者不无犀利地指出,"国家在 20 世纪 20 年代初精心打造了同质化与排他性的土耳其民族主义,并将其延续至今,这与承认库尔德人的独立民族身份(ethnic identity)是不可调和的。这种对民族主义及其权力运作的特殊认识已经灌输给当代土耳其的统治精英,他们将库尔德人的反抗视为一个安全问题,而忽视了该问题的人权考量"①。

最后,从女性运动视角观察土耳其政治民主化道路是本书的一大亮点,而二者的结合打破了以往国内学术界对其采用单一视角进行研究的传统模式。在该部分的论述中,作者指出土耳其女性问题研究中的一种主流观点,即认为土耳其共和国的开创者们解放了女性群体。这一主流观点直到 80 年代以后才逐渐发生变化。不可否认的是,土耳其共和国初期的世俗化改革在赋予女性平等地位方面取得了诸多成果,例如废除了一夫多妻制、女性获得了选举权等,这些成果在当时甚至领先于许多欧洲国家。然而也正因如此,许多人认为女性的权利问题在土耳其已得到解决,实则不然。作者清晰地归纳出 80 年代以来参与土耳其女性运动的三大群体,一是将自身界定为女权主义者并发起女性运动的女性群体;二是呼吁宗教性别权利的女性穆斯林;三是要求其民族和性别身份获得承认的库尔德女性及女权主义者。② 尽管上述三种群体对女性权利要求的目标和观点有所区别,但他们均对共和国的现代性计划及其在国家民主化问题上的局限性提出批评,反对各自所属语境下的父权制压迫观念,要求重新建构土耳其女性身份并根据自身的主张获取相应权利。作为长期被视为共和国世俗化改革的受益者,现代土耳其女性在宗教、民族两种话语之外的性别领域开辟了一场更加广泛而深刻的民主辩论。

无论是伊斯兰主义者、库尔德人,还是现代土耳其女性群体,这些自 1980 年以来影响土耳其民主化进程的重要参与者均受到国际社会中关于身份政治及人权的思想运动的启发,他们不仅在土耳其国内引发广泛的社会运动,也得到国际组织的支持,在此过程中不断发展为挑战土耳其国家正统观念的社会和政治力量。值得一提的是,作者在此处提及的国外力量主要还是指的欧盟。具体而言,伊斯兰主义者质

① Yeşim Arat & Şevket Pamuk, *Turkey Between Democracy and Authoritarianism*, p. 163.
② Ibid., p. 229.

疑土耳其国家的世俗主义性质,从而诉诸人权以扩大宗教权利;库尔德人挑战了土耳其国家的种族民族主义,寻求在民主界定的范围内拓宽自身的民族权利;而女性群体作为世俗化与现代化进程的受益者,则提出了对该国人权狭隘属性的批评。

四、结语

乍看本书的章节分布,很容易让人误以为这是一部关于现代土耳其的全方位介绍性著作,但实际上,作者的核心意图是通过建立一种综合性分析框架来论述 20 世纪 80 年代以来的土耳其是如何从民主走向威权的。然而问题在于,作者似乎从一开始便接受了"土耳其民主衰落论"的假设,而缺乏对该命题的系统论证过程。换句话说,尽管作者给出了"民主"标准的界定,但并未指出应使用何种标准来界定"民主的衰落";再者,所谓"民主衰落"的诸多表现是土耳其民主化进程中的外在问题,还是决定其发展方向的内在趋势? 这也是本书留待思考的问题。就这一点而言,本书实质上是对近年来主导欧美学界的"土耳其民主衰落论"的某种呼应。

在作者看来,土耳其从民主走向威权的过程中,世俗主义与伊斯兰主义的内生性矛盾导致了后者的崛起。一方面,80 年代以来伊斯兰主义政党的崛起是共和国僵化的凯末尔主义精英阶层极力打造世俗主义、民族主义与西式民主的意外后果。尤其是对世俗主义理解的僵化反映到国家政策上,引起了伊斯兰主义者的逆反与变革。而关于民主政治的世俗主义话语在现实中经常遭到土耳其保守派的质疑,也与长期以来共和国的世俗精英阶层给民主制添加的限定条件密切相关,即在他们看来,似乎只有在世俗主义的语境下才能建立民主。这也反映出,将西方民主政治与世俗主义相绑定的话语忽视了土耳其人的文化需求。由此可见,尽管土耳其的穆斯林社会有着长期学习西方、向西方靠拢、引进西方政治制度的历史,但在此过程中,不仅需要学习西方的自由主义市场经济、民主政治等，还需要从中寻求自身的精神归属。

另一方面，世俗主义与伊斯兰主义精英之间长期的不信任导致土耳其民主化进程中出现了威权主义的转向。正如前文所述，这种相互的不信任加剧了对彼此的敌意，从而转化为对权力的渴望。土耳其共和国成立以来以世俗主义捍卫者自居的军方严格监控政党活动，压制国家和社会的"伊斯兰化"倾向；而伊斯兰主义政党则通过广泛的社会网络和保守商业阶层扩大自身实力，凭借竞争性选举获得执政地位。这种不信任贯穿于 1980 年以来的整个历史时期，并未随着时间的推移而弱化；而到了埃尔多安执政以后，其采取的一系列加强行政权力的措施逐步破坏了民主的规范，最终导致土耳其的威权转向。在作者看来，威权主义最初只是伊斯兰主义正发党的一种自卫手段，而在其执政地位稳固后则主动转向威权以获取更多权力。[①] 在这里，作者揭示了土耳其世俗主义与伊斯兰主义两大政治派别之间相互不信任的长期现实，但并未对这一现实长期存在的根源进行深挖。事实上，这一相互不信任是伴随整个土耳其共和国现代化进程的世俗主义与伊斯兰主义两种力量相互塑造的结果，其本质上是两股力量围绕权力斗争与国家发展路线斗争的表现形式。一直以来，二者在相互斗争的过程中又相互塑造了对方，从而导致对彼此的恐惧与不信任成为一种常态。

值得肯定的是，与当代政治学领域其他研究土耳其的文献相比，本书的一大特点是其一开始便拒绝使用某种传统理论范式（paradigm）来主导有关土耳其民主的叙事。与之相对的，本书更多是从经验主义的角度在土耳其国内与国际背景下观察并分析该国民主化进程的结构性因素及主要参与者。这在一定程度上突破了以往关

---

① Yeşim Arat & Şevket Pamuk, *Turkey Between Democracy and Authoritarianism*, p. 88.

于土耳其政治研究的学术陈规，为我们展示了一种跨学科意义上的基础性研究方法。

作者简介：沈莎莉，北京大学区域与国别研究院博士研究生，北京大学土耳其研究中心助理。

附　录

第一届"奥斯曼‐土耳其历史研究"青年学者论坛会议综述

论坛主题:学术史的回顾与展望

论坛时间:2021 年 10 月 22 日

论坛地点:北京大学历史学系

中国与土耳其建交 50 周年之际,北京大学区域与国别研究院、北京大学土耳其研究中心于 2021 年 10 月 22 日举办"土耳其历史研究的回顾与展望"博士生学术论坛。来自北京大学、清华大学、剑桥大学、普林斯顿大学、北京外国语大学、厦门大学、上海大学的十余名博士生通过线上线下结合方式相聚,共话国内外土耳其研究的学术传统与积淀,展望相关研究领域的新趋势、新范式、新成果,围绕学术热点问题进行深入交流研讨。

北京大学历史学系长聘副教授、区域与国别研究院副院长、土耳其研究中心主任昝涛在致辞中表示,近年来中国的土耳其研究发展迅速,研究人员的语言和学术水平逐步提高,研究领域包括了历史、语言、经济、国际关系、政治、宗教、社会等多方向。特别是一批有志于土耳其研究的中国青年学子,正在国内外高等学府求学深造,未来将成为我国土耳其研究的生力军,肩负起在国际上提高相关研究质量、水平和声望的重任。北京大学土耳其研究中心致力于搭建博士生学术交流的平台,帮助青年学子建立学缘、互相了解彼此志向和研究兴趣,为年轻一代学子的成长提供助力。

北京大学历史学系博雅博士后董雨和**历史学系博士生马丹、吴奇俊、丁雨婷**分别主持会议。

普林斯顿大学近东研究系博士研究生陈功以《一战中的奥斯曼帝国:研究的回顾与展望》为题首先发言。陈功认为,2000 年是学术界对一战中奥斯曼帝国研究的转折点,在此之前,相关研究作品不多,主要是利用西文材料写作的对战争过程的总体性介绍,专题研究不多。

2000 年,埃里克森以奥斯曼文军事档案为基础而写成的《奉命赴死》(*Ordered to Die*)一书出版,具有转折意义,此后,学界出现了越来越多的利用奥斯曼文材料写作的作品,其中既有对战争的总体性介绍,也有专题研究。21 世纪以来的研究取得了相当的成果,特别是在大叙利亚地方史研究、妇女史研究等方面,但目前学术界仍然需要对战时军事史、经济史,以及东安纳托利亚和美索不达米亚地方史的研究,并需要扩展所使用的史料的范围,比如利用俄语和波斯语材料,或使用土耳其红新月会近年来公开的史料。总的来说,一战中的奥斯曼帝国在一段时间内将仍然是一个拥有光明前途的研究领域。

北京大学历史学系博士研究生乌昵尔以《英国瓜分奥斯曼帝国企图的伊始——〈德·邦森报告书〉及其影响》为题发言。乌昵尔首先介绍了《德·邦森报告书》的历史背景:近代东方问题出现后,欧洲列强对衰落的奥斯曼帝国展开了激烈的战略竞争和利益争夺。英国与俄国在土耳其海峡、伊斯坦布尔以及奥斯曼属地等方面的争夺最为激烈。一战前,英国对东方问题的基本态度是尽力维持奥斯曼帝国的存在。英国鼓励奥斯曼帝国进行一定的内部经济与行政改革,并且必要时扩大对其外交和军事的支持,以维护欧陆地区的总体均势。然而,一战爆发后,英国开始改变维护奥斯曼帝国存在的传统政策,转而积极参与瓜分奥斯曼帝国及其属地的利益分配。

1915年4月,为厘清战争获胜后英国在土耳其亚洲地区的战略目标及策略,英国内阁任命外交部副大臣德·邦森组建跨部会委员会来提出具体的政策建议。6月,委员会发布《德·邦森报告书》,这一文件成为内阁层面对土耳其政策转变的起点。自此,英国配合外交层面与地方层面,分别积极同协约国盟国和阿拉伯地方势力合作参与瓜分并侵占奥斯曼领土。《德·邦森报告书》是英国在战争期间第一次针对奥斯曼亚洲领土的政策建议,报告中的政策目标与建议构成了英国在战后处理与奥斯曼帝国关系的主要考量要素,为一战后英国中东殖民政策的出台奠定了基础,同时也对后奥斯曼帝国时期这一地区地缘政治的建构产生了重要影响。

从东方问题到中东问题,在英国与奥斯曼帝国关系的演变中,《德·邦森报告书》对分析东方问题最后阶段英土关系有着重要的意义,其内容与影响也值得进一步探讨与研究。

上海大学历史系博士研究生梁莹莹的报告题为《土耳其现代民粹主义的形成(1908—1960)》。国内外学界民粹主义没有一个确切的定义,它在不同地区、国家甚至同一地区、国家的不同历史时期内都有着不同的发展形式、内容和影响,但普遍的民粹主义一般指向选票政治,以及平民与精英的对立。

这一定义是否适用于土耳其?以20世纪50年代为例,1950年土耳其大选的投票门槛降低了,暗箱操作的选票机制也向着更加公开和透明的方向发展。由此,土耳其得以进行第一次真正代表民意的民主大选,选票政治开启。普遍民意在土耳其第一次成为能够左右政治方向的重要力量。

然而,在一个80%以上国民都是农民的国家,普遍民意发挥决定性力量仍需要少数引导者。民主党作为土耳其现代民粹主义的促成者和实践者,其正是利用了这一点,在十年执政期间连续赢得四次大选。可民粹主义并非在1950年才在土耳其出现,早在1908年青年土耳其党时期帝国的精英们便为了救亡图存将其引入。但后世学者在观察 1908 年和 1960 年的民粹主义时,两者已大不相同了。通过追溯 1908—1960 年间民粹主义在土耳其的发展历程,可知民粹主义在不同时期有着不同的历史内涵,普遍的民粹主义特点也并不适用于土耳其。

北京大学区域与国别研究院博士研究生赵馨宇关注土耳其的语言改革问题,报告题为《帝国意象与共和梦想——奥斯曼土耳其语改革之争》。

语言作为重要的交际工具,在实现人的社会化和塑造民族认同的过程中起着主导作用,语言改革也因此成为众多国家在微观层面灌输民族意识的重要政治实践。赵馨宇的研究梳理了从奥斯曼帝国末期推行阿拉伯字母拉丁化到 2014 年奥斯曼语正式回归中学课表的语言改革过程,介绍了几次相应的学术论辩及相关机构的发展史,将语言改革政策与"新奥斯曼主义"在内政外交方面的其他表现相对比,探讨了奥斯曼因素在当代土耳其文化政策和认同政治中的作用。

她指出,关于奥斯曼土耳其语改革的讨论已经超出了语言政策的范围,变成了一个关于意识形态、政党政治、宗教信仰和历史特质的争论,而一个人对此的看法反映了他的政治观以及他对民族身份的定义。土耳其民族身份究竟是随着 1923 年共和国的建立而诞生的一种不受伊斯兰—奥斯曼色彩影响的全新身份,还是应该包括这些长久以来存在于其历史中的元素?从凯末尔时代开始,土耳其不同政党对奥斯曼身份的利用都具有高度的选择性,而保持对这些政治动态的关注对把握土耳其的历史书写是十分必要的。

北京大学区域与国别研究院博士研究生张楠以《土耳其共和国早期的宗教教育研究回顾(1923—1950)》为题进行了系统梳理。

土耳其共和国建立之后,宗教一直是一个有争议的话题,这一点在教育中也有所体现。奥斯曼帝国时期的教育以宗教教育为主,然而共和国建立之初,政府对宗教教育进行了较为激进的改革。1924

年《教育统一法》颁布,规定了共和国境内所有的教育培训机构统一归国家教育部管理,宗教组织不再过问教育;教育部负责开设高等教育神学院和伊玛目哈提普中学。这部法律对土耳其的教育系统尤其是宗教教育产生了巨大的影响,确立了世俗教育的基调,奠定了教育中央集权的法律基础。

从1923年到1950年,土耳其的宗教教育经历了严重的打击、剧烈的变化,在讨论与批评中摸索前进。最初土耳其试图寻求一种完全脱离宗教的世俗道德教育,然而经过20多年的探索,土耳其并没有找到一种可以替代宗教的世俗道德教育模式。他们意识到抛弃传统一味地追求世俗道德教育,在一个大多数人口都信仰伊斯兰教的国家是不现实的也是极其危险的。到多党制时期后,宗教教育培训逐渐回归、焕发生机。这之后虽然也经历了一些干扰,但总体上还是处于温和的复兴当中。虽然今天土耳其国内的一些人仍然赞成完全取消宗教教育课程,但从土耳其宗教教育整体发展情况中不难发现,这是不现实的也是不可能的。

北京大学历史学系博士研究生吴奇俊以《土耳其阿列维派研究的回顾与展望》为题,对阿列维派的历史与现状进行回顾。

阿列维派是当前土耳其共和国仅次于逊尼派的第二大宗教派别。从现有资料来看,最早对阿列维派进行研究的是西方传教士团体。传教士接触克孜尔巴什主要是出于宗教目的,因此集中于论证克孜尔巴什和基督教的渊源。可以说西方传教士开启了学术界对于奥斯曼帝国境内这个独特群体的研究。阿卜杜拉·哈米德二世在位时期伊斯兰主义(Panislamizm)成为帝国的一项国策。政府提出所谓"信仰矫正"政策(inançların düzeltilmesi),旨在纠正那些偏离了正确信仰轨道的穆斯林,阿列维派就是重点目标之一。

在这一背景下,政府层面出现对于阿列维派的研究,主要是阿列维派聚居地政府当局提交的一些考察报告。青年土耳其党执掌奥斯曼帝国政权后,以巴哈·赛义德为代表一批学者对安纳托利亚地区的阿列维派进行考察。赛义德强调研究背后的目的是防止阿列维派与当地非穆斯林民族之间可能的合作,提出阿列维派是保留下来的最传统、最纯粹的土耳其人的观点。共和国成立后官方一直回避国内人口在"种族"和"宗教"方面的差异性,受到这种大环境的局限,学术界在这一时期涉及阿列维派的研究相对较少,而且有着较为明显的"倾向性"。

20世纪80年代开始,对于阿列维派的研究禁忌被逐渐突破,相关学术成果开始大量涌现。这类研究以逊尼派学者为主,一个明显特点是强调土耳其社会的统一和团结,忽视阿列维派和逊尼派社区之间的差异。进入20世纪90年代以后,学术界对于阿列维派的研究成果不断涌现,主题不断细化,主要聚焦于阿列维派的历史演变、宗教思想、与国家的关系、阿列维复兴、移民等几大主题。然而还是存在偏重"两头"的状况,对于共和国成立到80年代这段时间的研究存在明显不足。

清华大学国际与地区研究院博士研究生朱珈熠以《土耳其社会主义史研究的回顾与展望》为题,对左翼思想在土耳其的产生、发展、演变进行梳理。

社会主义思潮是土耳其现代化进程中一个重要的力量,深刻影响了20世纪六七十年代的青年人。社会主义思潮对土耳其政党和政治制度、女性与性别问题、少数族裔、社会运动等有着深刻影响,研究重要性不言而喻。

国内对于土耳其社会主义/共产主义(左派)相关研究主要来源有三个:一是北大、上大、陕西师大、上外、西北大学等高校的土耳其(或中东)研究中心;二是有土耳其研究传统的高校历史系,如辽宁大学和河南科技学院;三是各高校单位的马克思主义学院,主要是做国际共运的相关研究。研究人员来源比较多元,也有比较翔实的学术梳理,缺点是发展较晚,没有专门的研究学者,使用一手材料进行深度的研究,整体的相关研究数量较少。

相比之下,国外的相关研究出现较早,从土耳其共产党创立开始就有学者对此进行关注。国外研究有几个分析角度:理论范式的角度、土耳其本土学者和欧美学者的角度,以及参与者和旁观者的角度。较早的经典研究包括乔治·哈里斯《土耳其共产主义的起源》、雅克布·兰道《现代土耳其的极端政治》、伊戈尔·李珀夫斯基《土耳其的社会主义运动,1960—1980》等。近期的研究包括梅庭·楚尔汗奥卢的《历史、土耳其、社会主义:遗产的更新》、布雷特·古凯伊《苏联的东方政策和土耳其,1920—1991》。国外的研究历史较长,有专门领域的学者、相关研究数量众多、一手文献和资料使用普遍;但同时也有鱼龙混杂,难以筛选的情况出现;学者自身立场对文献的使用和结论的导出也有影响。

未来研究从以下几个方面进行探讨:基于一手资料的政党和政治制度研究、政治暴力、社会主义与少数族裔、社会主义与女性、工会联盟、冷战框架下的新审视和新思考、恐怖主义,等等。

厦门大学教育研究院博士研究生王亚克的报告题为《21世纪以来土耳其高等教育国际化战略研究》。

自1923年共和国建立以来,土耳其在内政外交中全面推行"西化"政策,教育体系发生了很大的变化,朝着日益现代化和西方化的方向发展。2001年土耳其加入欧洲高等教育一体化的博洛尼亚进程以来,为塑造"欧亚大陆中心和枢纽"的大国地位、促进经济的转型升级,弘扬土耳其文化,扩大学术影响力,土耳其政府大力推进高等教育国际化进程。

2014年土耳其高等教育委员会把质量保障、发展学术人力资源和高等教育国际化确定为三大战略,2017年出台了《2018—2022年高等教育国际化战略》,2020年发布《以目标为导向的高等教育国际化》。其高等教育国际化的发展路径,包括扩大学生与学术人员的双向流动、增加国际化项目和课程、增加国际学生奖学金名额、推进重点大学建设工程、积极签署高等教育合作协议和谅解备忘录、建立土耳其和阿拉伯高校联盟网络、建设伊斯兰世界的高等教育国际化中心、推动中东学术遗产保护项目等。经过努力,2017 年土耳其的国际学生人数已位居世界第十位,是高等教育普及化快速推进模式中最有代表性的国家,高等教育毛入学率持续上升,年均增量达 6.77 个百分点。

土耳其的高等教育国际化战略呈现出以下特点:有明显的优先发展方向;战略实施主体由"政府主导型"逐步转变为"政府—院校协作型";更加注重教育输出和输入的双向度发展;加强难民对土耳其高等教育的融入。

上海大学历史系博士研究生辛思思发言题为《土耳其内政外交中的宗教事务委员会》。

目前,国内外学术界已积累了一些有关土耳其宗教事务委员会的研究成果。国内学术界有周国黎的《土耳其宗教事务管理局》、刘义的《"一带一路"背景下土耳其的宗教风险研究》就土耳其内政中的宗教事务委员会做过专门研究。辛思思和刘义的《土耳其对外关系中的宗教事务委员会》以及杜东辉的《土耳其外交中的宗教行动者:宗教事务委员会》考察了宗教事务委员会的对外活动。

国外学术界有关宗教事务委员会的研究成果相对丰富。土耳其多位学者考察过宗教事务委员会,且角度多样,如卡亚的《社会学视角下的土耳其宗教与国家关系和宗教事务委员会》、塔什的《土耳其人眼中的宗教事务委员会》以及戈扎伊登的《宗教事务委员会:土耳其共和国的宗教管理》。国外学术界现有的研究成果侧重考察 20 世纪 70 年代以来,尤其是冷战结束后,宗教事务委员会的对外活动。代表性的研究成果有:布鲁斯的专著《海外伊斯兰教管理:西欧的土耳其和摩洛哥穆斯林》、托尔的博士论文《伊斯兰教在德国和荷兰土耳其移民中的兴起》、科尔库特的《冷战后宗教事务委员会在欧亚大陆的活动》、戈扎伊登的《土耳其的宗教管理:宗教事务委员会及其以外》、厄兹图尔克的《通过巴尔干半岛的宗教事务委员会网络为土耳其的外交政策提供一个框架》与《宗教事务委员会作为土耳其外交政策工具:来自荷兰和保加利亚的证据》,等等。

据笔者观察,尚未有人对土耳其内政外交中的宗教事务委员会进行系统全面的研究,且对土耳其国家档案馆的资料挖掘不足。因此,笔者试图使用历史学、宗教政治学的研究方法,通过对宗教事务委员会的个案分析,来深入剖析宗教事务委员会在土耳其内政外交中的影响力。

北京大学历史学系博士研究生丁雨婷关注土耳其女性主义问题,报告题为《土耳其女性史不同叙事范式下的凯末尔主义女性解放》。

土耳其共和国建立后,土耳其女性史的叙事相继出现了民族主义、女性主义和伊斯兰主义等范式。这些叙事范式的思想渊源皆可追溯至奥斯曼帝国晚期的改革年代。女性解放是凯末尔主义改革的重要内容,对土耳其女性的命运产生了深刻影响。然而在土耳其女性史的不同叙事范式中,却对凯末尔主义的女性解放运动有着迥然相异的评价。女性史叙事范式的演变及其对凯末尔主义女性解放的不同评价,本质上是土耳其社会发展和意识形态演变的结果。它们不仅反映了女性主义与父权制、国家主义之间的冲突,同时也呈现出土耳其激进的西方化和世俗化改革与深厚的伊斯兰传统之间的张力。

剑桥大学历史系博士研究生蔡雨玹以"奥斯曼的国族鉴"为题,介绍土耳其历史学家法蒂玛·阿丽叶(Fatma Aliye Hanım)女士的《奥斯曼历史上的重要时期:从科索沃大捷到安卡拉惨败》(*Tarih-i Osmanının Bir Devre-i Mühimmesi: Kosova Zaferi-Ankara Hezimeti*)一书。

19世纪中期,受西方史学影响和坦齐麦特(Tanzimat)的推进,奥斯曼帝国开始了有组织的重新编史工作,奥斯曼人由此对帝国此前历史有了新的解读。如果说苏莱曼大帝及其之前的苏丹们代表着帝国的荣光,是加齐英雄的化身,那么被帖木儿打败,因此险些导致初生的奥斯曼国家分崩离析的巴耶济德一世对19世纪末、20世纪初内忧外患的帝国而言,又意味着什么呢?

法蒂玛·阿丽叶女士是奥斯曼晚期改革重臣之一艾哈迈德·杰夫代特（Ahmed Cevdet Paşa）的女儿，也是奥斯曼帝国近代第一位女性史家和女性主义者。她在 20 世纪 10 年代初所作《奥斯曼历史上的重要时期：从科索沃大捷到安卡拉惨败》，结合 16 世纪末以来的史学传统和 19 世纪以来奥斯曼帝国内的政治思想发展和国际局势变化，探究奥斯曼国家给五百余年后的臣民留下的历史遗产。

本书可见 16 世纪末以来发展出的奥斯曼帝王鉴体裁、"新奥斯曼人"和西方新史学对法蒂玛·阿丽叶女士的叠加影响。法蒂玛·阿丽叶女士也继承了有关君主和秩序的奥斯曼传统社会政治观，参与了如剪除旁系、君主与陪侍、有关君主权威的确立等奥斯曼和欧洲史家长期争鸣的帝国历史重点问题的讨论，并将自由、立宪等新的政治理念与古老史事结合，讽喻哈米德二世的专制统治。法蒂玛·阿丽叶女士此作并非单纯的战争考据，而是面对当时巴尔干战争失败的"国族鉴"（mirror for the nation），同时也在 1908 年青年土耳其党人革命的背景下，维护了奥斯曼的君主制度。

北京外国语大学亚洲学院博士研究生王艺涵以《何处是吾乡：土耳其的安纳托利亚家园叙事与文化身份》为题，探讨当代土耳其人的身份认同问题。

在土耳其共和国时期，奥斯曼帝国时代基于宗教的身份认同已经不复存在，共和国早期的精英们需要寻找一种新的认同。奥斯曼时代之前，尤其是在信仰伊斯兰教时代以前的古代历史，成为土耳其人建构自己新身份的一个重要来源。基于土耳其共和国的疆域主要位于安纳托利亚地区，因而如何书写安纳托利亚的古代文明，使其既能与土耳其民族又能与"西方"相联系，成为土耳其民族主义叙事的核心。

在奥斯曼帝国晚期，在对奥斯曼主义、伊斯兰主义和土耳其主义的批判的基础上，在知识分子群体中间出现了名为"安纳托利亚主义"的民族主义思潮，这一思潮将中亚视作土耳其民族的起源，而将土耳其文明、语言、文化的起源定位于安纳托利亚地区，并在后世发展出了不同的分支。在共和国早期凯末尔主义的官方叙事中，安纳托利亚地区的一切古代文明都是来自中亚的"土耳其人"所创造的。这一叙事受到之前安纳托利亚主义的强烈影响，将土耳其人的家园定位为中亚，而安纳托利亚则是土耳其人的"第二故乡"。与之前安纳托利亚主义存在明显不同的是，这一时期土耳其官方对于安纳托利亚文明的描述主要聚焦于前伊斯兰时代，尤其是以赫梯为代表的古代文明。

在 20 世纪 30 年代，土耳其出现了强调古希腊罗马文化传统的土耳其人文主义运动。在这一运动的叙事中，将焦点放在了安纳托利亚地区的古希腊罗马文明成果上。到了 50 年代，一部分人文主义者进一步发展这一叙事，将安纳托利亚地区的古代文明尤其是在爱琴海沿岸的文明全都纳入土耳其人的古代文明当中。在他们所创造的文明叙事中，安纳托利亚从古至今存在着一个"文明连续体"。这是一个基于共同地理空间的跨时代文化群体，所有这些文明被想象成拥有"安纳托利亚性"的共同身份，目前的土耳其国家和民族，被建构为安纳托利亚文化连续体的最新一环，这是一种典型的领土民族主义思想。

北京大学哲学系博士研究生肖京发言主题为《克服东方主义：论休谟政治视野中的土耳其》。

在阐明自身政治形态之历史意义的时候，18 世纪西欧的政治思想家和历史作者，往往会参照虽然遥远但又有着密切联系的土耳其。当代研究指出，这种做法，要么有意无意地预设了东方相对于西方的从属地位（如萨义德《东方学》），要么是把自身的某种狂想和隐秘追求投射到了东方（如 Alain Grosrichard, *Sultan's Court：European Fantasies of Asiatic Despotism*）。但这些研究忽视了，在 18 世纪西欧的主流政治思想中，仍然存在一种致力于客观地把东方政治经验纳入西方政治视野的努力。

休谟克服了马基雅维利对东西方政治社会形态差异的理解，又克服了孟德斯鸠东方专制论的意识形态和想象色彩，从而实现了用同一个政体分析范畴来阐明英格兰、法兰西和土耳其的不同政治经验。休谟的政体范畴把君主、共和与专制的三分转化为君主与共和的二分，为土耳其找到了一个类似于英格兰和法兰西的位置，强调在18世纪现代民族国家形成以前，这三个国家的君主制都是半习俗—半强制的合作型权威，其统治固然带有人身性的恣意色彩，却并非孟德斯鸠想象中的可怖专制权力；现代国家的各项非人身性的制度安排，可以从君主国的传统权威形态生成出来。

总之，尽管休谟对土耳其的兴趣仍然在于阐明西方现代政治的独特形态，他仍然为我们提供了一种把异文明的政治经验客观地纳入自身文明政治视野的方案。在克服对异文明的系统性政治扭曲和历史狂想的同时，他也为寻求对自身文明政治经验的客观理解扫清了道路，为一种克服了东方主义的政治科学和历史书写提供了概念工具和组织框架。

北京大学博士研究生卢宇嘉、阿迪、秦彦洋，硕士研究生茹诗瑶等列席会议并参加讨论。

北京大学历史学系博雅博士后董雨在总结发言时表示，今年是中土建交50周年，在北京大学举办全国首个土耳其研究领域博士生论坛，可谓适逢其时、别具意义。为期一整天的论坛上，来自国内外知名大学的博士生踊跃发言，既反映出国内外土耳其研究的最新学术成果，也彰显了我国土耳其研究"后浪"的蓬勃生机。海内存知己，天涯若比邻，希望以此次学术论坛为契机，进一步增进土耳其研究博士生的交流互鉴。

整理人：秦彦洋，北京大学区域与国别研究院博士研究生。

第二届"奥斯曼-土耳其历史研究"青年学者论坛会议综述

论坛主题:从帝国到民族国家

论坛时间:2022 年 9 月 23 日—24 日

论坛地点:北京大学历史学系

历史研究不是只关注过去,也为解读现实提供了一种方法和路径。面对世纪疫情与百年未有之大变局,世界发展正在进入新的动荡变革期,土耳其在欧亚、中东的地缘政治中呈现新态势。我们该如何从一个长时段的历史角度进行思考?"帝国"和"民族国家"到底是什么?从奥斯曼帝国到土耳其共和国,土耳其的成长过程经历了哪些重要的变化和转型?是哪些因素催生并构成了现代土耳其?

为进一步深化关于上述问题的研究与交流,北京大学历史学系、北京大学人文学部于 2022 年 9 月 23 日至 24 日联合主办第二届"奥斯曼-土耳其历史研究"青年学者论坛。本次论坛由北京大学土耳其研究中心承办,主题为"从帝国到民族国家",共设有四个分论坛。来自国内外众多高校的青年学者通过线上线下相结合的方式相聚,共同探讨从奥斯曼帝国到土耳其共和国的历史变迁与精神延续。

在开幕致辞环节,北京大学历史学系教授、区域与国别研究院副院长、土耳其研究中心主任昝涛首先介绍了论坛总体情况。北京大学社会科学部副部长、北京大学法学院长聘副教授章永乐在致辞中指出,奥斯曼-土耳其研究是当前区域国别学学科建设的重要组成部分,二者之间存在方法上的深度互动。中国社会科学院西亚非洲研究所主任唐志超研究员指出,要将奥斯曼研究与土耳其研究打通,强调二者之间的关联性;同时也强调中国学者研究的主体性,通过打造特色研究领域、创新学术话语体系、融入比较的视角,打造具有中国特色的奥斯曼-土耳其研究。

第一分论坛:环境、疾病与城市:奥斯曼帝国的兴衰

复旦大学历史地理研究中心张东宁的报告题目为《纳月入怀:奥斯曼帝国创业期(1299—1453)的环境史地与气候变迁初探》。奥斯曼家族并非世胄,史家历来求索其何以崛起于迷雾之中。张东宁选取"奥斯曼之梦"为研究对象,以 15 世纪 80 年代前后的编年史料为基础,分析奥斯曼帝国创世传说的流传过程,梳理"梦境"内容所述及的 13 世纪末"世界岛"交汇处的天地、山川、草木、城乡等历史与环境变迁信息。通过将奥斯曼帝国创业期的历史发展脉络与全球尺度下 13 世纪到 15 世纪气候变动及人类历史指标事件相比较,认为带有草原民族特性的早期奥斯曼政权相较于邻邦,更能适应动荡相对剧烈的气候环境,从而在不同文明的碰撞中抓住机遇,完成创业崛起,并在此过程中形成了独特的帝国性。

华东师范大学历史学系董世康的发言题目为《近代早期奥斯曼帝国的地中海—红海城市(1517—1650)》。16 世纪奥斯曼帝国向南方扩张的过程中,打造了一张跨地区的城市网络,大马士革、开罗和麦加是其中的三个关键节点。首先,在经济方面,这张网络以海陆朝觐贸易为基础,串联起该地区的许多重要港口,并将其商业影响力拓展至

从东非之角到印度西海岸的广大地区。这些城市和港口之间构成一种"多元联动"的态势,它们共同编织了帝国南方边疆的经济网络,带动了地中海和印度洋之间商品与货币的跨区域流动。其次,在城市建设方面,随着贸易的繁荣与经济的发展,三座城市都不约而同地出现了人口增长、城区扩张的现象。在此基础上,奥斯曼人采取灵活的统治手段,根据不同城市的不同历史地理背景实施差异化治理,重塑了三座城市的内部结构和空间格局。帝国意志与地方传统在这个过程中展开了深刻的互动,使得三座城市成为微观权力博弈的舞台。最后,在政治文化方面,奥斯曼帝国则通过将伊斯坦布尔建筑风格与地方建筑传统相融合的方式来塑造城市景观,借此宣示帝国的权力在场与文化霸权,强化了帝国对这些边远地区的控制。总之,这一城市网络打通了地中海与红海之间的联系,为奥斯曼人进一步南进印度洋奠定了重要的政治经济基础。

中央美术学院人文学院梁蓉容以《珠光璀璨:从托普卡比宫博物馆藏珠宝镶嵌瓷器看 16—17 世纪的奥斯曼帝国》为题发言。在 16 世纪的奥斯曼帝国,在苏莱曼大帝的统治之下,宫廷内掀起了一股镶嵌风,各种材质的工艺品都被宫廷工匠镶嵌上耀眼的珠宝。与此同时,大航海时代到来,瓷器开始大批量地进入帝国境内。于是,璀璨的宝石与晶莹洁白的瓷器结合在了一起,似乎只有像这般精美的器物,才能与"伟大的苏莱曼大帝"统治下奥斯曼帝国的强盛实力相匹配。随着 17 世纪中叶,帝国迎来著名的"郁金香时代",苏丹对珠宝镶嵌器的兴趣全方位地转移至对郁金香的狂热追求中。随此而去的,是奥斯曼帝国称霸时代的结束。1699 年,帝国签订《卡洛维茨合约》,标志其与欧洲国家不再是征服者与被征服者的关系,并自此迈向向西方学习的步伐。奥斯曼帝国的辉煌盛世,以及其对于遥远东方文明的崇拜,由此被封存在流行了近一个半世纪的珠宝镶嵌瓷器中。

宁夏大学中国阿拉伯国家研究院副教授宋保军的发言题目是《黑

死病在近东的传播与奥斯曼帝国的崛起》。他分析了 14 世纪中叶至 15 世纪中叶黑死病在近东的传播与复发对拜占庭帝国和小亚地区的其他突厥公国造成的沉重打击,以及黑死病对奥斯曼帝国的较小影响。在黑死病流行期间,奥斯曼国家乘机利用成功的军事扩张和施粥所等救济手段吸引周边的基督徒和穆斯林民众,侵占拜占庭帝国和其他突厥公国的土地,并于 1453 年成功攻占君士坦丁堡,从一个边疆公国变成一个横跨亚欧两洲的大帝国。他认为,黑死病在近东的传播客观上有助于奥斯曼帝国的崛起。

天津师范大学申十蕾的发言题目为《19 世纪汉志与疾病:朝觐、流动与霍乱》。19 世纪上半叶商业、移民、宗教朝觐的流动为霍乱传播创造各种途径,1831 年以麦加为中心暴发霍乱,包括水源污染、动物祭祀污染、基础卫生设施薄弱的朝觐卫生体系成为关注重点,奥斯曼帝国采取更严格的检疫与隔离措施来避免疫情蔓延,包括隔离患者、清洁消毒、建立防疫站点、严格管控朝觐活动、建立医院等措施。在社会治理方面,奥斯曼政府通过建立卫生管理委员会、收取朝觐税费、实行查验制度、骆驼军队保护朝觐者生命财产等措施,旨在展示奥斯曼政府权力,防止西方国家干涉其内政。欧洲殖民主义建立保护机制推动汉志衍生出从本土防治发展到外化控制、以西方为主导的联合管理体系,这与多方霍乱防控的立场和其背后意图相关,霍乱从地方性到全球性的历史治理经验中可知需要构建一套更为平等协作的国际防疫体系。

西北大学中东研究所杨冰冰以《"欧洲病夫":奥斯曼帝国在 19 世纪霍乱病因学之争中的角色》为题进行发言。一直以来,"欧洲病夫"是人们对晚期奥斯曼帝国的政治印象,但是其实它也与奥斯曼帝国的健康与卫生情况挂钩。经过不同时代的西方旅行者、医生与政治家们异曲同工般地层层构建,这个概念才在西方人那里形成了普遍的共识。19 世纪的霍乱暴发是审视与检验这些共识的过程。西方人认为霍乱不具有传染性,污秽的卫生条件与不健康的体质是奥斯曼帝国的霍乱根源,并通过质疑奥斯曼帝国的检疫措施,维护自己的利益。而奥斯曼帝国则坚持认为霍乱具有传染性,一边通过实施检疫改革维持了政治权威,一边又推进医疗卫生改革回应了"欧洲病夫"的质疑。双方的霍乱病因学之争涉及工业革命、自由贸易原则与资本主义全球市场形成等时代因素,具有一定的历史合理性。而奥斯曼帝国在其中的角色也见证了西方殖民扩张背景下文明交往的多元性、灵活性与"双重性"。

在评议环节,**上海大学历史系教授刘义**和**中央民族大学民族学与社会学学院副教授袁剑**分别对大家的发言提出了专业、实际的意见,发言人也对专家的评议做出了相应的回应。针对前三位学者的发言,刘义指出,从历史地理学、城市史以及艺术史的角度进入奥斯曼-土耳其研究体现了研究视角的多样性,同时也与国际接轨。此外,刘义还在翻译、规范等方面对发言人提出了具体的建议。后三位学者的发言都围绕疾病、瘟疫展开。袁剑指出,当前我们正在经历的疫情使得我们对历史以及现实都产生了一些新的认识。一方面,当前的情况使得我们对疫情本身有了更加切身的体会,这有助于我们更加深入地了解历史上所发生的疫情,以及这些疫情对于当时地缘政治的影响,从这个角度来讲,疫情在一定程度上对历史研究产生了推动作用;另一方面,最近几年全球的疫情使得我们对于疫情背后地缘政治的变迁产生了更深刻的理解,这其中也包括土耳其在疫情期间所发生的变化。

第二分论坛:帝国内外:比较视野中的奥斯曼帝国

伊万·贾瓦希什维利第比利斯国立大学李剑锋的发言题目为《奥斯曼帝国语言影响力历时变化:格鲁吉亚语中土耳其语外来词的语料库分析》。格鲁吉亚作为土耳其的邻国,历史上长期受到奥斯曼帝国的影响,因此历史词汇中存在大量土耳其语外来词。基于格鲁吉亚语中土耳其语外来词的历时数据,拟合出奥斯曼帝国对格鲁吉亚的语言影响力曲线,同时推算土耳其语外来词在格鲁吉亚语中从传播、使用到进入主流语言的周期约为 200 年。根据奥斯曼帝国"前期—崛起—扩张—衰退"不同发展阶段中土耳其语外来词不同类别的分布规律,从历史语言学的角度解释奥斯曼帝国由盛转衰的原因:(1) 军事力量减弱和奥斯曼中央集权制度的松散;(2) 帝国奢靡铺张的社会风气盛行;(3) "伊斯兰化"政策推行不彻底;(4) 地方势力的反抗和外部势力的干涉削弱了奥斯曼帝国的影响力。

中山大学国际关系学院博士后白云天以《阿拉伯文史著对于"奥斯曼征服"的层累建构》为题发言。在现代通行的历史叙事中,1516—1517 年奥斯曼帝国取代马穆鲁克王朝对沙姆、埃及的统治,被看作是奥斯曼人"征服与统治阿拉伯世界"的开端。但在 16—19 世纪的阿拉伯文史著中,沙姆、埃及、汉志、也门及伊拉克等地很少被统称在带有"阿拉伯"字样的概念下,奥斯曼人的"征服"更没有被视作"土耳其人对阿拉伯人的战争"。但到了"阿拉伯民族主义"大行其道的 20 世纪,"奥斯曼征服"就被普遍置于"土阿民族关系"的框架下,甚至还在"民族独立"的语境下被贴上了"殖民侵略"的标签。当然,激进的"民族主义史观"从未垄断阿拉伯史学界,总是有阿拉伯史家在"伊斯兰世界"的认同下,强调"奥斯曼征服"的历史贡献,甚至指责"民族主义史家"对奥斯曼人的"污蔑",但却也没有跳出"土阿民族关系"的叙事框架。

北京语言大学国别区域研究院杨瀚椒的发言题目为《巴尔干的奥斯曼"帝国遗产"研究》。作为奥斯曼土耳其帝国的"龙兴之地",巴尔干半岛见证了"奥斯曼侯国"从安纳托利亚的一隅,蜕变成横跨欧亚非的庞大帝国的壮阔历程。奥斯曼帝国自诞生起就带着巴尔干的属性。可以说,巴尔干和奥斯曼土耳其的文化关系相互浸润,密不可分。这种历史的纽带,一直延续至今。帝国遗产、历史记忆和地缘政治始终是影响土耳其人对巴尔干情感与认知的核心因素,正义与发展党上台后,土耳其也一直试图充分利用这种传统纽带,以增强其对该地区外交政策和宗教事务的影响力,并取得一定的成效。杨瀚椒的发言旨在通过对奥斯曼土耳其帝国中的巴尔干属性进行分析,进一步指出现代土耳其在巴尔干政策的特殊性,为研究中等强国崛起方式提供佐证。

陕西师范大学中国西部边疆研究院王志斌汇报的题目是《晚清土耳其穆斯林的来华及其社会活动探讨》。王志斌以晚清时期来自奥斯曼土耳其的穆斯林群体为研究对象,通过梳理相关档案和报刊资料,从游历者、经师两方面对土耳其穆斯林来华的史实进行了考证和分析,认为土耳其来华的人员有以单纯的游历、传教为目的的,也有行乞为生的,更有进行欺诈活动的,形形色色、多种多样,但在内地活动中以宗教为纽带的穆斯林群体是来华土耳其人中最主要的部分,通过对他们的追述,使我们进一步认识晚清来华土耳其人的多层面相,正确看待土耳其穆斯林和宗教在中土文化交流交融中所起的作用,从而加深我们对中土两国人员往来、文化交流的再认识。

西北大学中东研究所副教授王晋以《16世纪明代"天下体系"与奥斯曼"帝国体系"的比较初探》为题发言。王晋的发言通过比较16世纪明朝"天下体系"与奥斯曼帝国在18世纪前"帝国体系"的异同,认为"天下体系"具有不同于其他文明外交制度的三个特征。首先,古代中国"天下体系"强调"和而不同",不过度干涉体系内部其他国家的内部事务,而这一思想至今仍以"和平共处五项原则"的形式被当代中国外交所继承。其次,中国"天下体系"强调"恭顺""书表"等外交"仪式感",建立"天下体系"的动机是为了维持中原王朝形式上的核心地位,而非汲取臣属国的资源,对于臣属国使团和王室甚至经常给予各类赏赐以显示"天朝富足""皇恩浩荡"。最后,"天下体系"依据儒家经典政治思想,反对暴力推广中国的政治文化,而是倡导"修齐治平",将中华文化的政治秩序,通过物质、仪式和等级,逐渐让其他臣属国家接受,实现潜移默化的影响。

在评议环节中,**上海交通大学人文学院历史系长聘教轨副教授陈浩**以及**中央民族大学历史文化学院副教授陈鹏**分别对五位发言人的文章提出了建议。陈浩指出,中国的区域国别研究定位不应该仅仅是一个智库,同时也应该是学术生产的重要阵地。针对李剑锋的发言,陈浩补充了奥斯曼土耳其之前格鲁吉亚的语言变迁情况,同时提出了地名对于反映不同历史时期人群轨迹的可能性。陈鹏提到了区域国别研究中学科交叉的重要性,随着区域国别学成为一级学科,未来会有越来越多的学科进行融合和交叉。对于奥斯曼土耳其研究,可以从中国史和世界史两个角度出发进行对话,尤其可以充分发掘中土两国的多类型文献,从中土关系史角度透视中国人对外思想、制度的变迁。

在之后的讨论环节,线上线下的学者对于 Rum 和 Rumi 两个词进行了集中讨论。白云天指出,Rum 一词来源于"罗马",奥斯曼帝国征服君士坦丁堡之后继承了"罗马"这一称号。宋保军指出,明清时期称小亚细亚为 Rumi。昝涛指出,Rum 和 Rumi 是身份问题也是地理问题。Rum 的身份以及由 Rum 衍生出来的 Rumi 在 16、17 世纪发生了实质性的转变。Rum 在奥斯曼帝国内部专门指希腊的正教徒,Rumi 指奥斯曼帝国以伊斯坦布尔为中心的核心区和居民。虽然Rumi 一词与"罗马"存在关联性,但是当时人们所言所指已经不能被等同于"罗马"。

第三分论坛:时代更替:民族国家与现代性

乌拉尔联邦大学东方学教研室陶静虹的发言题目为《土耳其民族建构的外来性》,主要梳理了"突厥主义"的产生及其发展。"奥斯曼主义"作为土耳其根据自身历史建立现代性的民族国家这一尝试的失败,导致了由俄罗斯鞑靼知识分子建立的突厥主义在土耳其境内的盛行。突厥主义本质上与西方民族建构的思维基本没有区别,基于西方社会科学方法,一以贯之的原则就是"语言民族主义"。需要指出的是,从加斯普林斯基开始,突厥主义实际上被视为是一种民族主义建构,而不是一种超民族建构。突厥主义的悖论性体现在:一方面,突厥主义试图灭亡一种共同体——即在同一历史疆域内,相邻生活着的具有数百年共同被统治经验的共同体;另一方面它又试图通过东方学和语言学原则,得出一个完全是科学(特别是语言科学)而不是历史上可感的"想象中的共同体",即所有的使用突厥语族语言的人口都具有同一历史神话根源。

北京外国语大学亚洲学院王艺涵以《想象多元文化主义:后帝国记忆与土耳其民族主义话语》为题发言。自土耳其共和国建立以来,对于奥斯曼帝国遗产的遗忘、想象、创造和重构一直是土耳其政治话语中的一个重要组成部分。奥斯曼帝国作为帝国的多民族多文化共生的特性,与土耳其共和国试图建设的民族国家的政治理念相冲突。共和国的政治精英们,通过解构与重构,创造了一个"宽容""多元"的帝国形象,并进一步发展为土耳其的多元文化主义。土耳其版本的多元文化主义叙事核心不在于展现多元性,而是将土耳其人作为主体,其他族群作为客体,二者并非处于平等地位。其意在展示在统治者与被统治者间的良性互动,展现不同民族在土耳其人治下的多元一体;将在早期共和国时期被批判的多元文化社会模式,置于后现代的政治语境之下,并在实践中将其纳入到了土耳其民族主义话语当中。

北京大学区域与国别研究院秦彦洋的发言题目为《从伊斯兰现代化到新奥斯曼主义——19世纪青年奥斯曼思想的当代意义》。青年奥斯曼运动处于奥斯曼帝国新旧改革交替时期,其思想具有承上启下的特点。具体而言,在政治改革维度,寻求一种包容性的伊斯兰现代主义,代替全盘西化;在民族自强维度,主张奥斯曼主义取代伊斯兰主义成为国家认同的基础;在社会动员的维度,新民族资产阶级取代旧贵族登台。20世纪末以来,伴随着土耳其国家的主导性意识形态从僵化的世俗主义转变为"土耳其—伊斯兰一体化",青年奥斯曼思想被当代土耳其知识界重新重视,与所谓"新奥斯曼主义"的构建结合在一起。对内,围绕土耳其身份和人口的多元文化性,知识界开始重新想象奥斯曼帝国的过去,特别是其文化多元化,将多元化作为解决身份和政治统一问题的模式之一。对外,青年奥斯曼党人那种超越某一种族、某一地域的"大奥斯曼观",在地理上涵盖西亚、北非、东欧多个现代民族国家,也符合进取型外交战略的需要。重新认识青年奥斯曼运动,有助于我们理解当代耳其政治思想、社会文化方面的新动向。

兰州大学历史文化学院**李明隽**的发言题目为《凯末尔时代土耳其教育的改革与建设》。教育现代化是世界现代化进程中不可或缺的组成部分。土耳其共和国在凯末尔时代大力推动西方化和世俗化,开启了现代化迅速发展的进程。通过各方面的改革与建设,土耳其在教育领域取得了较大的发展,开启了教育现代化。李明隽通过分析相关文献,从教育改革的背景渊源、教育体制的改革与建设、教育教学内容的调整、以国民学校与人民宫为代表的社会教育体系的建立与发展,以及教育变革的积极意义与缺陷等方面,全面讨论了凯末尔时代土耳其的教育现代化历程。

北京大学区域与国别研究院**赵馨宇**的发言题目为《世俗主义与现代性——反思土耳其"世俗主义"话语的变迁》。赵馨宇梳理了土耳其共和国自凯末尔时代至埃尔多安时代关于"世俗主义"话语的变迁,反思了凯末尔的世俗主义改革与现代性之间的关系,指出凯末尔版本的世俗主义试图将伊斯兰教置于国家的监护与指导下,创造出一个在大众层面上完全"非政治的""本土的"伊斯兰教,利用它实现自己的改革计划,通过重新解释穆斯林传统促进土耳其复兴。赵馨宇还关注了世俗主义内涵在正发党执政时期的演变,指出正发党人不质疑世俗主义的必要性,但对其定义有自己的理解,更加强调宗教信仰不受政治权力干预的自由。赵馨宇还试图从后现代理论视角,在后世俗社会的背景下讨论土耳其的世俗主义问题,并关注了自凯末尔时代至埃尔多安时代土耳其政教关系的延续、传递与变迁。

在评议环节中,北京大学外国语学院助理教授**张忞煜**以及北京大学历史学系博雅博士后**董雨**对五位学者的发言做出评述、指出了相关问题。张忞煜从研究方法和研究视角的角度提出了自己的看法,强调了论文写作过程中学术史回顾与理论视角引入的必要性,从后现代的角度出发对西方中心视角进行了反思,指出了从话语的角度出发进行研究的重要性。董雨从材料广度与论文写作规范的角度提供了更多线索和建议;此外,董雨也指出,在使用特定概念时,应对概念的内涵和外延进行深入的思考和辨析。

第四分论坛:区域与全球视野下的土耳其

国防科技大学博士后高建芝的发言题目为《简析奥斯曼土耳其帝国在马其顿改革问题上的外交选择(1903—1908)》。20 世纪初,当马其顿问题上升为国际问题后,奥斯曼土耳其帝国意图利用列强间的分歧,破坏欧洲协调,为马其顿改革设置重重障碍,以达到维系帝国稳定与完整的目的。在马其顿改革进程中,奥斯曼土耳其帝国逐渐疏远英国,转而依靠在军事、政治和经济上对其都有巨大影响力的德国。奥斯曼土耳其帝国希望将其与德国的战略利益进行绑定,并利用德国对奥匈帝国以及意大利的影响力,对英国、法国和俄国的威慑力,谋得列强间的外交平衡,同时尽可能限制巴尔干诸国觊觎帝国的欧洲领土。然而,在现实主义政治面前,奥斯曼土耳其帝国的外交努力往往显得徒劳,因为自始至终其外交主动权并未掌握在自己手中,这使其在更多的时候只能希望以较小的代价换得可能遇到的更大损失。

复旦大学中东研究中心博士后杜东辉的发言题目是《威胁的分化:土耳其与英法同盟关系的形成与破裂(1939—1941)》。对于 1939 年英法土同盟关系,他指出,三国对威胁的认知存在明显的差异:土耳其视意大利为主要威胁,英法则将德国看作主要对手。威胁的不对称削弱了三国同盟关系的凝聚力和有效性。随着战争的推进,土耳其的战略环境迅速恶化:英法无力提供军事援助;苏联单方面提出《海峡公约》的修订问题;德国则通过威逼利诱的方式敦促其保持中立。战争爆发后,避免重蹈"波兰的覆辙"(1939 年)、"法国的覆辙"(1940 年)和

"南斯拉夫的覆辙"(1941年)先后成为土耳其的安全关切,三国同盟无力帮助其应对这些威胁。面对威胁的转移和分化,土耳其选择重返中立政策,以其立场的模糊性应对威胁的不确定性。

北京大学历史学系高成圆的发言题目为《土耳其官方关于"塞浦路斯问题"话语的转变(1923—1960)》。高成圆从话语研究的角度对土耳其官方在1923年至1960年关于塞浦路斯问题的态度和立场进行了考察。总体而言,在共和人民党执政时期,土耳其官方将塞浦路斯视为英国的内政问题,长期没有关于塞浦路斯问题的话语;执政后期则对外支持英国对该岛的主权,对内否认土耳其存在该问题。在民主党执政时期,曼德列斯政府前期延续共和人民党的政策,后期则承认土耳其存在该问题并赋予其重要性,官方话语经历了从"维持英国统治塞岛现状"到"将塞岛归还土耳其"再到"分治塞岛"最后到"支持塞岛独立"的转变。在这个过程中,土耳其政府逐渐将塞浦路斯描述为急需回归"祖国母亲"(Anavatan)——土耳其怀抱的"游子"(Yavru Vatan),将塞浦路斯问题表述为土耳其的"国家事业"(Milli Dava)。作者认为这两个表述成为之后土耳其关于塞浦路斯问题的核心话语与权威话语。

巴黎高等师范学院陈雅雯以《"青年土耳其人"与1908年青年土耳其人革命》为题进行发言。本次发言聚焦在奥斯曼帝国和土耳其历史上具有重要地位的"青年土耳其人"及其领导的1908年青年土耳其人革命,中文世界对这一群体的认识及其翻译并不统一,因此发言首先尝试厘清"青年土耳其人"这一术语的内涵和使用语境,尤其重点讨论这一群体与"联合与进步委员会"的关系,进而关注1908年青年土耳其人革命,以期呈现其中的独特之处,最后选取一位同时代的法国社会主义者让·饶勒斯,以他对青年土耳其人革命的评论作为个案,跳出奥斯曼帝国自身演变的视角,对于生活在20世纪初的人而言,来考察这场革命还可能被置于何种位置,从而丰富对"青年土耳其人"与这场革命的认识。

西安外国语大学亚非学院讲师刘新越的发言题目为 *Çerkes Ethem and the Circassian Element in the Turkish War of Independence*。1919

年 5 月 15 日希腊军队登陆伊兹密尔,并于随后逐步挺近安纳托利亚内陆。切尔克斯·艾特海姆(Çerkes Ethem)很快以萨里赫利为中心,在 6 月间沿着马尔马拉海南岸到爱琴海一线组织起最早抵抗希腊军队的民兵武装之一。在凯末尔尚未组建起正规军、力量薄弱之时,艾特海姆帮助其击退了三支忠于伊斯坦布尔政府的民兵武装的进犯,使凯末尔有余力发展自身政治势力,进而组建起足以抵抗希腊军队的正规军。然而,在以凯末尔为中心的正规军队组建后,艾特海姆不愿服从正规军的调遣,在指挥权、军纪控制等问题上与多位军官发生了激烈冲突。此外,艾特海姆试图通过出版宣传性报纸等方式在安卡拉增强其政治影响力,加深了他与凯末尔间的个人矛盾。1921 年 1 月,安卡拉政府决定通过军事手段解除艾特海姆民兵武装的潜在威胁。艾特海姆在遭受正规军的步步进逼后被迫与希腊方达成协议,逃往希腊占领区。一直以来,凯末尔主义官方史学将 1921 年 1 月的一系列事件定性为艾特海姆叛乱,并特意强调艾特海姆的切尔克斯(circassian)民族身份。这一观点在近年来愈发受到挑战,持不同立场的学者依然就艾特海姆是民族英雄还是叛徒而争论不休。

在评议环节中,**西北大学中东研究所副教授王晋**以及**宁夏大学中国阿拉伯国家研究院副教授宋保军**分别对五位发言人的文章做出评议,并给出了具体的意见。随后,各位发言人就评议专家提出的问题展开了讨论。

在闭幕致辞中,昝涛教授对为期两天的论坛做出了总结。昝涛指出,从选题来看,本届论坛的发言题目多具有跨学科、多元化、创新性的视角,与国内外学术界都进行了对话;从所用材料来看,绝大多数文章都基于一手资料进行研究,同时也有很好的理论关怀;从问题意识上来说,与会学者的发言具有中国学者进行奥斯曼-土耳其研究的主体性和理论关怀。昝涛指出,当前国内奥斯曼-土耳其研究还处在发展初期,传统上与中国历史学研究主要领域的联系较少,要想在学术界赢得一定的地位,需要青年学者共同努力。最后,昝涛还对第一届论坛的论文集《奥斯曼-土耳其研究：学术史的回顾与展望》进行了介绍，并表示希望系列论文集能够成为论坛的载体，用中文做出和国外学者同等水平的研究。

整理人：张楠。